明德民法学文库

9

# 刑民交叉的规范与法理

梁展欣 | 著

XINGMIN JIAOCHA DE
GUIFAN YU FALI

法律出版社
LAW PRESS · CHINA
北京

图书在版编目(CIP)数据

刑民交叉的规范与法理 / 梁展欣著. -- 北京 : 法律出版社, 2024
(明德民法学文库)
ISBN 978-7-5197-4997-2

Ⅰ. ①刑… Ⅱ. ①梁… Ⅲ. ①刑事诉讼－司法制度－研究－中国②民事诉讼－司法制度－研究－中国 Ⅳ. ①D925.204②D925.104

中国版本图书馆 CIP 数据核字(2020)第186611号

刑民交叉的规范与法理
XINGMIN JIAOCHA DE GUIFAN YU FALI

梁展欣 著

策划编辑 赵明霞
责任编辑 赵明霞
装帧设计 汪奇峰

出版发行 法律出版社
编辑统筹 法商出版分社
责任校对 王 丰 郭艳萍
责任印制 胡晓雅
经 销 新华书店

开本 710毫米×1000毫米 1/16
印张 22.25 字数 374千
版本 2024年12月第1版
印次 2024年12月第1次印刷
印刷 永清县金鑫印刷有限公司

地址:北京市丰台区莲花池西里7号(100073)
网址:www.lawpress.com.cn
投稿邮箱:info@lawpress.com.cn
举报盗版邮箱:jbwq@lawpress.com.cn

销售电话:010-83938349
客服电话:010-83938350
咨询电话:010-63939796


书号:ISBN 978-7-5197-4997-2
定价:88.00元

# 总　序

随着我国《民法典》的颁布，民法进入了一个法典化时代，民法学也迎来了繁荣和发展的新局面。习近平总书记指出，在《民法典》颁布后，要“坚持以中国特色社会主义法治理论为指导，立足我国国情和实际，加强对民事法律制度的理论研究，尽快构建体现我国社会主义性质，具有鲜明中国特色、实践特色、时代特色的民法理论体系和话语体系，为有效实施民法典、发展我国民事法律制度提供理论支撑”。[1] 这就为民法典时代的民法学研究指明了方向，中国民法学人开始了从“照着讲”向“接着讲”的努力。

40余年筚路蓝缕，中国特色社会主义民法体系探索之路的每一步都留下中国人民大学民法学人的脚印。中国人民大学法学院民商法教研室是新中国最早设立的专门从事民商法教学和研究的机构，国内第一个民法学硕士、博士学位授予点，最早接受民商法学博士后研究人员，已成为国内公认的培养高层次民商法人才的工作母机。1988年、2002年和2007年，中国人民大学民商法学科连续三次被列为国家重点学科。2000年，以民商法教研室为骨干的中国人民大学民商事法律科学研究中心成立，成为我国民商法领域唯一的教育部人文社会科学重点研究基地。在《民法典》编纂过程中，中心组织民法学人积极参与《民法典》的制定，建言献策，中心研究团队亦是学术界参与的主力军，充分发挥了参与国家重大立法的智库作用，为《民法典》的颁布作出了

---

〔1〕 习近平：《充分认识颁布实施民法典重大意义，依法更好保障人民合法权益》（2020年5月29日），载习近平：《论坚持全面依法治国》，中央文献出版社2020年版，第283页。

重要的贡献。人格权、侵权责任法的独立成编，功能主义担保观的确立等制度变革，都见证着人大民法学人的辛勤付出。

自佟柔先生起，在数十年持之以恒的研究中，人大民法学人始终秉持实践思维，志在面向中国实际、解决中国问题，相关研究亦因应时势之所需，既包括宏观视角下的立法体系论，亦关注微观领域下的规范解释论，初步建构起了对中国的民事法治具有解释力和回应力的民法学学术体系、学科体系和话语体系，为中国民法学研究立足中国，走向世界作出了杰出贡献。

为进一步推进民法各领域的理论研究和实务发展，推动民法典的真正落地，中国人民大学法学院与相关机构合作，共同推出“明德民法学文库”。纳入本文库的图书主要涉及以下几类：

第一，系统诠释中国民法的体系化著作。自1950年《婚姻法》颁布以来，新中国民事立法已走过70年，随着民法典的问世，立足我国国情和实际，具有鲜明中国特色、实践特色、时代特色的民法理论体系已初步建立。鉴于此，本文库拟收录我国民法研究的重要体系化专著，系统阐述中国民法的价值追求、基本架构及具体理论，以期为有效实施民法典、发展我国民事法律制度提供坚实的理论支撑，亦向世界各国发出民法学研究的“中国声音”。

第二，专注民法典理解与适用的解释论佳作。“天下之事，不难于立法，而难于法之必行。”民法典的颁布不仅意味着立法论时代的谢幕，亦昭示着解释论时代的开端。法教义学视角下，规范文本是一切逻辑推理与实践适用的出发点。因此，本文库将立足实践立场与规范视角，对民法典理解与适用中的重难点问题进行解释论上的探究，以求实现民法法典化体系下外在规范体系和内在价值体系的自洽，举学术之力助益相关司法解释的出台，促进法律规范的真正落地。

第三，新时代民法重难点问题的研究性专著。当今世界，以区块链、大数据、云计算、人工智能、基因检测与基因编辑为代表的新一轮科技革命正风起云涌，深刻改变着既有的经济关系、政治关系和社会关系，也给以其作为主要调整对象的法律提出了新的挑战。作为市场经济基本法的民法，必须直面社会发展带来的民事权益保护的新旧问题。物债二分等传统问题历久弥新，非典型担保、个人信息保护、生物信息安全等新生问题方兴未艾，凡此种种都亟待理论与实务界的关注。为此，本文库将陆续出版系列研究性专著，立足基本理论，聚焦实践中的重难点问题，结合最新的比较法研究成果，系统全面地探讨新时代中国民法面对的新问题及新对策。

第四，世界各国最新立法、理论、实务译著。21世纪以来经济社会的发展也给世界各国民法带来了新气象，自德国债法改革伊始，法国、日本等相继进行了债法、担保法领域的改革。他山之石可以攻玉，新时代各国民法变革的经验无疑会为我国民法的发展提供借鉴。本文库将组成专家委员会遴选各国民法学出版物，引进版权，并组织具有相应理论水准、业务知识和外语水平的专家学者进行翻译，汲取比较法之养分，在中国的民法学土壤上开出灿烂之花。

“道阻且长，行则将至；行而不辍，未来可期。”人大民法学人愿与读者携手并肩，一同推进中国民法学事业的新发展！

是为序。

# 序

“刑民交叉”是近年来受到理论界和实务界热捧的重要课题之一。涉及犯罪的民事案件屡见不鲜,裁判上往往最显复杂、疑难。从司法实务来看,不同地区、不同法院乃至同一法院的不同法官,往往对此在法律适用上极不统一。归纳起来,这些问题主要集中在刑、民程序的协调与实体责任的确定两个方面。其中,又以如何评价涉及犯罪的民事合同的效力,最受关注。由于合同无效的法律后果相对简单、易于掌握和操作,同时其在对受害人的救济上(例如刑法上的追缴)并无明显不同,故而相当长的一段时间中并未引发太大的困惑和障碍。在对刑事犯罪行为作出法律评价时,法官受传统刑事主导观念的影响,倾向于将构成刑事犯罪事实中涉及的民事行为也一概归于无效,从而对当事人的意思自治作出完全彻底的否定。在我看来,意欲回答涉及犯罪究竟何以影响民事合同效力的问题,仍然要遵从不同部门法的功能区分和价值判断。

刑事规范的基本模式为禁止,其主要目标和功能在于打击那些具有严重社会危害性的犯罪行为,从而保护国家、集体、社会以及公民个体的利益。因此,刑事法律关系就是犯罪人与国家之间的关系,而这是一种不平等的法律关系,作为公法的刑法所维护的国家和社会公共利益的特征,正是如此范围宏大且内容抽象。比如,之所以规定绑架行为为犯罪行为,乃是缘于这种行为不仅侵犯了他人的人身安全和生命健康,侵害了他人自主移动场所的自由;而且侵犯了国家的正常运转与社会的安宁秩序。这点与民法恰恰不同。以私法自治(意思自治)为基础的民法,建基于私人之间关系的调整。民事规范的基本范式是授权,法律宣示民事主体依法享有的各类权利，并对权利所受到的损害提供可靠的救济，以此来保障各类主体的意思自治和契约自由。换言之，任何民事主体均拥有在法律允许的范围内完全独立自主地决定与其利益相关的任何事项，并有权根据自己的意志，通过法律行为构筑起法律关系的可能性。民法规范以尊重当事人意思自治为要素，以肯定当事人意思表示为手段，以维护当事人意思效果为目标，充分体现民事主体所享有的行为自决和行动自由，从而促进民事权益最大化。在法不禁止的范围内，个人享有充分的行动自由，不过不得妨碍他人同样享有的自由。

然而，即使明确了民法价值与刑法功能的异同，在法律适用中仍然面临法教义学上的困惑。仍依上例，涉及犯罪是否当然导致民事合同无效？作为民事法律行为的合同，是私法自治的技术工具。民事主体通过订立合同设定彼此间的权利义务关系，合同之所以产生约束力，是因为双方当事人基于各自的意思自治而达成协议，为双方关系设立共同遵从的规则。由于人类生活中的绝大多数利益安排都需要借助与他人的合作来实现，这使合同成为市场经济条件下人类活动的最重要手段。当事人订立合同的目的是达到一定的私法效果，合同的效力应当依据民法认定，而不能以刑法的判断代替民法的判断。“凯撒的归凯撒，上帝的归上帝”，“合同”与“犯罪”二者所评价（或适用）的对象并非一致，如果仅仅因为民事合同涉及犯罪则一概认定为无效，无异于承认公法的利益和目的必须为私法所服从、所遵循、所追求。民法有其自身的规则体系和调整方法，合同是否有效应由民法来衡量。说到底，刑法不能越俎代庖，刑法规范一般不直接调整私法行为，其中的强制性规定只是对某类犯罪行为进行规制，本身并不产生私法上的效果，故刑法规范不能直接作为判定合同效力的依据，而只有通过与民法规范相结合，才能对合同效力作出正确判定。

站在民法的价值立场上，对民事合同条款效力的判断，不仅要考虑合同当事人的利益，还要考虑与合同存在利害关系的第三人的利益。但是，为避免不当干预进而损害私法自治下的行动自由，在对双方的合同损害第三方（国家、集体和个人）的利益而加以干预时，这里的“利益”应当是具体的利益，而非宏观、抽象的利益。判断涉及犯罪对民事合同效力的影响时，需要从价值上考虑合同承载的交易行为的价值是否属于刑法所禁止或否定性评价的价值，如果合同承载的交易行为并非刑法所禁止或否定性评价的对象，则合同并不必然因犯罪行为而无效。在认定合同效力时，仍然要根据民法上有关合同效力的规定以及合同当事人是否知道或应当知道合同涉嫌犯罪或用于违法目的等事实，予以综合判断。因此，《民法典》第 153 条第 1 款关于民事法律行为违法无效事由规定中的“法律、行政法规的强制性规定”，只是刑法规范介入民法判断的通道而已，但这绝不意味着涉及犯罪必然导致民事法律行为无效。

梁展欣同志在司法实务界浸润多年，曾在我的指导下攻读法学博士学位，敬业勤奋，既对法学问题葆有持久的好奇心，也善于将司法实务上升到理论层面进行思考，时有创见。本书是他围绕刑民交叉课题撰写的系列论文的结集，是一部视野宽广、深入浅出、理论性与实务性兼备的著作。其中既有对刑、民关系的历史爬梳，又有对刑、民关系的现实整理；既有对刑、民程序协调的处理，又有对实体责任确定的调适。尤其是对于刑事、民事责任之间的实体关联与程序衔接，该书分析深入，见解周到，极具参考价值。作为作者的导师，我为作者对法律和司法事业的认真与执着而感到高兴，也乐于向读者推荐该书！虽说瑕不掩瑜，书中尚有个别论述有待深化，个别论题也有待拓展，但我更愿意将其视为作者留待日后继续研究的动力。

是为序。

中国人民大学法学院教授、博士生导师
教育部人文社科重点研究基地中国人民大学
民商事法律科学研究中心主任
2024 年 10 月

# 从程序出发(代前言)

何为“刑民交叉”？似乎从未形成过共识。古罗马法上已有刑事法、民事法划分的萌芽，如《十二表法》(*Lex XII Tabularum*，公元前450年)反映了刑罚与赔偿分化的过渡阶段。此后，随着实体的分野和程序的分化不断演进，形成了刑事法、民事法两大分支的现代法律格局。在性质上，刑事法、民事法都属于某种理念型(德 Idealtypus)，其划分非基于逻辑，而是基于功能。[1] 刑事法、民事法在功能上的交叉、重合等，是刑民交叉现象的根源所在。同时，随着各自在调整领域、范围、方式、内容等方面的模式化和“自创生”(英 autopoietic)，刑民交叉现象还带有某些法律形式主义的基因，而“概念性的技术手段对于问题解决的作用是不应被过高估计的”。[2]

## 一

刑民交叉现象是由现代法律部门的分置技术所造成的。在实体方面，刑法与民法在调整方式、行为定性、责任构成以及规范目的等方面都截然不同；在程序方面，刑事诉讼与民事诉讼在程序架构、事实认定、庭审模式乃至裁判效力等方面也有着巨大差异。刑民交叉中实体与程序之间的模糊界线，成为世界各国法律共同面临的阿喀琉斯之踵(英 Achilles' Heel)。我国传统上采取

---

〔1〕 民法上的人身权与财产权、物权与债权、违约与侵权等“二分法”，都是采取功能区分的方法。

〔2〕 [德]莱因荷德·齐佩利乌斯：《法学方法论》(原书第10版)，金振豹译，法律出版社2009年版，第18页。

先刑后民的原则处理刑民交叉问题,[1]是长期以来"重刑轻民"观念的集中反映。一般来说,对刑民交叉问题的处理方式,应视交叉的具体情况来确定,难以一概而论,此前先刑后民的处理原则存在较大的局限性。观察刑民交叉现象,至少有如下四个维度:

其一,刑民交叉首先是实践问题,其次才是理论问题。刑民交叉现象的产生,尽管源于刑事法、民事法两大分支的现代法划分,但立法者似乎并不完全有志于此,而是交由司法者将目光"流转"于刑事法、民事法之间,从促进实现刑事法、民事法各自功能的角度出发,划出它们之间的现实界线。可以想见的是,这一现实界线不是一条,而是一束,既有实体的,又有程序的。如果只从某个特定的部门法出发,无论是实体法抑或程序法,都会面临无法划清这些界线的难题。

其二,刑民交叉首先是程序问题,其次才是实体问题。与民法问题常存于社会生活中不同,刑法问题只有在刑事程序中才得以呈现,兼顾报应与预防。根据刑法的最后手段原则,[2]刑事程序的启动自应作为最后手段,无此则无真正意义的程序保障。从刑事程序的角度切入,刑民交叉将包含下列一些问题:一个刑法问题如何进入刑事程序中?刑事程序的实施能否匹配相应刑法条文的社会防卫功能?其中有无民事权利的归属或者民事权利的救济要求,如何归属,如何救济?等等。这些问题既可以是立法问题,也可以是司法问题。

其三,刑民交叉首先是价值问题,其次才是事实问题。刑法、民法各自担负不同的功能,前者侧重社会防卫,后者侧重私益救济。面对同一个生活事实,到底应由刑法抑或民法调整,应从它从属于法律上的何种(一种或多种)目的(/功能)的实现,不同的目的(/功能)之间是否存在某种位阶或者吸收关系等进行考量,而不应从法条的表面进行简单"套用"。生活事实本身不能自动地产生法律意义,只有在法律的眼光投射到它身上时,这一意义才得以产生。所谓"投射"乃归属于司法的场域,司法者须从实在法的角度对此作出"预断"(德 Vorurteil),此具有价值判断性质。至于刑法、民法项下事实构成方面的具体作业,则是以此为前序的"下一步"而已。

---

〔1〕 参见我国已被废止的《最高人民法院人民法院审判民事案件程序制度的规定(试行)》(1979 年 2 月 2 日)第六 6,已被废止的《最高人民法院关于贯彻执行〈民事诉讼法〉(试行)若干问题的意见》(〔1984〕法办字第 112 号)第 42 条;张明楷:《程序上的刑民关系》,载《人民法院报》2006 年 5 月 24 日,B01 版;龙宗智:《刑民交叉案件中的事实认定与证据使用》,载《法学研究》2018 年第 6 期。

〔2〕 最后手段原则是指刑法只有在所有其他手段无法成功地避免社会损害时才能运用。此为比例原则在刑法领域的投射,是预防刑法的标志。但是,最后手段原则不是一项普适性的规则,而是针对具体的案例群和事件情景,围绕法益保护的必需性(德 Schutzbedürfnis)进行适用。目前,预防刑法的观念逐渐让位于风险刑法的观念。

其四,刑民交叉首先是法益问题,其次才是影响问题。从法益保护的角度来看,当不法行为只侵害抽象法益时,刑事手段或可采取,民事手段则一般不予介入;只侵害具体法益时,刑事、民事手段虽可共存,但如采取民事手段足以救济被害人的,刑事手段便无须介入;同时侵害抽象法益和具体法益时,才是真正待解的刑民交叉问题。解决之道,须视刑事手段、民事手段各自指向的法律效果是否存在冲突来确定。法律效果没有冲突的,原则上刑民并行;存在冲突的,在要求社会防卫的场合,可以先刑后民,在要求民事确权的场合,可以先民后刑。这是一条针对刑民交叉问题进行程序安排的大致思路。至于刑事手段、民事手段相互之间的具体影响,可以交由立法或者司法裁量。

二

处理刑民交叉问题,应从程序切入,站在民事诉讼保护私权的一般基点之上,确立起以审判为中心的刑民分立处理原则。刑民交叉有两大核心问题:一是在刑事程序的启动、运行以及判决中,如何实现对相关民事权益的保障;二是在民事程序的启动、运行以及判决中,如何"介入"刑法的社会防卫功能。此皆刑法和民法共存的实现问题。如此一来,对刑民交叉问题的处理会否最终回到早期古代法那样的"刑、民一体",犹未可知。目前,我国《民事诉讼法》创设的公益诉讼程序(第 58 条)以及《民法典》引进的惩罚性赔偿制度(第 179 条第 2 款等),都具有社会防卫的功能,展现了"刑、民一体"新的可能。

以如何评价涉及(含涉嫌或构成)犯罪的合同效力为例,这在司法实践中争论不休。《民法典》第 153 条第 1 款规定中的"强制性规定",当然包括刑法等公法规范在内,该款规定因而成为公法管制介入私法自治的管道。刑法规范全为禁令,为内容(/实施)禁令的,违反其的合同当然无效。例如,当事人为贩卖毒品订立买卖合同,为运输毒品订立运输合同,违反《刑法》第 347 条关于贩卖、运输毒品罪的规定,该合同无效。又如,明知是毒品犯罪所得,为掩饰、隐瞒其来源和性质,提供资金账户而订立合同,违反《刑法》第 191 条关于洗钱罪的规定,该合同亦无效。但刑法规范为其他性质的禁令的,相关合同的效力尚需另行讨论。《民法典》第 153 条第 1 款规定的真正功能,在于概括授权法院根据案件的具体情况,对违反强制性规定的法律行为作法益权衡及私法效果上的评价,包括是否无效或发生其他效果。[1] 为对

〔1〕 苏永钦:《从动态法规范体系的角度看公私法的调和——以民法的转介条款和宪法的整合机制为中心》,载苏永钦:《寻找新民法》,北京大学出版社 2012 年版,第 259 页。苏教授此系针对我国台湾地区"民法"第 71 条规定而言的。

此作出提示,该款规定于是在原《合同法》第 52 条第 5 项规定的基础上,增加"该强制性规定不导致该民事法律行为无效的除外"的但书规定。

为使法院能准确评价涉及犯罪的合同效力,司法解释中曾从三个不同方向作出尝试:一是确定评价为有效的具体情形。如《最高人民法院关于在审理经济纠纷案件中涉及经济犯罪嫌疑若干问题的规定》(法释〔1998〕7 号,经法释〔2020〕17 号修正,以下简称《涉及经济犯罪嫌疑规定》)第 3 条规定:"单位直接负责的主管人员和其他直接责任人员,以该单位的名义对外签订经济合同,将取得的财物部分或全部占为己有构成犯罪的,除依法追究行为人的刑事责任外,该单位对行为人因签订、履行该经济合同造成的后果,依法应当承担民事责任。"〔1〕

二是对特定情形的合同效力作模糊化处理,实则倾向于有效。如《最高人民法院关于审理民间借贷案件适用法律若干问题的规定》(法释〔2015〕18 号,经法释〔2020〕6 号、法释〔2020〕17 号修正,以下简称《民间借贷司法解释》)第 12 条第 1 款前段规定:"借款人或者出借人的借贷行为涉嫌犯罪,或者已经生效的裁判认定构成犯罪,当事人提起民事诉讼的,民间借贷合同并不当然无效。"该司法解释对于如何衔接该段规定中的"借贷行为涉嫌犯罪"和另处规定的"借贷行为本身涉嫌非法集资等犯罪"(第 5 条第 1 款),尚不清晰。

三是只在承担刑事责任不能完全实现规范目的时,才认定合同无效。《最高人民法院关于适用〈中华人民共和国民法典〉合同编通则若干问题的解释》(法释〔2023〕13 号,以下简称《民法典合同编通则司法解释》)第 16 条第 1 款的引言规定:"合同违反法律、行政法规的强制性规定,有下列情形之一,由行为人承担行政责任或者刑事责任能够实现强制性规定的立法目的的,人民法院可以依据民法典第 153 条第 1 款关于'该强制性规定不导致该民事法律行为无效的除外'的规定认定该合同不因违反强制性规定无效:……"此明确法院在适用《民法典》第 153 条第 1 款规定时,须探寻"强制性规定的立法目的",并从反向列举合同不因违法而无效的具体情形,总体上有促进交易进行、维护交易安全之旨。唯简单地将行为人承担行政责任、刑事责任等公法责任与对合同效力的评价放在同一平面上进行连续式的考察,将公法责任的承担作为评价合同效力的前置考察事项,恐有混淆不同法律领域的不同调整方法之嫌。

---

〔1〕 参见我国《最高人民法院关于广东省连县工贸总公司诉怀化市工商银行侵权一案的复函》(〔1990〕民他字第 44 号),《最高人民法院关于信用社对其负责人出具加盖信用社公章借据的行为应否承担民事责任的请示报告的复函》(〔2010〕民二他字第 5、6、7 号);已被废止的《最高人民法院、最高人民检察院关于当前办理经济犯罪案件中具体应用法律的若干问题的解答(试行)》(〔85〕高检会(研)字 3 号)第四(二),已被废止的《最高人民法院关于单位负责人被追究刑事责任后单位应否承担返还其预收货款的责任问题的批复》[法(经)复〔1989〕1 号]。

上述三种尝试各有千秋,总体的倾向是合同非因涉及犯罪而径为无效。一般来说,违反刑法等公法规范会否影响合同的效力,并不在公法领域的立法者意志的范围之内。民法上评价合同效力与公法责任的承担本相异质,关键要看合同本身是否触发了刑法等公法规范所指向的禁令目标。只有在非评价为无效不足以"配合"实现公法规范目的的情况下,方可评价为无效。事实上,依公法规范对合同效力产生的具体影响,除有效、绝对无效外,还包括不发生效力、效力待定、可撤销、相对无效、一方无效、部分无效、转换等效力瑕疵(德 Ungültig),此皆依是否足以"配合"实现公法规范目的来确定。依"宁为有效,不令无效"的法律行为解释规则,[1]当合同存在虽有一定效力瑕疵但并非绝对无效的可能性时,应不使之绝对无效,而是认定为其他效力瑕疵。于此场合,不将合同评价为无效,并不影响公法规范目的的实现,仍然符合法律秩序统一性的原理。这意味着,需要"更灵活地处理强制规范和合同效力之间的关系。因为,不同法律制度在功能上并不具有关联性"。[2]

《民间借贷司法解释》特予规定的涉及非法集资等犯罪的民间借贷合同,其所违反的禁止非法集资等的刑法规范的目的,并不指向单个的民间借贷合同,而是指向非法集资行为的整体。最高人民法院审判委员会副部级专职委员刘贵祥大法官指出:对于涉及犯罪的合同,"既不能一概认定合同有效,而应该根据量变到质变的原理,从违法性程度和保护刑事被害人两个维度,具体情况具体分析"。[3] 此已揭出法院对合同效力的评价乃综合权衡的结果。例如,如果当事人明知是非法集资等而仍然参与时,便触发了该刑法规范的禁令目标,该民间借贷合同在法律上不值得保护,应评价为无效。在民事诉讼中,在没有生效刑事判决对当事人明知是非法集资等而仍然参与进行认定的情况下,法院应依法对该事实予以查明,而非简单地将该民间借贷合同评价为无效。

## 三

在相关的程序设计上,司法解释要求首先判断借贷行为与非法集资等犯罪行为

---

〔1〕 参见我国《民法典合同编通则司法解释》第1条第3款前段;2016年修改的《法国民法典》第1191条,《意大利民法典》第1367条,国际统一私法协会(UNIDROIT)《国际商事合同通则》(PICC2016)第4.5条,欧洲民法典研究组、欧盟现行私法研究组《欧洲示范民法典草案》(DCFR;又译为《共同参考框架草案》)第2-8:106条。

〔2〕 参见耿林:《强制规范与合同效力——以合同法第52条第5项为中心》,中国民主法制出版社2009年版,第176~178页。2013年瑞士学者起草的《瑞士债法2020:新债法总则草案》第30条第2款规定:"合同违反强行法或者公共秩序,应依后者的目的对合同施加效力瑕疵。"此系以"效力瑕疵"术语取代《瑞士债务法》第20条第1款规定中的"无效"(德 Nichtig)术语。参见梁神宝:《违反强制性法规的合同效力——基于瑞士法的考察》,载《华东政法大学学报》2017年第1期。

〔3〕 刘贵祥:《关于金融民商事审判工作中的理念、机制和法律适用问题》,载《法律适用》2023年第1期。

是否构成“同一事实”:如为同一事实的,法院不得作为民事案件予以受理和审理;虽有关联但不是同一事实(“不同事实”)的,法院可以作为民事案件予以受理和审理。[1] 但是,对于何为“借贷行为本身涉嫌非法集资等犯罪”并构成同一事实,并不清晰。以《最高人民法院公报》登载的“吴国军诉陈晓富、王克祥及德清县中建房地产开发有限公司民间借贷、担保合同纠纷案”为例,该案的“裁判摘要”指出:“民间借贷涉嫌或构成非法吸收公众存款罪,合同一方当事人可能被追究刑事责任的,并不当然影响民间借贷合同以及相对应的担保合同的效力。”浙江省德清县人民法院第一审认为:“从维护诚信原则和公平原则的法理上分析,将与非法吸收公众存款罪交叉的民间借贷合同认定为无效会造成实质意义上的不公”;“本案涉嫌的是非法吸收公众存款罪,涉嫌犯罪的当事人单个的借贷行为不构成犯罪,只有达到一定量后才发生质变,构成犯罪,即犯罪行为与合同行为不重合,故其民事行为应该有效”。[2] 此系上述第(2)种尝试的源头案例,通过区分单个的民间借贷合同和整体的非法吸收公众存款犯罪,即构成不同事实,即使非法集资人已被公安机关以涉嫌犯罪立案侦查,法院仍然受理和审理该民间借贷民事案件,进而以“单个的借贷行为不构成犯罪”“犯罪行为与合同行为不重合”为由,将该民间借贷合同评价为有效。

但如此一来,民间借贷合同尽管涉及非法集资等犯罪却有效,是否破坏了法律秩序的统一性?答案是否定的。此所谓合同违反刑法规范,实际上指向的是该民间借贷合同的原因事实,而非合同本身,原因事实与合同之间在违法性判断上并未形成真正的冲突。民间借贷合同即使违反禁止非法集资等的刑法规范,但因只是集合地涉及非法集资等犯罪,单个的合同并不当然无效。[3] 该单个的合同被评价为有效或者除无效外的其他效力状态,与基于刑法的违法性判断乃至相关刑法规范的禁令目标均无相悖,并未破坏法律秩序的统一性。同时,如果以涉及非法集资犯罪的事实吸收具体的民间借贷合同,构成所谓“同一事实”,法院将不得受理和审理该民间借贷民事案件,自然也无从对相关民间借贷合同的效力作出评价。如此看来,所谓“同一事实”的术语或许存在一定的局限性。

“同一事实”的术语,发端于《涉及经济犯罪嫌疑规定》中的“不同的法律事实”(第1条),定型于《最高人民法院、最高人民检察院、公安部关于办理非法集资刑事

---

〔1〕 参见我国《民间借贷司法解释》第5、6条。

〔2〕 吴某军诉陈某富、王某祥及德清县中建房地产开发有限公司民间借贷、担保合同纠纷案,载《最高人民法院公报》2011年第11期。

〔3〕 参与起草我国《民间借贷司法解释》的相关人员曾认为:“行为人构成非法吸收公众存款罪或者非法经营罪,但其与社会公众之间订立的民间借贷合同不应认定为无效”;见杜万华主编:《最高人民法院民间借贷司法解释理解与适用》,人民法院出版社2015年版,第247~249页。

案件适用法律若干问题的意见》(公通字〔2014〕16号)第七“关于涉及民事案件的处理问题”,以此作为针对该项情形采取先刑后民甚至以刑代民做法的构成要件。《民间借贷司法解释》予以沿袭,明确对于“民间借贷行为本身涉嫌非法集资等犯罪”构成“同一事实”的采取先刑后民的做法(第5条第1、2款),对于“虽有关联但不是同一事实”的才采取刑民并行的做法(第6条〔1〕)。对此,《全国法院民商事审判工作会议纪要》(法〔2019〕254号)明确将“不同事实”和“同一事实”作为处理刑民交叉案件的基准(第128、129条)。其中,第129条第1款规定明确引进上述司法规范性文件等,并将“同一事实”限定为“涉嫌集资诈骗、非法吸收公众存款等涉众型犯罪”以及“所涉人数众多、当事人分布地域广、标的额特别巨大、影响范围广,严重影响社会稳定”,除此以外的案件原则上不构成“同一事实”。

可见,上述司法解释和司法规范性文件中所谓“同一事实”,具有特殊性、特指性和特定性,不宜一般化为只要构成“同一事实”便应采取先刑后民的做法,进而作为处理刑民交叉案件的原则。由于必须采取排除的方法进行认定,所谓“同一事实”的术语设定可能不太成功,不宜简单地作为处理刑民交叉案件的原则。对于刑民交叉案件的处理,刑民分立、刑民并行方为原则。《全国法院民商事审判工作会议纪要》第129条第2款规定:“当事人因租赁、买卖、金融借款等与上述涉众型经济犯罪无关的民事纠纷,请求上述主体承担民事责任的,人民法院应予受理。”即揭斯旨。合同即使涉及犯罪,并不当然无效,此应依相关刑法规范的禁令目标进行综合评价。

## 四

实体法的实现一定需要程序法的配合,两者之间是相辅相成、相得益彰的关系。没有程序法的配合,实体法难以实现;没有实体法的内容,程序法只能是空中楼阁。习近平总书记指出:“坚决防止以刑事案件名义插手民事纠纷、经济纠纷”。〔2〕这充分体现了严守刑民边界、规范刑民交叉、防止滥用先刑后民的指导思想。处理刑民交叉案件,程序上应强化刑事、民事各自诉讼活动的相对独立性,以刑民分立为原则、先刑后民为例外;在民事诉讼中,应顾及刑法实现的要求,以继续审理为原则、中止诉讼为例外;在刑事诉讼中,应强化权益保障的理念,对标普通民事诉讼,规范刑事附带民事诉讼和刑事对物之诉。如果不是从实践、从问题、从程序出发,我们可能永远走不出法释义学的风景,也可能永远无法破解刑民交叉这一难题。

---

〔1〕 对照我国《涉及经济犯罪嫌疑规定》第10条规定中的“与本案有牵连,但与本案不是同一法律关系”。

〔2〕 习近平:《充分认识颁布实施民法典重大意义,依法更好保障人民合法权益》(2020年5月29日),载习近平:《论坚持全面依法治国》,中央文献出版社2020年版,第282页。

# 目 录

# 第一章　刑民交叉序论

刑法与民法的严格区分是现代法制的胎记。然而，无论是征诸历史抑或基于实在法，刑法与民法之间的界限依然难以划清，以至于长期以来纷扰不断。尽管在调整社会关系方式上存在明显的差异，但就所调整的社会关系而言，刑法与民法的指向却可能完全同一。这同时辐射到围绕两者的实现而施行的程序法运行之上。因此，包含着实体和程序意义的刑事法与民事法之间，呈现出相互交叉、冲突或者重叠的法律适用现象，笔者将这些现象统称为刑民交叉。刑民交叉不仅体现在刑法与民法、刑事诉讼法与民事诉讼法的规范对应关系之上，还体现在它们之间基于法理而发生的交互影响之上。

## 一、刑民交叉的基准与框架

我国早在1979年制定《刑法》之际，刑民交叉的问题即被提及，尽管其时民法尚未制定。彭真同志在著名的《关于七个法律草案的说明》一文中指出："刑法的任务限于处理刑事犯罪问题，不能把应按党纪、政纪和民法、行政法、经济法处理的并不触犯刑法的问题，列入刑法，追究刑事责任。因此，这类问题都不列入刑法。"[1]但是，对所谓"刑民交叉"作出精确的界定，似乎是一项不可能完成的任务。这是因为，广义的刑民交叉可能出现在刑法与民法共同调整的社会关系，或者刑事诉讼与民事诉讼发生程序

〔1〕 彭真：《关于七个法律草案的说明》（1979年6月26日），载彭真：《彭真文选（一九四一—一九九〇年）》，人民出版社1991年版，第374页。彭真同志较早之前的两次谈话，见《彭真传》编写组编：《彭真年谱・第5卷（一九七九—一九九七）》，中央文献出版社2012年版，第6、7页（1979年3月14～20日），第17页（同年5月22日）。

粘连的任何场合。小到法律术语的概念解释，大到法律规范的体系效应，都可能由于刑事法与民事法在解释立场、目的乃至方法等方面存在的差异而呈现出明显的疏离。笔者将法律责任设定为观察刑民交叉问题的一个重要视角，因为它既在实体法层面具有支撑意义，又在诉讼法层面具有原点意义（对应诉讼请求、诉讼标的等）。通过探索刑事责任与民事责任、刑事诉讼与民事诉讼之间的联系与区别，确立讨论刑民交叉问题的基准和框架。

（一）刑事/民事责任

法律责任是实体法中指示法的强制性的主要联结因素，是指行为人因违反一定法律义务所引起的法律上不利后果。法律责任的要素包括：一是否定性即违反义务性，法律责任的发生须以一定法律义务的存在为前提，行为人对其行为负责是由于其违反一定法律义务；二是当为性，法律责任在本质上系由法律所赋予，体现了法律对违反义务行为的否定，对符合法律规定的一定事实构成的行为予以追究；三是强制性，法律责任系由国家强制力予以保障，由国家司法机关和国家授权的专门机关依照专门程序予以最终追究。刑法和民法是现代法律体系中两个最为重要的法律部门，刑事责任和民事责任是法律责任中两个最为重要的类型。刑民交叉问题乃源于现代法框架下刑事责任与民事责任的异质性。

刑事责任与民事责任的区分源于公法与私法的区分，后一区分的标准有诸如目的、关系、利益、主体、生活等众多不同的论说角度，这反过来又影响刑法的归属。对于公法与私法的区分，现代法国法以利益说为通说，德国法则以主体说为主导。在此背景之下，法国法将刑法归属于私法，德国法则将刑法归属于公法。笔者倾向于将刑法归属于公法，并依上述决策约束/自由之有无的标准，认为刑法与民法之间存在调整领域、调整方式等上的根本区别。学者指出："于是刑事责任与民事责任乃判然划分，前者求社会秩序之维持，后者求个人相互间之满足，各有其特殊领域，法律进化至此，社会利益乃得维持于最高水准，个人利益之剥夺，亦仅止于最低限度，而吾人之生活理想在求个人与社会之调和者，乃于此见之。"[1]但在既定情况下，刑事责任与民事责任之间也具有一定的相互依托关系。一方面，刑法属于侵权责任构成中保护他人法益的法律，对民事责任的归责构成具有意义；另一方面，如果不法行为所造成的损害在刑事执法之前已经获得填补的，一般会导致刑罚的减轻

〔1〕 韩忠谟：《刑法原理》，中国政法大学出版社2002年版，第10页。

或者免除。[1]

刑事责任与民事责任的区别主要表现在如下五个方面：

1. 责任的基础不同。刑事责任立足于报应—预防（德 Vergeltung-Vorbeugung），关注对过去有责的不法行为人（犯罪人）实施公正的报应（惩罚），主要追究不法行为人对社会的责任（公的责任），同时预防将来可能发生的犯罪。[2] 刑事责任的功能包括法益保护（德 Rechtsgüterschutz）和行为预防两个方面，其中行为预防包括促使不法行为人不再违反规则的特殊预防［德 Spezialpraevention，又称为个别预防（德 Individualpraevention）］，以及警示其他潜在违反者的一般预防（德 Generalpraevention）。民事责任立足于矫正正义（英 corrective justice），关注对被害人所遭受的损害后果的平复，主要追究行为人对被害人的责任（私的责任），同时合理分担社会损害。民事责任的功能也包括法益保护和行为预防两个方面，其中行为预防仅指一般预防，而不包括特殊预防，但在例外情形（如惩罚性赔偿[3]）下除外。

2. 责任的构造不同。刑事责任由于受到责任主义和罪刑法定主义的拘束（同时防止国家刑罚权之滥用），其所保护的法益范围比较狭窄；民事责任由于必须追随社会生活的发展变化，其所保护的法益范围因而十分广泛。在主观构成方面，刑事责任原则上只处罚故意犯，例外地才处罚过失犯，而且过失范围具有缩小倾向，只有相当高程度的过失才须被处罚，同时对于未遂犯有时亦加以处罚，被害人的过失几乎不被考虑。[4] 民事责任基于公平分担损害的理念，对行为人存在故意抑或过失一般不作区分，过错的性质和程度对答责一般不生影响［极而言之，过错在一些场合（如无过错责任）下径行失落］，只考虑实际损害的大小，而对未现实发生的损害则

---

〔1〕 参见我国《最高人民法院、最高人民检察院关于办理盗窃刑事案件适用法律若干问题的解释》（法释〔2013〕8 号，以下简称《盗窃司法解释》）第 7 条；已被废止的《最高人民法院关于审理盗窃案件具体应用法律若干问题的解释》（法释〔1998〕4 号，以下简称《旧盗窃司法解释》）第 6 条第 2 项；《奥地利刑法典》第 42 条、第 167 条第 1 款；［奥地利］海尔姆特·库齐奥：《侵权责任法的基本问题》（第 1 卷·德语国家的视角），朱岩译，北京大学出版社 2017 年版，第 67 页。

〔2〕 《法国刑法典》第 130－1 条规定："为保护社会，预防犯罪发生和恢复社会平衡，本着保护受害人利益的精神，刑罚具有如下功能：1. 惩罚犯罪人；2. 促使犯罪人改过自新、融入社会或者复归社会。"参见《最新法国刑法典》，朱琳译，法律出版社 2016 年版，第 10 页。

〔3〕 参见我国《民法典》第 179 条第 2 款等。

〔4〕 对于故意和过失在刑事责任中的体系位置，学说上存在分歧，有认为系作为主观构成要素，也有认为系作为违法要素。笔者采前说。

不必赔偿,亦无所谓未遂的问题,并且可以适用过失相抵的规则。[1] 在责任能力方面,刑事责任能力以对自我行为的独立控制为前提,以刑罚的适当性作为核心;民事责任能力则旨在为正当的损害平衡设定条件,原则上每个人都具有这样的能力。[2]

3. 责任的方式不同。刑事责任以行为制裁为中心,以人身制裁为一般方式,科处刑罚的轻重须审酌各种情状,就不法行为人的改善、更生等社会化问题作出个别的政策考量,但对被害人不具有填补损害的功能。[3] 刑事责任方式即刑罚包括主刑和附加刑,其中主刑包括管制、拘役、有期徒刑、无期徒刑和死刑,附加刑包括罚金、剥夺政治权利和没收财产等。[4] 在类型上,可以区分为生命刑、自由刑、资格刑、财产刑等。民事责任以损害填补为中心,以财产补偿为一般方式,兼具有合理分担社会损害的作用。民事责任方式包括停止侵害,排除妨碍,消除危险,返还财产,恢复原状,修理、重作、更换,继续履行,赔偿损失,支付违约金,消除影响、恢复名誉,

---

〔1〕 参见郑玉波:《民法债编总论》(修订2版),中国政法大学出版社2004年版,第117页;[日]曾根威彦:《刑法学基础》,黎宏译,法律出版社2005年版,第244~251页;于敏:《日本侵权行为法》(第3版),法律出版社2015年版,第10页。在1855年德国学者弗里德里希·蒙森(Friedrich Mommsen,1818—1892)提出著名的差额说(德Differenztheorie)之前,各国民法学说一般采取责任须与过错程度保持平衡的观点。如法国学者罗伯特-约瑟夫·波蒂埃(Robert-Joseph Pothier,1699—1772)所著《债权论》(*Traité des Obligations*,1761—1764)一书中提出,债务人对债权人所蒙受的损失并非都须赔偿,而应区分其过错类型,只有在债务不履行系出于故意时,才须赔偿全部损失。参见何勤华:《西方法学史》,中国政法大学出版社1996年版,第124页。1811年《奥地利普通民法典》第1324条前段规定:"对于恶意或重大过失所致之情形,受害人得请求完全赔偿;在其他情形,仅得请求实际损害的赔偿。"1896年《德国民法典》明确改采损害赔偿与责任原因无关的、与差额说接近的完全赔偿观点(差额说旨在金钱补偿,完全赔偿原则旨在恢复原状),认为若非如此,将混淆民事责任与刑事责任之间的界限。依此,过错是确定刑事责任的条件,但在确定民事责任则无此意义。参见王利明:《侵权行为法归责原则研究》,中国政法大学出版社1992年版,第52页;[德]格哈德·瓦格纳:《损害赔偿法的未来——商业化、惩罚性赔偿、集体性损害》,王程芳译,熊丙万、李翀校,中国法制出版社2012年版,第14~16页;[德]贝福柯:《德国惩罚性损害赔偿的神话与现实》,王萍译,载张双根等主编:《中德私法研究》(总第10卷),北京大学出版社2014年版,第127页。

〔2〕 参见[德]莱因荷德·齐柏里乌斯:《法学导论》(原书第4版),金振豹译,中国政法大学出版社2007年版,第77~78页。《瑞士债务法》第53条规定:"刑法上关于刑事责任能力的规定,以及刑事法院的无罪判决,对民事法院判断当事人有无过错或有无判断能力,无拘束力。同样,刑事法院的判决,对民事法院判断过错和认定损害,亦无拘束力。"

〔3〕 有学者认为,我国法上的刑罚具有使被害人获得一定经济补偿的功能。参见陈兴良主编:《刑法总论精释·下册》(第3版),人民法院出版社2016年版,第725~726页。

〔4〕 参见我国《刑法》第33条、第34条第1款。《法国刑法典》将刑罚分为重罪刑罚和轻罪刑罚,前者包括无期徒刑或终身拘押,10~30年徒刑或拘押(第131-1条);后者包括监禁(最高为10年)、刑事强制、罚金、日罚金、公民素质培训、公共利益劳动、剥夺或限制权利之刑罚、附加刑、惩罚—赔偿等9种(第131-3条)。参见《最新法国刑法典》,朱琳译,法律出版社2016年版,第10~11页。

赔礼道歉等。[1] 在类型上,可以区分为责任合同之履行、权利维持和损害赔偿等,其中权利维持包括绝对权维持和相对权维持两大类型,损害赔偿包括恢复原状和金钱赔偿两大类型。

4. 责任追究的程式不同。刑事责任的追究实行国家垄断是现代法的特征之一。刑事诉讼是国家追究不法行为人刑事责任的法定程式,不得采取诸如仲裁、调解及协商和解等其他纠纷解决程式。刑事诉讼以不法行为人为中心,被害人不得放弃追究行为人的刑事责任(允许通过被害人及其家属表示谅解而对行为人从宽量刑,可能是唯一的例外)。民事责任的追究系以当事人为中心,包括民事诉讼、仲裁、调解及协商和解等纠纷解决程式。民事诉讼须由与本案有直接利害关系的当事人主动提起,实行要求原则。法院只能根据当事人的主张对民事责任进行处理,原则上既不得主动予以追究,也不得未经当事人同意而予以减免。我国《刑事诉讼法》中规定的刑事附带民事诉讼程序(第1编第7章),是刑事责任与民事责任未分化的残迹。[2]

5. 责任分析的方法不同。刑事责任的分析方法是双向的,既具有报应这种向后看的特征,也具有预防这种向前看的特征。民事责任的分析方法是单向的,即只具有弥补此前发生的损害这种向后看的特征,而不具有向前看的特征。追究刑事责任须遵循责任主义,一般只承认主观责任和个人责任;至于损害的修复和犯罪所得的退还等,一般认为不属于刑法上的观念。民事责任由于直接为被害人的利益服务,只在少数场合下采取诸如严格责任或者无过失责任的责任原则;追究责任的重点系放在有关损害的事实、对被害人所造成的影响,以及不法行为的性质和特点之上,对其他因素则几乎不予考虑。刑事责任由于事关人权保障,刑罚权之行使应慎重谦抑,并遵循最后手段(拉 *ultima ratio*)的原则。从这个角度来看,刑事责任与民事责

---

〔1〕 参见我国《民法典》第179条第1款。王云海教授指出:"刑事法与民事法的界限在于是否涉及对公民的人身权利的限制或剥夺,而非是否涉及'惩罚'或'制裁'。"参见王云海:《日本的刑事责任、民事责任、行政责任的相互关系》,载《中国刑事法杂志》2014年第4期。张维迎教授指出:"刑事和民事界线的设定本身就是激励机制设计的一个重要问题。在一种案件中,如果民事赔偿责任比刑事责任可以为当事人提供从社会角度讲更有效的激励,该案件就应该属于民事,否则,应该属于刑事。"参见张维迎:《经济学如何划分刑、民边界》,载《中国社会科学报》2009年9月15日,第4版。在笔者看来,前一观点以是否限制或者剥夺公民人身权利作为唯一标准区分刑事法和民事法,似嫌过于表面化和简单化,反而会不利于刑事法与民事法调整范围、调整方式等的相互协调和补充;后一观点似乎过于抽象,刑事法与民事法的分类本来就不是逻辑上的周延划分,毋宁是作为社会、历史、传统等因素综合作用的结果,单纯依靠"激励"的有效性是无法给出正解的。

〔2〕 参见郑玉波:《民法债编总论》(修订2版),中国政法大学出版社2004年版,第117页。

任至少在功能上是可以相互衔接的。[1]

作为公法与私法分化的内容之一,刑事责任与民事责任的分化包含两个面向:一是随着私人交易的发展,损害赔偿的性质逐渐醇化;二是随着国家的建立,国家独占了刑罚权。近年来,出现重新考虑刑事责任和民事责任的范围,将两者联系起来考虑的倾向。从刑事责任中出现了损害赔偿性质的功能,民事责任中具有了惩罚的要素这些新动向来看,对作为社会统治手段的两种责任的法的功能进行协调和整合,应属于可期待之事。又如,刑法上尽管限定了对过失犯的处罚,但将预防过失犯的功能委诸民事制裁以及其他措施,也是完全合理的。从这个角度来看,似应进一步提升民事责任的预防功能,甚至将之提升为不法行为制度的目的。[2]

从法益保护的角度来看,无论在功能抑或结构上,刑事责任与民事责任之间具有一定的互补性,此为刑民交叉的实体性基础。作为公法上比例原则在刑法领域中的投射,最后手段原则是指只有在所有其他手段无法成功地避免社会损害时,才能运用刑法。刑法作为“第二次规范”,在某种法益完全可以由其他法律保护时,便无须给予保护。具体到刑民关系而言,对于民法能够完全处理的问题,刑法上便无须作为犯罪处理。按照德国学者伯恩特·许乃曼(Bernd Schünemann)的观点,最后手段原则是预防刑法(德 Präventionsstrafrecht)的标志,是被害人教义学(德 Viktmodogmatik,又译为被害人信条学)的基准所在。被害人是作为保护对象的受侵害法益的享有者。民法由于不具有阻止法益损害发生的功能,而以法益损害的发生作为启动的前提,这使其与刑法相比具有软弱的特点。刑法保护是作为民法保护失败后、最后的国家权力救济途径,即民事责任应被置于刑事责任的前面。但是,最后手段原则不能作为一项普适性的规则,而应针对具体的案例群和事件情景,围绕法益保护的必需性(德 Schutzbedürfnis)进行适用。[3]

在世界各国的现实法制中,刑事责任与民事责任绝非判然两分。据日本学者穗

---

〔1〕 参见[日]曾根威彦:《刑法学基础》,黎宏译,法律出版社 2005 年版,第 246 ~ 247 页。澳大利亚学者皮特·凯恩(Peter Cane)指出:刑事责任的分析是单面的,即只针对犯罪本身,关注行为人所做出的行为和精神状态,如存在“没有被害人”的犯罪(如持有犯罪)和未完成的犯罪(如企图犯罪),被害人可以说毫无地位可言;民事责任的分析则是双面的,即不仅关注行为本身,还关注行为对他人的影响,即既针对人也针对事。参见[美]皮特·凯恩:《法律与道德中的责任》,罗李华译,张世泰校,商务印书馆 2008 年版,第 76 ~ 77 页。

〔2〕 参见[日]曾根威彦:《刑法学基础》,黎宏译,法律出版社 2005 年版,第 245、251 ~ 252 页。

〔3〕 参见申柳华:《德国刑法被害人信条学研究》,中国人民公安大学出版社 2011 年版,第 204 页。目前,预防刑法的观念逐渐让位于风险刑法的观念。“刑法对于德国立法者(也对于欧洲范围而言)早已不是最后手段,而是优先适用的手段,有时甚至是唯一手段。与此同时,刑法总是被前置;通过设置大量的未遂可罚性以及大力扩大具体以及抽象的危险犯罪范围来实现法益保护;超个人法益的创设则进一步确保和加速了刑法扩大化与灵活化的实现。”参见[德]埃里克·希尔根多夫:《德国刑法学现状》,黄笑岩译,载[德]埃里克·希尔根多夫:《德国刑法学——从传统到现代》,江溯、黄笑岩等译,北京大学出版社 2015 年版,第 173 ~ 174 页。

积陈重(1855—1926)介绍:

> 印度之旅客运送,乃靠当地抬轿之脚夫,其待遇甚劣于我国轿夫,乃货真价实之赤贫,所谓民事责任赔偿,一概免谈。且旅客通行之处,多为森林沙漠等荒无人烟之地,倘若此时脚夫违约,置老弱妇孺于不顾,扬长而去,实为危及人身安全之举,若以民事责任论,制裁尤显不足。印度刑法因此定其为刑事责任,委实合情合理。可见,即便该行为之性质为民事责任,特殊情况下,不定其为刑事责任,法律之目的便无法贯彻。立法者须多加留意。墨守成规、胶柱鼓瑟等事,绝非有才干之法学家所为。[1]

(二)刑事/民事诉讼

诉讼是法律上对各种不同性质权利的普通救济途径,否定它意味着否定法律权利。亦正因此,诉讼与法律权利之间常被视为同一事物的不同侧面。法律权利所蕴含的强制之力,系以国家公权力作为后盾,诉讼是国家公权力介入权利保护的方式。刑事诉讼与民事诉讼是普通诉讼的两大类型,两种诉讼的区分源于刑法与民法的区分。两种诉讼之间有如下一些基本区别:[2]

1. 诉讼的目的和任务不同。刑事诉讼的目的在于实现国家刑罚权,处理的是国家与犯罪人之间的犯罪追究问题,任务是"惩罚犯罪分子,保障无罪的人不受刑事追究"。[3] 民事诉讼的目的在于确定当事人之间的民事权利义务关系,处理的是当事人之间的民事权益纠纷,任务是"确认民事权利义务关系,制裁民事违法行为,保护当事人的合法权益"。[4]

2. 诉讼的提起方式不同。刑事诉讼有刑事公诉与刑事自诉之分,以前者为原则,后者为例外和补充。刑事公诉权系委任于人民检察院行使,其他任何国家机关和社会团体都不得行使。此为检察院的法定职责,并无任意行使之余地,民事诉讼有民事私益诉讼与民事公益诉讼之分,其中以前者为原则,后者为补充。民事私益诉讼系由与本案有直接利害关系的人主动提起,对其诉权并无必须行使之限制;对与本案没有直接利害关系的人提起的民事诉讼,法院不得受理。[5] 民事公益诉讼

---

〔1〕 [日]穗积陈重:《法窗夜话》,曾玉婷、魏磊杰译,法律出版社2015年版,第257页。

〔2〕 参见柴发邦主编:《民事诉讼法学》(修订本),法律出版社1987年版,第7~8页;《民事诉讼法学新编》,法律出版社1992年版,第10页。

〔3〕 参见我国《刑事诉讼法》第2条。

〔4〕 参见我国《民事诉讼法》第2条。

〔5〕 参见我国《民事诉讼法》第122条第2项。

系由法律规定的机关和有关组织或者检察院提起。[1]

3. 诉讼的结构原则不同。刑事诉讼实行国家干预主义。刑事诉讼作为公安机关、检察院和法院同犯罪作斗争的法定程序和方式，它与国家的安危、社会秩序的稳定、人民生命财产能否得到保障，有着直接的关系，国家必须实行干预。民事诉讼实行当事人处分权主义。[2] 当事人在法律规定的范围内，有处分自己民事权利和诉讼权利的自由，只要当事人的处分行为是合法的，法院不进行干预；只有当事人的处分行为，违反了法律规定，超出了法律规定的范围，法院才代表国家实行干预。

4. 诉讼的证明方法不同。刑事诉讼采取职权探知主义，系利用国家公权力穷尽侦查可能而形成案件事实。民事诉讼采取辩论主义，[3] 主要由当事人推进程序而形成案件事实。职权探知主义与辩论主义的区别在于，职权探知主义将发现案件真实的职责全部归于包括公安机关、检察院和法院等在内的司法机关，当事人处于被动地位，所认定的事实仅具有针对当事人的单向的拘束力。辩论主义一般将发现案件真实的职责归于当事人，法院认定事实须受当事人主张的拘束，所认定的事实既拘束当事人，也拘束人民法院。目前我国民事诉讼制度中仍然存留不少职权探知主义痕迹。

5. 诉讼的证明标准不同。刑事诉讼实行案件事实清楚、证据确实充分且排除合理怀疑（英 beyond reasonable doubt）的普通证明标准，[4] 民事诉讼实行高度盖然性（英 a high degree of probability close to certitude）的普通证明标准，[5] 前者高于后者。这与诉讼传统大有关联。大陆法系实行的这一民事诉讼普通证明标准，高于英

---

[1] 参见我国《民事诉讼法》第 58 条。

[2] 参见我国《民事诉讼法》第 13 条第 2 款。

[3] 参见我国《民事诉讼法》第 12 条。

[4] 参见我国《刑事诉讼法》第 55 条、第 200 条第 1 项、第 214 条第 1 款第 1 项、第 222 条第 1 款。《最高人民法院关于适用〈中华人民共和国刑事诉讼法〉的解释》（法释〔2021〕1 号，以下简称《刑事诉讼法司法解释》）第 72 条第 2 款规定："认定被告人有罪和对被告人从重处罚，适用证据确实、充分的证明标准。"《最高人民法院、最高人民检察院、公安部、国家安全部、司法部关于推进以审判为中心的刑事诉讼制度改革的意见》（法发〔2016〕18 号）第 2 条规定："严格按照法律规定的证据裁判要求，没有证据不得认定犯罪事实。侦查机关侦查终结，人民检察院提起公诉，人民法院作出有罪判决，都应当做到犯罪事实清楚，证据确实、充分。侦查机关、人民检察院应当按照裁判的要求和标准收集、固定、审查、运用证据，人民法院应当按照法定程序认定证据，依法作出裁判。人民法院作出有罪判决，对于证明犯罪构成要件的事实，应当综合全案证据排除合理怀疑，对于量刑证据存疑的，应当作出有利于被告人的认定。"唯对于逮捕、保全等刑事诉讼措施甚至追缴违法所得等准刑罚措施的采取，可以适用程度较低的特别证明标准。对于上列《刑事诉讼法》的规定，其中第 214 条第 1 款第 1 项对适用简易程序的案件系规定为"案件事实清楚、证据充分"。有学者认为，对该类案件可以适用高度盖然性的特别证明标准。参见陈光中、李玉华、陈学权：《诉讼真实与证明标准改革》，载《政法论坛》2009 年第 2 期。

[5] 参见我国《最高人民法院关于适用〈中华人民共和国民事诉讼法〉的解释》（法释〔2015〕5 号，经法释〔2020〕20 号，法释〔2022〕11 号修正，以下简称《民事诉讼法司法解释》）第 108 条第 1 款。

美法系实行的证据优势证明标准（英 the preponderance of the evidence）。原因在于，大陆法系诉讼法为追求单纯的法官内心确信，往往忽视刑事诉讼与民事诉讼在认定事实目标上存在的本质性差异，因而对两种诉讼适用比较接近的证明标准，实际上系以刑事诉讼证明标准“拉高”了民事诉讼证明标准。

6. 诉讼的执行方式不同。刑事执行主要是对人身执行，一般系由法院直接交付执行机构或者行刑机关进行，只有在执行附加刑和追缴、特别没收等准刑罚措施的例外情形时，才涉及对财产和行为执行。民事执行主要是对财产和行为执行，例外情形下才涉及对人身执行；一般由当事人自动履行，例外情形下由法院强制执行。

由于刑事诉讼与民事诉讼之间存在上述区别，故纵属同一事件，法律上亦须区分刑事与民事而分别裁判，两者之间原则上不发生相互影响。刑事诉讼中时常涉及私法上之法律关系，如在侵害财产法益之犯罪，必须认定私法上权利之归属。唯刑事判决认定有关私权事项，在独立之民事诉讼中并不受其拘束。[1] 被刑事裁判认定的事实构成，有可能被民事裁判所推翻，反之亦然。例如，刑事判决认定行为人未实施某行为，而民事判决则认定行为人实施了某行为（基本事实认定方面）。在一件交通肇事事故中，刑事判决认定行为人没有过失，不构成犯罪；民事判决则认定行为人有过失，须承担损害赔偿责任（事实构成认定方面），行为人以民事裁判与刑事裁判矛盾为由提起上告，日本最高法院认为：“关于所论本案事故的刑事判决，无论该判决的内容如何，也没有要求原审（民事判决）必须下达与其一致的判决的道理。”[2]

（三）刑民实体交叉点

以我国法为例，刑事责任与民事责任之间既有实体意义上的交叉，又有程序意义上的交叉。在实体交叉方面，《民法典》第 187 条规定：“民事主体因同一行为应当承担民事责任、行政责任和刑事责任的，承担行政责任或者刑事责任不影响承担民事责任；民事主体的财产不足以支付的，优先用于承担民事责任。”“对承担民事责任的公民、法人需要追究行政责任的，应当追究行政责任；构成犯罪的，对公民、法人的法定代表人应当依法追究刑事责任。”这是关于刑事责任与民事责任的区分原则的规定。刑事责任与民事责任是两种不同性质的法律责任，不能互相代替，以赔偿代替刑罚；以刑罚免除民事责任的做法是错误的。该规定对司法人员正确适用法律，

---

〔1〕 参见杨建华原著，郑杰夫增订：《民事诉讼法要论》（增订版），北京大学出版社 2013 年版，第 3 页。

〔2〕 日本最高法院 1959 年 11 月 26 日判决。转引自于敏：《日本侵权行为法》（第 3 版），法律出版社 2015 年版，第 8 ~ 9 页。

纠正刑民不分的错误观念有现实意义。[1] 王泽鉴教授指出，上述规定的主要目的在于，强调以各种途径强化对合法民事权益的保护，但是似乎也在暗示民法与刑法的共同功能：对违反法律者的制裁。[2] 以此为基础，原《侵权责任法》第4条规定："侵权人因同一行为应当承担行政责任或者刑事责任的，不影响依法承担侵权责任。因同一行为应当承担侵权责任和行政责任、刑事责任，侵权人的财产不足以支付的，先承担侵权责任。"原《民法总则》第187条与《民法典》第187条规定相同，立法部门的释义称此为民事责任优先原则。[3]

从原《民法通则》第110条规定的民事责任与刑事责任相区分，到《民法典》第187条规定的民事责任优先，都是从民事实体法的角度确立起民事责任与刑事责任相互独立的关系。反面言之，无论对行为人追究何种刑事责任，均不应对其民事责任发生任何影响。与上述民法规定相平行，《刑法》第36条第2款规定："承担民事赔偿责任的犯罪分子，同时被判处罚金，其财产不足以全部支付的，或者被判处没收财产的，应当先承担对被害人的民事赔偿责任。"该款规定为1997年修订该法时所新增，其中明确规定了行为人承担财产刑（包括罚金刑、没收财产刑）与民事责任时，应优先承担民事责任；"同时"的措辞，《民法典》第187条规定中系表述为"同一行为"。立法部门的释义认为，《刑法》第36条第2款规定适用于"刑事附带民事的案件"，"对判处财产刑的，执行时采用民事优先的原则，以加强对被害人合法权利的保护"。[4]

人民法院在审理刑事案件中追究犯罪分子的民事赔偿责任的实体法依据，主要为《刑法》第36条第1款、第37条和第64条。其中，第36条第1款规定："由于犯罪行为而使被害人遭受经济损失的，对犯罪分子除依法给予刑事处罚外，并应根据情况判处赔偿经济损失。"立法部门的释义认为，"在认定'由于犯罪行为而使被害人遭受经济损失的'事实时，应当注意认定犯罪分子的犯罪行为与被害人遭受经济损失的后果之间是否有刑法上的因果关系"，"根据犯罪分子的犯罪性质、情节、被害人遭受损失的程度，被告人经济状况等具体情况，一并判处犯罪分子赔偿被害人遭

---

〔1〕 参见孙亚明主编：《民法通则要论》，法律出版社1991年版，第211页［魏振瀛执笔］。

〔2〕 王泽鉴：《〈中华人民共和国民法通则〉之侵权责任：比较法的分析》，载王泽鉴：《民法学说与判例研究·第6册》（修订版），中国政法大学出版社2005年版，第269～270页。

〔3〕 全国人大常委会法制工作委员会民法室编：《中华人民共和国侵权责任法条文说明、立法理由及相关规定》，北京大学出版社2010年版，第14页以下；石宏主编：《中华人民共和国民法总则条文说明、立法理由及相关规定》，北京大学出版社2017年版，第442页以下；黄薇主编：《中华人民共和国民法典释义》（上册），法律出版社2020年版，第371页以下。

〔4〕 胡康生、李福成主编：《中华人民共和国刑法释义》，法律出版社1997年版，第45页。

受的经济损失”。[1] 第37条规定：“对于犯罪情节轻微不需要判处刑罚的，可以免予刑事处罚，但是可以根据案件的不同情况，予以训诫或者责令具结悔过、赔礼道歉、赔偿损失，或者由主管部门予以行政处罚或者行政处分。”第64条规定：“犯罪分子违法所得的一切财物，应当予以追缴或者责令退赔；对被害人的合法财产，应当及时返还；违禁品和供犯罪所用的本人财物，应当予以没收。没收的财物和罚金，一律上缴国库，不得挪用和自行处理。”就上述立法部门的释义，依刑法上的因果关系确定民事赔偿责任的成立和范围，是由刑事附带民事诉讼的诉讼形式所决定的，至少在认定标准和内容上，与一般的民事赔偿责任因果关系存在一定差距；根据被告人的经济状况确定民事赔偿责任的范围，则超出了确定民事赔偿责任范围的一般原则。

就民事赔偿责任与刑事责任中涉财产部分的执行顺序，依《民法典》第187条、《刑法》第36条第2款等规定，应实行民事赔偿责任优先于刑事财产责任。对于民事赔偿责任优先于没收财产刑，《刑法》第60条规定：“没收财产以前犯罪分子所负的正当债务，需要以没收的财产偿还的，经债权人请求，应当偿还。”除此之外，行为人向被害人履行民事赔偿责任，将影响人民法院对其定罪和量刑，亦为刑民实体交叉点之一。尤其是在量刑方面，《刑法》第61条规定：“对于犯罪分子决定刑罚的时候，应当根据犯罪的事实、犯罪的性质、情节和对于社会的危害程度，依照本法的有关规定判处。”依此，反映人身危险性大小和改造难易程度的行为人犯罪后态度，尽管一般情况下不属于责任刑的量刑情节，但属于预防刑的量刑情节。其中，即包括行为人向被害人承担民事赔偿责任的情况。《刑事诉讼法司法解释》第276条第2款规定：“人民法院……应当根据案件情况审查以下影响量刑的情节：……（五）退赃、退赔及赔偿情况；（六）被告人是否取得被害人或者其近亲属谅解……”即寓有斯旨。

（四）刑民程序交叉点

在我国刑事法上，刑民程序交叉主要涉及被害人一方提起附带民事诉讼、人民法院主动追究民事责任、当事人和解等三种情形。该等程序的功能，在于在刑事诉讼程序中谋求被害人法益损害的尽快恢复，降低被害人损害赔偿的磋商成本和诉讼成本。虽然该等程序颇受“刑法私法化”、违背刑民分立原则等质疑，但是，即使承认国家垄断刑罚权，也不能立即得出必须将刑事诉讼与民事诉讼彻底分立的结论。[2]

---

〔1〕 胡康生、李福成主编：《中华人民共和国刑法释义》，法律出版社1997年版，第45页。引文中的着重号为笔者所加。在该书第6版中，“刑法上的因果关系”被修改为“因果关系”；参见郎胜主编：《中华人民共和国刑法释义》（第6版），法律出版社2015年版，第35页。

〔2〕 参见［日］川出敏裕、金光旭：《刑事政策》，钱叶六等译，中国政法大学出版社2016年版，第249页。

上述三种情形的区别在于,前两种情形系针对刑事案件中的民事内容而言的;第三种情形则既可以针对刑事案件中的民事内容(如附带民事诉讼的调解),也可以针对刑事案件本身(如自诉案件的调解、刑事和解特别程序)。

1. 就被害人一方提起附带民事诉讼,虽然附属于刑事诉讼,但本质上仍为民事诉讼。"附带民事诉讼乃源自于实体关连性之思想(德 auf dem Gedanken des Sachzusammenhangs):即当因为一犯罪行为而致生财产法上之请求权时,显而易见地为了避免双重的工作负担,也为了避免产生矛盾之裁判,因而在刑事诉讼程序中即已许可被害人提起补偿请求权(德 Entschadigungsanspruche);如此即可同时兼顾到使被害人获得迅速的补偿。"[1] 我国《刑法》第 36 条第 1 款规定中的"经济损失",应与《刑事诉讼法》中关于刑事附带民事诉讼赔偿范围规定中的"物质损失"作相同解释,即赔偿范围不包括非财产上损害(精神损害)。《刑事诉讼法》第 1 编第 7 章规定刑事附带民事诉讼程序,被害人一方因犯罪行为而遭受损害的,仅得就所遭受的"物质损失"请求赔偿(第 101 条第 1 款前段);人民法院"根据物质损失情况作出判决、裁定"(第 103 条)。依《刑事诉讼法司法解释》第 175 条第 2 款的规定,被害人一方既不得在刑事附带民事诉讼中主张精神损害赔偿,也不得在刑事诉讼之外就精神损害赔偿另行提起单独的民事诉讼。[2] 但是,这与民事实体法上规定的民事责任与刑事责任相区分、民事责任优先原则以及完全赔偿原则(德 Totalreparation,又译为全部赔偿原则)是否矛盾,不无疑问。

2. 就人民法院主动追究民事责任,此项内容在刑事诉讼程序的运行中向来未受重视。《刑法》第 37 条规定为责令"赔礼道歉、赔偿损失",第 64 条前段规定为责令退赔、返还被害人财产。这些责任方式本质上均属于民事责任方式,但在形式上却系由人民法院主动追究,实属追究民事责任要求原则(含不告不理)之例外。同时,作为在刑事诉讼程序中责令退赔、返还的对象,司法解释上系限于"刑事裁判认定的实际损失"。[3] 依此,人民法院强制要求行为人承担民事责任的情况,会对行为人刑事责任的追究产生影响。换言之,行为人向被害人作出民事赔偿的情况,将作为

---

〔1〕[德]克劳斯·罗克辛(又译为克劳思·罗科信):《刑事诉讼法》(原书第 24 版),吴丽琪译,法律出版社 2003 年版,第 590 页。

〔2〕我国《刑事诉讼法司法解释》第 175 条第 2 款规定:"因受到犯罪侵犯,提起附带民事诉讼或者单独提起民事诉讼要求赔偿精神损失的,人民法院一般不予受理。"其中的"一般"系该司法解释所新增。对照已被废止的《最高人民法院关于人民法院是否受理刑事案件被害人提起精神损害赔偿民事诉讼问题的批复》(法释〔2002〕17 号,根据法释〔2015〕2 号废止,以下简称原《被害人精神损害民事诉讼批复》);已被废止的《最高人民法院关于刑事附带民事诉讼范围问题的规定》(法释〔2000〕47 号,以下简称原《附带民事诉讼范围规定》)第 1 条第 2 款。

〔3〕参见我国《最高人民法院关于刑事裁判涉财产部分执行的若干规定》(法释〔2014〕13 号,以下简称《刑事财产执行规定》)第 10 条第 4 款。

量刑情节予以考虑。[1] 唯此应在实体和程序上予以一定的限制，容后详论。此外，依《刑法》上述规定，主动追究民事责任的司法机关并不限于人民法院，人民检察院对决定不起诉的案件，可以根据案件的不同情况，对被不起诉人责令“赔礼道歉、赔偿损失”。[2]

3. 就当事人和解，《刑事诉讼法》对刑事附带民事诉讼案件设有调解程序（第103条），对自诉案件设有调解与和解程序（第212条第1款），对公诉案件设有“当事人和解的公诉案件诉讼程序”的特别程序（第5编第2章第288～290条，刑事和解）。其中，刑事和解特别程序为2012年修正该法所增订，立法说明指出：“为有利于化解矛盾纠纷，需要适当扩大和解程序的适用范围，将部分公诉案件纳入和解程序。同时，考虑到公诉案件的国家追诉性质和刑罚的严肃性，防止出现新的不公正，对建立这一新的诉讼制度宜审慎把握，和解程序的适用范围也不能过大。”[3] 所谓刑事和解，是指在轻罪案件中，犯罪嫌疑人、被告人真诚悔罪，通过向被害人赔偿损失、赔礼道歉等方式获得被害人谅解，被害人自愿和解的，人民法院、人民检察院对犯罪嫌疑人、被告人予以从宽处理的刑事司法机制。在这里，“向被害人赔偿损失、赔礼道歉”只是手段，“获得被害人谅解”才是目的，因而须是“被害人自愿和解”。刑事和解可以发生在刑事诉讼的任一阶段，后果包括人民检察院可以决定不起诉，人民法院可以依法从宽处罚（现行该法第290条）。但是，刑事和解机制尚且欠缺实体法的支撑，却是不争的事实。[4] 此外，当事人和解还涉及行为人认罪认罚从宽制度。[5] 行为人赔偿被害人或者与被害人达成和解协议，系作为其认罚的一个可能环节。但最终是否给予“从宽”处理，应当取决于行为人赔偿或者达成和解协议能否转换为对其真诚悔罪的证明，从而降低特殊预防的必要性。

### 二、刑民交叉的比较法观察

刑法、民法区分的类型观念萌芽于早期古代法，如古罗马早期的《十二表法》。历史学家蒂图·李维（Titus Livius，公元前59年—公元17年）称该法为“一切公法

---

〔1〕 参见我国《刑事诉讼法司法解释》第176条、第194条；原《附带民事诉讼范围规定》第4条、第5条第1款。

〔2〕 参见我国《人民检察院刑事诉讼规则》（高检发释字〔2019〕4号）第373条第1款。

〔3〕 王兆国：《关于〈中华人民共和国刑事诉讼法修正案（草案）〉的说明》（2012年3月8日），载王尚新、李寿伟主编：《〈关于修改刑事诉讼法的决定〉释解与适用》，人民法院出版社2012年版，第388页。在立法过程中，有学者建议刑事和解可以适用于包括重罪乃至可能判处死刑的各类刑事案件，其中死刑案件须存在可不杀因素。参见陈光中：《刑事和解应当推动和规范》，载《法学研究》2010年第1期。

〔4〕 参见孙万怀：《以实体与程序协调性为视角看刑事和解举措入法》，载《法学》2011年第12期。

〔5〕 行为人认罪认罚从宽制度系我国2018年修正《刑事诉讼法》所增订，见该法第15条等规定。

和私法的渊源”（拉 *fons omnis publici privatique iuris*）。[1] 但是，即使直到古罗马晚期的查士丁尼（Justinianus Ⅰ，483—565）皇帝时期，这一区分还未最终完成。“公罪私罪及民事仍是混在一起，我们现代单纯的民事损害赔偿，以填补损害为目的的制度，在罗马法上还找不到。民刑事责任真正分清，以法国而言，是 13 世纪的事。”[2]

（一）古罗马法

1. 公犯与私犯。古罗马法诞生于以家庭为单位的罗马城邦生活，以调整各种以家庭为核心的法律关系为主要内容，家庭的自我防卫——私力制裁构成了古罗马法的起源。然而，以公共强制力作为真正标记的法与诉讼，乃源于私力制裁向公力制裁的过渡。《十二表法》区分公犯（拉 *crimina publica*）与私犯（拉 *delicta privata*），前者是指侵犯城邦利益的罪行，以城邦的名义予以惩罚；后者是指侵犯私人利益的罪行，由行为人给予赔偿。法律上对于公犯、私犯的制裁手段，包含着身份、资格、名誉、宗教乃至财产等因素，亦为现代法上区分刑法与民法、刑事责任与民事责任的诸落脚点。[3] 与此同时，法有了原初意义的公法—私法划分。“公法是涉及罗马［公共］事务状态的法，私法是涉及个人利益的法。”[4] 现代法上公法、私法的划分，既源于古罗马法上的同一划分，[5] 又缘于其中公犯、私犯的划分。[6]

在查士丁尼组织编纂的《民法大全》（*Corpus Iuris Civilis*，533；又译为《国法大全》）中，对私犯、公犯的处理存在摇摆。在查氏《法学阶梯》（*Institutiones*，533）中，私犯、公犯都被放在关于诉讼的第 4 卷之中，尽管二者的内容存在区别：前者是债的发生根据之一，由被害人主张损害赔偿（I. 4，1～5）；后者则集中于公诉的项下（I. 4，18）。在查氏《学说汇纂》（*Digesta*，533）中，没有采取“私犯”范畴，并且打破“私犯”的四分法，而是先以公元前 286 年颁布的《阿奎利亚法》（*Lex Aquilia*）所规定的责任

---

〔1〕 参见［意］朱塞佩·格罗索：《罗马法史》（原书第 5 版·校订译本），黄风译，中国政法大学出版社 2018 年版，第 62 页。

〔2〕 Demogue，De la réparation civile des délits，p. 9－10。转引自王伯琦：《从义务本位到社会本位》，载王伯琦：《近代法律思潮与中国固有文化》，清华大学出版社 2005 年版，第 242 页。

〔3〕 这些因素亦为古罗马法上人格诸因素，其变动包括人格限制、人格减等。参见梁展欣：《罗马法上的“人”》，载梁展欣：《民法史的观察》，人民法院出版社 2017 年版，第 37 页以下。

〔4〕 D. 1，1，1，2 中段。参见《学说汇纂》（第 1 卷 正义与法·人的身份与物的划分·执法官），罗智敏译，中国政法大学出版社 2008 年版，第 7 页。

〔5〕 在笔者看来，尽管法学家多米第·乌尔比安（Domitius Ulpinianus，170—228）和查士丁尼对公法、私法的划分均系采取利益说，但究其实质，该划分应系公法生活与私法生活的异质性所致，故以采生活说为宜。此与现代公法、私法的划分全然不同，后者由于采取个人—自由主义的原则，依保护个人自由之需要而划定国家权力之行使边界，使个人与国家成为/代表相互对立的法律主体/利益所致。

〔6〕 参见［意］朱塞佩·格罗索：《罗马法史》（原书第 5 版·校订译本），黄风译，中国政法大学出版社 2018 年版，第 104 页。

为中心发展出一个新的体系，其核心为因契约外不法行为所导致的损害赔偿之债（D.9）。其后，将其他私犯（包括四分法中的3种）与公犯放在一起（D.47、D.48），这些内容是现代刑法和刑事诉讼的雏形。[1]

2.刑法的发生。在古罗马法上，刑法原属于私法的项下，以死刑审判的公权化、[2]公罪的独立化和公诉法定主义的采取[3]为标志，逐渐从私法中脱离出来。至帝政时代，私犯亦逐渐进入公犯的范围，可以由城邦直接予以处罚。但对于行为人承担何种性质的责任，则交由被害人选择主张。[4] 这一过程，以审理程式和审判法庭的特别化为特征。对此，英国学者亨利·萨姆纳·梅因（Henry Sumner Maine，1822—1888）有如下叙述：

> 无论如何，当罗马社会认为它本身受到了损害时，它即绝对按照字面的类推适用当一个个人受到不法行为时所发生的后果，国家对不法行为的个人就用一个单一行为来报复。其结果是，在共和国的幼年时代，对于严重妨害国家安全或国家利益的每一种罪行，都由立法机关制定一个单独法令来加以处罚。这就是对于一个犯罪（拉 *crimen*）的最古概念——犯罪是一种涉及重要结果的行为，对于这种行为，国家不交给民事法院或宗教法院审判，而专对犯罪者制定一个特别法律（拉 *privilegium*）加以处理。[5]

《十二表法》反映了刑法和刑事诉讼发展的一个过渡阶段，它在宗教刑法的一侧发展出侵犯私人利益的独立犯罪领域，其中产生了两种性质相异的后果：惩罚（拉 *vindicta*）和赔偿（拉 *noxa*）。惩罚针对的是侵犯人身的犯罪，它导致狭义的、可用罚金（拉 *poena*）赎买的报复；赔偿针对的是造成财产损害的犯罪，它使被害方有权占

---

〔1〕 参见[意]桑德罗·斯奇巴尼：《导言》，载《学说汇纂》（第48卷·罗马刑事法），薛军译，[意]纪蔚民、阿尔多·贝特鲁奇校，中国政法大学出版社2005年版，第2页。对于《学说汇纂》第9卷中保留的私犯行为，斯奇巴尼（Sandro Schipani，1940—）指出："对于这些损害事件，被归入罚金类的制裁，具有切实的赔偿性和财产性，这些特性通过不断确认排除对自然人人身的适用来印证，对它的保护留给针对人身的不法损害的诉讼，自由人的价值需根据善良和公正来估价，而这里所涉及的假设，则是采用一个固定的罚金（其标准明显不同于财产性赔偿中所遵循的）。"《学说汇纂》将私犯四分法中属于对人的不法行为，调整到刑法之中，这"造成了民法上一个真正的缺失"。参见[意]桑德罗·斯奇巴尼：《再读〈学说汇纂〉：第9卷重析（代前言）》，载《学说汇纂》（第9卷·私犯、准私犯与不法行为之诉），米健、李钧译，[意]纪蔚民校，中国政法大学出版社2012年版，第28、29页。

〔2〕 参见D.1,2,2,16、D.1,2,2,23。

〔3〕 参见D.48,1,1；载《学说汇纂》（第48卷·罗马刑事法），薛军译，[意]纪蔚民、阿尔多·贝特鲁奇校，中国政法大学出版社2005年版，第3页。

〔4〕 参见陈朝璧：《罗马法原理》，法律出版社2006年版，第131～132页。

〔5〕 [英]亨利·萨姆纳·梅因：《古代法》，沈景一译，商务印书馆1959年版，第210页。引文中的着重号为原文所有。

据行为人的躯体,行为人可以通过支付罚金(拉 *damnum decidere*)进行自赎。尽管在这一阶段,有关犯罪和刑罚的规定还十分零碎,公力介入私力制裁的程度不高,界限也不明确,但自此以后,对私犯的制裁逐渐变成由法律加以确定的财产刑(拉 *poena pecuniaria*)。这是一种私人通过诉讼手段而获得的私人罚金,明显区别于原来以同态复仇(拉 *ni cum eo pacit, talil esto*)为特征的、简单的私人报复。再后来,随着城邦生活的不断扩张,犯罪成为一个公共问题,公犯有了较大的发展,私犯反而逐渐趋于萎缩。[1]

3. 责任的雏形。在古罗马,最古老的诉讼形式称为法律诉讼(拉 *legis actiones*,又译为法定诉讼),分为5种形式。其中,实施拘押之诉(拉 *legis action per manus injectionem*)和实施扣押之诉(拉 *legis action per pignoris capionem*)皆始于公力作用于私力制裁,前者系针对行为人的人身,后者系针对行为人的财物。最早产生的实施拘押之诉见于《十二表法》,是指获得司法确认裁决的权利人可以拘押义务人,60天后仍未获清偿的,权利人可以强制义务人为自己劳动以抵偿债务(债务奴隶,拉 *nexus*),或者将义务人杀死或卖予台伯河对岸的外邦。[2] 实施扣押之诉是指针对特定种类的权利,权利人在发表一番告知义务人扣押事宜的套语(拉 *certa verba*)后,对义务人的财物实施扣押,义务人在相当期限内不予取赎的,权利人可予以销毁(拉 *pignora caedere*),义务人可因此而向裁判官提出异议。实施扣押之诉系为禁止权利人自行扣押财物,性质为公力介入私力制裁,这是现代民事责任的雏形,亦为现代民事强制执行法的源头。[3]

由于发生给付罚金的义务,私犯因而被纳入"债"(拉 *obligatio*)概念的项下,成为与契约之债相并列的私犯之债。"责任"概念源于债务人必须向法庭作出"回答",在支付罚金或者债款后恢复自由。因此,责任的本质在于人身性,而兼具财产性,此亦为"债"概念的原初特征。这一债—责任的双重性质,为刑事责任与民事责任的分化埋下了伏笔。这一天随着公元前326年旨在修订实施拘押之诉、废除债务

---

〔1〕 参见[意]朱塞佩·格罗索:《罗马法史》(原书第5版·校订译本),黄风译,中国政法大学出版社2018年版,第106~108、116页。徐国栋教授在归纳《十二表法》对现代西方公私法影响时,没有注意到该法已经呈现并对后世具有重大影响的刑罚制度,应属重大疏漏。参见徐国栋:《〈十二表法〉规范在现代西方公私法中的存活和发展》,载《社会科学动态》2017年第3期。

〔2〕 参见《十二表法》第3表第5、6条;徐国栋、[意]阿尔多·贝特鲁奇:《〈十二表法〉新译本》,[意]纪蔚民译,载《河北法学》2005年第11期。

〔3〕 参见丘汉平:《罗马法》,中国方正出版社2004年版,第422~425页;[日]穗积陈重:《扣押乃民事法之起源》,载[日]穗积陈重:《复仇与法律》,曾玉婷、魏磊杰译,中国法制出版社2013年版,第108~111页。到查士丁尼《法学阶梯》,5种法律诉讼形式中只剩下请求给付之诉。穗积陈重在该文中指出,扣押是与财产相关的私斗,为民事制裁的起源,其发展体现了私力制裁向公力制裁的过渡,与复仇作为刑事制裁的起源相当。

奴隶制度的《博埃得里亚法》(*Lex Poetelia*)的颁布而到来。李维指出:“除了那些因犯罪而受罚的人外,任何仍在接受惩罚的人均不应受到捆缚或监禁:所欠的钱款应当用债务人的财产而不是躯体来偿还。”[1]其中,明确采取以财产抑或躯体来偿还债务的标准,划分普通债务与犯罪债务。对照现代法,以财产偿还的属于民事责任,以人身偿还的属于刑事责任。随着现金赔偿之债的出现,“赔偿之目的不再是赎罪,而是填补行为所造成的损害”的观念取得了主导地位。[2] 这个过程对“债”概念及其项下的“私犯”概念都具有醇化作用,表现为债的内容从人身性到财产性的变动,私犯的重心乃从对行为人的制裁转移到对被害人损害的填补之上,因而与公犯之间的距离越拉越大。[3]

就私犯提起诉讼的形式,包括索回物之诉(拉 *actio rei persecutoria*)、[4]罚金之诉(拉 *actio poenalis*)和混合诉讼(拉 *actio mixta*)三种类型。“有些诉权是为了索回物而采用的;有些诉权是为了追究罚金而采用的;有些是混合性的。”[5]其中,索回物之诉表现为要求恢复受侵害的权利并获得适当的补偿,使之恢复到如未受侵害时的原状;罚金之诉表现为要求对行为人施以惩罚,因而赔偿可以超过被害人所遭受的财产损失;混合诉讼兼有上述两种目的。有时,混合诉讼与罚金之诉很难区别,双倍罚金之诉也可以理解为混合诉讼,因为其中既包括对物原有价值的返还,又含有多出 1 倍的惩罚性罚金。这种情况“反映出从原始制度向发达制度发展的过渡危机,在前一种制度中,非法行为所造成的只是罚金,而在后一种制度中,人们逐渐趋向于确定这一原则:任何损害均需赔偿;混合诉讼本身像是后来为掩饰危机和解体而实行的一种更新”。[6] 与《十二表法》主要规定为一些固定罚金制度不同,《阿奎

---

〔1〕 参见[意]彼德罗·彭梵得:《罗马法教科书》(修订版),黄风译,中国政法大学出版社 2005 年版,第 270 ~ 271 页。彭梵得(Pietro Bonfante,1864—1932)指出,这意味着罗马法上债关系的刑罚特色的消失,债因而缩减为单纯财产性的关系。

〔2〕 参见[德]克雷斯蒂安·冯·巴尔:《欧洲比较侵权行为法》(上册),张新宝译,法律出版社 2001 年版,第 4 ~ 5 页。

〔3〕 关于罗马法上“债”与“责任”概念的演变介绍,可参见[意]朱塞佩·格罗索:《罗马法史》(原书第 5 版·校订译本),黄风译,中国政法大学出版社 2018 年版,第 94 ~ 95 页;梁展欣:《民事责任沿变略考》,载梁展欣:《民法史的观察》,人民法院出版社 2017 年版,第 175 ~ 179 页。

〔4〕 其中的“索回物之诉”,黄风教授原系译为“损害赔偿之诉”,但他后来对此曾有专门说明,认为前一译法“在一定程度上更加准确地表达了要求返还和恢复原状的含义”。参见黄风:《罗马私法导论》,中国政法大学出版社 2003 年版,第 27 页。但是,这一改变并未被黄风教授反映到修订翻译彭梵得《罗马法教科书》(中国政法大学出版社 2005 年版)一书之中;见该书第 67、307、308 页等。周枏(1908—2004)教授系译为“损失诉”。参见周枏:《罗马法原论》(下册),商务印书馆 1994 年版,第 783、790 页。笔者于此系据徐国栋教授在《查士丁尼〈法学阶梯〉评注》一书(北京大学出版社 2011 年版)中的译法,见该书第 506 页。

〔5〕 查士丁尼 I. 4,6,16。

〔6〕 查士丁尼 I. 4,6,16 ~ 20;D. 44,7,35pr.;[意]彼德罗·彭梵得:《罗马法教科书》(修订版),黄风译,中国政法大学出版社 2005 年版,第 67 ~ 68、307 页;黄风:《罗马私法导论》,中国政法大学出版社 2003 年版,第 27 ~ 29 页。

利亚法》从被害人遭受损害的角度规定了富有弹性的赔偿制度。从此,罚金不再是用于防止被同态复仇的“赎罪金”,而是作为私犯的责任后果之一,即针对损害的赔偿(简称损害赔偿)。[1]

4.小结。古罗马法上刑民分立的开启,在法律史上具有划时代的意义。刑民分立虽然源自诉讼结果上的不同内容,但反过来又对诉讼程序的安排发生分化作用,程序上乃确立起以刑民分立为原则、以先民后刑为补充的处理方法。378年,瓦伦斯、格拉提安和瓦伦提尼安皇帝颁布敕答,规定:“如果就私人事项同时发生刑事和民事诉权,两者皆可行使,不论先行使的是何者。如果未提起民事诉权,刑事诉权可提起之,反之亦然。”[2]这表明刑事诉权与民事诉权系并立关系,权利人有权选择行使何者,而且行使其一不影响另一的行使。基于“对同一案件不得提起两次诉讼”(拉 *bis de eadem ne sit action*)的禁止重复诉讼原则,既然两种诉权可以并列行使,正好说明它们之间的异质关系。

《学说汇纂》中对刑民分立的实体和程序都作有明确规定。在实体方面,“被指控犯罪的嫌犯死亡,刑罚终止。但是该案件的财产方面的审判者,无论导致罪行消失的原因是什么,都应该继续审理”。[3]此系对刑罚采取罪责由行为人本人自负的原则(刑罚人身性原则),而对民事责任采取跟随责任财产的原则,责任财产的继承人须接受诉讼的拘束。在程序方面,“有时候,在公诉之前可以通过私诉作出预先判决,例如阿奎利亚法之诉和盗窃之诉,以及对于被暴力侵夺的财产,禁止使用暴力夺回的禁令,以及遗嘱出示之类的诉讼。通过这些方式,可以就自己的财产提出诉讼”。[4]此系允许权利人向行为人先行使民事诉权,获得预先判决后再行使刑事诉权,即实行先民后刑的做法。

日本学者牧野英一(1878—1970)将刑事责任与民事责任的区分,归因于国家对私人报复的限制。他指出:

> 复仇为刑事责任之起源,同时亦系民事责任之起源。在古时二者之间殊无别焉。然复仇之为物,性质上往往轶越自卫之必要,与共同生活之维持反属有害,是故因国家的生活之发达而遂制限之矣。
>
> 所谓制限复仇者,即私力于制限之范围而公权化也,此乃国家为共同

---

〔1〕朱岩:《侵权责任法通论·总论》(上册·责任成立法),法律出版社2011年版,第15页。

〔2〕C.9,31,1pr.转引自徐国栋:《〈民法总则〉第187条规定的民刑责任竞合的罗马法起源与比较法背景》,载《比较法研究》2017年第4期。

〔3〕D.48,1,6.关于罪责自负的原则,另见D.48,19,26。

〔4〕D.48,1,4.

> 生活而制限个人之行动，即系法律生活之第一步。由制限复仇而更进者则有同害刑、赔偿刑等制度之发达，至于今日，则无有以自力救济为原则者。而民、刑事之责任，遂亦分化而不相混矣。夫自力救济之禁止，系因个人地位利益之保护与社会生活之确实不可不谋其调和，因是之故，乃以国家之公力代替个人之私力，遂成为私力之公力化焉。国家既经禁止自力救济而代以国家之公力，同时对于侵害之应行镇压与应行赔偿，亦识其有区别之必要，而民、刑事之责任遂亦成为分化之事实。盖在二者混同之时，因为全其镇压而责以赔偿，其制裁实为苛酷。又或因使其为充分之赔偿而临以刑罚，其制裁亦嫌不当。故区别二者定其要件而量定其程度者，于一方系为全其镇压赔偿之作用，同时于他方对于加害者之制裁系期其止于必要之限度也。[1]

此外，作为对早期法上私人报复的替代物，私犯和私人刑罚的特点在于：也含有宗教成分的私人报复行为是可赎买的，而且对报复合法性的确认通常致使人们通过谈判促成赎罪。[2] 这意味着在刑民分立之初，已经蕴含和解的基因。《十二表法》除对刑法与民法作出区分外，还对刑事和解与民事和解有所区分。前文提及的该法第3表第5、6条涉及实施拘押之诉的规定，即为该法关于刑事和解的规定。在实施拘押之诉中，如果行为人未能与被害人达成刑事和解简约的，将会面临被处死或者流放（原文为“卖予台伯河对岸的外邦”）等加重处罚。如第8表第2条规定：“毁伤他人肢体而不能达成和解的，应对他同态复仇。”关于民事和解，第1表第6条规定：“如当事人达成了和解则实行之。”第7条规定：“如当事人不能达成和解，则双方应于午前到大会场或集议场进行诉讼。解释自己的理由时，双方必须到场。”可见，对当事人不能达成民事和解简约的，仍可进入诉讼。民事和解并未涉及对行为人加重处罚，因而区别于刑事和解。[3]

（二）近现代西方法

1. 法国法。作为现代诉讼制度的源头之一，《法国刑事诉讼法》在“序编”中规定“公诉与民事诉讼”，明确界分刑事诉讼与民事诉讼，其实体基础即为刑民之别。唯对民事责任的追究，系统一采取民法标准，普遍承认对物质损失和精神损害的平

---

〔1〕［日］牧野英一：《法律上之进化与进步》，朱广文译，熊兆公、孟祥沛点校，中国政法大学出版社2003年版，第14~15页。

〔2〕参见［意］朱塞佩·格罗索：《罗马法史》（原书第5版·校订译本），黄风译，中国政法大学出版社2018年版，第107~108页。

〔3〕参见肖艳辉：《〈十二表法〉中的刑事和解思想初探》，载［意］桑德罗·斯奇巴尼、徐涤宇主编：《罗马法与共同法》（第1辑），法律出版社2012年版，第51页。

等赔偿。

《法国刑事诉讼法》"序编"第2条规定:"对重罪、轻罪或违警罪造成之损害请求赔偿的民事诉讼,属于所有的本人遭受犯罪直接造成之损害的人。""舍弃民事诉讼不得停止,也不得中止公诉的进行,但本法第6条第3款所指情形除外。"第2条之1~21规定了广泛的团体在刑事诉讼中提起民事诉讼的权利。第3条规定:"民事诉讼得与公诉同时在同一法院进行。""对因受到追诉的犯罪事实引起的物质的、身体的、精神的各种损害提起民事诉讼,均得予以受理。"第4条规定:"请求赔偿由第2条所指犯罪造成之损害的民事诉讼,可以与公诉分开在民事法院进行。但是,在已经发动公诉的情况下,只要对其尚未作出最终宣告,在民事法院进行的民事诉讼暂缓审判。发动公诉,并不强制中止在民事法院提起的其他诉讼的判决,不论其他诉讼的性质如何,即使将要作出的刑事判决有可能直接或间接对民事诉讼的处理产生某种影响,亦同。"第5条规定:"已经在有管辖权的民事法院提起诉讼的当事人不得再行向刑事法院提起民事诉讼;但检察院在民事法院作出实体判决之前已经向刑事法院提起公诉的,不在此限。"

《法国刑事诉讼法》上并未使用"附带民事诉讼"的概念,学说上系称为"刑事诉讼的附带标的"。这一民事诉讼与公诉通常由同一法官审理,但如刑事法院对被告人作出免予起诉或无罪释放的裁判,原则上不再对民事诉讼进行审理,但重罪法庭仍得判给被害人损害赔偿(同法第371、372条);对轻罪及违警罪,亦同(同法第470、516、541条)。依该法第4条第2款规定,如果民事赔偿诉讼系因刑事犯罪行为所导致的,则民事诉讼应因已经发动的刑事公诉而中止,直到公诉裁判生效,学说上称此为"刑事置民事于原状等待"。[1] 于此情形,刑事裁判对民事裁判具有拘束力。[2] 同时,刑事法院作出的终审刑事判决中所确认的具有刑事性质的、确定的、必要的事实,对具有明显牵连关系的民事案件具有既判力。[3] "事实上,法国刑事诉讼法通过要求犯罪人对损害承担民事责任,来补充法国刑法典中决疑模式的不足。从实际效果来看,刑法典中的犯罪行为被转化为不法行为。这种情形为被害人获得赔偿提供了根据。"然而,这种诉讼安排对于民事侵权法的实现产生了实质性的影响,即"一旦被诉侵权行为可能会被提起国家公诉,则侵权责任的范围只能由刑事

〔1〕 参见《法国刑事诉讼法典》,罗结珍译,中国法制出版社2006年版,第11页。

〔2〕 参见[法]卡斯东·斯特法尼、[法]乔治·勒瓦索、[法]贝尔纳·乔洛克:《法国刑事诉讼法精义》(上册),罗结珍译,中国政法大学出版社1999年版,第178页。

〔3〕 参见[法]卡斯东·斯特法尼、[法]乔治·勒瓦索、[法]贝尔纳·乔洛克:《法国刑事诉讼法精义》(下册),罗结珍译,中国政法大学出版社1999年版,第885~890页。

审判法庭来决定”。[1]

刑事和解制度中含有民事赔偿的因素。一方面,《法国刑事诉讼法》突出刑事和解中的职权主义。第41－1条第1款规定:“如共和国检察官认为采取以下措施能够确保赔偿被害人受到的损害并终止因犯罪的扰乱或者有助于犯罪行为人回归社会,在其就公诉做出决定之前,得直接或者通过司法警察警官或共和国检察官委派的代表或调解人:……4.要求犯罪行为人赔偿因其犯罪造成的损害……”另一方面,对行为人认罪的情形,赔偿问题将被强制纳入刑事和解之中。同法第41－2条第2款规定:“如被害人已经查明,以及除犯罪行为人证明其已经赔偿所造成的损失之外,共和国检察官还应当向犯罪行为人建议在不超过6个月的时间里赔偿其犯罪所造成的损害,并将此建议通知被害人。”

2.德国法。“在中世纪的德国,刑法仍具有私法的性质,他将犯罪当作对于被害人的损害,因此刑罚是从被害人的观点出发,而非从国家的观点……”[2]后来,赔偿成为与单纯的惩罚相并列的责任方式,民法与刑法由此逐渐分野,原来的罚金分化为刑事罚金刑和民事金钱赔偿,后者更成为民事赔偿制度中相当重要的组成部分。刑事诉讼与民事诉讼之间的界限,也越来越清晰可辨。但进入20世纪,有人提出应“将调整侵权行为后果的”刑事法律和民事法律合并。学者克劳斯·罗克辛(Claus Roxin,1931—)认为:“刑法与民法在概念上的明确区别,系19世纪法学的重大成就。但在今日,我们必须认为此项严格区别是一个错误的概念。刑法与民法的再接近实有必要。”[3]

《德国刑事诉讼法》以被害人参与刑事诉讼(第5编)为出发点,专门设有“赔偿被害人”(附带民事诉讼,同编第3章)程序,这被认为是刑法与民法在诉讼程序上的共同基础。但从实务的角度来看,这对被害人的帮助实在有限,故于1985年、1986年先后制定《德国暴力犯罪之被害人赔偿法》和《德国被害人保护法》补充之。2004年又制定《德国被害人权利改革法》对刑事附带民事诉讼制度进行改革,包括:被害人向基层法院提出刑事附带民事诉讼,要求损害赔偿的权利,不再受诉讼标的额的限制(原来规定不得超过5000马克);提起刑事附带民事诉讼的被害人,可以获

〔1〕［德］格哈特·瓦格纳:《当代侵权法比较研究》,高圣平、熊丙万译,载《法学家》2010年第2期。

〔2〕德国学者古斯塔夫·拉德布鲁赫(Gustav Radbruch,1878—1949)语。参见陈惠馨:《德国法制史——从日耳曼到近代》,中国政法大学出版社2011年版,第158页。该书详细引述了德国中世纪身体伤害和杀人损害赔偿的等级,见第158页以下。拉氏还举了发生在16世纪20年代的一个事例:被杀者的寡妇在取得了10克朗(Kronen)之后就满足了,因为被杀者是个整日无所事事的人,而杀人者只需要持着蜡烛在教堂前忏悔便无事。

〔3〕Claus Roxin, Strafe und Wiedergutmachung, in FS für Wernere Lorenz zum 80. Geburtstag, hg. Von Th. Rauscher u. H. －P. Mansel(2001), SS. 51－63. Vgl. Ina Ebert, pönale Elemente im deutschen Privatrecht(2001), SS. 51－56. 转引自王泽鉴:《损害赔偿》,北京大学出版社2017年版,第36页。

得诉讼费用的补偿；允许法院对民事损害赔偿请求作出原因判决和部分判决；在被害人请求精神损害赔偿的情况下，限制法院拒绝判赔的权力；允许当事人认诺和和解。[1] 学者对刑事附带民事诉讼制度的评价不高，认为其“并没有获得值得一提的意义……可能的原因在于，民事诉讼和刑事诉讼各自服务于不同的目的，因此有必要进行不同的程序安排”，[2]“然而该诉讼程序迄今亦未受到重视”。[3]

除在刑事附带民事诉讼的场合下实行刑民合并外，德国诉讼体制原则上实行严格的刑民分立，只在特定情形下实行先民后刑或者先刑后民。在先民后刑方面，《德国刑事诉讼法》第154d条规定：“对轻罪提起公诉，取决于应当依照民法或行政法来评断的问题时，检察院可以指定在民事或行政纠纷程序中解决该问题的期限。就此应当通知告发人。期限届满而无结果，检察院可以停止程序。”对于在刑事诉讼中须先行意义的民法问题，同法第262条规定：“行为的可罚性取决于民法法律关系的评断时，对此关系，刑事法院依照对本案程序和刑事案件证明所适用的规定，也作出裁判。但是，法院有权中断调查并对其中一名参与人指定提起民事诉讼的期限，或者等待民事法院作出判决。”[4] 在先刑后民方面，《德国民事诉讼法》第149条规定：“在诉讼进行中，如有犯罪嫌疑，其调查对于裁判有影响时，法院可以命令在刑事诉讼终结前中止辩论。如果中止辩论已满一年，依当事人申请，法院应当恢复辩论。除非有重要原因表明中止应当继续。”[5] 该规定的适用场景，一般是法院为确认涉及裁判的重要争点，通知检察院作进一步调查。为此，法院必须在“加快程序”和“因在刑事诉讼中可获得对裁判本案（重要）的认知所以支持程序停止的理由”之间进行权衡。如果双方当事人都没有表示同意程序中止，则法院必须在命令中止程序的裁定中说明中止理由。《德国民事诉讼法》第149条第2款规定即为当事人对法院中止诉讼的行为提供的制约手段。[6]

3. 意大利法。意大利是现代刑事附带民事诉讼制度的发源地，1802～1805年的意大利共和国于1804年4月12日颁布的《关于民事审判方法的法律》（*Legge Relative al Metodo Giudiziario Civile*）是第一部将附带民事诉讼制度系统立法化的法律。该部法律中，在“民刑诉权的竞合”的标题下，用17个条文对该问题作出了最为

---

[1] 邵建东主编：《德国司法制度》，厦门大学出版社2010年版，第243～244页。

[2] ［德］奥特马·尧厄尼希：《民事诉讼法》（原书第27版），周翠译，法律出版社2003年版，第20页。

[3] ［德］克劳斯·罗克辛（又译为克劳思·罗科信）：《刑事诉讼法》（原书第24版），吴丽琪译，法律出版社2003年版，第590页。

[4] 《德国刑事诉讼法典》，宗玉琨译注，知识产权出版社2013年版，第154～155、207页。

[5] 《德国民事诉讼法》，丁启明译，厦门大学出版社2016年版，第38～39页。

[6] 参见［德］汉斯－约阿希姆·穆泽拉克：《德国民事诉讼法基础教程》（原书第6版），周翠译，中国政法大学出版社2005年版，第182页。

详细的规定。[1] 1942 年颁布的《意大利刑法典》第 7 章专门规定针对犯罪的“民事制裁”,其首条第 185 条规定:“一切犯罪均承担按照民事法律的规定实行返还的责任。”“一切造成财产损失或者非财产损失的犯罪均使犯罪人和按照民事法律应当为犯罪人的行为承担责任的人负有赔偿的义务。”其中的“返还”,是一种在严格意义上要求恢复原状的制裁;“赔偿”,则具有以相应经济价值来进行补偿的性质。[2] 第 186 条规定:“除在前一条和其他法律中所做的规定外,一切犯罪使犯罪人负有自费公布处罚判决的义务,只要这种公布构成弥补由犯罪造成的非财产损失的方式。”此为一项针对构成民事违法的犯罪行为的特殊制裁措施,性质是对犯罪被害人实行精神补偿的一种方式,因而不同于作为某些犯罪附加刑的公布有罪判决。[3] 第 198 条规定:“犯罪的消灭或者刑罚的消灭不意味着因犯罪而承担的民事责任消灭,但前两条规定的责任除外。”《意大利民法典》第 2059 条对非财产上损害的金钱赔偿明确采取法定主义,主要系征引《意大利刑法典》第 185 条的规定。[4]

此外,《意大利刑法典》还就犯罪对犯罪人所实施的法律行为效力的影响作出了专门规定。该法典第 192 条规定:“犯罪人在犯罪后完成的无偿行为,相对于第 189 条列举的债权,不具有效力。”第 193 条规定:“犯罪人在犯罪后完成的、超出简单经营或者正常贸易经营范围的负债行为,被推定为是对第 189 条列举的债权的欺诈。但是,为撤销这种负债行为,必须证明缔约另一方具有恶意。”第 194 条规定:“犯罪人在犯罪前完成的负债行为或者无偿行为犯罪人在犯罪前完成的无偿行为,当能够证明是为欺诈而实施的时,相对于第 189 条列举的债权不具有效力。同样的规定也适用于超出简单经营或者正常贸易经营范围的负债行为;但是,为撤销这种负债行为,还必须证明缔约另一方具有恶意。本条的规定不适用于犯罪实施一年以前的行为。”第 195 条规定:“在以上三条规定的情况中,第三人的权利由民事法律调整。”

4. 英美法。英美法系诉讼体制实行严格的刑民分立,主要体现在诉讼程序的安排上,并不影响法院为被害人提供救济。英美法系不采取大陆法系中的刑事附带民事诉讼制度,而是在刑事诉讼中设有救济被害人的专门制度,如英国法上的损害恢复命令(英 restitution order)等,在内容上与我国《刑法》第 64 条前段规定的责令退赔相当。如果被害人对法院判决的这些命令仍感不足的话,可以另行提起民事诉讼

---

〔1〕 参见徐国栋:《〈民法总则〉第 187 条规定的民刑责任竞合的罗马法起源与比较法背景》,载《比较法研究》2017 年第 4 期。

〔2〕 参见[意]杜里奥·帕多瓦尼:《意大利刑法学原理》,陈忠林译,法律出版社 1998 年版,第 401 页。

〔3〕 同上书,第 402 页。

〔4〕 参见[意]恺撒·米拉拜利:《人身损害赔偿:从收益能力到人格尊严》,丁玫、李静译,载《中外法学》2007 年第 1 期。

寻求救济，该民事诉讼不以刑事案件的审理结果为前提，而且一般也不受刑事判决的拘束。英美法系的这种制度与其刑事诉讼实行的对抗制密切相关，即刑事诉讼不仅要确定犯罪，还要保护行为人免受国家的压迫，因而非常强调控告人的举证负担重，而且此等举证不依靠行为人协助。[1]

英国法上的损害恢复命令制度使行为人的赔偿义务更具刑罚性质。依据1973年《英国刑事法庭权力法》第35条和1980年《英国刑事司法法》第4章的规定，法庭可以判令行为人对被害人予以赔偿，无论是否判处其刑罚。判处损害恢复命令时，须考虑行为人的财产状况。损害恢复命令仅适用于损害与刑事责任直接相关的案件，数额一般与通过民事诉讼可以得到救济数额相同。同时，被害人对未包括在损害恢复命令中的损害，可以另行单独提起诉讼。行为人被同时判处罚金和损害恢复命令但无法全额支付的，优先支付损害恢复命令，以使被害人免受潜在的损失。[2] 1988年修改《英国刑事司法法》，增加规定如果有被害人蒙受了损失而法庭没有适用损害恢复命令的，法庭必须说明理由。损害恢复命令与普通民事损害赔偿判决的区别在于，前者属于准刑罚措施，由国家强制力直接执行；后者属于民事领域，须经被害人请求才予执行。[3]

在美国，随着20世纪60年代"被害人权利运动"的蓬勃兴起，损害赔偿命令作为独立的刑罚种类逐渐被广泛应用。1982年制定的《美国被害人和证人保护法》规定，美国联邦法院在对行为人科处其他刑罚的同时，可以依职权并科损害赔偿命令。"现在，则可保证在所有案件中都对被害人的需要予以充分考虑，刑事诉讼亦相应更多地注重罪犯与被害人之间而非仅仅罪犯与国家间的和睦安宁。"[4] 在轻罪的场合，可以用损害赔偿命令替代其他刑罚。1994年又增设适用于暴力犯罪、《美国法典》第18编规定的财产犯罪等的必要的损害赔偿命令类型。但是，必要的损害赔偿命令制度的施行效果未如理想，直接导致联邦犯罪被害人基金的未缴纳额从1985年的2.6万美元陡升至2003年的298亿美元，后者中有73%是损害赔偿命令的未缴纳额。[5]

---

〔1〕 参见徐国栋：《〈民法总则〉第187条规定的民刑责任竞合的罗马法起源与比较法背景》，载《比较法研究》2017年第4期。

〔2〕 参见[德]克雷斯蒂安·冯·巴尔：《欧洲比较侵权行为法》(上册)，张新宝译，法律出版社2001年版，第742页。

〔3〕 参见郭建安主编：《犯罪被害人学》，北京大学出版社1997年版，第215页。

〔4〕 [德]汉斯-约阿希姆·施奈德：《被害人在刑法和刑事诉讼中的地位——美国、联邦德国、欧洲议会和联合国刑事政策的新发展》，载[德]施奈德主编：《国际范围内的被害人》，许章润等译，中国人民公安大学出版社1992年版，第422页。

〔5〕 参见[日]佐伯仁志：《制裁论》，丁胜明译，北京大学出版社2018年版，第151、153、195页。

5. 其他法。(1)《奥地利普通民法典》第 1338 条规定:“请求赔偿损害的权利,与任何其他的私权相同,一般应须向普通法院的法官提出。加害人同时违反刑法者,亦应同时承担刑事责任。于此情形,关于损害赔偿,仍由民事法院审理,但依刑法规定应由刑事法院或行政机关审理者,不在此限。”第 1340 条后段规定:“刑事案件中的被害人,以及其他案件中的双方当事人,如对于刑事法院作出的赔偿决定不满意,同样保留向民事法院起诉请求赔偿的权利。”[1]

(2)《西班牙民法典》第 1092 条规定:“因犯罪和过失罪产生的民事之债依照刑法相关规定。”依此,一旦被诉侵权行为升格为犯罪行为或者行政违法行为,民事救济问题就由刑法来规范。《西班牙新刑法典》中仍然保留着关于民事责任的规定(第 5 章),第 116 条规定:“根据刑法对侵权行为或者不当行为负有责任的人,根据民法也负有责任。”其结果是,民法中的侵权行为法仅仅调整“存在过错或者过失侵害但是不受刑事制裁的作为行为或不作为行为所生”之债。[2]

(3)2014 年制定的《阿根廷国民民商法典》第 1774 条规定:“同一行为产生的刑事诉权和民事诉权,可独立主张之。在加害行为同时也是刑法上的犯罪行为时,可根据诉讼法和特别法的规定向刑事法官提起民事诉讼。”

日本有学者提出,应该从控制社会的手段的观点出发,重新探讨刑罚与损害赔偿各自的守备(调整、控制)范围,使刑事责任与民事责任再次有机地结合起来。[3] 2011 年修改的《日本刑事诉讼法》恢复了 1948 年废除的刑事附带私诉(刑事附带民事诉讼)制度。学者评论称,在刑事程序中导入一些旨在解决民事责任或简化民事程序的制度,但迄今目前这种导入只是单向的,即只允许在刑事程序中考虑民事程序、以刑事程序取代民事程序处理民事责任,却没有任何在民事程序中考虑刑事程序、以民事程序取代刑事程序处理刑事责任的规定。[4] 反映到刑事诉讼与民事诉讼的关系上,原则上系实行刑民分立,认为民事诉讼应否因刑事诉讼而中止,属于法院自由裁量的范畴。就刑事诉讼对于民事诉讼的处理存在某种先决关系,学说上存在肯定说和否定说,前者立足于司法认定的一致性,为多数说;后者则立足于司法的独立审判,为少数说。[5]

---

〔1〕《奥地利普通民法典》,戴永盛译,中国政法大学出版社 2016 年版,第 258、259 页。

〔2〕参见[德]克雷斯蒂安·冯·巴尔:《欧洲比较侵权行为法》(上册),张新宝译,法律出版社 2001 年版,第 5 页;[德]格哈特·瓦格纳:《当代侵权法比较研究》,高圣平、熊丙万译,载《法学家》2010 年第 2 期。

〔3〕参见于敏:《日本侵权行为法》(第 3 版),法律出版社 2015 年版,第 10 页。

〔4〕参见雷震文:《市场经济下的民刑交叉问题研究——第十届法官与学者对话论坛暨第四届国际民法论坛综述》,载王利明主编:《判解研究》(总第 64 辑),人民法院出版社 2014 年版,第 215 页。

〔5〕参见张卫平:《民刑交叉诉讼关系处理的规则与法理》,载《法学研究》2018 年第 3 期。

### 三、刑罚与赔偿关系的近代学说

尽管刑民区分已经成为现代法制的根基或曰认识前提，但从法律功能的协调、整合的角度来看，对刑民法律进行绝对区分未免显得呆滞。事实上，刑民区分作为学说的创造物，自非牢不可破。近代以降，刑民混合的学说有增无减，如将强制行为人向被害人作出赔偿作为刑罚替代措施，使赔偿发挥社会防卫的功能，即其适例。

（一）边沁

英国学者杰里米·边沁（Jeremy Bentham，1748—1832）在其功利主义学说中，搭建起惩罚与补偿（英 compansation，又译为赔偿）之间的逻辑通道。

首先，法律的目的是增长幸福，惩罚的目的则是排除损害。“一切法律所具有或通常应具有的一般目的，是增长社会幸福的总和，因而首先要尽可能排除每一种趋于减损这幸福的东西，亦即排除损害。”惩罚的首要目的是以儆效尤，次要目的包括改过自新、使之无能和补偿。如果不存在要防止的损害，行为总的来说是无害的，便无理由施加惩罚。损害肯定会由补偿来纠正。“肯定会有适当的补偿，在能够犯下罪过的所有场合都如此。这假设两件事情：该罪过的性质允许适当的补偿；肯定会有这样的补偿。在这两项假设中，可以看出后一项是个纯粹理想的假设，无法用事实来证明这里赋予它的普遍性。因而在实践中，它不能算作绝对免罪的理由之一。然而，它可以被承认为减轻惩罚的一项理由，这一惩罚似乎将独立依据其他种种考虑来决定。”[1]

其次，惩罚具有助于补偿的特性。“若系看得见的报复性补偿，就将几乎完全一律地与惩罚量成比例；若系营利性补偿，则是钱财惩罚独有的特征。”“只要惩罚的值就确定性或邻近性而言不及罪过的收益，它就必须在轻重方面得到相称的追加。”“正是由于这个原因，单纯的赔偿从来不被认为是对偷窥或抢劫的足够惩罚。”[2]罪过分为五大类，只有侵害个人的罪过才允许有补偿，其他罪过不可以补偿。“在罪过轻微的场合，给予受害者的补偿可以构成免除惩罚的足够理由，因为主害若不足以造成任何惊恐，全部损害便可以靠补偿得到纠正。就此而言，它们也不同于半公共和公共罪过。”[3]

（二）加罗法洛

实证派犯罪学代表人物之一、意大利学者巴伦·拉斐尔·加罗法洛（Baron

[1] ［英］杰里米·边沁：《道德与立法原理导论》，时殷弘译，商务印书馆2000年版，第216~218页。
[2] 同上书，第230、243页。引文中的着重号为原文所有。
[3] 同上书，第340~342页。引文中的着重号为原文所有。

Raffaele Garofalo,1852—1934)认为,强制赔偿作为遏制犯罪的一种方法,是社会对犯罪所作出的反应之一,即社会实施惩罚所希望达到的结果之一,理应成为一种真正的刑罚替代措施。据加氏自述,其早在1885年罗马监禁代表大会上就提出了探究合适的方法,以解决罪犯的强制赔偿问题。

首先,“罪犯可能被迫支付一定数额的金钱,或者为受害者的利益而工作,直至达到恢复原状的结果。……当罪犯过去或现在的品行以及他的生活条件都没有预示他有可能重新犯罪时,强制赔偿的方法就可以适用于普通的偷窃行为、一定类型的欺诈行为、非法的破产行为、蓄意侵犯财产的行为、对庄稼和正在生长的树木纵火的行为、在争吵中的撕打和伤害行为、诽谤行为、使用侮辱性语言的行为以及轻微侮辱妇女的行为,等等。如果损害是可补偿的,而且罪犯也愿意赔偿,那么,消除(死刑和监禁——引者注)就是不必要的方法,而且也是残酷的方法”。[1] “强制赔偿比短期监禁具有更为强大的预防作用。如果能使罪犯们确信:一旦被发现,他们不能逃避弥补因其犯罪所造成的损害,这将对罪犯,特别是职业扒手和骗子产生阻力,这种阻力比当代剥夺自由的刑罚所产生的对于犯罪的阻力要大得多。”[2]

其次,强制赔偿的本质是一项刑事义务,而非民事义务。依此,加罗法洛对法国和意大利实施的经由刑事附带民事判决,罪犯向被害人须承担的赔偿义务予以确定的做法表达了强烈的否定。“因合同而发生的债务和因刑事犯罪而发生的债务之间存在着巨大的差别。前者债务的支付违约是可以预见和预防的,而后者债务的产生不是违反两人之间约定的行为规则的结果,而是违反为人类社会所普遍承认的行为规则的结果。”“他必须赔偿犯罪所造成的损失。法律应当冷酷无情地强迫他这样做。如果他没有偿债能力,他必须从他的每天所得中,用超过他实际需要的每一便士去支付,也就是说,用超过为维持生命和健康所绝对必需(不论其社会条件有什么不同)的每一便士来支付。如果证明罪犯是难以改造的,或者有合理的根据确信他的无偿债能力的情况是假装的,那么就应当对他无限期地实施这种强制。在其他情况下,应当根据犯罪行为所造成损害的严重性来确定较长的或较短的期限,以免犯人为了支付判决中所确定的一个不可能支付的数额而处于被终身监禁的危险之中。”“对于那些没有危险到需要消除这种程度的罪犯,任何惩罚都可以免除。其结

〔1〕［意］巴伦·拉斐尔·加罗法洛:《犯罪学》,［美］罗伯特·威内斯·米勒英译,耿伟、王新译,储怀植校,中国大百科全书出版社1996年版,第203~204页。

〔2〕［意］巴伦·拉斐尔·加罗法洛:《监禁的替代——强制赔偿》,载［意］巴伦·拉斐尔·加罗法洛:《犯罪学》,［美］罗伯特·威内斯·米勒英译,耿伟、王新译,储怀植校,中国大百科全书出版社1996年版,第376页。

果是，所谓惩治性的刑罚完全消失。”[1]

最后，就强制赔偿的制度设计，加罗法洛提出的《国际刑法典所依据的原则纲要》第2部分“刑罚体系”中第24条第1、2款规定：“除了前面的规定以外，暴力犯和非累犯如果既不是危险犯，同时也有支付的资力，那么，除了强制他向受害人和国家赔偿之外，不应在其他方面再惩罚他们。强制赔偿可以采取双重罚金的形式，每一重罚金的数额都应由法官确定。在确定数额时，如果罪犯拥有财产，法官就应当考虑罪犯的财产情况；如果罪犯没有财产，就应考虑罪犯通过劳动收入来交付罚金的可能性。”“然而，如果被定罪的人犯在规定期限内没有履行交付双重罚金的义务，就应当强制他到第23条所描述的企业中劳动，并强制他遵守上述企业为管理他而订立的规则。”第25条第2款规定：“如果罪犯对受害人造成的损害不是金钱方面的损害，而是精神方面的损害，那么在确定赔偿金的数额时，就应当考虑罪犯和受害人两者的社会地位和经济状况。”[2]

（三）菲利

实证派犯罪学另一代表人物、意大利学者恩里科·菲利（Enrico Ferri，1856—1929）将赔偿损失作为社会防卫犯罪实证派体系的基本原则之一，其基点主要有三个方面：（1）作为罪犯对被害人应尽的责任；（2）作为对犯了轻罪的偶犯所处监禁刑的替代措施；（3）作为国家为被害人利益同时也为社会防卫的间接但却很大的利益所实施的一种职能。其中第（2）个方面与加罗法洛的观点相一致，但菲氏反对加氏提出的附条件判决应当得到被害人同意的观点，认为在被害人得到赔偿，或者至少在罪犯或国家直接保证赔偿之前，不应当作出附条件判决。[3] 可以确认的是，菲氏还参考了边沁的著作。

首先，“对于任何一起犯罪，刑罚问题都不应当仅仅配给罪犯与其道德责任相应剂量的药，而应当被限定为根据实际情况（违法及其造成的损害）和罪犯个人情况（罪犯的人类学类型），视其是否被认为可以回归社会，确定是否有必要将罪犯永久、长期或短期地隔离，或者是否强制他严格赔偿他所造成的损失就足够了”。特别是对偶犯中的轻微罪犯，不能实行监禁，而仅应施以赔偿损失。“在这类案件中，对个人和社会造成危害不是蓄意的，行为人也不是危险的，因此，监禁对他来说更不恰当、不公正，甚至可能会造成危险的结果。应当把这种行为从刑法典中删除，而将它

[1] [意]巴伦·拉斐尔·加罗法洛：《犯罪学》，[美]罗伯特·威内斯·米勒英译，耿伟、王新译，储怀植校，中国大百科全书出版社1996年版，第302～305页。

[2] 同上书，第367～368页。

[3] [意]恩里科·菲利：《犯罪社会学》，[英]W.道格拉斯·莫里森英译，郭建安译，商务印书馆2017年版，第171、217页。

们只当作民事违法处理，就像古罗马对待简单盗窃那样。因为对这种行为的实施者来说，严格的赔偿比荒唐地判处他几天或几个星期的监禁是一项更有效同时能够减轻行为退化和危险程度的法律惩罚。”[1]

其次，“没有人告诉我们民事赔偿不是刑事责任的一部分。在付一定数额的钱作为罚金和付一定数额的钱作为赔偿之间，我看不出有什么真正的区别。不仅如此，我认为将民事措施与刑事措施绝对分开是一个错误，因为它们在预防某些反社会行为这一防卫目的上应当是一致的”。“我们不应当将民事措施与刑事措施截然分开，而应当共同适用这种措施，甚至需要有专门的法规强制刑事法官确定损失数额，以避免由民事法官重新审理而造成的拖延和不幸。而且，即使当被害人由于不知道或害怕而没有提起诉讼时，也应当强制检察官正式要求判处罪犯赔偿他所造成的损失。我们还将发现，对严格赔偿损失的担心对犯了过失罪的富人会起到刺激其勤勉努力的作用，而对穷人我们可以用使其为被害者劳动来代替赔偿损失。”[2]

最后，“古典派认为赔偿不法行为造成的损失仅仅是罪犯的一种民事的和私人的责任（就像由于违反合同而产生的责任一样），因此便与公共赔偿的刑事判决具有本质的区别。古典派对赔偿损失的这一原则在日常司法实践中就难免会使赔偿被完全忘却。犯罪被害者知道要想取得赔偿就不得不诉诸法庭，又担心为此要付民事诉讼费，便被迫放弃索赔的希望，因此，便会与罪犯做某些大度让步的妥协，或者进行私人报复，并且不再信赖司法的补偿作用”。“在科学领域中，即使刑法学家将赔偿问题转给民法学家去研究，但民法专家反过来也会使它被人忘却，因为他们认为它属于刑法和刑事诉讼的问题。”“只有通过实证学派的彻底改革，这一法律惯例才能获得新的生机和活力。”“将赔偿由刑事司法初级阶段的赔偿个人损失改为犯罪的法律和社会后果的一种公共职能，与这一刑罚的发展过程最一致不过了。”[3]

总之，“犯罪的民事责任并不仅仅是私人的事情，而应当成为像刑事责任一样的社会责任”。[4]

（四）小结

现代英美刑法中明确将损害恢复命令（或损害赔偿命令）纳入刑罚体系之中，可以看作对上述近代学说的有力延续。一般认为，损害赔偿命令可以实现刑罚的报应功能。罪犯通过金钱或者服务赔偿的方式，偿还对被害人（或者被害社区）和社会的

---

〔1〕［意］恩里科·菲利：《犯罪社会学》，［英］W. 道格拉斯·莫里森英译，郭建安译，商务印书馆 2017 年版，第 164、130 页。

〔2〕同上书，第 171～172 页。引文中的着重号为原文所有。

〔3〕同上书，第 172～174 页。

〔4〕同上书，第 105 页。

负债,实现刑罚的报应功能。与传统的罚金刑相比较,损害赔偿命令可能更具威慑力,这与刑罚的特殊预防功能也是相一致的。罪犯执行损害赔偿命令的过程,实际上也是承认其行为给被害人造成伤害的过程,促使其及时醒悟,实现罪犯的矫正。一方面,大多数被判处损害赔偿命令的罪犯都认为制裁是公平、合理的,特别是与被害人协商为基础作出的命令,更容易为罪犯和被害人双方所接受,这种接受有助于消除罪犯的反社会心理,实现改造目标;另一方面,损害赔偿命令与改造的理念相联通,即通过该命令的判处和执行,为罪犯提供接触社会的机会,使其复归于社会正常形态,尽快回归社会。[1]

以上述近代学说为端绪的现代犯罪学认为:正式的刑事诉讼"偷走"了被害人与罪犯之间的冲突,使冲突隐而不显,销蚀掉被害人的个性,阻止了被害人与罪犯之间的个人冲突,而使被害人不成其为人(英 non-person)。犯罪本位的刑事诉讼使被害人背上了社会、精神和经济损失的额外负担(二次被害)。为了使被害人、罪犯和社会和睦安宁,有必要对被害人的精神、社会损害予以治疗,而让罪犯通过向被害人补偿损失被认为是其中一种重要的疗法[关系疗法(英 relationship therapy)]。罪犯向被害人补偿损失,对其改造具有十分重要的意义。从刑事政策的层次来看,它强调了国家的保障功能及其与社会共负犯罪原因和犯罪控制中的危险相一致。除此之外,国家在控制犯罪中很大程度上也要依赖被害人的合作。[2]

---

〔1〕 参见刘孝敏:《论美国刑罚目的对损害赔偿制度的影响》,载《国家检察官学院学报》2007年第6期。

〔2〕 [德]汉斯-约阿希姆·施奈德:《被害人在刑法和刑事诉讼中的地位——美国、联邦德国、欧洲议会和联合国刑事政策的新发展》,载[德]施奈德主编:《国际范围内的被害人》,许章润等译,中国人民公安大学出版社1992年版,第419~420页。

# 第二章　建立以审判为中心的刑民交叉处理程序*

近期读到最高人民法院作出的两件涉及刑民交叉的民事裁判,处理思路似乎略有歧异,引发了笔者对人民法院如何正确处理刑民交叉案件的思考,同时回视近年渐受重视的以审判为中心的诉讼制度改革。中国共产党第十八届中央委员会第四次全体会议通过的《中共中央关于全面推进依法治国若干重大问题的决定》(2014 年 10 月 23 日)第四“保证公正司法,提高司法公信力”中“(三)推进严格司法”指出:“推进以审判为中心的诉讼制度改革,确保侦查、审查起诉的案件事实证据经得起法律的检验。”对于诉讼制度如何实现“以审判为中心”,应放置在全面依法治国乃至“四个全面”战略布局中来认真对待,以改革的精神、问题的导向,按照司法规律确立起人民法院行使审判职权的法定性、自主性、裁量性和权威性特征。本章将从“以审判为中心”这一程序命题切入,致力于寻找人民法院处理刑民交叉案件的正确打开方式。

## 一、最高人民法院的两件裁判

**案例一:“黄某兴诉李某华等借款合同纠纷案”**。福建省高级人民法院第一审认为:“在案证据《在逃人员登记信息表》显示,李某华曾指使他人以虚假身份为借款提供担保的形式向案外

---

* 本章原载龚稼立主编:《以审判为中心的诉讼制度改革问题研究》,法律出版社 2016 年版,第 367 页以下;收入时有增补。

人借走一亿两千多万元，被福建省泉州市刑侦支队于 2011 年 11 月 25 日以诈骗罪立案侦查。”根据《最高人民法院关于在审理经济纠纷案件中涉及经济犯罪嫌疑若干问题的规定》（法释〔1998〕7 号，以下简称《1998 年涉及经济犯罪嫌疑规定》[1]）第 10 条的规定，“本案属平等主体之间的经济纠纷，与上述涉嫌诈骗行为不是同一法律关系，应正常继续审理”。最高人民法院第二审认为：“福建省厦门市人民检察院查明李某华由于缺乏自有资金，从 2006 年年初开始，即以支付高额利息的方式，以投资、合作、资金周转等名义，向张某娃、黄某兴、廖某珍、林某玲、吴某媛、杨某玉等多人借款，开始进行非法集资活动。福建省厦门市人民检察院认为李某华构成集资诈骗罪，并于 2013 年 7 月 23 日以厦检刑诉（2013）89 号起诉书向福建省厦门市中级人民法院提起公诉，厦门市人民检察院起诉书附表二第 30 项载明，李某华于 2008 年 2 月至 2010 年 11 月从被害人黄某兴处集资 93,550,000 元，已经归还 90,425,000 元，尚有 3,125,000 元未予归还。上述事实充分表明，本案已经涉嫌经济犯罪。”由于“本案不属于人民法院受理民事诉讼的范围”，故根据《1998 年涉及经济犯罪嫌疑规定》第 11 条规定，裁定撤销第一审判决，驳回黄某兴的起诉。[2]

**案例二：“中国农业发展银行灯塔市支行诉辽阳罕王湖农业集团有限公司、辽阳宾馆有限责任公司借款合同纠纷案”**。辽宁省高级人民法院第一审认为：“本案审理过程中，辽阳市公安局已经正式立案侦查。罕王湖公司法定代表人李某峰因涉嫌骗取贷款罪在逃，公安机关刑事案件尚在侦查当中，且公安机关立案侦查的骗取贷款案件和本案审理的金融贷款系同一事实。现公安机关侦办的案件尚未结案，本院无法确认贷款合同的合法性。另由于公安机关正在侦查此案，罕王湖公司不能提供借款合同原件以及相关账目，故辽阳宾馆关于本案存在专项贷款被违法挪用，借贷双方恶意串通损害保证人利益的抗辩无法审理，无法保障其行使相关诉讼权利。”根据《1998 年涉及经济犯罪嫌疑规定》第 11 条规定，“本案所涉借款行为在审理过程中公安机关已经立案侦查，只有刑事案件结案后，才能确定本案借款合同是否有效，才能依法准确作出裁判。故对灯塔支行的诉请及辽阳宾馆的抗辩，尚不能做出实体审理和裁判”，故经该院审判委员会讨论决定，裁定驳回灯塔支行的起诉。最高人民法院第二审认为：“辽阳市公安局决定立案的辽阳市农发行贷款被骗案，与本案有一定关联，说明本案有经济犯罪嫌疑，但不能以有经济犯罪嫌疑，就必然得出本案不属于经济纠纷的结论。况且，辽阳市公安局立案侦查的案件，与本案涉及的民事法律关

〔1〕 该司法解释后经法释〔2020〕17 号修正，本章所涉条文内容未作修改。

〔2〕 最高人民法院（2013）民四终字第 22 号民事裁定（2014 年 6 月 4 日）。

系并不完全一致,在本案中,上诉人起诉要求罕王湖公司承担借款本金及利息还款义务,并要求辽阳宾馆根据保证合同约定承担连带清偿责任。原审人民法院仅以罕王湖公司法定代表人李某峰涉嫌骗取贷款罪被公安机关进行立案侦查为由,将李某峰骗取贷款案件与债务纠纷及担保纠纷,认定为同一事实,并裁定驳回上诉人的起诉,明显不当。""即使灯塔支行与罕王湖公司之间的借款合同无效,作为保证人的辽阳宾馆亦不当然免责,因此,灯塔支行为维护自身的合法权益而起诉罕王湖公司和辽阳宾馆,有事实和法律依据。灯塔支行的起诉符合《民事诉讼法》第 119 条(对应现行该法第 122 条——引者注)规定的起诉条件,人民法院应予受理……"故裁定撤销第一审裁定,指令原审人民法院依法审理本案。[1]

由于刑事案件的范围包括公安机关立案侦查、人民检察院审查提起公诉、人民法院立案审理,因而所谓"刑民交叉"无可避免地包含了人民法院、人民检察院和公安机关之间职权配置的问题。进言之,刑民交叉案件能否得到正确处理,势必会影响以审判为中心的诉讼制度的建立和完善。上述两案都是针对同一事实既有民事案件又有刑事案件的情形,但审理结果各异,前案以同一事实涉嫌犯罪为由驳回原告的民事起诉,后案则以虽有事实涉嫌犯罪但不影响民事案件审理为由指令原审人民法院依法审理。这或许可以从两案各自涉嫌犯罪的罪名不同(前案涉嫌集资诈骗罪,后案涉嫌贷款诈骗罪),各自涉嫌犯罪的行为对民事法律行为所产生的影响不同,各自所涉刑事案件所处的刑事诉讼阶段不同(前案在民事案件第一审期间处于侦查阶段,在民事案件第二审期间处于审判阶段;后案则已经进入侦查阶段),各自所涉刑民交叉问题的性质不同等角度进行解释。但可以肯定的是,两案所涉刑事案件均未经人民法院作出生效裁判,所涉嫌的犯罪事实也均未被生效裁判所认定,依无罪推定原则[2]所涉各犯罪嫌疑人亦均为无罪之身。于此情形,最高人民法院对两案作出表面上完全相反的裁判结论,说明其中蕴含的程序法理引人深思。

## 二、处理刑民交叉案件的总体思路

所谓刑民交叉案件,是从诉讼程序上的界定,是指由于在案件事实方面存在交叉或者重叠关系,致使诉讼程序上可能同时引起刑事诉讼和民事诉讼的现象。在司法实践中,人民法院对刑民交叉案件的处理,有先刑后民、先民后刑、刑民分立、刑民

---

[1] 最高人民法院(2013)民二终字第 39 号民事裁定(2013 年 9 月 30 日)。

[2] 参见我国《刑事诉讼法》第 12 条。

合并（刑事附带民事诉讼[1]）等不同方法。其中，先刑后民被认为是通常做法。例如，已被废止的《最高人民法院人民法院审判民事案件程序制度的规定（试行）》（1979年2月2日）第六"裁判"下6"民事案件中需要追究刑事责任的"规定："民事案件通过调查审理，发现有需要追究刑事责任的，可按刑事附带民事或先刑事后民事处理。"[2]该规定明确了先刑后民的处理原则。又如，已被废止的《最高人民法院关于贯彻执行〈民事诉讼法（试行）〉若干问题的意见》（〔1984〕法办字第112号）第42条规定："因侵犯人身权利，或者毁坏公私财物，触犯刑律的，不论依法是否免予刑事处罚，均应作刑事案件处理。由于被告人的犯罪行为引起的赔偿纠纷，按刑事诉讼法的有关规定，以刑事附带民事处理。是否触犯刑律，一时难以查清的，按起诉人的诉讼请求立案。"[3]再如，已被废止的《最高人民法院关于贯彻执行〈经济合同法〉若干问题的意见》（〔1984〕法办字第128号，以下简称原《经济合同法意见》）第四"关于经济合同案件中的犯罪和其他违法问题"规定："在审理经济合同案件中发现的犯罪和其他违法行为，要分别不同情况，采取不同方式认真处理。（一）对需要追究刑事责任的，分别转公安、检察机关侦查处理……"[4]其中规定的"转"，对象究为案件还是相关材料，并不明确；如为案件，即系采取先刑后民的处理原则。

（一）学说整理

对于刑民交叉案件，我国多数学者主张不加区分地实行先刑后民的处理原则。如龙宗智教授认为："刑事优先原则的成立，受三点法理支撑：一是法益考量的社会优先。民事诉讼主要保护个体法益，刑事诉讼则重在保护社会法益。两益相权取其重，从而确立刑事应对的一般优先地位。二是法律责任的举重明轻。刑事责任涉及财产、人身自由乃至生命的限制与剥夺，相比民事赔偿及合同违约责任，显然更为重

---

[1] 参见我国《刑事诉讼法》第101条以下。我国法上还出现过非刑事附带民事诉讼的刑民合并做法，如《最高人民法院关于与民事诉讼有牵连的刑事诉讼应如何处理问题的复函》（1958年4月7日）中指出，对于"上诉审人民法院在审理离婚上诉案件中，当事人又提出与民事诉讼有牵连的刑事诉讼，应当如何处理的问题，我们原则上同意你院所提由上诉审人民法院合并审理的意见。这类案件，也并不是民事诉讼附带刑事诉讼。合并审理后以分作两个判决为宜。刑事判决应准许上诉。这种作法的利弊究竟如何，你院可在试行中继续摸索经验"。

[2] 该司法解释已根据我国《最高人民法院关于废止1979年至1989年间发布的部分司法解释的通知》（法发〔1996〕34号）而废止，废止理由是1991年4月9日全国人民代表大会通过并公布了《民事诉讼法》，该司法解释与之抵触，不再适用。

[3] 该司法解释已根据我国《最高人民法院印发〈关于适用《中华人民共和国民事诉讼法》若干问题的意见〉的通知》（法发〔1992〕22号）和《最高人民法院关于废止1979年至1989年间发布的部分司法解释的通知》（法发〔1996〕34号）而废止，废止理由是已被《最高人民法院关于适用〈中华人民共和国民事诉讼法〉若干问题的意见》（法发〔1992〕22号，经法释〔2008〕15号、法释〔2008〕18号修正；以下简称《民事诉讼法意见》）代替。

[4] 该司法解释已根据我国《最高人民法院予以废止的1999年底以前发布的有关司法解释目录（第三批）》（法释〔2000〕20号）而废止，废止理由是1999年3月15日全国人民代表大会已经通过并公布了《合同法》，原依据《经济合同法》有关规定作出的该司法解释不再适用。

大。而刑事责任的落实,可能附带解决民事责任,或者可为同一或关联事实导致的民事责任认定提供事实和法律上的基础和条件。反之,民事责任并不一定导致刑事责任,民事诉讼也无力'附带'刑事诉讼。三是事实认定的刑事优位。为保护社会及个人法益,防止认定刑事责任时发生偏误,刑事诉讼的事实认定较之民事诉讼采用更高的证明标准,并通过公权力依法介入、扩张证明手段,使之更有利于查明案件事实。基于这些理由,就交叉案件的事实认定和证据使用,亦应承认民事诉讼与刑事诉讼有别,并确认刑事优先的一般原则。"[1]

少数学者则主张实行刑民分立的处理原则。如樊崇义教授认为:所谓先刑后民"是长期延续下来的'重刑轻民'思想的反映。……刑事诉讼和民事诉讼是两种性质不同的诉讼,解决的是不同的问题,它们之间并没有价值、效力方面的差别。刑事诉讼解决被告人罪责问题,出发点在于国家和社会利益。惩罚犯罪、保护人民是其主要目的,并通过刑事诉讼的进行,警示后人,预防犯罪。而民事诉讼是解决平等主体之间的私权纠纷,救济私权,理顺社会交易秩序。不能因为刑事犯罪比民事侵权更加严重就认为刑事诉讼'高人一等'。两者在不同的层面上、遵循不同的规则发挥各自的作用,彼此并行不悖。只有在极其特殊的情况下,比如威胁到国家安全、严重影响犯罪的侦查等,刑事诉讼才优先于民事诉讼进行";"究其本质,法律程序乃达成做事之方法与过程,只有便捷与否,绝无高低贵贱。于被害人而言,唯有自身才是自己利益之最佳裁判员,刑诉也罢,民诉也罢,终不过是其填补损失之方法。为社会和谐之需要,私权救济之及时、充分,诉讼法当赋予刑民交叉案件被害人完全的程序选择权,允许其视权利实现之便利,选择或先刑后民,或刑民并行,或先民后刑"。[2]

张卫平教授觉察到先刑后民处理原则背后所隐藏的危险,指出:"非限制性先刑后民……可能导致民事案件刑事化的趋势,变相鼓励人们通过刑事诉讼方式获得案件信息。在诉讼实践中,这种'非限制性先刑后民'常常被民事诉讼案件的被告作为拖延诉讼甚至是逃避民事责任、规避义务履行的诉讼策略。由于有的刑事案件的诉讼处理可能需要很长时间,民事诉讼案件的被告即可以从本案民事诉讼的中止中获得迟延利益。而且,在诉讼实践中,还存在尽管民事诉讼已经开始(系属之中)甚至进入了二审程序,民事被告仍然利用各种方法启动刑事诉讼程序,人为地形成刑民诉讼交叉的状态,并以'先刑后民'原则为理由阻止民事诉讼的进行的情形。"[3]

在笔者看来,所谓先刑后民的处理原则,应局限于特定场合,才具有合理性;如

---

〔1〕 龙宗智:《刑民交叉案件中的事实认定与证据使用》,载《法学研究》2018年第6期。

〔2〕 樊崇义:《刑民交叉:是否必须"先刑后民"》(访谈),载《检察日报》2007年8月9日,第4版。

〔3〕 张卫平:《民刑交叉诉讼关系处理的规则与法理》,载《法学研究》2018年第3期。

要覆盖所有场合,并不合理。在实体法的层面,刑事法和民事法所保护的法益尽管确有不同,但两者之间的差异根本在于法律调整领域、范围和方式诸方面。特别是在责任内容方面,刑事责任与民事责任之间原则上不存在相互“取代”或者“导致”的问题。在诉讼法的层面,不能以诉讼法中存在刑事附带民事诉讼的制度,不存在“民事附带刑事诉讼”的制度,就认为民事诉讼在运行次序上必须劣后于刑事诉讼。这与生效刑事裁判所认定的事实一般对其后的民事裁判具有预决力,是两个不同的问题。即使是先前作出的生效民事裁判,也可能对其后的刑事裁判具有预决力。

(二)笔者观点

刑民交叉现象系由法律部门的分置技术所引起。在实体法的层面,刑法与民法在调整方式、行为定性、责任构成以及规范目的等方面都截然不同;在程序法的层面,刑事诉讼与民事诉讼在程序架构、事实认定、庭审模式乃至裁判效力等方面也有着巨大差异。采取何种方式处理刑民交叉案件,应视刑民交叉具体情形的性质来确定,不能一概而论,所谓先刑后民的处理原则是有较大局限的。在总体思路上,处理刑民交叉问题,应从程序切入,站在民事诉讼保护私权的一般基点之上,确立起以审判为中心的刑民分立处理原则。刑民交叉分有两种情形:一是表面上的刑民交叉,案件事实表面上存有某种民事法律关系,但本质上却属于刑事案件,如买卖毒品;二是实质上的刑民交叉,即案件事实既涉及刑事犯罪,又存在民事纠纷,如合同诈骗犯罪与民事欺诈。

1. 对于表面上的刑民交叉,属于民事诉讼法上的主管问题,人民法院在任何一个民事诉讼环节中均须对此进行识别。我国《民事诉讼法》第 127 条规定:“人民法院对下列起诉,分别情形,予以处理:……(三)依照法律规定,应当由其他机关处理的争议,告知原告向有关机关申请解决……”依此,人民法院在接到民事起诉状后,应当对该案是否属于刑事案件进行审查。对依照法律规定属于刑事案件而非民事纠纷的争议,应当裁定不予受理;受理后才发现的,应当裁定驳回起诉;[1] 同时,告知原告应当向有关机关报案或者举报。当事人对上述裁定均可上诉。[2] 对符合提起刑事自诉条件的,人民法院应当告知原告可以提起刑事自诉。人民法院不得任意放弃对民事纠纷案件的主管,此为其作为审判机关的职责所在。对于那些具有民事纠纷性质的案件,人民法院不得因其有法律事实涉嫌犯罪而不予立案,而应予以受理和审理。如果在受理前即以应由人民检察院、公安机关立案处理为由,对具有民

〔1〕 参见我国《民事诉讼法司法解释》第 208 条第 3 款,《最高人民法院关于在审理经济纠纷案件中涉及经济犯罪嫌疑若干问题的规定》(法释〔1998〕7 号,以法释〔2020〕17 号修改,以下简称《涉及经济犯罪嫌疑规定》第 11 条。

〔2〕 参见我国《民事诉讼法》第 126 条后段。

事纠纷性质的案件贸然驳回原告的起诉,不仅会损害当事人的民事诉权,还意味着会损害司法的公信力。

我国传统做法所谓"先刑后民",一般是指立案上的先刑后民,既不区分刑民交叉的具体情形,也不从程序衔接上进行细分。所谓立案上的先刑后民,除上述提及的司法解释外,主要还涉及下列3件司法解释和司法解释性质文件:

(1)已被废止的《最高人民法院、最高人民检察院、公安部关于及时查处在经济纠纷案件中发现的经济犯罪的通知》[法(研)发〔1985〕17号,以下简称原《及时查处经济犯罪通知》]规定:"各级人民法院在审理经济纠纷案件中,如发现有经济犯罪,应按照1979年12月15日最高人民法院、最高人民检察院、公安部《关于执行刑事诉讼法规定的案件管辖范围的通知》,将经济犯罪的有关材料分别移送给有管辖权的公安机关或检察机关侦查、起诉,公安机关或检察机关均应及时予以受理。"[1]其中规定的法院向公安机关或者检察院移送的,仅是"犯罪的有关材料",而非民事案件本身,值得注意。

(2)已被废止的《最高人民法院、最高人民检察院、公安部关于在审理经济纠纷案件中发现经济犯罪必须及时移送的通知》[法(研)发〔1987〕7号]第1条重申了原《及时查处经济犯罪通知》的规定,第2条规定:"各级人民法院在审理经济纠纷案件中,如果发现有经济犯罪事实的,即应及时移送。"第3条规定:"人民法院在审理经济纠纷案件中,发现经济犯罪时,一般应将经济犯罪与经济纠纷全案移送,依照刑事诉讼法第五十三条和第五十四条的规定办理。如果经济纠纷与经济犯罪必须分案审理的,或者是经济纠纷案经审结后又发现有经济犯罪的,可只移送经济犯罪部分。"对于经公安、检察机关侦查,犯罪事实搞清楚后,仍需分案审理的,经济纠纷部分应退回人民法院继续审理。[2] 其中的第3条第1款规定明确采取先刑后民的原则,同时确立了人民法院向其他机关"移送"民事案件的规则。

(3)已被废止的《最高人民法院关于审理证券市场因虚假陈述引发的民事赔偿案件的若干规定》(法释〔2003〕2号)第6条第1款规定,"投资人以自己受到虚假陈述侵害为由,依据有关机关的行政处罚决定或者人民法院的刑事裁判文书,对虚假陈述行为人提起的民事赔偿诉讼,符合民事诉讼法第一百零八条规定的,人民法院

---

〔1〕 该司法解释性质文件已根据我国《最高人民法院、最高人民检察院关于废止1980年1月1日至1997年6月30日期间制发的部分司法解释和司法解释性质文件的决定》(法释〔2013〕1号,以下简称《2013年废止司法解释决定》)而废止,废止理由是制定依据已失效。

〔2〕 该司法解释性质文件已根据《2013年废止司法解释决定》而废止,废止理由是通知精神已被《刑事诉讼法》及相关司法解释所吸收。其中的"刑事诉讼法第五十三条和第五十四条",是指该法关于附带民事诉讼的规定,对应现行该法第101、104条。

应当受理。"[1]

上述案例一中最高人民法院的第二审观点与案例二中辽宁省高级人民法院的第一审观点,均系采取立案上的先刑后民的做法。然而,立案上的先刑后民是对刑民交叉案件的特别处理方式,不具有普遍适用的意义。例如,在"湖北武汉赛迪尔经济发展有限责任公司与武汉市东西湖区国债服务部、武汉市国债服务部回购国库券合同纠纷上诉案"中,最高人民法院第二审认为:"证券回购合同纠纷中,证券公司的工作人员的行为是否是职务行为,证券公司应否承担民事责任,应通过实体审理才能依法决定。起诉符合《民事诉讼法》第108条规定的条件,人民法院应予受理。原审法院以证券公司工作人员利用职务之便实施犯罪行为,证券公司对此犯罪行为所造成的经济损失不应承担民事责任为由,裁定驳回起诉,并将本案移送公安机关处理,属适用法律不当,应予纠正。"[2]

又如,在"谢某金与华鸿建设集团有限公司、陈某刚等建设工程施工合同纠纷再审案"中,最高人民法院再审认为:"谢某金主张其作为实际施工人完成了案涉工程的部分施工,请求支付工程价款以及要求退还保证金,与陈某刚伪造印章涉嫌犯罪并非同一法律事实。因案涉合同上的印章印文系陈某刚伪造予以加盖,陈某刚伪造印章一节与本案存在一定关联关系,但谢某金是否有理由相信陈某刚有权代表华鸿公司签订合同、华鸿公司是否需因自身过错承担责任以及月亮河乡政府、月亮河旅游公司是否应在欠付工程价款范围内承担责任等权利义务关系的认定,可依据相关证据径行审理和裁判,并不受陈某刚涉嫌犯罪处理结果的影响。因此,根据上述规定,对谢某金的起诉人民法院应当予以受理";第二审人民法院适用《1998年涉及经济犯罪嫌疑规定》第11条的规定裁定驳回谢某金的起诉,属于适用法律错误,应予纠正。[3]

2. 对于实质上的刑民交叉,应确立刑民分立的处理原则,即不管刑事案件进入何种阶段,人民法院原则上均须对民事案件予以立案受理。此为立案上的刑民分立,区别于传统做法所采取的立案上的先刑后民。主要有如下10件司法解释对此予以规定:

(1)已被废止的《最高人民法院、最高人民检察院关于当前办理经济犯罪案件

〔1〕 该司法解释已根据《最高人民法院关于审理证券市场虚假陈述侵权民事赔偿案件的若干规定》(法释〔2022〕2号,以下简称《证券虚假陈述侵权规定》)第35条第1款前段规定而废止。其中的"民事诉讼法第一百零八条",对应现行该法第122条。

〔2〕 最高人民法院(1999)经终字第14号民事判决(2000年6月19日),载最高人民法院办公厅编:《最高人民法院公布裁判文书(2000年)》,人民法院出版社2001年版,第262~267页。其中的"《民事诉讼法》第一百零八条",对应现行该法第122条。

〔3〕 最高人民法院(2020)最高法民再120号民事裁定(2020年5月27日)。

中具体应用法律的若干问题的解答(试行)》[〔85〕高检会(研)字3号]第四“关于诈骗罪的几个问题”中“(二)关于以签订经济合同的方法骗取财物的,应认定诈骗罪还是按经济合同纠纷处理的问题”规定:“1.个人明知自己并无履行合同的实际能力或担保,以骗取财物为目的,采取欺诈手段与其他单位、经济组织或个人签订合同,骗取财物数额较大的,应以诈骗罪追究刑事责任。个人有部分履行合同的能力或担保,虽经过努力,但由于某些原因造成不能完全履行合同的,应按经济合同纠纷处理。2.国营单位或集体经济组织,不具备履行合同的能力,而其主管人员和直接责任人员以骗取财物为目的,采取欺诈手段同其他单位或个人签订合同,骗取财物数额较大,给对方造成严重经济损失的,应按诈骗罪追究其主管人员和直接责任人员的刑事责任。如果经对方索取,已将所骗财物归还的,可以从宽处理。3.国营单位或集体经济组织,有部分履行合同的能力,但其主管人员或直接责任人员用夸大履约能力的方法,取得对方信任与其签订合同。合同生效后,虽为履行合同作了积极的努力,但未能完全履行合同的,应按经济合同纠纷处理。”[1]其中第1、3项规定,寓有刑民分立之意。

(2)已被废止的《最高人民法院、最高人民检察院、公安部关于在审理经济纠纷案件中发现经济犯罪必须及时移送的通知》[法(研)发〔1987〕7号]第2条规定:“各级人民法院在审理经济纠纷案件中,如果发现有经济犯罪事实的,即应及时移送。”第3条第1款规定:“人民法院在审理经济纠纷案件中,发现经济犯罪时,一般应将经济犯罪与经济纠纷全案移送,依照刑事诉讼法第五十三条和第五十四条的规定办理。如果经济纠纷与经济犯罪必须分案审理的,或者是经济纠纷案经审结后又发现有经济犯罪的,可只移送经济犯罪部分。”第2款规定:“对于经公安、检察机关侦查,犯罪事实搞清楚后,仍需分案审理的,经济纠纷部分应退回人民法院继续审理。”[2]其中的“刑事诉讼法第五十三条和第五十四条”,对应现行该法第101、104条,是关于附带民事诉讼的规定。前引第3条第1款前段规定系针对表面上的刑民交叉,采取先刑后民的做法;同款后段规定则系针对实质上的刑民交叉,采取刑民分立的做法。

(3)《最高人民法院经济审判庭有关刑事案件与经济纠纷案件交叉时如何处理问题的函》(法经〔1991〕195号)中指出:“吉林省延边朝鲜族自治州对外经济贸易

〔1〕 该司法解释已根据我国《最高人民法院、最高人民检察院关于废止1980年1月1日至1997年6月30日期间制发的部分司法解释和司法解释性质文件的决定》(法释〔2013〕1号,以下简称《2013年废止司法解释决定》)而废止,废止理由是制定理由已失效。

〔2〕 该司法解释性质文件已根据我国《废止部分司法解释决定》而废止,废止理由是通知精神已被《刑事诉讼法》及相关司法解释所吸收。

公司禹根夏等人私刻公章、伪造国家批文,倒卖巨额烟用丝束投机倒把的犯罪行为与广东省烟草公司惠来县公司同吉林省延边朝鲜族自治州对外经济贸易公司、海南振海工贸联合有限公司的丝束购销合同关系是两种既有联系,又有本质不同的法律事实和法律关系。前者是一种扰乱社会经济秩序,危害国家利益的犯罪行为,应当由公安机关立案侦查;后者是平等主体之间的民事法律关系,它们之间的纠纷可以由人民法院通过诉讼程序解决。人民法院对该经济纠纷案件的审理并不影响公安机关对有关刑事案件的侦查。因此,广东省烟草公司惠来县公司诉吉林省延边朝鲜族自治州对外经济贸易公司、海南振海工贸联合有限公司丝束购销合同货款纠纷案,可以由深圳市中级人民法院继续审理。"此系采取刑民分立的做法。

(4)《最高人民法院关于审理存单纠纷案件的若干规定》(法释〔1997〕8号,经法释〔2020〕18号修正,以下简称《审理存单案件规定》)第3条第2款规定:"人民法院在受理存单纠纷案件后,如发现犯罪线索,应将犯罪线索及时书面告知公安或检察机关。如案件当事人因伪造、变造、虚开存单或涉嫌诈骗,有关国家机关已立案侦查,存单纠纷案件确须待刑事案件结案后才能审理的,人民法院应当中止审理。对于追究有关当事人的刑事责任不影响对存单纠纷案件审理的,人民法院应对存单纠纷案件有关当事人是否承担民事责任以及承担民事责任的大小依法及时进行认定和处理。"该款后段规定确立了刑民分立的处理原则。

(5)《最高人民法院关于北京市公安局侦查徐永选涉嫌经济犯罪与杭州市中级人民法院审理经济纠纷案件争议问题的处理意见》(法经〔1997〕404号)中指出:"1995年9月7日,杭州鹏程制衣有限公司(下称有限公司)经理徐永选以'承接服装订单、购面、辅料'为由,向华夏银行杭州分行(下称华夏分行)借款500万元。中国抽纱品进出口(集团)公司在双方签订的借贷合同上盖章担保。同年9月11日,华夏分行将500万元汇入有限公司账户。9月15日,徐永选以有限公司的名义将该款中的450万元汇入上海物资期货经纪有限公司进行期货交易。其余款项被徐永选还帐、挥霍。此后,徐永选潜逃。据此,北京市公安局对徐永选以涉嫌经济犯罪进行侦查。鉴于有限公司、进出口公司等三方在借贷合同上加盖的公章是真实的,华夏分行将500万元汇入了有限公司的帐户。根据《民法通则》第43条'企业法人对它的法定代表人和其他工作人员的经营活动,承担民事责任'的规定,徐永选涉嫌经济犯罪,不能代替或免除有限公司应承担的民事责任。杭州市中级人民法院受理华夏分行诉有限公司、进出口公司借款合同纠纷一案并无不当。"该规定系采取刑民分立的做法。

(6)《涉及经济犯罪嫌疑规定》第1条规定:"同一公民、法人或其他经济组织因不同的法律事实,分别涉及经济纠纷和经济犯罪嫌疑的,经济纠纷案件和经济犯罪嫌疑案件应当分开审理。”第10条规定:“人民法院在审理经济纠纷案件中,发现与本案有牵连,但与本案不是同一法律关系的经济犯罪嫌疑线索、材料,应将犯罪嫌疑线索、材料移送有关公安机关或检察机关查处,经济纠纷案件继续审理。”两个规定均确立了刑民分立的处理原则。

(7)《最高人民法院关于审理票据纠纷案件若干问题的规定》(法释〔2000〕32号,经法释〔2020〕18号修正)第73条规定:“人民法院在审理票据纠纷案件时,发现与本案有牵连但不属同一法律关系的票据欺诈犯罪嫌疑线索的,应当及时将犯罪嫌疑线索提供给有关公安机关,但票据纠纷案件不应因此而中止审理。”该条规定确立了刑民分立的处理原则。

(8)《最高人民法院关于银行储蓄卡密码被泄露导致存款被他人骗取引起的储蓄合同纠纷应否作为民事案件受理问题的批复》(法释〔2005〕7号)规定:“因银行储蓄卡密码被泄露,他人伪造银行储蓄卡骗取存款人银行存款,存款人依其与银行订立的储蓄合同提起民事诉讼的,人民法院应当依法受理。”该条规定确立了刑民分立的处理原则。

(9)《最高人民法院关于审理民间借贷案件适用法律若干问题的规定》(法释〔2015〕18号,经法释〔2020〕6号、法释〔2020〕17号修正,以下简称《民间借贷司法解释》)第6条规定:“人民法院立案后,发现与民间借贷纠纷案件虽有关联但不是同一事实的涉嫌非法集资等犯罪的线索、材料的,人民法院应当继续审理民间借贷纠纷案件,并将涉嫌非法集资等犯罪的线索、材料移送公安或者检察机关。”此与《涉及经济犯罪嫌疑规定》第10条规定基本一致。

(10)《证券虚假陈述侵权规定》第2条规定:“原告提起证券虚假陈述侵权民事赔偿诉讼,符合民事诉讼法第一百二十二条规定,并提交以下证据或者证明材料的,人民法院应当受理:(一)证明原告身份的相关文件;(二)信息披露义务人实施虚假陈述的相关证据;(三)原告因虚假陈述进行交易的凭证及投资损失等相关证据。”“人民法院不得仅以虚假陈述未经监管部门行政处罚或者人民法院生效刑事判决的认定为由裁定不予受理。”

至于刑民分立后民事案件应作如何处理,主要有继续审理和中止诉讼(审理上的先刑后民)两种方式,在特定情形下还包括先民后刑的方式。对于无须中止或者终结民事诉讼的民事案件,即使相关案件事实因涉嫌犯罪而被人民检察院、公安机关立案的,人民法院仍然可以继续审理,即实行审理上的刑民分立。当然,刑民分立的原则也有例外,如针对涉嫌非法集资犯罪的民间借贷行为,适用立案上的先刑后民方式。《民间借贷司法解释》第 5 条规定:"人民法院立案后,发现民间借贷行为本身涉嫌非法集资等犯罪的,应当裁定驳回起诉,并将涉嫌非法集资等犯罪的线索、材料移送公安或者检察机关。公安或者检察机关不予立案,或者立案侦查后撤销案件,或者检察机关作出不起诉决定,或者经人民法院生效判决认定不构成非法集资等犯罪,当事人又以同一事实向人民法院提起诉讼的,人民法院应予受理。"〔1〕上述案例一应归于此项情形。

除此以外,《全国法院民商事审判工作会议纪要》第 129 条第 2 款规定:"当事人因租赁、买卖、金融借款等与上述涉众型经济犯罪无关的民事纠纷,请求上述主体承担民事责任的,人民法院应予受理。"也是关于立案上的刑民分立的具体规定。

### 三、刑民分立项下的中止民事诉讼

中止民事诉讼,是指人民法院审理民事案件因出现法定事由,暂时停止诉讼程序,待该事由消失后才予恢复。我国《民事诉讼法》第 153 条第 1 款规定:"有下列情形之一的,中止诉讼:……(五)本案必须以另一案的审理结果为依据,而另一案尚未审结的……"〔2〕其中规定的"另一案",即包括刑事案件在内,并为此而扩及于人民检察院、公安机关已经立案的刑事案件。该规定确立了人民法院对刑民交叉案件采取立案上的刑民分立处理原则下,以"本案必须以另一案的审理结果为依据,而另一案尚未审结的"为条件裁定中止民事诉讼,即实行审理上的先刑后民规则。

(一)中止民事诉讼的主要情形

笔者认为,刑民交叉案件中需要中止民事诉讼的,主要有如下三种情形:

1. 民事案件的审理必须以尚未审结的刑事案件的审查结果为依据的,人民法院应当裁定中止民事诉讼。这主要针对民事案件和刑事案件指向同一事实的情形。例如,《民间借贷司法解释》第 7 条规定:"民间借贷纠纷的基本案件事实必须以刑事案件的审理结果为依据,而该刑事案件尚未审结的,人民法院应当裁定中止诉讼。"该条规定将《民事诉讼法》第 153 条第 1 款规定中的"本案"限缩为"(本案)基本案件事实(的查明)"。换言之,即使实行审理上的先刑后民,但生效刑事裁判仅对民间借贷民事案件的事实认定发生影响,而不对诸如其行为的性质认定等民事案

---

〔1〕 参见我国《最高人民法院、最高人民检察院、公安部关于办理非法集资刑事案件适用法律若干问题的意见》(公通字〔2014〕16 号,以下简称《非法集资适用法律意见》)第 7 条;《最高人民法院、最高人民检察院、公安部关于办理非法集资刑事案件若干问题的意见》(高检会〔2019〕2 号,以下简称《非法集资刑事案件意见》)第 10 条第 2 款;最高人民法院发布的《全国法院民商事审判工作会议纪要》(法〔2019〕254 号)第 129 条第 1 款。

〔2〕 我国《行政诉讼法》第 61 条第 2 款规定:"在行政诉讼中,人民法院认为行政案件的审理需以民事诉讼的裁判为依据的,可以裁定中止行政诉讼。"此系将《民事诉讼法》第 153 条第 1 款规定中的"审理结果"规定为"裁判"。

件其他方面发生影响。此外,对不指向同一事实而必须以尚未审结的刑事案件的审理结果为依据才能审理的其他民事案件,人民法院可以裁定中止民事诉讼。

对于实行先刑后民的具体事由,涉及如下3件司法解释:(1)《最高人民法院关于林业干及第三人深华工贸总公司诉中国人民建设银行增城县支行银行存款纠纷案应中止诉讼并将陈玉中等人诈骗犯罪问题移送公安机关查处问题的函》(法函〔1992〕17号)中指出:“陈玉中为首的诈骗团伙,以签订经济合同为名,设置圈套,从中国人民建设银行增城县支行骗取他人巨额货款,属于经济犯罪。鉴于该案案情复杂,且与你院正在审理中的林业干及第三人深华工贸总公司诉增城县建行银行存款纠纷上诉案有直接关系。为使公安机关继续深入查处该案,及时打击经济犯罪分子,尽可能为国家挽回经济损失,建议你院中止增城县建行‘银行存款纠纷’上诉案的审理,并按两院一部《关于及时查处在经济纠纷案件中发现的经济犯罪的通知》规定,将涉及陈玉中等人诈骗犯罪的材料,移送承办该案的公安机关查处;视今后查处结果,再决定是否恢复诉讼。”这是以已受理的民事案件与诈骗犯罪嫌疑“有直接关系”为由,实行先刑后民,审理民事案件的人民法院须中止民事诉讼。(2)《审理存单案件规定》第3条第2款中段规定:“如案件当事人因伪造、变造、虚开存单或涉嫌诈骗,有关国家机关已立案侦查,存单纠纷案件确须待刑事案件结案后才能审理的,人民法院应当中止审理。”(3)《最高人民法院关于审理侵犯商业秘密民事案件适用法律若干问题的规定》(法释〔2020〕7号)第25条规定:“当事人以涉及同一被诉侵犯商业秘密行为的刑事案件尚未审结为由,请求中止审理侵犯商业秘密民事案件,人民法院在听取当事人意见后认为必须以该刑事案件的审理结果为依据的,应予支持。”

《全国法院民商事审判工作会议纪要》明确将本项事由作为实行先刑后民的条件。第130条“民刑交叉案件中民商事案件中止审理的条件”规定:“人民法院在审理民商事案件时,如果民商事案件必须以相关刑事案件的审理结果为依据,而刑事案件尚未审结的,应当根据《民事诉讼法》第150条第5项的规定裁定中止诉讼。待刑事案件审结后,再恢复民商事案件的审理。如果民商事案件不是必须以相关的刑事案件的审理结果为依据,则民商事案件应当继续审理。”〔1〕具体情形包括:(1)第101条“民间贴现行为的效力”第1款第3～5句规定:“人民法院在民商事案件审理过程中,发现不具有法定资质的当事人以‘贴现’为业的,因该行为涉嫌犯罪,应当将有关材料移送公安机关。民商事案件的审理必须以相关刑事案件的审理结果为依

〔1〕　其中的“《民事诉讼法》第150条第5项”,对应现行该法第153条第1款第5项。

据的，应当中止诉讼，待刑事案件审结后，再恢复案件的审理。案件的基本事实无须以相关刑事案件的审理结果为依据的，人民法院应当继续审理。”（2）第105条“票据清单交易、封包交易案件中的民刑交叉问题”第1款规定：“人民法院在案件审理过程中，如果发现公安机关已经就实际用资人、直贴行、出资银行的工作人员涉嫌骗取票据承兑罪、伪造印章罪等立案侦查，一方当事人根据《最高人民法院关于在审理经济纠纷案件中涉及经济犯罪嫌疑若干问题的规定》第11条的规定申请将案件移送公安机关的，因该节事实对于查明出资银行是否为正当持票人，以及参与交易的其他金融机构的抗辩理由能否成立存在重要关联，人民法院应当将有关材料移送公安机关。民商事案件的审理必须以相关刑事案件的审理结果为依据的，应当中止诉讼，待刑事案件审结后，再恢复案件的审理。案件的基本事实无须以相关刑事案件的审理结果为依据的，人民法院应当继续案件的审理。”

例如，在“赵某贵与曲阜市红海置地有限公司民间借贷纠纷案”中，最高人民法院认为：“本案民事纠纷和王某南涉嫌合同诈骗犯罪存在案件事实重合。为防止民事判决与刑事判决矛盾，民事纠纷案件审理中有关合同签订履行事实认定、合同效力认定、责任划分等问题应以涉嫌犯罪案件的审理结果为依据，在涉嫌犯罪案件审结前，应当中止民事纠纷案件的审理。在本案纠纷审理中，红海置地公司申请法庭调取王某南涉嫌犯罪案件与本案相关的证据，但原审法院以‘因本案并不以刑事案件处理结果为依据’为由未予调取，并且在刑事案件审理结果出来之前作出一、二审民事判决，是不当的。”〔1〕

2. 被害人因涉嫌犯罪行为而遭受物质损失，被害人或者其法定代理人、近亲属在人民检察院提起公诉前提起民事诉讼的，人民法院应予受理。人民检察院在民事案件宣判前提起公诉的，人民法院应当裁定中止民事诉讼，或者在征得民事案件原告同意后将该案转为附带民事诉讼；在人民检察院提起公诉后不提起附带民事诉讼而另行提起民事诉讼的，应当裁定不予受理，并告知其应提起附带民事诉讼，或者在刑事裁判生效后另行提起民事诉讼。被害人或者其法定代理人、近亲属既提起民事诉讼又提起刑事自诉附带民事诉讼的，参照适用上述规则。

3. 犯罪嫌疑人因非法占有、处置被害人的财产而被人民检察院、公安机关立案，被害人在人民检察院提起公诉前以请求返还该财产为由提起民事诉讼的，人民法院应予受理；民事案件宣判前人民检察院提起公诉的，应当裁定中止民事诉讼。被害人在人民检察院提起公诉后以请求返还该财产为由提起附带民事诉讼，或者另行提

---

〔1〕 最高人民法院（2016）最高法民申793号民事裁定（2016年9月20日）。

起民事诉讼的,人民法院应当裁定不予受理。经过生效刑事裁判追缴或者责令退赔仍不能弥补损失,被害人另行提起民事诉讼的,人民法院可以受理。

(二)无须中止民事诉讼的情形

人民法院审理无须以尚未审理的刑事案件的审理结果为依据的刑民交叉案件,原则上应当继续审理,而无须裁定中止民事诉讼,即实行审理上的刑民分立。无须中止民事诉讼可以包括下列一些具体情形:

1. 民事案件当事人因与本案无关的其他法律事实涉及(含涉嫌和构成,下同)犯罪的。[1] 例如,《全国法院民商事审判工作会议纪要》第105条"票据清单交易、封包交易案件中的民刑交叉问题"第2款规定:"参与交易的其他商业银行以公安机关已经对其工作人员涉嫌受贿、伪造印章等犯罪立案侦查为由请求将案件移送公安机关的,因该节事实并不影响相关当事人民事责任的承担,人民法院应当根据《最高人民法院关于在审理经济纠纷案件中涉及经济犯罪嫌疑若干问题的规定》第10条的规定继续审理。"

2. 行为人在以他人的名义订立合同涉及犯罪,合同相对人起诉请求本人承担合同后果的。其中的"行为",包括代理行为、代表行为;"本人",包括被代理人、被代表人。对于该类合同纠纷案件,人民法院应当对该合同是否对本人发生效力进行审查,一般情况下并无须以行为人的代理或者代表行为是否构成犯罪作为审理的前提或者依据。本项情形涉及多件司法解释和司法解释性质文件,除上述《最高人民法院经济审判庭有关刑事案件与经济纠纷案件交叉时如何处理问题的函》《最高人民法院关于北京市公安局侦查徐永选涉嫌经济犯罪与杭州市中级人民法院审理经济纠纷案件争议问题的处理意见》以及《涉及经济犯罪嫌疑规定》第2~6条规定以外,还有如下4件。

(1)已被废止的《最高人民法院关于单位负责人被追究刑事责任后单位应否承担返还其预收货款的责任问题的批复》[法(经)复〔1989〕1号]中规定:"一、我院和最高人民检察院《关于当前办理经济犯罪案件中具体应用法律的若干问题的解答(试行)》并没有规定追究单位负责人的刑事责任后,单位可不承担民事责任。二、武汉市径河农工商公司购销经理部(简称购销经理部)与华中轻工贸易公司(简称贸易公司)签订合同后,贸易公司按合同约定将39万元预付货款汇给了购销经理部。购销经理部负责人涂仰善非法占有预付货款并用于潜逃被依法追究刑事责任,并不能代替或者免除购销经理部依法所应承担的民事责任。由于购销经理部已被

〔1〕 参见我国《涉及经济犯罪嫌疑规定》第1条。

撤销,所欠贸易公司的货款应由其上级主管部门径河农场成立的清理小组负责返还。”

(2)《最高人民法院关于广东省连县工贸总公司诉怀化市工商银行侵权一案的复函》(〔1990〕民他字第44号)中指出,“广东省连县工贸总公司的预付货款被骗,在诈骗犯杨爱秀受刑事处罚并追回部分赃款后,该公司对造成货款被骗负有直接责任的湖南省怀化市农业银行榆树信用社和怀化市工商银行,均有权提起民事诉讼,并要求其承担相应的民事责任”。

(3)《最高人民法院关于信用社对其负责人出具加盖信用社公章借据的行为应否承担民事责任的请示报告的复函》(〔2010〕民二他字第5、6、7号)中指出:“你院的请示涉及多起案件,且每起案件的具体事实情节有所不同,故对于请示问题,应结合具体案件事实,根据《合同法》第50条、第52条之规定,对信用社负责人的行为是否构成表见代理以及借款合同是否有效进行判断,并按以下情形分别处理:构成表见代理,且借款合同有效的,信用社承担合同责任;构成表见代理,但借款合同无效的,信用社应根据《合同法》第58条之规定承担相应的责任;不构成表见代理,信用社有过错,且该过错行为与被害人的损失之间具有因果关系的,对该犯罪行为造成的经济损失,应当承担相应的赔偿责任。”〔1〕

(4)《全国法院民商事审判工作会议纪要》第128条“分别审理”第1款规定:“同一当事人因不同事实分别发生民商事纠纷和涉嫌刑事犯罪,民商事案件与刑事案件应当分别审理,主要有下列情形:……(2)行为人以法人、非法人组织或者他人名义订立合同的行为涉嫌刑事犯罪或者刑事裁判认定其构成犯罪,合同相对人请求该法人、非法人组织或者他人承担民事责任的;(3)法人或者非法人组织的法定代表人、负责人或者其他工作人员的职务行为涉嫌刑事犯罪或者刑事裁判认定其构成犯罪,受害人请求该法人或者非法人组织承担民事责任的……”

上述案例二即涉及此项情形。另如,在“郭某忠诉天泰公司、蓝星公司买卖合同纠纷案”中,其裁判要旨指出:“在买卖合同纠纷中,被告以订立该买卖合同的经手人因涉嫌经济犯罪被刑事拘留为由,主张先中止审理买卖合同纠纷,等待刑事案件处理结果,但对其与原告之间的买卖合同关系,却不能用证据来否定真实存在,该诉讼主张不能成立。”〔2〕

在“广东黄河实业集团有限公司与北京然自中医药科技发展中心一般股权转让侵权纠纷案”中,其裁判摘要指出:“担任法人之法定代表人的自然人,以该法人的名

---

〔1〕 其中的《合同法》第50、52、58条,对应《民法典》第504、153、154、157条,具体内容前后略有调整。

〔2〕 郭景忠诉天泰公司、蓝星公司买卖合同纠纷案,载《最高人民法院公报》2006年第4期。

义，采取欺诈手段与他人订立民事合同，从中获取的财产被该法人占有，由此产生的法律后果，是该自然人涉嫌合同诈骗犯罪，同时该法人与他人之间因合同被撤销而形成债权债务关系。人民法院应当依照《最高人民法院关于在审理经济纠纷案件中涉及经济犯罪嫌疑若干问题的规定》第10条的规定，将自然人涉嫌犯罪部分移交公安机关处理，同时继续审理民事纠纷部分。”[1]

又如，在“中国远大集团有限责任公司与中国轻工业对外经济技术合作公司进出口代理合同纠纷案”中，最高人民法院认为：“轻工业公司职员赵某征的合同诈骗行为，虽然已被生效的刑事判决予以确认，但该个人的犯罪行为与本案《代理协议》的履行没有关联，也不能因此免除轻工业公司在本案中的民事责任。原审驳回远大公司的起诉不当，应予纠正。”[2]

再如，在“游某琼与福建省万翔房地产开发有限公司、翁某金等民间借贷纠纷申请再审案”中，最高人民法院审查认为：“翁某金还是万翔公司的股东，且在签订涉案担保合同时持有万翔公司的公章，尽管刑事判决已经认定该公章为翁某金私刻，但结合翁某金在万翔公司所任特殊职务以及股东身份等权利外观，已经足以让交易相对人游某琼产生合理信赖，让其负有对公章真实性进行实质审查的义务，对于相对人要求过于严苛，不利于保护交易安全。综上，本院认为，翁某金的行为已构成表见代理，万翔公司应对翁某金的涉案债务承担担保责任。万翔公司关于翁某金并非万翔公司法定代表人并存在私刻公章行为，故其不应承担担保责任等主张不能成立。”[3]

3. 债务人订立主合同涉及犯罪，债权人起诉请求担保人承担民事责任的。对此，司法解释上原来采取否定态度，即债权人既不得起诉债务人，也不得起诉担保人。如《最高人民法院关于诈骗犯罪的被害人起诉要求诈骗过程中的保证人代偿“借款”应如何处理的复函》（〔1990〕民他字第38号，以下简称《诈骗保证人代偿复函》）中指出：“冯树源从胡强处‘借款’的行为既已被认定为诈骗罪行，胡强追索冯树源所‘借’四万元则属刑事案件中的追赃问题。因此，对胡要求受冯欺骗的‘担保人’代偿‘借款’的纠纷，人民法院不宜作为民事案件受理。一审法院裁定驳回起诉是正确的。”后来改采肯定态度。《民间借贷司法解释》第8条规定：“借款人涉嫌犯罪或者生效判决认定其有罪，出借人起诉请求担保人承担民事责任的，人民法院应予受理。”《全国法院民商事审判工作会议纪要》第128条“分别审理”第1款规定：

---

〔1〕 广东黄河实业集团有限公司与北京然自中医药科技发展中心一般股权转让侵权纠纷案（最高人民法院（2008）民二终字第62号民事判决，2008年4月22日），载《最高人民法院公报》2009年第1期。

〔2〕 中国远大集团有限责任公司与中国轻工业对外经济技术合作公司进出口代理合同纠纷案（最高人民法院（2015）民提字第128号民事裁定，2015年10月12日），载《最高人民法院公报》2016年第2期。

〔3〕 最高人民法院（2016）最高法民申733号民事裁定（2016年6月30日）。

"同一当事人因不同事实分别发生民商事纠纷和涉嫌刑事犯罪,民商事案件与刑事案件应当分别审理,主要有下列情形:(1)主合同的债务人涉嫌刑事犯罪或者刑事裁判认定其构成犯罪,债权人请求担保人承担民事责任的……"

上述案例二即涉及此项情形。又如,在"重庆市九龙城区华岩农村信用合作社与重庆大鹏实业发展公司借款合同纠纷上诉案"中,最高人民法院第二审认为:"根据《最高人民法院关于在审理经济纠纷案件中涉及经济犯罪嫌疑若干问题的规定》第3条,单位主管人员在犯罪过程中以本单位名义对外签订合同,其本人因犯罪行为受到刑事制裁,但并不能免除该单位应当承担的民事责任。对方当事人与该单位签订借款抵押合同,并在房地产管理部门办理抵押登记和变更手续,发放了贷款,其抵押权应受到保护。原审法院以单位主管人员的行为构成合同诈骗为由,驳回对方当事人的起诉,缺乏法律依据,应予纠正。"[1]另如,在"赵某军与赵某伍、刘某胜民间借贷纠纷案"中,最高人民法院认为:借款人"刘某胜涉嫌刑事犯罪,并不能否定赵某军(出借人——引者注)与赵某伍(连带责任保证人——引者注)之间存在的民事关系,一审法院……驳回赵某军对赵某伍的起诉不当。至于案件进入诉讼程序后,是否应该裁定中止审理,应由受理法院视情形决定"。[2]

一般而言,订立合同涉及诈骗犯罪的并非当然无效,而是作为合同可撤销的事由。[3] 诈骗行为的社会危害性与合同本身的社会危害性不能等同,不宜以前者为由而断然否定合同的效力。诈骗行为本质上破坏的是合同正义,为恢复这一正义,应以更好保护被欺诈人的利益的角度切入,合同的可撤销便是民法的既定安排。[4] 至于订立主合同涉及诈骗犯罪,债权人起诉请求担保人承担民事责任的,司法解释原来系区分订立主合同是否构成犯罪而作不同处理:订立主合同构成犯罪的,须视担保人对犯罪行为是否知情决定其应否承担民事责任,不知情的担保人无须承担民事责任;[5]订立主合同不构成犯罪的,担保人(尤其是收取担保费用的担保人)不得以订立主合同涉及犯罪为由主张免除民事责任。[6] 但是,这一区分难谓合理。一

[1] 最高人民法院(2003)民二终字第22号民事裁定,载杜万华、宋晓明主编:《基层人民法院法官培训教材》(实务卷·民商事审判篇),人民法院出版社2005年版,第751~752页。

[2] 最高人民法院(2016)最高法民终138号民事裁定(2016年4月25日)。

[3] 参见我国《民法典》第148、149条。

[4] 参见叶名怡:《涉合同诈骗的民法规制》,载《中国法学》2012年第1期。

[5] 参见我国《最高人民法院关于诈骗犯罪的被害人起诉要求诈骗过程中的保证人代偿"借款"应如何处理的复函》([1990]民他字第38号)。

[6] 参见我国《最高人民法院关于诈骗犯罪的被害人起诉要求诈骗过程中的收取担保费用的保证人代偿"借款"应如何处理的请示的函》(1994年9月6日)。

方面，主合同因涉及犯罪而无效的，担保合同原则上也无效，但独立担保合同除外。[1] 另一方面，主合同涉及犯罪不能等同于担保行为涉及犯罪，法院应对主合同和担保合同的效力分别进行审查。

4. 同一侵权事实存在多个侵权责任关系，其中有侵权行为涉嫌犯罪，被害人起诉请求其他侵权人承担侵权责任的。所谓其他侵权人的侵权责任，如监护人责任、[2]使用人责任、[3]网络服务提供者责任、[4]安全保障责任[5]等，其侵权行为与涉嫌犯罪的侵权行为构成竞合侵权；[6]而且解释上并不限于侵权责任，而可扩及于合同责任。《全国法院民商事审判工作会议纪要》第 128 条"分别审理"第 1 款规定："同一当事人因不同事实分别发生民商事纠纷和涉嫌刑事犯罪，民商事案件与刑事案件应当分别审理，主要有下列情形：……(5)受害人请求涉嫌刑事犯罪的行为人之外的其他主体承担民事责任的。"

例如，在"王某毅、张某霞诉上海银河宾馆赔偿纠纷案"中，上海市第一中级人民法院第二审认为，王某在宾馆内被害、财物被劫，是仝某宝犯罪的直接、必然结果。该犯罪结果所引起的刑事和民事侵权责任，只有仝某宝才应当承担。银河宾馆与仝某宝的犯罪行为既没有主观上的共同故意，又没有客观上的行为牵连。但是，银河宾馆没有配备专门人员负责监视宾馆内的人员动向，以至罪犯仝某宝出入王某所在的住宿区时，均没有遇到过宾馆工作人员，更谈不上受到注意与询问，因而才能顺利进入客房作案，作案后又从容逃脱，王某的尸体在第二天才被发现。银河宾馆虽然在住宿区每个楼层的电梯口都安装了电视监控设备，但是当监控设备已经反映出仝某宝为等待犯罪时机在不到 2 小时内 7 次上下宾馆电梯时，宾馆工作人员不能对这一异常举动给予密切注意。事实证明，由于出入电梯间的客流量较大，这一措施对及时保护旅客的人身、财产安全并不奏效。银河宾馆没有全面、认真地履行合同义务，自应承担违约责任"。[7]

又如，在"吴某礼等五人诉官渡建行五华保安公司人身损害赔偿纠纷案"中，其"裁判摘要"指出："根据民法通则第 106 条第 2 款规定，商业银行在合理限度内未尽到安全保障的义务，致使存款人及其他客户在银行的营业场所遭抢劫遇害的，应承

[1] 参见我国《民法典》第 682 条第 1 款后段。

[2] 参见我国《民法典》第 118 条。

[3] 参见我国《民法典》第 1191 条第 7 款。

[4] 参见我国《民法典》第 1194 ~ 1197 条。

[5] 参见我国《民法典》第 1198 条、第 1254 条第 2 款。

[6] 参见我国《民法典》第 1171、1172 条。

[7] 王利毅、张丽霞诉上海银河宾馆赔偿纠纷案，载《最高人民法院公报》2001 年第 2 期。该案裁判将对受害人的人身损害赔偿统归于违约责任的项下进行处理，存在一定争议。

担与其过错相适应的赔偿责任。”[1]

5. 行为人通过伪造银行卡等方式盗取卡内资金而涉嫌犯罪，发卡行、收单机构或者特约商户与持卡人之间发生民事纠纷的。例如，在“顾某诉上海交行储蓄合同纠纷案”中，其“裁判摘要”指出：“依照商业银行法第6条的规定，商业银行应当对利用自助银行和ATM机实施的各种犯罪承担防范责任。犯罪分子以在自助银行门禁系统上安装盗码器的方法，窃取储户的银行卡信息和密码造成储户损失的，如储户无过错，商业银行应承担赔偿责任。”[2]又如，在“王某胜诉中国银行股份有限公司南京河西支行储蓄存款合同纠纷案”中，其裁判摘要指出：“犯罪分子利用商业银行对其自助柜员机管理、维护上的疏漏，通过在自助银行网点门口刷卡处安装读卡器、在柜员机上部安装摄像装置的方式，窃取储户借记卡的卡号、信息及密码，复制假的借记卡，将储户借记卡账户内的钱款支取、消费的，应当认定商业银行没有为在其自助柜员机办理交易的储户提供必要的安全、保密的环境，构成违约。储户诉讼请求商业银行按照储蓄存款合同承担支付责任，商业银行以储户借记卡内的资金短少是由于犯罪行为所致，不应由其承担民事责任为由进行抗辩的，对其抗辩主张人民法院不予支持。”[3]

存单类案件的情形与此项情形雷同。例如，在“中国工商银行甘肃省兰州市七里河支行与广东省曲江银通经济发展总公司存单纠纷上诉案”中，最高人民法院第二审认为：“正在审理的存单纠纷诉讼的当事人虽然涉及经济犯罪，但与存款关系属两种不同性质的问题，并不影响诉讼当事人民事责任的承担，即不影响存款人要求存款银行兑付存款本息的权利，故追究有关人员的刑事责任并不影响存单纠纷案件的审理，存单纠纷不应中止审理。”[4]

6. 保险事故涉及犯罪，被保险人起诉请求保险人依照保险合同给付保险金的，但人身保险合同项下被保险人故意犯罪的除外。这里但书的根据，是《保险法》第45条前段。该段规定：“因被保险人故意犯罪或者抗拒依法采取的刑事强制措施导致其伤残或者死亡的，保险人不承担给付保险金的责任。”此项保险人之拒绝给付保险金的抗辩权，系以被保险人故意犯罪为前提，而依无罪推定原则，被保险人故意犯罪须经人民法院依法判决，此无法在民事案件中予以确定，故应实行审理上的先刑

---

[1] 吴成礼等五人诉官渡建行五华保安公司人身损害赔偿纠纷案，载《最高人民法院公报》2004年第12期。

[2] 顾骏诉上海交行储蓄合同纠纷案，载《最高人民法院公报》2005年第4期。

[3] 王永胜诉中国银行股份有限公司南京河西支行储蓄存款合同纠纷案，载《最高人民法院公报》2009年第2期。

[4] 最高人民法院（2000）经终字第56号民事判决（2000年6月1日），载最高人民法院办公厅编：《最高人民法院公布裁判文书（2000年）》，人民法院出版社2001年版，第120～126页。

后民。《全国法院民商事审判工作会议纪要》第128条“分别审理”第1款规定：“同一当事人因不同事实分别发生民商事纠纷和涉嫌刑事犯罪，民商事案件与刑事案件应当分别审理，主要有下列情形：……(4)侵权行为人涉嫌刑事犯罪或者刑事裁判认定其构成犯罪，被保险人、受益人或者其他赔偿权利人请求保险人支付保险金的……”

7. 前手取得票据涉嫌犯罪，持票人对票据债务人起诉行使票据权利的。其中的“取得票据涉嫌犯罪”，是指《票据法》第12条第1款规定的“以欺诈、偷盗或者胁迫等手段取得票据的，或者明知有前列情形，出于恶意取得票据的，不得享有票据权利”。同法第13条第1款规定：“票据债务人不得以自己与出票人或者与持票人的前手之间的抗辩事由，对抗持票人。但是，持票人明知存在抗辩事由而取得票据的除外。”依此，即使前手取得票据涉嫌犯罪，但票据债务人不得以此为由对抗持票人，除非持票人明知存在抗辩事由而取得票据。对于该民事案件，应与涉嫌犯罪的前手取得票据的刑事案件分开审理，而无须实行审理上的先刑后民。

此外，已被废止的《最高人民法院关于审理名誉权案件若干问题的解答》(法发〔1993〕15号，以下简称原《名誉权解答》)第3条规定：“当事人提起名誉权诉讼后，以同一事实和理由又要求追究被告刑事责任的，应中止民事诉讼，待刑事案件审结后，根据不同情况分别处理：对于犯罪情节轻微，没有给予被告人刑事处罚的，或者刑事自诉已由原告撤回或者被驳回的，应恢复民事诉讼；对于民事诉讼请求已在刑事附带民事诉讼中解决的，应终结民事案件的审理。”笔者认为，对此项情形应实行审理上的刑民分立，即对该民事侵权案件的审理无须以尚未审结的刑事案件的审理结果为依据。

## 四、刑民交叉程序处理的几个问题

人民法院在审理和执行刑民交叉案件时，有如下四个程序事项值得注意。

### (一)犯罪嫌疑线索的移送

人民法院审理民事案件时发现犯罪嫌疑线索、材料的，应当将犯罪嫌疑线索、材料移送人民检察院、公安机关。[1] 人民检察院、公安机关认为人民法院受理的民事案件中有犯罪嫌疑线索、材料的，可以函商人民法院予以移送。人民法院对此应予审查，并将审查结果及时告知人民检察院、公安机关。[2] 民事案件当事人认为本案中有犯罪嫌疑线索、材料，书面要求人民法院予以移送的，人民法院应予审查，并将

---

〔1〕 参见我国《涉及经济犯罪嫌疑规定》第10条；《民间借贷司法解释》第6条；《最高人民检察院、公安部关于公安机关办理经济犯罪案件的若干规定》(公通字〔2017〕25号，以下简称《办理经济犯罪案件规定》)第23、24条。

〔2〕 参见我国《涉及经济犯罪嫌疑规定》第12条；《非法集资适用法律意见》第7条第3款。

审查结果告知该当事人。此外，民事案件当事人认为本案事实涉嫌犯罪，书面要求人民法院将本案移交刑事诉讼程序处理的，人民法院应予审查，并将审查结果告知该当事人；决定不予移交的，告知其有权举报或者报案。须予明确的是，人民法院向人民检察院、公安机关移送的对象，只能是犯罪嫌疑线索、材料，而不可能是民事案件本身。

例如，已被废止的《最高人民法院关于在审理经济合同纠纷案件中发现一方当事人利用签订经济合同进行诈骗的，人民法院可否直接追缴被骗钱物问题的复函》（法函〔1994〕16号）规定："根据最高人民法院、最高人民检察院、公安部法（研）发〔1987〕7号《关于在审理经济纠纷案件中发现经济犯罪必须及时移送的通知》第三条的规定，人民法院在审理经济合同纠纷案件的过程中，发现一方当事人利用签订经济合同进行诈骗的案件，应将有关材料移送有管辖权的公安机关处理，不宜直接追缴该笔财物。但为了防止财物流失，避免造成难以挽回的损失，人民法院可同时对犯罪嫌疑人占有的所骗财物先行采取财产保全措施。对犯罪嫌疑人已将所骗财物转让给第三人，且第三人是善意有偿取得该财物的，人民法院则不宜对第三人采取财产保全措施。"〔1〕

（二）中止民事诉讼的处理

1. 中止民事诉讼的函告。人民法院因民事案件的审理必须以尚未审结的刑事案件的审理结果为依据而裁定中止民事诉讼的，应当通知办理刑事案件的人民法院、人民检察院和公安机关。人民检察院、公安机关尚未立案的，应当在10日内予以审查，作出立案或者不予立案的决定并告知中止民事诉讼的人民法院；〔2〕经审查决定不予立案或者逾期未作出决定的，中止民事诉讼的人民法院应当恢复民事诉讼。人民检察院、公安机关已经立案的，应当及时告知中止民事诉讼的人民法院，并在结案后及时将办理结果告知中止民事诉讼的人民法院。人民检察院、公安机关认为人民法院受理的民事案件与其已经立案的刑事案件属于同一事实的，可以函告人民法院。人民法院对此应予审查，并将审查结果及时函告人民检察院、公安机关。但是，人民检察院、公安机关不得"函商"人民法院裁定驳回民事起诉、判决驳回民事诉讼请求或者中止、终结民事诉讼，将案件移交给人民检察院、公安机关处理。〔3〕盖因人民法院具有自主确定案件性质和适用程序的审判职权，人民检察院、公安机

---

〔1〕 该司法解释已根据我国《最高人民法院关于废止部分司法解释（第十三批）的决定》（法释〔2019〕11号，以下简称《第十三批废止司法解释决定》）而废止，废止理由是已被《最高人民法院、最高人民检察院关于办理诈骗刑事案件具体应用法律若干问题的解释》（法释〔2011〕7号，以下简称《诈骗司法解释》）、《刑事财产执行规定》代替。

〔2〕 这里的10日，系参照我国《办理经济犯罪案件规定》第23、24条。

〔3〕 参见我国《办理经济犯罪案件规定》第22条。

关不得干涉。

2. 中止民事诉讼的恢复。中止民事诉讼的事由消失后，人民法院应当及时恢复民事诉讼，即通知或者准许当事人继续进行民事诉讼。原中止裁定不必撤销，从人民法院通知或者准许当事人双方继续进行诉讼时起失去效力。[1] 中止民事诉讼的刑民交叉案件具有下列情形之一的，人民法院应当及时恢复民事诉讼：公安机关撤销案件的；人民检察院作出不起诉决定的；人民法院作出生效刑事裁判的；其他应当恢复民事诉讼的情形。其中，尽管公安机关撤销案件、人民检察院作出不起诉决定也可以引起人民法院恢复民事诉讼，但真正影响刑民交叉案件处理走向的，是人民法院作出生效刑事判决，将成为嗣后审理该民事案件认定相关事实的基本依据。民事案件当事人以中止民事诉讼的事由不存在（如案件审理无须以尚未审结的刑事案件的审理结果为依据）或者已经消灭为由申请恢复民事诉讼的，人民法院应当予以审查，并将审查结果告知该当事人。此外，为防止民事诉讼因中止而"休眠期"过长，有人主张公安机关在12个月内仍不能侦查终结的，人民法院可以恢复民事诉讼。[2] 但如此似乎欠缺明确的法律依据。

（三）刑民交叉事实的认定

基于不同裁判之间相互独立的诉讼原理，人民法院针对不同案件作出的裁判原则上不发生相互影响，否则，将有以他人（他法庭在他案中）心证取代自己（本法庭在本案中）心证之嫌。不管裁判由谁所作出，系刑事裁判抑或民事裁判，均对本案裁判没有任何拘束力。至于法律上规定的须以其他案件的审理结果为依据的情况，则系作为例外处理。所谓生效裁判对其他案件裁判的拘束力，主要表现在两个方面：一是基本事实的认定方面，即生效裁判作为一种公文书证对其中所认定的基本事实具有完全的证明力，但允许当事人在后案诉讼过程中提出证据予以推翻。[3] 二是事实构成的认定方面，如在一件交通肇事事故中，刑事判决认定行为人没有过失，不构成犯罪；民事判决则认定行为人有过失，须承担损害赔偿责任。以往司法实践中，对上述两个方面不作区分，造成不少裁判上的混乱，应引起重视。

立法例上对于生效裁判对其他案件裁判的拘束力，集中在刑事裁判对民事裁判的方面，主要有绝对否定说和相对肯定说两种观点，鲜有提及民事裁判对刑事裁判的方面。绝对否定说认为，针对同一事件的刑事裁判与民事裁判之间绝无关联，生

---

〔1〕 参见我国《民事诉讼法》第153条第2款；《民事诉讼法司法解释》第246条。

〔2〕 参见《浙江省高级人民法院关于审理民间借贷纠纷案件若干问题的指导意见》（浙高法〔2009〕297号）第37条。

〔3〕 参见《德国民事诉讼法》第415条、第417条、第418条第2款。

效刑事裁判对其后的民事裁判，无论在基本事实认定抑或事实构成认定方面，都没有任何拘束力。如《瑞士债务法》第 53 条规定："刑法上关于刑事责任能力的规定，以及刑事法院的无罪判决，对民事法院判断当事人有无过错或有无判断能力，无拘束力。同样，刑事法院的判决，对民事法院判断过错和认定损害，亦无拘束力。"〔1〕相对肯定说认为，针对同一事件的生效刑事裁判在基本事实认定的方面，对其后的民事裁判具有拘束力，但未涉及事实构成认定的方面。如《俄罗斯联邦民事诉讼法》第 61 条第 3 款规定："已经发生法律效力的刑事判决，在被判决人员行为是否发生、是否由该人实施的问题上，对审理该行为民事法律后果的法院具有约束力。"〔2〕该观点具有单向性，即只涉及刑事裁判对民事裁判的方面，而不涉及民事裁判对刑事裁判的方面。

《德国民事诉讼法》采取相对肯定说。依 2003 年修改的《德国民事诉讼法》，刑事案件和违警行为的生效判决对其中已经证明的事实提供完全证明，只要证明力来自判决，民事法庭就此前进行的刑事程序或者违警程序之认识的拘束，这大大简化了被害人在随后的损害赔偿程序中的证明。而且，这种拘束力对民事诉讼中没有参加刑事程序或者违警程序的第三人也发生效力。〔3〕但司法实践中对此存在不少顾虑：被害人原则上不参加刑事诉讼，如将刑事诉讼程序的结论直接用到被害人随后参加的民事诉讼程序之中，将可能触犯他的法定听审权；刑事诉讼和民事诉讼的目的不同，两者的事实认定系遵循不同的法律规定，在证明责任、程序和标准上也存在较大区别，民事诉讼程序中采用刑事诉讼程序中的事实认定并无法确保导致公平的结果。〔4〕我国台湾地区民事诉讼实务似采取绝对否定说，认为刑事裁判与民事裁判在裁判结果上存在矛盾与冲突，是可获认许的；在考虑对某一行为科以何种责任的时候，往往是遵循先民事后行政最后才至刑事责任的基本设计。〔5〕

在我国，人民法院在基本事实的认定方面，对于生效裁判——尤其是上级人民法院和本院此前作出的生效裁判原则上采取尊重态度，以对案件基本事实的认定不相互"矛盾"作为基本的审判伦理要求。司法实践多采取相对肯定说，认为生效刑事

---

〔1〕《瑞士债务法》，戴永盛译，中国政法大学出版社 2016 年版，第 21 页。

〔2〕《俄罗斯民事诉讼法典》，程丽庄、张西安译，厦门大学出版社 2017 年版，第 22 页。

〔3〕参见［德］罗森贝克、施瓦布、戈特瓦尔德：《德国民事诉讼法》（原书第 16 版）（下册），李大雪译，中国法制出版社 2007 年版，第 886～887 页。

〔4〕据德国学者阿什特里德·斯达德勒（Astrid Stadler）的介绍。参见雷震文：《市场经济下的民刑交叉问题研究——第十届法官与学者对话论坛暨第四届国际民法论坛综述》，载王利明主编：《判解研究》（总第 64 辑），人民法院出版社 2014 年版，第 214 页。

〔5〕据陈荣隆教授的介绍。参见雷震文：《市场经济下的民刑交叉问题研究——第十届法官与学者对话论坛暨第四届国际民法论坛综述》，载王利明主编：《判解研究》（总第 64 辑），人民法院出版社 2014 年版，第 226 页。

裁判(主要指上级人民法院和本院作出的生效刑事裁判)认定的定罪量刑事实对后诉审理的民事裁判认定事实一般具有拘束力,但生效民事裁判认定的事实对后诉审理的刑事裁判一般没有任何拘束力。民事案件当事人对“已为人民法院发生法律效力的裁判所确认的事实”无须举证证明,但有相反证据足以推翻的除外,其中的“裁判”,包括刑事、民事和行政裁判。[1] 例如,《最高人民法院关于审理生态环境损害赔偿案件的若干规定(试行)》(法释〔2019〕8 号,经法释〔2020〕17 号修正,以下简称《生态环境损害赔偿规定》)第 8 条规定:“已为发生法律效力的刑事裁判所确认的事实,当事人在生态环境损害赔偿诉讼案件中无须举证证明,但有相反证据足以推翻的除外。对刑事裁判未予确认的事实,当事人提供的证据达到民事诉讼证明标准的,人民法院应当予以认定。”进言之,以刑民诉讼之间具有明显牵连关系为前提,刑事裁判认定的定罪量刑事实对民事裁判认定事实具有单向的拘束力。[2] 如果后生效的刑事裁判中确认的定罪量刑事实与先生效的民事裁判认定的基本事实存在重大差别的,民事诉讼当事人以该刑事裁判属于《民事诉讼法》第 211 条第 1 项规定的“新的证据”为由,申请对该民事裁判进行再审的,人民法院应予支持。

(四)刑民交叉案件的执行

1. 生效刑事裁判执行中涉民事权益的处理。这主要包括两种情形:一是生效刑事裁判中具有民事权益的内容;二是生效刑事裁判涉财产部分与其他执行依据出现交叉关系。《刑事财产执行规定》涉及上述两种情形,其他不少司法解释则主要涉及第二种情形。

(1)《刑事诉讼法司法解释》第 527 条规定:“被判处财产刑,同时又承担附带民事赔偿责任的被执行人,应当先履行民事赔偿责任。”[3] 依《刑法》第 60 条规定,其本身即含有将罚金刑与没收财产刑作区别对待的含义;所谓“没收财产以前犯罪分子所负的正当债务”是指犯罪分子在判决生效前所负他人的合法债务,[4] 不包括本

---

[1] 参见我国《民事诉讼法司法解释》第 93 条第 1 款第 5 项、第 2 款后段;《最高人民法院关于民事诉讼证据的若干规定》(法释〔2001〕33 号,经法释〔2008〕18 号,法释〔2019〕19 号修正,以下简称《民事诉讼证据规定》)第 9 条第 1 款第 6 项、第 2 款。

[2] 参见纪格非:《论刑事判决在民事诉讼中的预决力》,载《当代法学》2015 年第 4 期。

[3] 我国《刑事诉讼法司法解释》第 527 条规定删除《2012 年刑事诉讼法司法解释》第 441 条第 2 款规定:“判处财产刑之前被执行人所负正当债务,需要以被执行的财产偿还的,经债权人请求,应当偿还。”该款规定将《刑法》第 60 条规定扩张适用于罚金刑,更将后者规定的其他债务扩张于全部民事债务,且民事债务的成立时间为人民法院“判处财产刑之前”,似有未妥。另见已被废止的《最高人民法院关于财产刑执行问题的若干规定》(法释〔2010〕4 号,以下简称原《财产刑执行规定》)第 6 条。

[4] 参见我国《最高人民法院关于适用财产刑若干问题的规定》(法释〔2000〕45 号,以下简称《适用财产刑规定》)第 7 条。此前学说系将《刑法》第 60 条规定的“没收财产以前”解释为“判决执行前”。参见高铭暄主编:《新编中国刑法学》(上册),中国人民大学出版社 1998 年版,第 349 页。

次犯罪对被害人形成的赔偿债务，盖因该项情形应优先适用同法第 36 条第 2 款规定。[1] 同时，在人民法院“判处财产刑之前”，债权人如何向人民法院请求其债权之清偿，不无疑问。人民法院在本诉讼程序中，难于知悉并确认相关民事权利及债务，因而在操作上难于接榫。原来，《2012 年刑事诉讼法司法解释》第 440 条仅规定了案外人在“对被执行财产提出权属异议”的情形下，可以向人民法院提出。后来，《刑事诉讼法司法解释》增设第 279 条，其第 2 款规定：“案外人对查封、扣押、冻结的财物及其孳息提出权属异议的，人民法院应当听取案外人的意见；必要时，可以通知案外人出庭。”俾使案外人得以直接参与到刑事诉讼对涉案财产的处理程序中来。

(2)《刑事财产执行规定》第 13 条规定：“被执行人在执行中同时承担刑事责任、民事责任，其财产不足以支付的，按照下列顺序执行：(一)人身损害赔偿中的医疗费用；(二)退赔被害人的损失；(三)其他民事债务；(四)罚金；(五)没收财产。债权人对执行标的依法享有优先受偿权，其主张优先受偿的，人民法院应当在前款第(一)项规定的医疗费用受偿后，予以支持。”其中，第 1 款前三项规定的性质为民事赔偿责任，后两项规定的性质为刑罚。该项“医疗费用”，解释上应不限于本案，而及于其他案件中所产生的医疗费用。《刑事财产执行规定》第 13 条第 1 款第 2 项规定的“退赔被害人的损失”，即《刑法》第 64 条前段规定的“退赔”。有法官认为，该“退赔”是以赃款赃物不能追缴为前提的，故在顺位上应与处置赃款赃物相同，被执行人应在赃款赃物等值范围内予以优先赔偿，其性质区别于刑事附带民事诉讼中的赔偿。[2] 笔者认为，该观点错误理解了《刑法》第 64 条前段规定的“追缴”。该段规定的“追缴”，性质为实体性措施而非程序性措施。在不能追缴的情形下，该项债务的性质与普通债务相同，故该段规定的“退赔”的性质亦为民事赔偿责任。《刑事财产执行规定》第 13 条第 1 款第 2、3 项规定的“退赔被害人的损失”与“其他民事债务”不宜作区别对待。此外，该款规定还设置了罚金刑优先于没收财产刑的执行顺位，系为解决罚金刑与没收部分财产刑可以发生的冲突问题。同条第 2 款规定的优先受偿权，不是指民法上所有类型的优先受偿权，而仅指“对执行标的”的物上优先受偿权。此设置了被执行人(一般为被告人)所负担的人身损害赔偿中的医疗费用

---

〔1〕 参见张明楷：《论刑法中的没收》，载《法学家》2012 年第 3 期。此外，我国《刑法》第 60 条规定中的“需要以没收的财产偿还”，是指债权人在没收财产判决作出后、执行前，向人民法院提出以被判决没收的财产偿还的请求。

〔2〕 参见刘贵祥、闫燕：《〈关于刑事裁判涉财产部分执行的若干规定〉的理解与适用》，载《人民司法·应用》2015 年第 1 期。另有法官认为，“退赔之物品一般应限于特定物……至于被害人金钱损失或其他种类物之财产损失，由于退赔物品难以确认，应通过附带民事诉讼确定犯罪人的赔偿责任而予以实现”。参见江必新主编：《最高人民法院刑事诉讼法司法解释理解与适用》(下册)，人民法院出版社 2015 年版，第 1165 页。此系混淆了我国《刑法》第 64 条前段规定的“退赔”与“返还被害人财产”。

的法定优先权,优先于包括担保物权在内的其他物上优先受偿权。

《刑事财产执行规定》还规定,执行过程中,当事人、利害关系人认为执行行为违反法律规定,或者案外人对执行标的主张足以阻止执行的实体权利,向执行人民法院提出书面异议的,执行人民法院应当依照《民事诉讼法》第 236 条的规定处理。执行人民法院审查案外人异议、复议,应当公开听证(第 14 条)。执行过程中,案外人或被害人认为刑事裁判中对涉案财物是否属于赃款赃物认定错误或者应予认定而未认定,向执行人民法院提出书面异议,可以通过裁定补正的,执行机构应当将异议材料移送刑事审判部门处理;无法通过裁定补正的,应当告知异议人通过审判监督程序处理(第 15 条)。事实上,此种异议与《民事诉讼法》第 236、238 条所规定的执行异议和执行异议之诉的性质并不相同,前者归根结底是对生效刑事裁判本身的异议,因而不宜在执行程序中才提出,更不宜由执行机构审查该异议是否"可以通过裁定补正"。于此场合,执行机构可谓多此一举,客观上也延缓了执行进度。

2. 生效民事裁判中有事实涉嫌犯罪的处理。生效民事裁判进入执行程序后,人民检察院、公安机关认为其中认定的事实涉嫌犯罪,可以在立案后函商执行人民法院中止执行。根据《民事诉讼法》第 267 条第 1 款第 5 项"人民法院认为应当中止执行的其他情形"的规定,执行人民法院可以裁定中止执行,并通知办理刑事案件的人民检察院、公安机关。申请执行人以裁定中止执行的事由不存在或者已经消灭为由申请恢复执行的,执行人民法院应当予以审查,并将结果告知申请执行人。根据同条第 2 款"中止的情形消失后,恢复执行"的规定,执行人民法院对具有下列情形之一的案件,应当恢复执行,且无须另行作出裁定:公安机关撤销案件的;人民检察院作出不起诉决定的;人民法院作出被告人无罪的生效刑事裁判的;其他应当恢复执行的情形。

## 五、结语

采取先刑后民方式处理刑民交叉案件的通常观点,是我国司法实践长期以来"重刑轻民"思想的集中反映,与以侦查为中心、有罪推定等惯性思维有直接关联。但是,由于民事诉讼与刑事诉讼的异质性,决定了两者之间不存在什么优劣之分,更不应有孰先孰后之别。在诉讼程序的处理上,应将两者区别对待,站在民事诉讼保护私权的一般基点之上,采取以审判为中心的刑民分立原则。在刑民交叉的情形下,只要是民事纠纷性质的起诉,人民法院原则上不得仅以其涉及犯罪为由而不予受理。一方面,人民法院对案件性质的确定,具有自主的判断权。为促进人民法院审理民事案件与刑事案件实现裁判上的相对一致性,特别是针对同一事实既有民事案件又有刑事案件的情形,可以按照一定的条件标准(如民事案件的审理必须以尚未审结的刑事案件的审理结果为依据),实行审理上的先刑后民。另一方面,人民法院对涉及犯罪的民事案件是否裁定中止诉讼,原则上具有自由裁量权,无论是人民检察院、公安机关还是案件当事人都不得横加干涉。这样的程序安排,既符合人民法院行使审判职权的法定性、自主性、裁量性和权威性特征,也符合建立以审判为中心的诉讼制度的司法改革目标。

**附录　关于人民法院处理民事诉讼中涉及刑事犯罪若干问题的规定(试拟修订稿)**

为保证人民法院正确处理民事诉讼中涉及刑事犯罪的相关问题,依法保护参与民事、刑事诉讼活动的各方当事人合法权益,根据《中华人民共和国民事诉讼法》《中华人民共和国刑事诉讼法》《中华人民共和国民法典》《中华人民共和国刑法》等法律,制定本规定。

一、受　　理

**第一条**　人民法院在接到民事起诉状后,对依照法律规定属于刑事案件的争议,应当裁定不予受理;受理后才发现的,应当裁定驳回起诉;同时,告知原告应当向有关机关报案或者举报。对于符合提起刑事自诉条件的,应当告知原告可以提起刑事自诉。

**第二条**　被害人因行为人的涉嫌犯罪行为而遭受物质损失,被害人或者其法定代理人、近亲属在人民检察院提起公诉前提起民事诉讼的,人民法院应予受理。人民检察院在民事案件宣判前提起公诉的,人民法院应当裁定中止民事诉讼,或者在征得民事案件原告同意后将该案转为附带民事诉讼;在人民检察院提起公诉后不提起附带民事诉讼而另行提起民事诉讼的,人民法院应当裁定不予受理,并告知其应提起附带民事诉讼,或者在刑事判决、裁定发生法律效力(以下简称生效刑事裁判)后另行提起民事诉讼。

被害人因行为人的涉嫌犯罪行为而遭受物质损失,被害人或者其法定代理人、近亲属既提起民事诉讼又提起刑事自诉附带民事诉讼的,参照适用前款规定。

**第三条**　犯罪嫌疑人非法占有、处置被害人的财产而被人民检察院、公安机关立案,被害人在人民检察院提起公诉前以请求返还该财产为由提起民事诉讼的,人民法院应予受理;民事案件宣判前人民检察院提起公诉的,人民法院应当裁定中止民事诉讼。被害人在人民检察院提起公诉后以请求返还该财产为由提起附带民事诉讼,或者另行提起民事诉讼的,人民法院应当裁定不予受理。

经过生效刑事裁判追缴或者责令退赔仍不能弥补损失,被害人另行提起民事诉讼的，人民法院可以受理。

## 二、审理程序

**第四条**　民事案件中的相关事实因涉嫌犯罪而被人民检察院、公安机关立案的，人民法院可以继续审理，但依法应当中止或者终结民事诉讼的除外。

**第五条**　同一事实既涉及民事案件又涉及刑事案件，该事实属于民事案件的基本事实，认定其必须以刑事案件审理结果为依据的，人民法院应当裁定中止民事诉讼。

对认定民事案件的其他事实必须以刑事案件的审理结果为依据的案件，人民法院可以裁定中止民事诉讼。

**第六条**　根据本规定第二条、第三条、第五条的规定被中止诉讼的民事案件具有下列情形之一的，人民法院应当恢复民事诉讼：

（一）公安机关撤销案件的；

（二）人民检察院作出不起诉决定的；

（三）人民法院作出生效刑事裁判的；

（四）其他应当恢复民事诉讼的情形。

民事案件因具有前款第三项规定的情形而恢复民事诉讼，其诉讼标的已经被生效刑事裁判处理完毕的，人民法院应当裁定终结民事诉讼；尚未处理完毕的，人民法院应当就未处理的部分进行审理，并在裁判文书中明确不予处理的部分。

**第七条**　人民法院审理民事案件具有下列情形之一的，可以认为无须以尚未审结的刑事案件的审理结果为依据：

（一）民事案件当事人因与本案无关的其他法律事实涉嫌犯罪的；

（二）行为人以他人的名义订立合同涉嫌犯罪，合同相对人起诉请求本人承担合同后果的；

（三）债务人订立主合同涉嫌犯罪，债权人起诉请求担保人承担民事责任的；

（四）同一侵权事实存在多个侵权责任关系，其中有侵权行为涉嫌犯罪，被害人起诉请求其他侵权人承担侵权责任的；

（五）行为人通过伪造银行卡等方式盗取卡内资金而涉嫌犯罪，发卡行、收单机构或者特约商户与持卡人之间发生民事纠纷的；

（六）保险事故涉及犯罪，被保险人起诉请求保险人依照保险合同给付保险金的，但人身保险合同项下被保险人故意犯罪的除外；

（七）前手取得票据涉嫌犯罪，持票人对票据债务人起诉行使票据权利的。

**第八条**　人民法院因民事案件的审理必须以尚未审结的刑事案件的审理结果

为依据而裁定中止民事诉讼的，应当通知办理刑事案件的人民法院、人民检察院和公安机关。【人民检察院、公安机关尚未立案的，应当在十日内予以审查，作出立案或者不予立案的决定并告知中止民事诉讼的人民法院；经审查决定不予立案或者逾期未作出决定的，中止民事诉讼的人民法院应当恢复民事诉讼。人民检察院、公安机关已经立案的，应当及时告知中止民事诉讼的人民法院，并在结案后及时将办理结果告知中止民事诉讼的人民法院。】[1]

**第九条** 人民法院审理民事案件时发现犯罪嫌疑线索、材料的，应当将犯罪嫌疑线索、材料移送人民检察院、公安机关。

【人民检察院、公安机关认为人民法院受理的民事案件中有犯罪嫌疑线索、材料而函商人民法院予以移送，或者民事案件与其已经立案的刑事案件属于同一事实而告知人民法院的，人民法院应当予以审查，并将审查结果及时告知人民检察院、公安机关。】

**第十条** 民事案件当事人认为本案事实涉嫌犯罪，书面要求人民法院将本案移交刑事诉讼程序处理的，人民法院应当予以审查，并将审查结果告知该当事人；决定不予移交的，告知其有权举报或者报案。

民事案件当事人认为本案中有犯罪嫌疑线索、材料，书面要求人民法院予以移送的，人民法院应当予以审查，并将审查结果告知该当事人。

**第十一条** 民事案件当事人就被中止民事诉讼的案件提出先予执行申请的，人民法院应当予以审查；符合条件的，可以裁定先予执行。

**第十二条** 民事案件当事人以中止民事诉讼的事由不存在或者已经消灭为由申请恢复民事诉讼的，人民法院应当予以审查，并将审查结果告知该当事人。

**第十三条** 民事案件的基本事实已为生效裁判所认定的，当事人无须举证证明，但当事人有相反证据足以推翻的除外。

**第十四条** 后生效的刑事裁判中确认的定罪量刑事实与先生效的民事裁判认定的基本事实存在重大差别，民事诉讼当事人以该刑事裁判属于民事诉讼法第二百零七条第一项规定的“新的证据”为由，申请对该民事裁判进行再审的，人民法院应予支持。

【同一财产因不同案件先后被公安机关、人民检察院、人民法院轮候查封、扣押、冻结，查封、扣押、冻结解除的，登记在先的轮候查封、扣押、冻结即自动生效。】

【人民检察院、公安机关认为进入执行程序的生效民事裁判所认定的事实涉嫌

---

〔1〕 加“【】”的内容，是指需要与人民检察院、公安机关协商一致的规定；下同，不赘。

犯罪,在立案后函商执行人民法院中止执行的,执行人民法院可以裁定中止执行,并通知办理刑事案件的人民检察院、公安机关。】

【申请执行人以裁定中止执行的事由不存在或者已经消灭为由申请恢复执行的,执行人民法院应当予以审查,并将结果告知申请执行人。】

【执行人民法院对根据前条规定中止执行但具有下列情形之一的案件,应当恢复执行:

(一)公安机关撤销案件的;

(二)人民检察院作出不起诉决定的;

(三)人民法院作出被告人无罪的生效刑事裁判的;

(四)其他应当恢复执行的情形。】

## 三、实体处理

**第十五条**　盗抢物已经被罪犯转让给他人,未在刑事诉讼程序中被实际追缴,善意受让人主张参照民法典第三百一十二条的规定取得该物的所有权的,人民法院可予支持。

**第十六条**　行为人订立合同被生效刑事裁判认定为犯罪的,该合同为无效合同;行为人在订立合同的过程中存在被生效刑事裁判认定构成犯罪的其他行为的,人民法院应当依照法律规定认定合同效力。

**第十七条**　行为人以他人的名义订立合同涉嫌犯罪,合同相对人起诉请求本人承担合同后果的,人民法院应当对该合同是否对本人发生效力进行审查。

**第十八条**　主合同因涉及犯罪而被人民法院认定为无效的,从合同亦无效。

债务人在订立合同时涉嫌犯罪,债权人起诉请求担保人承担民事责任的,人民法院应当对主合同和担保合同的效力进行审查。

**第十九条**　行为人因执行工作任务侵害他人民事权益并涉嫌犯罪,被害人请求用人单位承担侵权责任的,人民法院应予支持。

**第二十条**　行为人被生效刑事裁判判处刑罚,不影响人民法院依法判决其承担惩罚性赔偿责任。行为人同时被判决罚金刑、没收财产刑和承担惩罚性赔偿责任的,应当先履行惩罚性赔偿责任。

# 第三章　被害人参与刑事审判活动*

被害人(英 victim)是刑民交叉问题的重要论域之一。刑事法律制度起源于私人惩罚(私罚,德 privatstrafe,又译为民事罚),即由被害人对行为人实施追诉和惩罚。近、现代刑事法(包括刑法和刑事诉讼法)得以确立的标志之一,是国家对被害人地位的取代,取得对追诉权和刑罚权的垄断,而私人惩罚乃在法律上被正式排除(自诉乃作为例外而存在)。依此,传统刑事诉讼结构采取“国家—犯罪人(含犯罪嫌疑人、被告人,下同)”的双方模式,以发现真相、打击犯罪作为刑事诉讼的唯一目标,强调国家追诉权和刑罚权的便宜实现。该模式对被害人及其刑民法律权益采取忽视态度,实系将被害人局限在与犯罪人的民事法律关系之上,而对并存的刑事法律关系未予重视。然而,所谓刑民区分的一般原则,只不过是对各具特质的法律部门的一种划分,该划分并不具有逻辑上的周延属性。在笔者看来,如果将实质性化解刑事纠纷引入刑事法的视野之中,被害人及其刑民法律权益必将成为刑事诉讼结构中一个重要的支点。由此,刑事诉讼结构将转换为“国家—犯罪人—被害人”的三方模式。该模式要求被害人实际参与诉讼活动,构筑被害人的诉讼权利和程序保障体系,也必将引起刑事诉讼制度发生重大变革。被害人参与刑事审判活动,表面看来属于公法关系,但本质上却往往以其对被告人所享有的民事权益作为支撑,突出表现在刑事附带民事诉讼、行为人认罪

---

* 本章原系 2009 年与邢曼女士合作撰写,曾以《刑事审判制度的“破茧”——论刑事被害人参与审判活动》为题,载王健主编:《法官视野中的司法(五)——2009 年广州市系统第七届学术讨论会及“统一裁判”专题征文优秀论文选》(下册),羊城晚报出版社 2009 年版,第 218 页以下。由于近年来相关法律和司法解释变动较大,收入时有较大篇幅的增补。

认罚从宽、刑事和解等一系列刑事诉讼程序设计之上。为论述方便，本章不涉及刑事自诉和刑事附带民事诉讼程序。

## 一、刑事被害人概述

让被害人实际参与刑事审判活动已经成为刑事诉讼制度变革的一个全球向度。我国1996年修正《刑事诉讼法》(以下简称1996年《刑事诉讼法》，该法又经2012年、2018年2次修正)，重点之一是"保障被害人的诉讼权利"：将被害人的刑事诉讼地位从诉讼参与人[1]"提升"为诉讼当事人，[2]正式采取"国家—犯罪人—被害人"的刑事诉讼结构三方模式。

(一)刑事被害人的定义

在刑事法上，被害人系与犯罪人(或行为人、加害人)相对应的概念，有广义与狭义两种意义。1985年11月29日联合国大会通过《关于受害者》的第40/34号决议，其附件《联合国为罪行和滥用权力行为受害者取得公理的基本原则宣言》(以下简称《联合国受害者宣言》)第1条规定："'受害者'一词系指个人或整体受到伤害包括身心损伤、感情痛苦、经济损失或基本权利的重大损害的人，这种伤害是由于触犯会员国现行刑事法律，包括那些禁止非法滥用权力的法律的行为或不行为所造成。"第2条规定："在本宣言中一个人可被视为受害者，而不论加害于他的犯罪者是否被指认、逮捕、起诉或判罪，亦不论犯罪者与受害者的家庭关系如何。'受害者'一词视情况也包括直接受害者的直系亲属或其受扶养人以及出面干预以援助受难中的受害者或防止受害情况而蒙受损害的人。"[3]此外，《日本犯罪被害人基本法》第2条第2款规定：犯罪被害人"是指因犯罪等而遭受伤害的人及他们的家属或者遗属"。

此系采取被害人的广义说，即因犯罪而遭受损害的人。这里的犯罪，是指符合一定犯罪事实构成的不法行为，而不限于被法院认定为犯罪的行为。被害人的范围，除包括直接遭受犯罪行为侵害的自然人和法人之外，还包括因犯罪行为而间接遭受损害的人，如遭受民事侵害的被害人家属。有学者指出：被害人是指生命、身体等个人法益受到犯罪危害的人，"在由于犯罪而受到被害的场合，对加害人的责任的追究可以从刑事责任和民事责任两个方面进行"。[4]"被害人所受到的损害，不限

---

[1] 参见我国1979年制定的《刑事诉讼法》第58条第4项。

[2] 参见我国《刑事诉讼法》第108条第2项。

[3] 为统一，本章以下除引用该宣言规定原文外，作引述时将其中的"受害者"改称为"被害人"。

[4] [日]大谷实：《犯罪被害人及其补偿》，黎宏译，载《中国刑事法杂志》2000年第2期。

于因犯罪导致的生命、身体、财产等方面的直接损害。有些情况下,会由于遭遇案件而受到精神上的打击……”[1]另有学说则认为,如果认为故意杀人罪中的被害人包括死者及其家属,“这样的‘被害’与‘被害人’概念的扩散,不仅危害法治国家的保障,而且使刑法私事化,使刑罚与私人的复仇的区别模糊”。[2]

我国刑事法似系采取被害人的狭义说,且对实体法的被害人和程序法上的被害人不作区分,明确区分被害人和被害人的近亲属。[3] 依立法部门的释义,被害人是指“遭受犯罪行为侵害的自然人和单位”[4]或“人身、财产或者其他合法权益受到犯罪行为直接侵害的单位或者个人”。[5] 其中的直接侵害,应指直接的刑事侵害,而不包括民事侵害。笔者倾向于区分实体法和程序法两种意义上的被害人。程序法上的被害人,不以被告人有罪作为前提,此系由无罪推定原则所决定。被害人的近亲属不属于被害人,被害人的近亲属对行为人表示的谅解尽管不构成被害人谅解,但在特定情形下可以影响预防刑。对于事实上也因犯罪而遭受身体或者精神上侵害的第三人,如予排除于被害人的范围之外,难谓妥当。例如,在被害人因被故意伤害而死亡的情况下,死者的近亲属应直接作为被害人参与诉讼活动,而非只可以通过提起附带民事诉讼才能参与诉讼活动。[6]

德国刑法学说上有所谓“被害人教义学”,是关于被害人的举止行为对违法行为的影响的犯罪学理论,核心问题是被害人对事件的共同责任是如何影响不法的,尤其是,这种共同责任是否能够导致一种行为构成或者违法性的排除。[7] 与上述刑法、刑事诉讼法上的被害人界定不同,犯罪学上系根据在犯罪原因结构中的作用来界定被害人,分为无辜被害人、有错被害人、有责被害人、有罪被害人等。“被害人的地位始于其刑事法益受到损害之时,通过刑事程序得以确立。被害人是否受到犯罪行为的损害,犯罪行为和被害人损害后果之间的因果关系是否成立,损害的程度如何等,这些都需要法院认定……因此所谓的‘被害人’和所谓的‘犯罪人(加害人)’

---

〔1〕 [日]川出敏裕、金光旭:《刑事政策》,钱叶六等译,中国政法大学出版社2016年版,第234页。

〔2〕 [日]松原芳博:《被害者保护与“严罚化”》,载(日本)《法律时报》2003年(第75卷)第2号。转引自张明楷:《责任刑与预防刑》,北京大学出版社2015年版,第303~304页。

〔3〕 参见我国《刑法》第98条,《刑事诉讼法》第101条第1款。

〔4〕 郎胜主编:《中华人民共和国刑法释义》(第6版),法律出版社2015年版,第100页。

〔5〕 王爱立、雷建斌主编:《〈中华人民共和国刑事诉讼法〉释解与适用》,人民法院出版社2018年版,第203页。

〔6〕 司法实践中的争议,可参见杨安豪:《郭正冬故意伤害案——在被害人死亡的情形下,被害人的诉讼地位可否及于被害人近亲属》,载最高人民法院刑事审判第一至五庭主办:《刑事审判参考》(总第103集),法律出版社2016年版,第263~265页。

〔7〕 参见[德]克劳斯·罗克辛:《德国刑法学总论》(第1卷·犯罪原理的基础构造)(原书第3版),王世洲译,法律出版社2005年版,第392页。

只是特指进入刑事程序的那部分人。”[1]但是，似乎不能倒过来说，全依案件所适用的程序来对被害人进行界定。如有学者认为：“广义的被害人泛指遭受犯罪行为侵害的人，包括公诉案件的被害人，自诉案件的自诉人，附带民事诉讼的原告人以及反诉成立的部分反诉人。狭义的被害人专指公诉案件中的被害人。”[2]这种对被害人的界定方法，似无多大意义。

被害人教义学的提出，促使人们调整刑、民法律的传统区分视角，使它们相互协调、配合地实现法的目的。在刑法的方面，由于系以不法行为人为中心，并未能顾及对被害人的恢复和救济。在民法的方面，尽管系以被害人为中心，但由于受限于民事责任自身的构造，也未能实现对被害人的彻底救济。可见，刑法与民法两种法律手段都各有局限性。这就需要转换目的视角，在坚持刑法与民法各自的归责原理的基础上，淡化“刑事责任 = 制裁”“民事责任 = 损害的填补”的角色分配，确立促进形成社会规范、彻底救济被害人的制度目的，适当强化民事责任的预防—制裁色彩。例如，在侵权责任法的领域，应从对被害人的损害填补性救济的传统目的，转换为权利利益的恢复的现代目的。对刑事犯罪的被害人的救济，应在采取传统的民事损害赔偿处理方法的基础上，增加对为使被害恢复到原有状态的各种所需费用的补偿，以此作为刑事责任的替代措施。从德国、法国、意大利、美国等西方发达国家的经验来看，都不同程度地存在以增加对被害人的补偿而停止刑罚执行的做法。[3]

（二）比较法的观察

为正确看待被害人的刑事诉讼地位，确立被害人的诉讼权利框架，实质性地设计被害人参与审判活动的相关程序，对相关域外经验进行归纳和总结是十分必要的。主要有如下一些域外经验：[4]

1. 法国法。1999 年交付法国参议院审议的加强对无罪推定原则和被害人权利保障的改革方案，其中关于保障被害人权利的内容包括：(1)禁止损害被害人尊严的行为，尤其是禁止新闻媒体公开有损被害人尊严的照片。如有此行为，行为人将被处以 10 万法郎的罚金。禁止公开未成年被害人的身份。(2)加强向被害人提供帮助的团体的作用。刑事诉讼法将确认这些团体的存在，并增加检察官可以向这些团体寻求帮助的条款，以便在刑事诉讼程序的各个阶段向被害人提供帮助。(3)加强

[1] 申柳华：《德国刑法被害人信条学研究》，中国人民公安大学出版社 2011 年版，第 23 ~ 24 页。

[2] 刘根菊：《关于公诉案件被害人权利保障问题》，载《法学研究》1997 年第 2 期。

[3] 参见于敏：《日本侵权行为法》(第 3 版)，法律出版社 2015 年版，第 6 ~ 7、12 ~ 13 页。

[4] 本部分限于篇幅，仅对 1999 年以来的域外经验进行介绍。对此前 20 年间相关域外经验的介绍，可参见宋英辉：《外国强化刑事诉讼中被害人诉讼权利的保障》，载王以真主编：《外国刑事诉讼法学参考资料》，北京大学出版社 1995 年版，第 332 页以下；郭建安主编：《犯罪被害人学》，北京大学出版社 1997 年版，第 211 页以下。

被害人提起民事请求的权利。被害人可以在审理阶段向行为人提出民事请求，要求赔偿其所受到的伤害。取消民法中关于损害赔偿金额的上限的限制，扩大民事请求赔偿的范围，并简化被害人提起民事请求诉讼的程序。被害人可以通过书信、电传的方式向法庭提起民事请求的诉讼，还可以在侦查阶段向司法警察或司法警察局提起民事请求。[1]

2. 德国法。德国于1986年制定《德国被害人保护法》，为被害人规定了正式的刑事诉讼参与权，使其地位从单纯的客体转变为积极的参加者；增进对被害人的赔偿，以及获得诉讼信息的权利等。[2] 根据2001年欧盟有关刑事程序中被害人立场的框架决定，于2004年制定《德国被害人权利改革法》和2009年制定《德国第二次被害人保护法》，被害人终于走到了刑事司法的中心区域。例如，检察官和法官应当始终考虑被害人与行为人之间的和解，以强化对被害人诉讼意愿的尊重。[3]《德国刑事诉讼法》第155a条规定："检察院和法院应当在程序的每个阶段考察被指控人与被害人达成冲突调处的可能性。在适当情形中，应当尽力促成此调处。不得违背被害人的明示意思而认为适合调处。"[4]但是，有人则认为，所谓刑事和解的意义极为有限，原则上只在赔偿方面发挥作用。站在一般预防的角度，刑事和解"只能适用于两个领域：一是行为人有真正的悔罪情节，而且只能适用于相当小的范围内，通常最适合仅赔偿特殊的加重情节；二是实际上在除罪化领域实施的行为，行为人与被害人之间的冲突属于民事法庭管辖的纠纷，是以国家主动介入经济赔偿的方式"。[5]

3. 英国法。2002年7月英国内政部长、大法官和总检察长向议会提交名为《所有人的正义——刑事司法改革报告》的白皮书，宣称"本国的人民希望有一个有利于实现公正的刑事司法制度。他们认为犯罪的被害人应当成为这一制度的核心"。刑事司法制度改革的目标之一，为"向有利于被害人的方向重新平衡刑事司法体制的权利保护"，以纠正刑事诉讼过程中对被害人与被告人权利保护不平衡的问题。具体措施包括给予被害人经济补偿、诉讼权利的扩大、人格保护、心理治疗等一系列内容。2006年4月颁布的《英国犯罪被害人操作法》（Code of Practice for Victims of

---

〔1〕 参见刘立宪、谢鹏程主编：《海外司法改革的走向》，中国方正出版社2000年版，第24页以下。

〔2〕 参见郭建安主编：《犯罪被害人学》，北京大学出版社1997年版，第213页。

〔3〕 参见吕泽华：《中德刑事司法改革比较与相互启示》，载彭海青、吕泽华、[德]彼得·吉勒斯：《德国司法危机与改革——中德司法改革比较与相互启示》，法律出版社2018年版，第385~386页。

〔4〕《德国刑事诉讼法典》，宗玉琨译注，知识产权出版社2013年版，第156页。

〔5〕 [德]伯恩特·许乃曼：《刑事制度中之被害人角色研究》，王秀梅、杜澎译，载《中国刑事法杂志》2001年第2期。

Crime)旨在确立使得任何一个被害人能够获得司法机构援助的最低标准。包括:在规定的时间内有举报犯罪行为的权利,包括有被通报任何拘捕和案件信息的权利;安排有责任心、工作上热心的警察作为丧失亲属的家庭的联系员;整理犯罪伤害赔偿局(Criminal Injuries Compensation Authority)关于合格的补偿的资料;每个被害人都被告知有关被害人援助的信息,或者直接给他们提供服务;有一项改进的服务是专为易受威胁的被害人所提供的;被害人在选择服务时被赋予很大的灵活性,以保证他们能得到所需的援助。〔1〕

4. 日本法。2000 年 5 月修改《日本刑事诉讼法》,吸收发端于美国的"被害人影响陈述"(英 Victim Impact Statement)制度,规定被害人以及法定代理人有权在公开审理期间提出关于被害心情以及其他对本案相关意见的陈述(第 292 条之 2 第 1 项)。〔2〕 2001 年 6 月出台的《日本司法制度改革审议会意见书——支撑 21 世纪日本的司法制度》承认"过去的刑事司法在对被害人权利的保护方面有不够之处","在刑事程序中,充分保护、救济被害人,有利于确保国民对刑事司法的依赖,今后为了进一步充实加强这一工作,应该进行必要的研究。对这个问题的研究,不能仅仅局限于刑事司法领域,必须建立包括对被害人精神上、经济上进行关心在内的、广泛的社会援助体制"。〔3〕 2007 年修改的《日本刑事诉讼法》扩大被害人及其家属在刑事审判中的权利,包括:被害人及其律师在法官允许下可以参加庭审;可以向证人、被告人提问;可以对案件的事实和被告人的量刑发表意见。〔4〕 对此曾发生激烈争论,反对的意见主要是担心被害人权利过大,会使法庭变成复仇的战场。为防止出现这种尴尬局面,该次修改增设由检察官帮助或引导被害人提问的原则。2011 年修改该法,以避免刑事程序与民事程序的重复、减轻被害人的举证负担、加大对行为人的制裁等为由,重新导入刑事附带私诉制度。

---

〔1〕 参见[英]克里斯・刘易斯、汤姆・埃利斯(Chris Lewis,Tom Ellis):《英国刑事被害人保护的法律、政策与实践》,载张鸿巍主编:《刑事被害人保护问题研究》,人民法院出版社 2007 年版,第 207 ~ 208 页。

〔2〕 所谓"关于被害心情",是指源于被害人亲身体验案情的被害情感,以及针对被告人的在那个时刻的处罚情感等;"其他相关意见",包括基于被害人立场对所见案件之评价、对被害人和遗族等在精神和经济上的影响以及损害赔偿等之必要性、关于量刑之意见、对被告人的要求和忠告等诸多事项。不过,这种陈述被认为不能作为认定犯罪事实的证据使用(《日本刑事诉讼法》第 292 条之 2 第 9 项),但被理解为作为一种量刑资料而加以考虑。参见[日]城下裕二:《量刑理论的现代课题》(原书增补版),黎其武、赵姗姗译,法律出版社 2016 年版,第 10 页。

〔3〕 《日本司法制度改革审议会意见书——支撑 21 世纪日本的司法制度》,丁相顺译,载孙谦、郑成良主编:《司法改革报告——有关国家司法改革的理念与经验》,法律出版社 2002 年版,第 130 ~ 131 页。2002 年 12 月在日本和歌山地方法院,小川育央审判长在宣读判处被告人死刑的理由时,作为其中的一部分内容,对被被告人毒杀的 4 名被害人的情况进行了逐一介绍,这被视为一个划时代的变化,参见[日]长岭超辉:《法官物语》,阿班布译,法律出版社 2017 年版,第 174 ~ 175 页。

〔4〕 参见《日本刑事诉讼法》第 316 条之 22 至第 316 条之 39。

5. 韩国法。2005年制定的《韩国被害人保护法》的目的，是恢复被害人的权利，保障其因社会关注较少、与被告人权利保障相比更易受到威胁的基本人权。规定被害人参与刑事诉讼的权利，包括在刑事诉讼中陈述，询问调查者，询问调查结果的数据、审理日期、判决或缓刑执行情况等信息。关于加强被害人权利保护的改进计划，有如下一些主要内容：限制询问证人的内容；扩大电子审判系统的应用；被害人的咨询权；可被录影录像人员范围的扩大；被害人的私生活保护和特别保护被害人免遭危险。对于性暴力犯罪案件，由于客观证据较少，主要依靠被害人和被告人的证言揭示真实案情，为避免两者直接对质，有必要采用电子审判系统，使两者通过视频系统互相陈述，而无须直接面对对方。[1]

6. 国际立法，此以欧盟法为例。2001年3月欧洲联盟理事会制定《关于刑事程序中被害人地位的框架决议》，其中规定：被害人的需求应当被考虑，并以全面和协调的方式处理，避免引起再次被害的部分或矛盾的解决方式；本决议的条款不应当被局限于专注于刑事诉讼中的被害人利益，而应当在可能减轻犯罪的影响的刑事诉讼程序之前或者之后，采取可靠的措施帮助被害人；帮助被害人的措施和关于赔偿和调解的特别条款并不涉及民事诉讼中的安排；等等。[2]

值得一提的是，被害人在实体上还享有向国家请求犯罪补偿的请求权。自从1963年新西兰制定《新西兰犯罪被害补偿法》，建立刑事损害补偿法庭，通过公共基金对被害人及其家属进行金钱救济后，不少国家尤其是发达国家纷纷跟进。《联合国受害者宣言》第12条规定："当无法从罪犯或者其他来源得到充分补偿时，会员国应设法向下列人等提供金钱上的补偿：(1)遭受严重罪行造成的重大身体伤害或身心健康的受害者；(2)由于这种受害情况致使受害者死亡或身心残障，其家属、特别是受扶养人。"日本于1980年开始建立被害人补助金支付制度，包括遗属补助金、重伤补助金和残疾补助金等三种类型。2010年，决定支付的案件达641件，支付总额为13.11亿日元。[3]

## 二、被害人参与审判活动的理念与现实

我国1996年修正《刑事诉讼法》，明确将保障被害人的诉讼权利作为立法重点之一。立法说明指出："被害人是犯罪行为的直接受害者，为了进一步保障其权利，

---

〔1〕 参见［韩］宋主映：《韩国刑事被害人保护现状》，载张鸿巍主编：《刑事被害人保护问题研究》，人民法院出版社2007年版，第255~256、260~262页。

〔2〕 参见吴啟铮：《刑事被害人权利保护：国际司法准则与跨国法律框架》，载《中国刑事法杂志》2008年第6期。

〔3〕 参见［日］川出敏裕、金光旭：《刑事政策》，钱叶六等译，中国政法大学出版社2016年版，第252页。

草案增加了以下内容：1. 被害人有证据证明对被告人应当追究刑事责任，而公安机关或者人民检察院不予追究刑事责任的，有权向人民法院起诉。2. 被害人有权申请回避。3. 被害人可以委托诉讼代理人参加刑事诉讼。4. 被害人不服第一审判决的，有权请求人民检察院提出抗诉。”[1]但考察此后近30年的司法实践，被害人的当事人地位尚且停留在纸面上，未能落到刑事诉讼活动的实处，这与刑事诉讼相关程序机制供给严重不足密切相关。笔者认为，应放宽考察的角度和视野，对标被害人保护的国际共识，深入分析被害人参与审判活动的理念与现实，并以此为基础，提出适应被害人参与审判活动的相关权利框架和诉讼机制。

（一）被害人参与的理念

《联合国受害者宣言》集中规定了被害人权利保护的基本原则，明确被害人有权取得公理和公平待遇，被害人参与诉讼是其项目之一。关于被害人的程序基本权，《联合国受害者宣言》规定了4项原则：（1）取得公理和公平待遇原则，即对待被害人时应给予同情并尊重人格尊严，被害人有权获得补救，获取相关信息，参与诉讼，获得援助和隐私权、人身安全权保护；（2）赔偿原则，即罪犯或应对其行为负责的第三方应视情况向被害人、他们的家属或者被扶养人作出公平的赔偿，并将赔偿作为刑事案件的一种可能判刑，以及赔偿的范围和国家赔偿制度；（3）补偿原则，即当无法从罪犯或其他来源得到充分的补偿时，会员国应设法向被害人提供金钱上的补偿；（4）援助原则，即被害人应从政府、志愿机构、社区方面及其他途径获得必要的物质、医疗、心理及社会援助。笔者认为，刑事诉讼程序中加强对被害人诉讼权利的保护，主要有如下四项理念：

1. 司法人权理念。刑事诉讼法的本质在于保护人权。我国2004年修正《宪法》于第33条增加一款，即现行该法第33条第3款规定：“国家尊重和保障人权。”2012年修正《刑事诉讼法》，于第2条关于本法的任务规定中增设“尊重和保障人权”的规定，其中“人权”的主体应包括刑事诉讼活动的全体参与人。作为保障诉讼参与人的刑事诉讼权利的基本规定，现行该法第14条规定：“人民法院、人民检察院和公安机关应当保障犯罪嫌疑人、被告人和其他诉讼参与人依法享有的辩护权和其他诉讼权利。诉讼参与人对于审判人员、检察人员和侦查人员侵犯公民诉讼权利和人身侮辱的行为，有权提出控告。”其中的诉讼参与人，除犯罪嫌疑人、被告人外，还包括被害人。在美国，“被害人（权利保护）运动”（英 Victim Movement）方兴未艾，这一全

[1] 顾昂然：《关于〈中华人民共和国刑事诉讼法修正案（草案）〉的说明》（1996年3月12日），载胡康生、李福成主编：《中华人民共和国刑事诉讼法释义》，法律出版社1996年版，第355页。

新的阶段被称为被害人权利宪法化的运作阶段。[1] 当事人在司法程序中所享有的权利,称为程序基本权(/当事人权),主要有:程序参与权,以便及时获得程序通知,实现听审利益;程序选择权,以便根据自身利益衡量程序事项的抉择;公正审判权,通过申请回避、公开审理等保障审判的公正;及时获得裁判权,以尽快结束讼争的不安定状态。[2] 司法人权理念是构建被害人参与审判活动相关程序机制的第一理念。

2. 司法多元理念。当前,西方发达国家出现所谓“司法危机”,司法制度在飞速膨胀的诉讼案件面前可谓捉襟见肘,这与在刑罚权的国家垄断背后潜存的司法一元观念不无关系。司法一元观念的本质是国家父爱主义,认为国家当然且全权地代表民众,个人对此无从置喙。司法多元理念是对司法一元观念的反动,是法律多元在司法领域的表现,尽管不反对国家对追诉权和刑罚权的垄断,但主张应同时依靠国家以外的其他力量(如社会组织)去直面“司法危机”。应当看到,随着以公诉机关为代表的“司法代理人”对司法过程的把持愈加深入,被害人只会越来越远离于刑事诉讼的中心地带。“刑事纠纷的解决必须吸纳犯罪人、被害人及社区的直接参与,让他们成为司法过程的支配性主体,而不再沦为看客。”[3] 司法多元理念提倡从实际解决矛盾纠纷的角度去界定“司法”,将刑事纠纷的实质化解确立为刑事法的目标之一,因而将社会组织等元素引入刑事司法之中,从社会的角度重新建立起刑事诉讼程序的正义论说。

3. 司法合作理念。司法合作理念是司法多元理念从形式向实质推进的结果。美国学者罗伯特·C. 埃里克森(Robert C. Ellickson)曾经告诫说:“法律制定者如果对那些促进非正式合作的社会条件缺乏眼力,他们就可能造就一个法律更多但秩序更少的世界。”[4] 司法合作意味着刑事诉讼参与主体的多样化和实质化,即使相关主体都尽可能地参与到纠纷解决方案的决定过程之中。“程序规定的内容在很大程度上是一种角色规范,是消除角色紧张(英 role strain)、保证分工执行顺利实现的条件设定。例如,保证当事人的对话性和平等的发言机会,以使争论点能够集中、明确,使论证更加均衡、完整。程序使参加者都有平等的表达机会和自由的选择机会,

---

〔1〕 有关美国被害人运动的情况介绍,可参见陈虎:《美国被害人权利宪法化运动及启示》,载《中国刑事法杂志》2007 年第 3 期。有关被害人运动在国际上的开展情况,可参见陈晓明:《修复性司法的理论与实践》,法律出版社 2006 年版,第 51 ~ 57 页。

〔2〕 参见陈卫东:《人权保障视角下的程序变革》,载《法制日报》2005 年 12 月 8 日,第 4 版。

〔3〕 杜宇:《司法观的“交战”:传统刑事司法 VS. 恢复性司法》,载《中外法学》2009 年第 2 期。

〔4〕 [美]罗伯特·C. 埃里克森:《无需法律的秩序——邻人如何解决纠纷》,苏力译,中国政法大学出版社 2003 年版,第 354 页。

同时也使责任范围更明确。”[1]在刑事审判活动中,被害人与被告人在权益合作方面属于反向相关的关系,诉讼地位理应平等,而且均应充当纠纷解决的主导者,如通过和解来实现纠纷解决的完美化。司法合作理念可以克服传统刑事诉讼制度的对抗物质,将近于零和博弈的对抗状态转换为争取诉讼各方的合作,进而形成最大限度满足各方需求的多赢局面。[2]

4. 司法恢复理念。司法恢复理念又称为恢复性司法(英 restorative justice),主张通过引入被害人等犯罪相关人参与司法过程,共同对犯罪所造成的损害予以确认和补救,实现恢复效果的最大化,此系针对传统刑事诉讼制度无法修复被犯罪破坏的社会关系等问题而提出的。司法恢复理念可以修改传统刑事诉讼制度的社会防卫功能,在不妨碍国家行使刑罚权的前提下,充分关注包括被害人、行为人和社会等在内的犯罪相关人及其利益诉求,通过调动各方参与诉讼活动,使犯罪问题得到恰如其分的消解。对于被害人而言,可以通过向法庭和社会公众展示所受伤害,获得应有的帮助或者赔偿,从而消解复仇心理,缓解恐惧心理,满足赔偿心理,恢复希望并重新回归社会。[3] 但对那些被侵害的法益或者社会关系无法修复的犯罪,如危害国家安全、公共安全等犯罪,则无须予以恢复,此为恢复性司法的限度所在。与传统刑事诉讼制度的一般性、权威性与稳定性相比,恢复性司法则呈现出特有的灵活性、针对性与弹性。

(二)被害人参与的现实

迄至目前,我国《刑事诉讼法》的上述修正尚且停留在纸面之上,被害人在刑事审判活动中明显缺位,其作为刑事诉讼当事人的意义尚难彰显。主要表现在如下一些方面:

1. 被害人难以获得与被告人相平等的法律帮助。在《刑事诉讼法》中,与第 35 条明确规定被告人有权获得法律援助不同,第 46、47 条只规定了被害人有权委托代理人以及代理人的范围,而对代理人的具体权限以及被害人能否获得法律援助未予规定。被害人如果不能及时获得有效的法律帮助,是很难在已经高度技术化的刑事审判活动中真正地承担起当事人的角色的。

---

[1] 季卫东:《法律程序的意义——对中国法制建设的另一种思考》,中国法制出版社 2004 年版,第 26 页。

[2] 参见杜宇:《司法观的“交战”:传统刑事司法 VS. 恢复性司法》,载《中外法学》2009 年第 2 期。

[3] 参见 2002 年联合国预防犯罪和刑事司法委员会制定的《关于在刑事事项中采用恢复性司法方案的基本原则》;陈晓明:《修复性司法的理论与实践》,法律出版社 2006 年版,第 234 页。另有观点则认为,在实践中,实现重新社会化计划道路上的这种困难,至少已经经常导致了一种无奈的困倦,并促使人们对根本理论进行反思——重新社会化已经“什么都玩不转”(nothing works)了。参见[德]克劳斯·罗克辛:《德国刑法学总论》(第 1 卷·犯罪原理的基础构造)(原书第 3 版),王世洲译,法律出版社 2005 年版,第 41 页。

2. 被害人难以实际参与法庭审理活动。在司法实践中，人民法院很少会通知被害人到庭参加诉讼活动，而被害人主动要求参与法庭审理活动的情况也比较少见。这既与被害人未能及时获得有效的法律帮助有关，更与其作为当事人的地位根本未被人民法院所重视有关。这从传统刑事诉讼结构非常容易理解，即由于国家垄断追诉权和刑罚权，被害人的诉讼角色被代表国家行使司法权的人民检察院、人民法院所吸收，被害人似乎已无必要实际参与法庭审理活动。[1] 但如此一来，被害人的诉讼利益和诉讼主张将会被完全无视。

3. 被害人既无法对起诉书指控的犯罪提出异议，也无法对犯罪人的量刑提出意见。根据《刑事诉讼法》第191条第1款规定，被害人在法庭审理中可以就起诉书指控的犯罪进行陈述。其中并未考虑被害人对起诉书指控的犯罪提出异议，这不利于人民法院对犯罪形成充分、全面的认识。同时，在量刑程序相对独立化的背景下，如果被害人不能独立地提出量刑意见，量刑程序改革的意义便会大打折扣，更遑论提高被害人对人民法院裁判的认可度。

4. 被害人可以对第一审判决申请抗诉，却不得直接提出上诉。[2] 根据《刑事诉讼法》第229条规定，被害人不服第一审判决的，可以请求人民检察院提出抗诉，人民检察院应当作出是否抗诉的决定并且答复被害人。依此，被害人即使不服第一审判决，也无权向人民法院直接表达，而只能以申请抗诉的方式间接表达。正因如此，现实中人民法院在判决时很少会考虑被害人的意见——甚或他们根本没能提出意见，更普遍的做法是在上诉期满被告人不上诉后才将判决书寄送被害人。

5. 尤应注意的是，被害人的司法处遇被严重忽视。由于刑法的重心被放在犯罪人的身上，无论是报应刑抑或预防刑，均系针对犯罪人。对于被犯罪侵害的被害人，其物质损失和精神损失等在刑事诉讼中多被忽视，其回归社会的需求更是不被考虑。从这个角度来看，被害人在一定程度上已经成为刑事法的弃儿！[3] 正是由于传统刑事诉讼制度过分夸大了“国家—犯罪人”双方模式的经典意义，直接导致被害人在刑事审判活动中“隐身”。被害人不仅难以获得充分参与、平等对话和有效赔偿的机会，还有可能因司法机关的慢待而受到“二次伤害”。

---

〔1〕 顾昂然同志指出：“有的提出，公诉案件有检察机关支持公诉，可以代表被害人，因而被害人不应再委托诉讼代理。这个问题，在制定律师暂行条例时就有争论。是的，检察机关支持公诉，要考虑被害人的权利，但不能说都能完全代表被害人的利益。”参见顾昂然：《关于刑事诉讼法修改情况和主要内容》，载顾昂然：《立法札记——关于我国部分法律制定情况的介绍（1982～2004年）》，法律出版社2006年版，第510页。

〔2〕 我国1996年修正《刑事诉讼法》时，曾考虑增设被害人对公诉案件第一审判决、裁定的上诉权。参见顾昂然：《关于〈中华人民共和国刑事诉讼法修正案（草案）〉的说明》（1995年12月20日），载胡康生、李福成主编：《中华人民共和国刑事诉讼法释义》，法律出版社1996年版，第347页。

〔3〕 参见杜宇：《司法观的“交战”：传统刑事司法VS.恢复性司法》，载《中外法学》2009年第2期。

### 三、被害人参与审判活动的权利与机制

再好的司法理念，必须通过一定的权利框架和程序机制，落实到具体的司法行动中，才能产生现实的法制/法治意义。尽管我国于1996年修正《刑事诉讼法》时正式确立了被害人的刑事诉讼当事人地位，但至今未能转换诉讼结构，补强对被害人诉讼权利的程序保障，因而造成被害人在刑事审判活动中依然缺位的现实。

（一）被害人诉讼权利

被害人作为当事人参与审判活动，享有程序基本权。目前，被害人所实际享有的诉讼权利还十分有限。被害人尽管可以就公诉案件陈述意见，却没有设定审判对象、起诉理由乃至罪名的权利，也没有除自身陈述外实施与犯罪事实举证直接关联的行为的权利。〔1〕在立法例上，《德国刑事诉讼法》第5编“被害人参与诉讼”下专设第4章“被害人的其他权利”，对被害人参与诉讼活动的基本权利予以列举，包括申请接受通知权（第406d条）、委托律师查阅案卷权（第406e条）、委任权（第406f条）等。结合我国《刑事诉讼法》的相关规定，被害人主要享有如下12项诉讼权利：

1. 获得法律帮助权。我国《刑事诉讼法》第46、47条规定了被害人有权委托代理人，建议参照同法第35条关于被告人有权获得法律援助的规定，进一步规定：在公诉案件中，被害人因经济困难或者其他原因没有委托代理人的，人民法院可以指定承担法律援助义务的律师为其提供法律帮助；被害人是盲、聋、哑或者未成年人，以及因犯罪行为而遭受严重人身损害而没有委托代理人的，人民法院应当指定承担法律援助义务的律师为其提供法律帮助。

2. 控告权。在我国《刑事诉讼法》上，被害人控告权的法律基础为第110条第2款规定。包括下列项目：（1）提起自诉权（第114条）；（2）提起附带民事诉讼权（第101条第1款）；（3）对人民检察院决定不起诉的案件的起诉权（第180条）。有学者反对赋予被害人对人民检察院决定不起诉的案件的起诉权，认为这种做法将公诉案件转变为自诉案件，造成诉讼法律关系上的变化，在一定程度上有损于被不起诉人的合法权益，故应对被害人的该项权利予以限制。〔2〕在比较法上，为了在行使公诉权中反映出被害人的意思及民意，日本刑事诉讼法建立检察审查会及附审判请求制

〔1〕参见［日］川出敏裕、金光旭：《刑事政策》，钱叶六等译，中国政法大学出版社2016年版，第247页。在日本刑事诉讼法上，被害人行使权利须首先向检察官提出申请，通过检察官向法院作出申请告知。因此，被害人只是被嵌入到“国家—犯罪人”的刑事诉讼双方模式之中，而尚未确立独立的诉讼当事人的地位。

〔2〕参见刘根菊：《关于公诉案件被害人权利保障问题》，载《法学研究》1997年第2期。

度。告诉人等对检察官的不起诉决定不服时,可以请求检察审查会对该决定进行审查。附审判请求是在告发公务员滥用职权,而检察官对该告发作出不起诉处分时,告发人可以请求具有管辖权的地方法院进行审判。法院须以合议庭的形式对该请求进行审理,认为有理由时作出将该事件交付审判的决定。在有这一决定时,视为已提起公诉。[1]

3. 知情权。依我国《刑事诉讼法》,被害人的知情权包括下列项目:(1)知诉权,即被害人有权知道本案的诉讼情况,包括:①知道人民检察院向人民法院提起公诉。为此,似应将人民检察院向被害人通知不起诉决定的义务(第180条)扩充至起诉决定。②知道第一审判决的上诉、抗诉情况(第231条、第232条第1款)。(2)知人权,即被害人有权在开庭时知道合议庭的组成人员、书记员、公诉人、辩护人、诉讼代理人、鉴定人和翻译人员的名单(第190条第1款第2段)。(3)申请回避权,即被害人有权申请合议庭组成人员、书记员、公诉人、鉴定人和翻译人员依法回避(第29条、第190条第1款第3段)。(4)知庭权,即被害人有权在开庭3日以前知道开庭的时间、地点等情况,为此,人民法院应当传唤被害人到庭(第187条第3款前段)。[2] (5)知证权,即被害人有权知道法庭对证据的疑问,并补充证据或者作出说明。[3] (6)知记权,即被害人有权知道法庭笔录的内容(第207条第2、3款)。[4] (7)知判权,即被害人有权知道人民法院的判决,为此,被害人应当在当庭宣告判决时被传唤到庭,人民法院在判决宣告后应当及时将判决书送达被害人(第202条第2款前段规定为"当事人")。[5]

---

〔1〕 参见[日]大谷实:《犯罪被害人及其补偿》,黎宏译,载《中国刑事法杂志》2000年第2期。

〔2〕 我国现行《刑事诉讼法》第187条第3款前段规定系袭自1979年制定的该法第110条第1款第4项规定,唯各自规定的"传唤当事人"的对象,在前者系包括被害人,在后者则不包括被害人。对于传唤被害人的方式,司法解释上原系采取通知的方式。《最高人民法院、最高人民检察院关于审理强奸案件应慎重处理被害人出庭问题的通知》(〔1982〕法研字第15号)第1条规定:"人民法院开庭审理强奸妇女和奸淫幼女案件时,对于被害人依照刑事诉讼法的规定,愿意出庭向被告人发问、陈述作证和发言辩论的,可以通知被害人到庭;对于被害人不愿出庭的,可不通知其到庭。被害人是否愿意出庭行使诉讼权利和履行作证义务,人民法院应当在开庭前征求被害人的意见,并将被害人的意见告知提起公诉的人民检察院。"2012年修正《刑事诉讼法》时增设庭前会议制度。现行该法第187条第2款明确规定在开庭以前,审判人员可以召集包括被害人在内的诉讼各方,听取有关程序问题的意见。但在最高人民法院司法解释中,却将庭前会议的对象着眼于"控辩双方",又似将被害人吸收于控方矣。参见《刑事诉讼法司法解释》第228条第1款。

〔3〕 参见我国《刑事诉讼法司法解释》第271条。

〔4〕 参见我国《刑事诉讼法司法解释》第293条。

〔5〕 参见我国《刑事诉讼法司法解释》第302条、第303条第1款。《最高人民法院关于死刑复核及执行程序中保障当事人合法权益的若干规定》(法释〔2019〕12号)第5条规定:"最高人民法院复核裁定下发后,受委托进行宣判的人民法院应当在宣判后五日内将裁判文书送达辩护律师。对被害人死亡的案件,被害人近亲属申请获取裁判文书的,受委托进行宣判的人民法院应当提供。"其中,第1款关于送达裁判文书的规定中,送达对象未包括被害人;第2款规定对于被害人死亡的案件,人民法院无须向被害人近亲属送达裁判文书,而只须依申请向被害人近亲属提供裁判文书。似与被害人的上述诉讼权利不相符合。

4. 陈述权。被害人陈述权是被害人参与审判活动的主要权利,源于立法例上的影响陈述权。所谓被害人陈述,不局限于所谓证据的提出,应依我国《刑事诉讼法》第 191 条第 1 款规定予以扩充,同时区别于同法第 198 条第 2 款规定的证据权。在公诉案件中,被害人陈述权包括下列项目:(1)出席庭前会议,即被害人有权参加庭前会议向法庭提出意见(第 187 条第 2 款)。(2)出庭权,即被害人有权参加法庭的审理活动。开庭时审判长应当查明被害人是否到庭(第 190 条第 1 款)。(3)意见陈述权,即被害人有权向法庭陈述意见,包括:①就起诉书指控的犯罪进行陈述(第 191 条第 1 款[1]),可以对起诉书指控的犯罪提出异议;②向第二审人民法院陈述意见(第 234 条第 2 款)等。

5. 证据权。依我国《刑事诉讼法》,被害人有权对证据和案件事实发表意见(第 198 条第 2 款),此为其陈述权的延伸。包括下列项目:(1)举证权,即被害人有权在法庭上就其所知的犯罪事实举出证据予以证明,包括申请通知证人、鉴定人出庭作证,调取新的物证,申请重新鉴定或者勘验(第 197 条第 1 款);申请有专门知识的人出庭(同条第 2 款)。(2)作证权,即被害人有权出庭陈述案件有关事实(第 50 条第 2 款第 3 项)。被害人陈述与被告人供述一样,都只是作为诉讼程序的形式措施,证明品质和证明能力都十分有限,与由非当事人作出的、真正意义上的证人证言存在本质区别。[2] (3)质证权,即被害人有权在法庭上就与其所知事实有关的证据提出质证,包括向被告人发问(第 191 条第 2 款[3]),对证人、鉴定人发问(第 61 条前段、第 194 条第 1 款中段)、对有关证据进行辨认(第 195 条),申请排除非法证据(第 58 条第 2 款)等。

6. 辩论权。依我国《刑事诉讼法》,被害人有权在法庭上与公诉人、被告人及其辩护人辩论(第 198 条第 2 款)。

7. 量刑参与权。我国《刑事诉讼法》尚未设置被害人的量刑参与权,《刑事诉讼法司法解释》第 282 条第 2 款对此有明确规定:"当事人及其辩护人、诉讼代理人可以对量刑提出意见并说明理由。"被害人的处罚感情是量刑的参考资料,赋予被害人量刑参与权的目的,系为在审判活动中反映并吸取其处罚感情,以提高其对审判活动的认可度。被害人的处罚感情意见不属于证据,故其无须就此接受交叉询问。[4] 被害人的量刑意见与公诉机关的量刑建议具有对应关系。在量刑程序中,公诉机关

〔1〕 参见我国《刑事诉讼法司法解释》第 241 条。

〔2〕 参见[德]伯恩特·许乃曼:《刑事制度中之被害人角色研究》,王秀梅、杜澎译,载《中国刑事法杂志》2001 年第 2 期。

〔3〕 参见我国《刑事诉讼法司法解释》第 242 条第 2 款。

〔4〕 参见[日]川出敏裕、金光旭:《刑事政策》,钱叶六等译,中国政法大学出版社 2016 年版,第 246 页。

向人民法院提出比法定量刑幅度更为确定的量刑建议；在一定情形下，人民法院须予采纳。[1] 与此相对应，被害人可以结合公诉机关的量刑建议，提出新的量刑情节（如被告人的悔罪表现、被害恢复情况等），以及独立而非辅助或者补充的量刑意见，促进人民法院公正量刑。为此，人民法院不仅应依法告知被害人在量刑活动方面的权利义务，还应将有关量刑的证据材料向被害人及其家属出示，并经其质证和确认。

8. 申请抗诉权。我国《刑事诉讼法》第 229 条规定赋予被害人对公诉案件第一审判决的申请抗诉权。有学者认为，赋予被害人申请抗诉权或者申诉权，在实践中均有不尽如人意之处，导致被害人的诉讼权利与被告人的诉讼权利明显失衡。因此，建议参照《俄罗斯联邦刑事诉讼法》的规定，赋予被害人不服公诉案件第一审判决时的独立上诉权；并对事实清楚、证据充分的案件突破上诉不加刑的限制，第二审人民法院对第一审判决中明显量刑偏轻或漏判、错判的，可以直接予以改判。[2] 笔者认为，为与被害人的刑事诉讼当事人地位相匹配，可以考虑改革我国《刑事诉讼法》关于被害人申请抗诉权的规定，直接赋予被害人对公诉案件享有与被告人同等的上诉权。这在一定意义上意味着对私人追诉（私罚）在刑事诉讼程序中的恢复。

9. 申诉权。我国《刑事诉讼法》第 252 条以下规定赋予被害人对已经发生法律效力的判决、裁定的申诉权。

10. 和解权。被害人和解包含在我国《刑事诉讼法》的多项程序之中，如刑事附带民事诉讼中设有调解程序（第 103 条），自诉案件中设有调解与和解程序（第 212 条第 1 款）。2012 年修正该法，增设第 5 编第 2 章“当事人和解的公诉案件诉讼程

---

〔1〕 参见我国《刑事诉讼法》第 201 条。该条规定人民法院“一般应当采纳人民检察院指控的罪名和量刑建议”（第 1 款），且被告人、辩护人有权对人民检察院的量刑建议提出异议（第 2 款前段），隐含有排除人民法院“重复”听取被害人意见、被害人对人民检察院的量刑建议提出异议之意。同时，人民检察院指控的罪名和量刑建议对人民法院裁判具有一定的拘束力。依同法第 201 条规定，人民法院经审理认为量刑建议明显不当的，应当建议人民检察院予以调整，而不得抛开量刑建议径行判决；只有在人民检察院不予调整或者调整后仍然明显不当的情况下，人民法院才能径行判决。该条第 1 款第 5 项规定的“其他可能影响公正审判的情形”，解释上似指人民检察院违反程序上之事项或者客观法律条件之变化，而不指量刑建议本身是否符合罪刑均衡的要求，后者应归由同条第 2 款规定调整。参见《最高人民法院、最高人民检察院、公安部、国家安全部、司法部关于适用认罪认罚从宽制度的指导意见》（高检发〔2019〕13 号，以下简称《认罪认罚从宽指导意见》）第 40、41 条。

〔2〕 参见郭建安主编：《犯罪被害人学》，北京大学出版社 1997 年版，第 237～242 页；强昌文、汪闻敏：《国际人权法视野下刑事被害人权利保护的法理透视》，载张鸿巍主编：《刑事被害人保护问题研究》，人民法院出版社 2007 年版，第 15～16 页。我国早在 20 世纪 50 年代曾采此观点，认为被害人本人对公诉案件第一审判决有上诉权。《司法部关于执行法律程序审判制度几个问题的批复》（1957 年 1 月 23 日）中规定：“检察院提起公诉的案件，在判决后虽然检察院没提抗议，被害人不服仍是可以依法提起上诉的，应按照上诉程序处理。”《最高人民法院关于公诉案件的被害人对判决不服可否提起上诉问题的复函》（1958 年 3 月 21 日，法研字第 46 号）中规定：“公诉案件的被害人对判决不服，可以被害人的资格提起上诉。”但被害人的家属则没有上诉权。《司法部关于公诉案件的被害人的家属对刑事判决不服要求上诉问题的复函》（1957 年 7 月 8 日，司法字第 1161 号）中规定：“根据最高人民法院《各级人民法院刑事案件审判程序总结》关于哪些人有上诉权规定的精神，公诉案件被害人的家属是没有上诉权的。如公诉案件被害人的家属对于刑事判决不服，也只能向人民检察院提供不服判决的理由和意见，由检察院考虑有无必要对判决提出抗诉。”

序”,以公诉案件中“被害人自愿和解”为条件,被害人与犯罪嫌疑人、被告人可以和解(现行该法第288条以下)。[1] 2018年修正该法,增设行为人认罪认罚从宽制度,其中包含因行为人认罪认罚而适用速裁程序。如果被告人与被害人或者其法定代理人没有就附带民事诉讼赔偿等事项达成调解或者和解协议的,不适用速裁程序(同法第223条第5项)。

11.诉讼人身权。在刑事诉讼活动中,被害人有权接受人民法院、人民检察院、公安机关的人身保护。我国2012年修正《刑事诉讼法》,增设被害人作证的人身保护制度(现行该法第64条、第81条第1款第4项)。被害人有权决定是否在法庭上就其被害经过再次作出陈述,以免受到“二次伤害”。为此,尽管被害人愿意在法庭审理中陈述其被害经过,仍应对辩护人针对被害人进行反向询问予以限制。被害人可能会因为羞辱和害怕被报复而无法清晰陈述被害经过,辩护人则会频繁甚至反复询问其一些带有攻击性的问题,试图发现被害人对犯罪行为或者犯罪后果的发生也有责任,从而获得诉讼上的有利因素。因此,人民法院应以切实保护被害人的人身权(包括名誉权、隐私权等)为标尺,限制针对被害人进行反向询问的内容。[2]

12.获得国家救助权。我国《宪法》第45条第1款前段赋予公民在年老、疾病或者丧失劳动能力的情况下从国家和社会获得物质帮助的权利。以此类推,刑事被害人应享有从国家和社会获得物质帮助的权利。原本探索建立的司法救助制度,是指诉讼费用的缓交、减交、免交,适用对象仅为民事、行政诉讼当事人,而不及于刑事被害人。[3] 中国共产党第十八届中央委员会第三次全体会议通过的《中共中央关于全面深化改革若干重大问题的决定》(2013年11月12日)第九“推进法治中国建设”下34“完善人权司法保障制度”中明确提出,健全国家司法救助制度。刑事被害人是国家司法救助制度的主要适用对象。[4] 人民法院对受到侵害而无法获得有效赔偿的被害人,可以采取一次性辅助救济措施,以解决其生活面临的急迫困难。[5]

---

〔1〕 唯和解权的行使场合不限于审判活动,也包括侦查活动和提起公诉活动。

〔2〕 参见[韩]宋主映:《韩国刑事被害人保护现状》,载张鸿巍主编:《刑事被害人保护问题研究》,人民法院出版社2007年版,第260页。对此,可以参照适用我国《刑事诉讼法司法解释》第81条规定:“公开审理案件时,公诉人、诉讼参与人提出涉及国家秘密、商业秘密或者个人隐私的证据的,法庭应当制止;确与本案有关的,可以根据具体情况,决定将案件转为不公开审理,或者对相关证据的法庭调查不公开进行。”

〔3〕 参见我国《最高人民法院关于对经济确有困难的当事人提供司法救助的规定》(法发〔2005〕6号);已被废止的《最高人民法院关于对经济确有困难的当事人予以司法救助的规定》(法发〔2000〕14号)。

〔4〕 参见我国《中央政法委员会、财政部、最高人民法院、最高人民检察院、公安部、司法部关于建立完善国家司法救助制度的意见(试行)》(中政委〔2014〕3号)。

〔5〕 参见我国《最高人民法院关于加强和规范人民法院国家司法救助工作的意见》(法发〔2016〕16号)。

为充分保障被害人参与审判活动,公诉机关在提起公诉时,应当告知被害人参与审判活动的相关诉讼权利。人民法院在向被害人送达起诉书时,应当制作被害人参与审判活动诉讼权利义务告知书一并送达。人民法院决定开庭审理的,应当按时向被害人送达开庭传票。公诉机关在接到开庭通知书之后,应当及时与被害人联系。如果被害人有参与庭审的意愿而人民法院未送达开庭传票的,公诉机关应当督促人民法院向被害人发出传票;人民法院无合理理由未依法发出传票传唤被害人开庭,被害人对此表示异议的,公诉机关应当向人民法院提出纠正意见。[1]

(二)刑事和解机制

所谓刑事和解,是指在刑事诉讼中,行为人通过向被害人赔偿损失、赔礼道歉等方式与被害人达成和解,司法机关对行为人予以从宽处理的刑事司法机制。刑事和解机制的建立,是被害人在审判活动中行使和解权的具体体现,具有强化被害人的诉讼地位,保障其合法权益得到全面、及时实现的突出功能。我国法上的刑事和解机制,起源于根据地时期法制。早在1943年6月,陕甘宁边区政府颁布《陕甘宁边区民刑事件调解条例》,规定除23种严重刑事犯罪外,刑事案件均得调解(第2条)。曾任陕甘宁边区高等法院院长、边区参议会副议长的谢觉哉(1884—1971)同志指出:陕甘宁边区司法制度应"充分采取感化主义,不采取报复主义";[2]"司法形式与手续……要去掉那些与人民隔离的、于人民无利的东西。比如硬说刑事不能调解、有些轻微的刑事,彼此已经和解不愿告状,又何必硬要拉他们上法庭?石家庄法院,每天有值班的,小事来告的即予解决,使其不予立案,3个月解决了360余案。这是很好的。我们对这些创造的经验,应该加以重视,因为它便利于人民"。[3]

近年来,各地司法机关纷纷探索在公诉案件审理程序中引入刑事和解机制,主要有如下三种模式:[4]

1. 被动确认模式。对公诉轻罪案件,被害人与行为人在审判外自行协商,达成

---

[1] 参见陈为钢、肖亮:《新刑诉法保障被害人权益若干问题研究》,载《东方法学》2013年第2期。

[2] 谢觉哉:《边区政府的组织与建设(节录)》(1937年6月),载王定国、王萍、吉世霖编:《谢觉哉论民主与法制》,法律出版社1996年版,第26页。

[3] 谢觉哉:《在司法训练班的讲话(摘要)》(1949年1月),载王定国、王萍、吉世霖编:《谢觉哉论民主与法制》,法律出版社1996年版,第157页。

[4] 以下关于刑事和解机制的三种模式,系参照肖仕卫著《刑事法治的"第三领域":中国刑事和解制度的结构定位与功能分析》(载《中外法学》2007年第6期)、陈瑞华著《刑事诉讼的私力合作模式——刑事和解在中国的兴起》(载《中国法学》2006年第5期)两文中的分类。

赔偿以及求刑等合意，经人民检察院申请，人民法院对行为人予以酌情从宽处罚。[1] 此与域外法上的“被害人—加害人和解”（英 Victim-Offender Reconciliation）模式相当，与被害人的量刑参与权有直接关联，否则行为人对加入和解便无动力。从司法实践来看，被害人与行为人自行达成和解协议，已经具备一定的现实基础。特别是在一些轻伤害案件中，双方一般对达成和解协议都有着强烈愿望。对此，人民检察院可作适当引导，促成双方达成和解协议后，经被害人申请，人民检察院可以向人民法院申请撤回公诉；人民法院审查后认为无不当理由的，可以裁定准许撤诉。在该模式中，人民法院处于被动角色，对被害人与行为人是否和解以及如何和解都不关心，只在双方达不成和解协议后才予介入。

2. 主动促成模式。人民法院在审理公诉案件时，组织被害人与行为人达成和解协议，并在此基础上对行为人予以酌情从宽处罚。[2] 在一些严重恶性犯罪案件中，被害人与行为人之间矛盾尖锐，如要双方自行达成和解协议，并不现实。在人民法院的主持下，通过审判人员的耐心劝导、教育，为双方创造沟通协调的条件，使他们了解对方的态度和意见，促使行为人认罪悔罪，并说服被害人放弃不切实际的过高赔偿要求。由人民法院主持被害人与行为人和解，不仅有利于被害人尽快从犯罪事件中恢复出来，也有利于双方接受人民法院作出的最终判决。在司法实践中，已经出现个别人民法院将附带民事诉讼部分前置审理，在当事人达成调解协议或者完成赔偿之后才审理刑事部分的做法。[3]

3. 委托模式。人民法院对认为有和解可能的公诉案件，委托有一定社会公信力的社会组织（包括人民调解委员会、街道委员会、村民委员会等）直接介入对被害人与行为人进行调解，达成调解协议后，人民法院经审查确认，对行为人予以酌情从宽处罚。依司法多元理念，社会组织是非诉讼纠纷解决中的一股重要力量，具有区别

---

〔1〕 参见马明亮：《协商性司法——一种新程序主义理念》，法律出版社 2007 年版，第 44 页。这种模式得到司法解释的确认，我国《刑事诉讼法司法解释》第 185 条规定：“侦查、审查起诉期间，有权提起附带民事诉讼的人提出赔偿要求，经公安机关、人民检察院调解，当事人双方已经达成协议并全部履行，被害人或者其法定代理人、近亲属又提起附带民事诉讼的，人民法院不予受理，但有证据证明调解违反自愿、合法原则的除外。”我国台湾地区 2004 年修改“刑事诉讼法”，增订第 7 编之 1“协商程序”，其中第 455 条之 2 第 1 项规定：“除所犯为死刑、无期徒刑、最轻本刑 3 年以上有期徒刑之罪或高等法院管辖第一审案件者外，案件经检察官提起公诉或声请简易判决处刑，于第一审言词辩论终结前或简易判决处刑前，检察官得于征询被害人之意见后，径行或依被告或其代理人、辩护人之请求，经法院同意，就下列事项于审判外进行协商，经当事人双方合意且被告认罪者，由检察官声请法院入依协商程序而为判决：一、被告愿受科刑之范围或愿意接受缓刑之宣告；二、被告向被害人道歉；三、被告支付相当数额之赔偿金；四、实行向公库或指定之公益团体、地方自治团体支付一定之金额。”

〔2〕 在一个关于公诉案件刑事和解的实证调查中，调查人员排除了人民法院主持刑事和解的模式可能；在这个前提下，由人民检察院主持的刑事和解案件占调查案件总数的 90.9%。参见宋英辉、郭云忠、李哲、罗海敏、何挺、向燕、王贞会、冯诏锋：《公诉案件刑事和解实证研究》，载《法学研究》2009 年第 3 期。

〔3〕 参见马明亮：《协商性司法——一种新程序主义理念》，法律出版社 2007 年版，第 211 页。

于司法机关的纠纷解决优势。社会组织更易成为当事人心目中的中立者，容易促成调解协议；具备长远的纠纷化解优势，如发展社区安全项目、帮助社区弱势群体等；可以为被害人和行为人提供多方位的服务，如为被害人开通“危机热线”、提供避难所、充当联络人甚至补偿被害人经济损失等。〔1〕 与前两种模式相比，委托模式更有利于被害人和行为人回归社会，避免对被害人造成“二次伤害”，最大限度地实现恢复正义。

我国《刑事诉讼法》第5编第2章将刑事和解的适用对象限定为轻罪公诉案件，同时结合上述被动确认模式和主动促成模式中的合理成分，以行为人（犯罪嫌疑人、被告人）真诚悔罪、被害人自愿和解为条件，被害人与行为人可以和解（第288条第1款）；被害人与行为人和解的，包括人民法院、人民检察院、公安机关在内的司法机关予以审查，并制作和解协议书（第289条）；达成和解协议的，“人民检察院可以向人民法院提出从宽处罚的建议；对于犯罪情节轻微，不需要判处刑罚的，可以作出不起诉的决定。人民法院可以依法对被告人从宽处罚”（第290条中、后段）。立法说明指出：“设置特定范围公诉案件的和解程序。刑事诉讼法对自诉案件的和解作了规定。为有利于化解矛盾纠纷，需要适当扩大和解程序的适用范围，将部分公诉案件纳入和解程序。同时，考虑到公诉案件的国家追诉性质和刑罚的严肃性，防止出现新的不公正，对建立这一新的诉讼制度宜审慎把握，和解程序的适用范围也不能过大。”〔2〕此项特别程序适用的证明标准，仍为案件事实清楚，证据确实、充分的普通证明标准。〔3〕 如果人民法院经审理，认为无法认定犯罪的，则无和解的前提矣。

在此前一段时间，由于欠缺立法的支撑，司法实践中对刑事和解机制存在宽泛的理解，甚至将和解直接等同于行为人赔偿。其实，这是对该项机制的一种误解。刑事和解是有一定条件限制的，这与民事诉讼中的“无限和解”存在根本差异。如对于刑事和解的适用对象，《刑事诉讼法》第288条规定从正、反两个方面予以限定。正面的条件是：因民间纠纷引起，涉嫌《刑法》分则第4章、第5章规定的犯罪案件，可能判处3年有期徒刑以下刑罚的；除渎职犯罪以外的可能判处7年有期徒刑以下刑罚的过失犯罪案件。其中的“可能判处”，是指本案行为人的可能宣告刑（含责任刑和预防刑），即根据主要犯罪行为及已取得的证据可能判处的刑罚，不是指主要犯

---

〔1〕 参见杜宇：《司法观的“交战”：传统刑事司法 VS. 恢复性司法》，载《中外法学》2009年第2期。

〔2〕 王兆国：《关于〈中华人民共和国刑事诉讼法修正案（草案）〉的说明》（2012年3月8日），载王尚新、李寿伟主编：《〈关于修改刑事诉讼法的决定〉释解与适用》，人民法院出版社2012年版，第388页。

〔3〕 参见我国《刑事诉讼法》第55条、第200条第1项、第214条第1款第1项、第222条第1款。有学者提出，借鉴英美法上的辩诉交易（英 plea bargain）制度，刑事和解机制可以适用于事实不清、证据不足的疑难刑事案件。参见陈瑞华：《刑事诉讼的私力合作模式——刑事和解在中国的兴起》，载《中国法学》2006年第5期。

罪行为所应适用的法定最高刑。[1] 反面的条件是:行为人在5年以内曾经故意犯罪的,不适用本项程序。此与美国法上辩诉交易制度的适用对象包括重罪和轻罪案件,存在根本区别。同时,尽管明确了刑事和解的正面适用条件,但在《刑法》上却缺乏与之相对应的从宽处罚具体内容,这导致该机制欠缺实体法的支撑。笔者认为,作为和解后果之一的"从宽处罚",主要是指刑罚从宽,即以责任刑为上限,下调预防刑。[2]

刑事和解机制的本质是"国家—犯罪人—被害人"的三方合作模式,在兼容私力、公力两种不同的合作力量的同时,淡化传统刑事诉讼制度的对抗特征,更在一定程度上颠覆了以罪刑法定、无罪推定为支点的传统刑事法理,具有先民后刑的特性,因而本质上为刑事诉讼中的民事机制。在实际运行方面,此前司法实践中存在诸如和解协议达成随意、过分关注赔偿数额、忽视社会关系的修复、和解后果不合比例等问题,亟待解决。例如,个别审判人员以被害人与行为人达成和解为由滥用量刑权,导致"以钱买刑"甚至"花钱免刑"等罪刑失衡局面;暗地里参与当事人利益博弈,胁迫被害人接受和解协议,致使被害人因得不到应有补偿而重返边缘地位等。[3] 长远来看,刑事和解机制应引入上述委托模式中的合理成分,进一步补强其程序的安定性、保障性和正当性,成为一项相对独立的非诉讼纠纷解决程序。

## 四、结语

在我国,被害人作为刑事诉讼当事人的地位亟待完全确认。2018年修正《刑事诉讼法》时增设与刑事和解机制具有交叉关系的行为人认罪认罚从宽制度,其中所谓行为人"认罚"即含有向被害人赔偿以及和解等因素。唯依该法,人民检察院就犯罪嫌疑人认罪认罚须听取被害人意见(第173条第2款[4]),人民法院"一般应当采纳人民检察院指控的罪名和量刑建议"(第201条第1款)。人民检察院指控的罪名

[1] 参见立法部门的释义,对我国《刑事诉讼法》第159条规定中"可能判处十年有期徒刑以上刑罚"以及同法第282条第1款规定中"可能判处一年有期徒刑以下刑罚"的说明。参见王爱立、雷建斌主编:《〈中华人民共和国刑事诉讼法〉释解与适用》,人民法院出版社2018年版,第282、529页。

[2] 有检察官认为,刑事和解的实体法后果包括从轻、减轻或免除处罚,对于原本可能判处有期徒刑3年以下刑罚的故意犯罪和有期徒刑7年以下的过失犯罪的,原则上应适用缓刑、管制或免予刑事处罚等非监禁刑。参见陈为钢、肖亮:《新刑诉法保障被害人权益若干问题研究》,载《东方法学》2013年第2期。唯如此则欠缺与责任刑的比较,而有背离罪刑法定与罪刑均衡原则之嫌。

[3] 参见陈瑞华:《刑事诉讼的私力合作模式——刑事和解在中国的兴起》,载《中国法学》2006年第5期;徐阳:《我国适用刑事和解制度泛化倾向之检省与矫正》,载《法商研究》2008年第6期。

[4] 依该款规定,人民检察院应当听取被害人及其诉讼代理人对下列事项的意见,并记录在案:(1)涉嫌的犯罪事实、罪名及适用的法律规定;(2)从轻、减轻或者免除处罚等从宽处罚的建议;(3)认罪认罚后案件审理适用的程序;(4)其他需要听取意见的事项。

和提出的量刑建议对人民法院裁判具有一定的拘束力，被害人并未实质性地参与到该项程序机制中来。[1] 人民法院在量刑时亦无须听取被害人意见，似与被害人参与审判活动，享有意见陈述权和量刑参与权的要求不相符合。[2] 又如，在被害人人数众多的大规模犯罪（如涉众型经济犯罪）刑事案件中，被害人（广义上包括在非法集资犯罪中遭受实际损失的集资参与人[3]）参与审判活动具有特别的意义。从地方人民法院的有关探索来看，人民法院对于被害人集体要求参与或者旁听庭审活动的，可以在庭审前组织被害人推选5～10名代表旁听案件庭审；庭审结束后，可以向未参加旁听的被害人通报庭审情况；宣判后，可以向未参加旁听的被害人告知裁判结果，或者要求被害人代表向未了解情况的被害人转达裁判结果。[4] 但是，仅仅推选代表旁听庭审、知悉庭审情况和裁判结果，与被害人的当事人诉讼地位也是不相符合的。

对于被害人在刑事诉讼中的当事人地位，有学者结合刑事诉讼中法官、公诉人、被告人的角色分配，反对再将被害人列为对抗被告人的另一个当事人。理由是：在狭义地以施加刑事责任为目的的传统刑事诉讼制度中，被害人也是证人，如其可以阅卷并与律师商量而形成意见，“仅仅依据现代关于证言心理条件调查的证言可信度便荡然无存”。唯一例外的是在以赔偿为目的的程序中，不严格地将被害人列为当事人，其目的只是便于赔偿，这里面隐含着用赔偿全面或部分取代刑罚的意味。在此基础上建立起来的刑事和解机制，亦受质疑：民法无论如何都责成行为人承担赔偿被害人的责任，这种责任的履行不应视为刑法领域的优待；否则，将会削弱刑法的一般预防功能。“在刑事程序上，被害人的地位只有在不危害处于刑事责任审判的真正目的的前提下，才能被承认为诉讼主体，但是将刑罚转变为行为人及被害人

---

〔1〕 学者指出：“为确保认罪认罚制度适用的效率性，防止因被害人主观情感的变化而导致协商过程随意变更损害诉讼程序的确定性，被害人不宜作为参与主体而对案件协商过程产生实质影响。”参见陈卫东：《认罪认罚从宽制度研究》，载《中国法学》2016年第2期。反对的观点可参见陈国庆：《试论构建中国式的认罪协商制度》，载《环球法律评论》2006年第5期。作为立法依据之一的我国《最高人民法院、最高人民检察院、公安部、国家安全部、司法部关于在部分地区开展刑事案件认罪认罚从宽制度试点工作的办法》（法〔2016〕386号）第7条规定：“办理认罪认罚案件，应当听取被害人及其代理人意见，并将犯罪嫌疑人、被告人是否与被害人达成和解协议或者赔偿被害人损失，取得被害人谅解，作为量刑的重要考虑因素。”该条规定的适用主体包括人民检察院和人民法院。《认罪认罚从宽指导意见》“五、被害方权益保障”，正式明确了被害人在行为人认罪认罚从宽制度中的地位和作用。

〔2〕 或许，在立法者的眼中，被害人在行为人认罪认罚从宽制度中的上述地位，正是该项制度与刑事和解机制之间的区别所在。

〔3〕 参见时方：《非法集资犯罪中的被害人认定——兼论刑法对金融投机者的保护界限》，载《政治与法律》2017年第11期。反对的意见可参见非法集资犯罪问题研究课题组：《涉众型非法集资犯罪的司法认定》，载《国家检察官学院学报》2016年第3期。

〔4〕 参见北京市高级人民法院课题组：《关于审理涉众型经济犯罪案件座谈会综述》，载最高人民法院刑事审判第一至五庭主办：《刑事审判参考》（总第103集），法律出版社2016年版，第192～193页。

调解的制度，则只能在除罪化思潮的背景下才具有合法性，对于那些导致严重社会危害的行为则需要传统刑法的一般预防功能，赔偿作为赎罪的一种方式考虑，只能有规则地适用于特殊的加重情节。"〔1〕我国也有学者认为，被害人被视为除公诉机关外的另一个控诉方，会加剧控辩双方本来就不平等的局面。〔2〕

被害人作为刑事诉讼当事人参与审判活动，并非毫无可议之处。一是对被害人参与审判活动的承认，系以存在实体上的被害人为前提，这是否有违于无罪推定原则？对于被害人的界定，本来就应区分实体法和诉讼法两种不同的意义。诉讼法上的被害人，并不以被告人有罪作为前提，因而不能认为违背无罪推定原则。只不过在经验上，如果被视为被害人的人参与审判，容易令人以为被告人确实实施了犯罪，但这属于应当排除确信的问题。二是被害人参与审判活动会否对人民法院的量刑活动造成不当影响？允许被害人在诉讼中向人民法院提出量刑意见，并不意味着人民法院须受其意见所左右甚至拘束，更不会导致对被告人单向性地加重量刑，盖因人民法院的全部量刑活动均须受到依法裁判原则的支配。〔3〕从刑事诉讼结构的角度来看，基于权利平等的司法人权理念，被害人与被告人甚至公诉机关之间存在诉讼权利平衡的问题，即"立法者没有赋予被告人权利更多负担，并且不能单方面将权利倾向于被害人一边"。"如果将刑事诉讼比作一个'机器'，立法不能只更换有利于被害人一方的'齿轮'，而不顾及'机器'本身，并且不更换其关于被告人权利坏了的或过旧部分。"〔4〕

总之，被害人实际参与刑事审判活动，强化其作为刑事诉讼当事人的诉讼地位，明确其诉讼权利，引入刑事和解机制，都不是要被害人走到刑事诉讼舞台的中心，甚至从根本上对传统刑事诉讼制度予以否定，而是着眼于对被害人合法权益的全面保护，进一步落实好人权保障的司法原则。在"国家—犯罪人—被害人"的刑事诉讼结构三方模式中，被害人列于国家和被告人之后，系以作为实质性化解刑事纠纷的第三力量而存在，这对传统刑事诉讼制度无疑具有深刻的调适效果。刑事和解机制的正式引入，意味着对轻微的刑事犯罪案件将作非刑事化处理，其性质与民事纠纷的处理方式已经非常接近，这直接引起刑法与民法之间看似严格的界限开始松动。表

---

〔1〕［德］伯恩特·许乃曼：《刑事制度中之被害人角色研究》，王秀梅、杜澎译，载《中国刑事法杂志》2001年第2期。

〔2〕参见龙宗智：《被害人作为公诉案件诉讼当事人制度评析》，载《法学》2001年第4期。

〔3〕参见［日］川出敏裕、金光旭：《刑事政策》，钱叶六等译，中国政法大学出版社2016年版，第248页。

〔4〕［德］马蒂亚斯·雅恩：《"国家和个人利益间的灰色地带"：最新的被害人权利刑事诉讼前景》，赵陈芊蕙译，载彭海青、吕泽华、［德］彼得·吉勒斯编：《德国司法危机与改革——中德司法改革比较与相互启示》，法律出版社2018年版，第184、185页。

面看来,尽管被害人参与刑事审判活动会使整体的刑事诉讼程序运行更加烦琐,但却使刑事诉讼的正义成色大为增加。长远来看,或能因此而引起刑事诉讼制度的根本性变革。

# 第四章　民事公益诉讼的若干问题

按照传统的诉讼类型体制，刑事诉讼与民事诉讼所服务的利益目标截然不同。刑事诉讼主要服务于公益目标，民事诉讼则主要服务于私益目标。然而，“民事公益诉讼”（英 public interest litigation）的设置，打破了这一目标分野，公益目标由刑事诉讼与民事诉讼（民事公益诉讼）所分享。从这个角度来看，民事公益诉讼亦成为刑民交叉的重要领域。我国 2012 年修正《民事诉讼法》，增设民事公益诉讼制度，增订现行该法第 58 条第 1 款，规定：“对污染环境、侵害众多消费者合法权益等损害社会公共利益的行为，法律规定的机关和有关组织可以向人民法院提起诉讼。”由于“共享”同一事实，刑事诉讼与民事公益诉讼之间的黏合度非常高，先由司法实践所创设后由司法解释所确立的刑事附带民事公益诉讼即其显例。2017 年修正《民事诉讼法》，于上条中增订第 2 款，规定人民检察院可以向人民法院提起民事公益诉讼。唯人民检察院如何分饰刑事诉讼中的公诉人、民事公益诉讼中的公益诉讼人以及各种诉讼中的法律监督人等诸种角色，以及人民检察院所提起的刑事附带民事公益诉讼与普通的刑事附带民事公益诉讼之间有无本质性的差异等，均值得深入讨论。

## 一、民事公益诉讼概述

民事公益诉讼是指针对损害特定领域的社会公共利益的不法行为，法律规定的相关主体依法提起的民事诉讼，民事公益诉讼与民事私益诉讼具有本质区别。

（一）民事公益诉讼的领域

民事公益诉讼的目的是维护社会公共利益。“公共利益通常是指全体社会成员的共同利益和社会的整体利益”,[1]本质上是由不特定多数人享有的、非人格化的利益。[2] 社会公共利益属于具有价值补充意义的不确定概念,在不同领域或者不同情形下,具有不同的具体内涵和表现形式,很难给出一个统一的界定。在我国,多部现行法律涉及对社会公共利益的具体界定,如《土地管理法》第45条第1款、《慈善法》第3条、[3]《公益事业捐赠法》第3条[4]和《信托法》第60条[5]等规定,可作参考。[6] 有学者将公共利益分为6类20余种直接用途:(1)国防和外交;(2)能源、交通、水利等基础设施建设;(3)科技、教育、文化、卫生、体育、环境和资源保护、文物保护、社会福利、市政公用等公共事业;(4)防灾、减灾、救助灾害、救济贫困、扶助残疾人;(5)政府组织实施的保障性安居工程建设、旧城区改建;(6)法律、行政法规规定的其他公共利益,如实施紧急状态。[7]

《刑事诉讼法》第101条第2款规定:“如果是国家财产、集体财产遭受损失的,人民检察院在提起公诉的时候,可以提起附带民事诉讼。”该款规定系袭自1979年《刑事诉讼法》第53条第2款规定,尽管其诉讼形式为刑事附带民事诉讼,仍可以视为我国公益诉讼制度之发端。对其中的“国家财产、集体财产遭受损失”,司法解释明确规定不包括非法占有、处置国家财产、集体财产,赔偿款项如果没有相应权利人

---

〔1〕 许安标:《保护公民的合法的私有财产不受侵犯》,载本书编写组编:《宪法和宪法修正案学习问答》,中国民主法制出版社2004年版,第204页;胡康生主编:《中华人民共和国物权法释义》,法律出版社2007年版,第269页;第十届全国人民代表大会法律委员会:《关于〈中华人民共和国物权法(草案)〉修改情况的汇报》(2006年10月26日)。

〔2〕 参见[日]星野英一:《民法劝学》,张立艳译,于敏校,北京大学出版社2006年版,第56~57页。

〔3〕 我国《慈善法》第3条规定:“本法所称慈善活动,是指自然人、法人和其他组织以捐赠财产或者提供服务等方式,自愿开展的下列公益活动:(一)扶贫、济困;(二)扶老、救孤、恤病、助残、优抚;(三)救助自然灾害、事故灾难和公共卫生事件等突发事件造成的损害;(四)促进教育、科学、文化、卫生、体育等事业的发展;(五)防治污染和其他公害,保护和改善生态环境;(六)符合本法规定的其他公益活动。”

〔4〕 我国《公益事业捐赠法》第3条规定:“本法所称公益事业是指非营利的下列事项:(一)救助灾害、救济贫困、扶助残疾人等困难的社会群体和个人的活动;(二)教育、科学、文化、卫生、体育事业;(三)环境保护、社会公共设施建设;(四)促进社会发展和进步的其他社会公共和福利事业。”

〔5〕 我国《信托法》第60条规定:“为了下列公共利益目的之一而设立的信托,属于公益信托:(一)救济贫困;(二)救助灾民;(三)扶助残疾人;(四)发展教育、科技、文化、艺术、体育事业;(五)发展医疗卫生事业;(六)发展环境保护事业,维护生态环境;(七)发展其他社会公益事业。”

〔6〕 另参见我国国务院《国有土地上房屋征收与补偿条例》第8条规定:“为了保障国家安全、促进国民经济和社会发展等公共利益的需要,有下列情形之一,确需征收房屋的,由市、县级人民政府作出房屋征收决定:(一)国防和外交的需要;(二)由政府组织实施的能源、交通、水利等基础设施建设的需要;(三)由政府组织实施的科技、教育、文化、卫生、体育、环境和资源保护、防灾减灾、文物保护、社会福利、市政公用等公共事业的需要;(四)由政府组织实施的保障性安居工程建设的需要;(五)由政府依照城乡规划法有关规定组织实施的对危房集中、基础设施落后等地段进行旧城区改建的需要;(六)法律、行政法规规定的其他公共利益的需要。”

〔7〕 参见郑永流:《中国公法中公共利益条款的文本描述和解释》,载《浙江社会科学》2013年第10期。

的,应向提起附带民事诉讼的检察机关交付赔偿款,由其上缴国库。[1]

根据《民事诉讼法》第 58 条规定,民事公益诉讼的领域包括“污染环境、侵害众多消费者合法权益等”(第 1 款)和“破坏生态环境和资源保护、食品药品安全领域侵害众多消费者合法权益等”(第 2 款前段)。可见,民事公益诉讼制度并没有包纳涉及保护社会公共利益的全部领域,而是因应政治、经济、社会发展状况乃至历史文化传统等因素,有针对性地适用于公益保护的部分领域。对照现行法律,民事公益诉讼可以适用于如下五个领域:

1. 国家利益、社会公共利益保护领域。《民法典》第 153 条第 2 款规定:“违背公序良俗的民事法律行为无效。”其中,涉及保护国家利益、社会公共利益的内容,均为民事公益诉讼的对象。另如,上述人民检察院因“调解书损害国家利益、社会公共利益”提出检察建议或者抗诉(《民事诉讼法》第 219 条第 1、2 款),亦其适例。[2]

2. 人格保护领域。(1)英雄人格保护。《民法典》第 185 条规定:“侵害英雄烈士等的姓名、肖像、名誉、荣誉,损害社会公共利益的,应当承担民事责任。”《英雄烈士保护法》第 25 条第 2 款规定:“英雄烈士没有近亲属或者近亲属不提起诉讼的,检察机关依法对侵害英雄烈士的姓名、肖像、名誉、荣誉,损害社会公共利益的行为向人民法院提起诉讼。”此项由人民检察院提起的诉讼的性质为民事公益诉讼。

(2)个人信息保护。《民法典》第 111 条前段和第 1034 条第 1 款规定:“自然人的个人信息受法律保护。”《个人信息保护法》第 70 条规定:“个人信息处理者违反本法规定处理个人信息,侵害众多个人的权益的,人民检察院、法律规定的消费者组织和由国家网信部门确定的组织可以依法向人民法院提起诉讼。”例如,《最高人民法院关于审理使用人脸识别技术处理个人信息相关民事案件适用法律若干问题的规定》(法释〔2021〕15 号)第 14 条规定:“信息处理者处理人脸信息的行为符合民事诉讼法第五十五条、消费者权益保护法第四十七条或者其他法律关于民事公益诉讼的相关规定,法律规定的机关和有关组织提起民事公益诉讼的,人民法院应予受理。”[3]

---

〔1〕 参见我国《刑事诉讼法司法解释》第 179 条第 3 款、第 176 条、第 193 条。1954 年制定的《人民检察院组织法》第 4 条第 6 项规定曾赋予地方各级人民检察院“对于有关国家和人民利益的重要民事案件有权提起诉讼或者参加诉讼”的职权;该项规定后为 1979 年制定的《人民检察院组织法》所删除。

〔2〕 我国原《民法通则》第 58 条第 1 款规定:“下列民事行为无效:……(四)恶意串通,损害国家、集体或者第三人利益的;(五)违反法律或者社会公共利益的。”原《合同法》第 52 条规定:“有下列情形之一的,合同无效:(一)一方以欺诈、胁迫的手段订立合同,损害国家利益;(二)恶意串通,损害国家、集体或者第三人利益;……(四)损害社会公共利益;……”《民法典》不仅删除原《合同法》第 52 条第 1 项规定,而且于第 154 条规定关于恶意串通法律行为效力的规定中,对被保护利益不再区分国家、集体或者第三人利益,而是统称为“他人合法权益”;还删除了原《民法通则》第 62 条第 2 款、原《合同法》第 59 条关于因恶意串通而返还财产等法律后果的规定。

〔3〕 其中的“民事诉讼法第五十五条”,对应现行该法第 58 条。

(3)军人人格保护。《军人地位和权益保障法》第62条规定:“侵害军人荣誉、名誉和其他相关合法权益,严重影响军人有效履行职责使命,致使社会公共利益受到损害的,人民检察院可以根据民事诉讼法、行政诉讼法的相关规定提起公益诉讼。”

3. 生态环境保护领域。《环境保护法》第58条第1款规定:“对污染环境、破坏生态,损害社会公共利益的行为,符合下列条件的社会组织可以向人民法院提起诉讼:(一)依法在设区的市级以上人民政府民政部门登记;(二)专门从事环境保护公益活动连续五年以上且无违法记录。”《海洋环境保护法》第114条第2款规定:“对污染海洋环境破坏海洋生态,给国家造成重大损失的,由依照本法规定行使海洋环境监督管理权的部门代表国家对责任者提出损害赔偿要求。”其中,前一规定仅系针对民事公益诉讼而言;后一规定原系仅指民事私益诉讼(给国家造成重大损失),后来则依解释扩及于民事公益诉讼。环境民事公益诉讼的对象是污染环境、破坏生态的生态环境侵权行为,包括已经造成损害的生态环境侵权行为和尚未造成损害但具有损害重大风险的生态环境侵权行为。[1] 其中隐含了侵权责任法的预防功能,将提起民事公益诉讼的条件,从普通侵权诉讼须受到现实损害,放宽至具有损害可能(潜在损害)。[2] 这与贯彻民法绿色原则、保护生态环境的要求相一致。[3]

4. 消费者保护领域。《消费者权益保护法》第37条第1款第7项规定认可消费者协会作为民事公益诉讼的原告(原文为“就损害消费者合法权益的行为……提起诉讼”,解释上似不限于民事公益诉讼);同法第47条规定:“对侵害众多消费者合法权益的行为,中国消费者协会以及在省、自治区、直辖市设立的消费者协会,可以向人民法院提起诉讼。”消费民事公益诉讼的对象是消费侵权行为,包括已经造成消费者损害的消费侵权行为和尚未造成损害但危及消费者人身、财产安全的消费侵权行为。[4]

5. 劳动者保护领域。依《工会法》第21条第4款和《劳动合同法》第56条规定,工会可以作为集体合同争议的当事人。工会代表职工与企业以及实行企业化管理的事业单位进行平等协商,签订集体合同。企业违反集体合同,侵犯职工劳动权益的,工会可以依法要求企业承担责任;因履行集体合同发生争议,经协商解决不成的,工会可以向劳动争议仲裁机构提请仲裁,仲裁机构不予受理或者对仲裁裁决不

---

〔1〕 参见我国《最高人民法院关于审理环境民事公益诉讼案件适用法律若干问题的解释》(法释〔2015〕1号,经法释〔2020〕20号修正,以下简称《环境民事公益诉讼解释》)第1条。

〔2〕 参见我国《民事诉讼法司法解释》第282条第3项“有社会公共利益受到损害的初步证据”。其中的“损害”,应依《环境民事公益诉讼解释》第1条的规定,解释为包括潜在损害在内。

〔3〕 我国《民法典》第9条规定:“民事主体从事民事活动,应当有利于节约资源、保护生态环境。”

〔4〕 参见我国《最高人民法院关于审理消费民事公益诉讼案件适用法律若干问题的解释》(法释〔2016〕10号,经法释〔2020〕20号修正,以下简称《消费民事公益诉讼解释》)第1条。

服的,可以向人民法院提起诉讼。工会提起的本项诉讼的性质为民事公益诉讼。[1]

（二）民事公益诉讼的特点

与民事私益诉讼相比较,民事公益诉讼具有如下一些特点：

1. 诉讼目的的公益性。民事公益诉讼所维护的社会公共利益,具有广泛性、严重性和长期性,这与民事私益诉讼所保护民事主体的私人利益恰成对照。社会公共利益包括集合性公益[集合性利益（英 collective interest）]和普遍性公益[扩散性利益（英 diffuse interest）]两种类型。集合性公益是指同类型个体性利益（英 homo geneous individual interest）的集合,其侵害对于潜在的成员具有一定的扩张性,典型如大规模的侵害消费者权益（消费公益）。普遍性公益是指不特定的社会公众所共同享有的利益,不属于特定的个人或者机构,典型如生态环境公益。[2] 不同性质的公益具有不同的表现形式,如作为集合性公益的消费公益具有鲜明的分散性（分散损害）,作为普遍性公益的生态环境公益具有鲜明的在地性。就本质而言,民事公益诉讼的重心在"公益"而不在"民事",这决定了民事公益诉讼与民事私益诉讼之间不可避免地存在某种疏离。

2. 诉讼主体的多元性。民事公益诉讼的原告具有广泛性、多元性和代位性,不要求与案件有直接利害关系,这与民事私益诉讼中原告须与案件有直接利害关系恰成对照。在立法例上,政府部门、有关组织甚至个人与案件本身不一定存在直接利害关系,但均可作为民事公益诉讼的原告。在我国,法律规定的机关（扩及于人民检察院）或者有关组织尽管不是公益侵害的直接受害人,但都可以提起民事公益诉讼。民事公益诉讼的被告则多为经济实力雄厚的公司、企业。基于公益保护方向的唯一性,民事公益诉讼中各方当事人的诉讼地位相对固定,以此将诸如环境诉讼的集合性、消费者诉讼的扩散性等公益因素稳定地结合进来。[3] 针对同一侵权事件,民事公益诉讼与民事私益诉讼原则上可以分别提起,分别审理;[4]或者合并审理;[5]或

[1] 除上列外,我国法律中对民事公益诉讼作出专门规定的还有:《妇女权益保障法》第 77 条、《未成年人保护法》第 106 条后段、《安全生产法》第 74 条第 2 款、《反垄断法》第 60 条第 2 款、《反电信网络诈骗法》第 47 条、《农产品质量安全法》第 79 条第 2 款等。这些规定均系由检察机关提起民事公益诉讼。

[2] 参见丁宝同:《民事公益之基本类型与程序路径》,载《法律科学（西北政法大学学报）》2014 年第 2 期。

[3] 参见[日]小岛武司:《诉讼制度改革的法理与实证》,陈刚等译,法律出版社 2001 年版,第 170 页。

[4] 参见我国《民事诉讼法司法解释》第 286 条,《环境民事公益诉讼解释》第 29 条,《最高人民法院关于审理矿业权纠纷案件适用法律若干问题的解释》（法释〔2017〕12 号,经法释〔2020〕17 号修正）第 21 条第 2 款。

[5] 参见我国《民事诉讼法司法解释》第 221 条;重庆市第一中级人民法院（2017）渝 01 民初 773 号民事判决（2017 年 12 月 22 日）。有法官认为,民事公益诉讼与民事私益诉讼不能合并审理。参见最高人民法院研究室、环境资源审判庭:《最高人民法院环境侵权责任纠纷司法解释理解与适用》,人民法院出版社 2016 年版,第 227～228 页;张新宝、汪榆淼:《污染环境与破坏生态侵权责任的再法典化思考》,载《比较法研究》2016 年第 5 期。

者采取“先公益后私益”的做法。[1] 民事公益诉讼中原告资格问题具有核心性和基础性，其扩张在一定程度上意味着司法权的扩张。

3. 诉讼争点的社会性。无论是集合性公益抑或普遍性公益，均可通过民事公益诉讼予以保护。由公益保护目的所决定，该类诉讼的争点具有鲜明的社会化特征，公益与私益的价值判断在诉讼中交错呈现，与民事私益诉讼中争点的私人性和纯粹性恰成对照。在民事私益诉讼中，人民法院只需处理当事人之间的私人利益纷争，一般不涉及对公益的专门保护问题。在民事公益诉讼中，公益保护与私益保护之间存在一定的紧张状态，这一直动摇着该类诉讼程序的根基，更被视为民事诉讼的异质物。在司法实践中，民事公益诉讼“时常出现因过分强调公共性而模糊了问题的实质性的情况”，从而引起关于人民法院的职权边界、职业法官的心理压力以及规制司法裁量等一系列带有根本性的问题。[2]

（三）民事公益诉讼的程序保障

民事公益诉讼制度中的相关程序保障，主要体现在如下三个方面：

1. 民事公益诉讼原则上采取职权进行主义，与民事私益诉讼中采取的处分权主义和辩论主义亦成对照。在民事公益诉讼中，当事人的自认、撤诉、反诉、调解/和解等诉讼行为均须受到限制。人民法院对原告自认案件相关事实的，须予以严格审查，对认为损害社会公共利益的自认不予确认其效力。[3] 原告在法庭辩论结束后不得撤诉，但诉讼目的已经达到的除外。[4] 被告不得提起反诉，[5] 这是由民事公益诉讼中当事人的诉讼地位固定所决定的。人民法院认为原告提出的诉讼请求不足以保护社会公共利益的，可以向其释明变更或者增加停止侵害、恢复原状等诉讼请求。[6] 人民法院对当事人达成的调解协议或者提出的和解撤诉申请，须特别注重审查是否损害国家利益、社会公共利益或者他人合法权益，并且出具调解书须经公告。[7] 此外，对第一审民事公益诉讼案件，人民法院应当组织由 3 名法官和 4 名人民陪审员组成的 7 人合议庭进行审理。[8]

---

[1] 参见我国《消费民事公益诉讼解释》第 10 条。

[2] 参见[日]小岛武司：《诉讼制度改革的法理与实证》，陈刚等译，法律出版社 2001 年版，第 170～171 页。

[3] 参见我国《环境民事公益诉讼解释》第 16 条，《消费民事公益诉讼解释》第 12 条。

[4] 参见我国《民事诉讼法司法解释》第 288 条，《环境民事公益诉讼解释》第 26、27 条。

[5] 参见我国《环境民事公益诉讼解释》第 17 条，《消费民事公益诉讼解释》第 11 条。

[6] 参见我国《环境民事公益诉讼解释》第 9 条，《消费民事公益诉讼解释》第 5 条。

[7] 参见我国《民事诉讼法司法解释》第 287 条，《环境民事公益诉讼解释》第 25 条。

[8] 参见我国《人民陪审员法》第 16 条第 2 项，《民事诉讼法》第 40 条第 1 款前段。人民陪审员参加 7 人合议庭审判案件，对事实认定，独立发表意见，并与法官共同表决；对法律运用可以发表意见，但不参加表决（《人民陪审员法》第 22 条）。

2. 相较于民事私益诉讼，被告在民事公益诉讼中承担更重的证明责任。如在环境侵权诉讼中，证明责任的分配应适用《民法典》第1230条关于证明责任倒置的规定，该条规定："因污染环境、破坏生态发生纠纷，行为人应当就法律规定的不承担责任或者减轻责任的情形及其行为与损害之间不存在因果关系承担举证责任"。[1] 在环境民事私益诉讼中，原告须对下列事项承担证明责任：被告排放了污染物或者破坏了生态；原告的损失；被告排放的污染物或者其次生污染物、破坏生态行为与损害之间具有关联性。[2] 在环境民事公益诉讼中，原告只需提供"被告的行为已经损害社会公共利益或者具有损害社会公共利益重大风险的初步证明材料"。[3] 被告则须根据原告的请求"提供其排放的主要污染物名称、排放方式、排放浓度和总量、超标排放情况以及防治污染设施的建设和运行情况等环境信息"；被告如持有或者依法应当持有上列证据材料而拒不提供的，将适用证明妨碍规则，人民法院可以推定原告所主张的不利于被告的相关事实成立。[4] 除此之外，人民法院在必要时还须依职权调查取证。[5]

3. 民事公益诉讼的判决具有一定的扩张效力。一方面，被民事公益诉讼生效判决认定的事实，对后来因同一侵权行为提起的民事私益诉讼具有预决力。在民事私益诉讼中，当事人对上述事实无须举证证明，但可以提出相反证据予以推翻；被告可以提出相反证据推翻前诉认定的侵权行为事实构成，并仍须举证证明对其有利的事实。[6] 另一方面，民事公益诉讼判决生效后，其他法律规定的机关和有关组织就同一侵权行为另行提起民事公益诉讼的，人民法院裁定不予受理，但法律、司法解释另有规定的除外。[7] 在判决的执行方面，尽管民事公益诉讼的判决系实行移送执行，[8] 但劣

---

〔1〕 另见我国《水污染防治法》第98条。

〔2〕 参见我国已被废止的《最高人民法院关于审理环境侵权责任纠纷案件适用法律若干问题的解释》（法释〔2015〕12号，经法释〔2020〕17号修正）第6条。

〔3〕 参见我国《民事诉讼法司法解释》第282条第3项，《环境民事公益诉讼解释》第8条第2项。

〔4〕 参见我国《环境民事公益诉讼解释》第13条。有学者提出，环境民事公益诉讼中应不再实行证明责任倒置，原告应就公益是否受损以及损失大小、修复成本、期间损失等进行举证。参见王秀卫：《我国环境民事公益诉讼举证责任分配的反思与重构》，载《法学评论》2019年第2期。此似系误解了环境侵权诉讼中证明责任倒置的基本内容，原告在环境侵权诉讼中须就其所遭受的损害予以举证证明应无疑义。

〔5〕 参见我国《民事诉讼法司法解释》第96条第1款第3项，《环境民事公益诉讼解释》第14条第1款。

〔6〕 参见我国《环境民事公益诉讼解释》第30条第1款，《消费民事公益诉讼解释》第16条。此二规定略有差异，对于提出相反证据推翻民事公益诉讼裁判认定事实的民事私益诉讼当事人，前者仅系规定为原告，后者则规定为当事人。上述规定均为《民事诉讼法司法解释》第93条第2款后段规定的特别法。《民事诉讼法司法解释》第93条第2款后段规定："（前款——引者注）第五项至第七项规定事实，当事人有相反证据足以推翻的除外。"其中的前款第5项，即对"已为人民法院发生法律效力的裁判所确认的事实"，当事人无须举证证明。

〔7〕 参见我国《民事诉讼法司法解释》第289条。

〔8〕 参见我国《民事诉讼法》第247条第1款后段；《环境民事公益诉讼解释》第32条。

位于民事私益诉讼判决的执行。[1]

除此之外，在程序法上建立民事公益诉讼制度对实体法的发展也具有倒逼的意义。尤其是从民法上考察，传统民法着力于私益保护而忽视公益保护，因而在保护手段上恐怕难以符合民事公益诉讼制度的需求。如果强行以民法上那些立足于个体权益的保护手段"套用"于民事公益诉讼之中，难免会产生枘凿不投的效果。日本学者谷口安平(1934—)指出："正是由于现行的实体法在集团诉讼(此不特指美国法的集团诉讼——引者注)时出现的不相适应，才产生了对实体法进行适当修正的要求。美国在展开集体诉讼的过程中讨论最多的问题之一也在于此。在日本，涉及环境污染或药物副作用的诉讼由于损害赔偿方式的特殊性，也对实体法提出了新的要求。传统的个别请求累积方式不仅给集团诉讼带来了主张和举证(包括法院的认定和作出判决的理由)的重复和烦琐，而且因原告请求不同赔偿额而产生不同的结果也有失公正且妨害原告集团的团结，所以现在倾向于采取一体化的请求方式，即财产损失(包括逸失利益)和精神损害结合在一起并按原告集团一视同仁的方式进行请求。判例也在一定程度上认可了这样的请求方式。集团诉讼程序上的技术需要所产生出来的这样的做法，能否在实体法理论上也得到充分论证并体系化，只能看今后的展开过程了。"[2]长远来看，民法上能否"生产"出一套专门的公益保护制度，如针对大规模消费者损害、生态环境损害的专门赔偿制度，应属可期。

总之，民事公益诉讼案件一般牵涉面比较广，有关的权利义务关系比较复杂，因而审理难度也较高。民事公益诉讼作为特殊的民事诉讼程序，在当事人处分权、证明责任分配、诉讼费用负担、判决效力乃至执行方式等方面，都与民事私益诉讼存在较大的区别。在司法实践中，诉讼各方力量悬殊、证明责任分配不明、案件审理周期偏长、裁判方式比较模糊等，均为审理该类案件的困难所在。人民法院审理民事公益诉讼案件，须与相关行政主管部门相协调，否则将会面临举步维艰的局面。人民法院在受理民事公益诉讼案件后，应当在10日内书面告知相关行政主管部门；[3]在裁判生效后，也应当在10日内书面告知相关行政主管部门，并可发出司法建议。[4]实际上，民事公益诉讼制度能否得到切实推进，端赖于全社会对此的共识程度高低，以及相关行政执法部门的配合力度大小。单凭人民法院一家的力量，是无法实现该项制度全面救济社会公共利益的制度目的的。

---

〔1〕参见我国《环境民事公益诉讼解释》第31条。

〔2〕[日]谷口安平：《关于集团诉讼的一些问题》，载[日]谷口安平：《程序的正义与诉讼》，王亚新、刘荣军译，中国政法大学出版社1996年版，第207页。

〔3〕参见我国《民事诉讼法司法解释》第284条，《环境民事公益诉讼解释》第12条，《消费民事公益诉讼解释》第6条。

〔4〕参见我国《消费民事公益诉讼解释》第14条。

## 二、民事公益诉讼中的国家诉讼

在我国《民事诉讼法》的修正过程中，对于谁有权提起民事公益诉讼，即民事公益诉讼原告资格的问题，备受关注。[1]

（一）一元制与多元制

从域外法的经验来看，民事公益诉讼的原告范围具有广泛性、多元性，大致可以区分为一元制和多元制，这似乎取决于各国政治、经济、社会发展状况乃至历史文化传统等因素。在比较法上，法国原来采取由检察机关代表国家提起国家诉讼的一元制，后来则在特定领域逐渐放开。先是通过在刑事诉讼中“附带标的”的方式允许团体公益诉讼，后来才允许团体提起单独的民事公益诉讼。如在生态环境保护领域，协会和地方政府都可以提起环境民事公益诉讼。[2] 多数国家和地区采取多元制，民事公益诉讼包括国家诉讼团体诉讼、公民诉讼和相关人诉讼（如纳税人诉讼）等形态。作为多元制的（环境）民事公益诉讼规则的典范，《意大利环境法》第18条规定：

> 违反法律或者违反依法颁布的行政命令的行为，故意或过失地对环境造成损害结果，从而导致环境改变、恶化、部分或全部的被毁坏，行为人要对国家负损害赔偿责任。
>
> ……
>
> 国家、环境因素或损害行为的对象所在地的地方机关有权起诉要求环境侵权的损害赔偿，同一事件已经进入刑法程序亦同。
>
> 本法第13条意义上的自然人集合体、公民可以举报破坏环境的行为，促使有权起诉机关要求损害赔偿。
>
> 本法第13条意义上的自然人集合体可以提起诉讼要求环境侵权损害赔偿，也可以通过行政救济要求撤销违法的行政行为。
>
> 损害数额无法确定的，由法官裁量决定。各侵权人的过错、恢复原状的费用以及因环境破坏而盈利的情况是法官裁量时的重要权衡因素。

---

〔1〕 参见第十一届全国人民代表大会法律委员会：《关于〈中华人民共和国民事诉讼法修正案（草案）〉修改情况的汇报》（2012年4月24日）；《关于〈全国人民代表大会常务委员会关于修改《中华人民共和国民事诉讼法》的决定（草案）〉修改意见的报告》（2012年8月30日），载全国人大常委会法制工作委员会民法室编著：《〈中华人民共和国民事诉讼法〉释解与适用》，人民法院出版社2012年版，第504、509～510页。

〔2〕 参见《法国环境法典》第L142－1条～第L142－4条，载《法国环境法典》（第一至三卷），莫菲、刘彤、葛苏聃译，安意诗、周迪校，法律出版社2018年版，第86～87页。

共同侵权的情况，各侵权人就其所造成的损害结果负责。

可能情况下，法官应在判决书中同时判定，国家应以侵权人的赔偿用于对已破坏环境的修复。

……[1]

意大利是民事公益诉讼制度的先行地。早在1970年就制定了第一部保护集合性利益（意 interessi collettivi）和扩散性利益（意 interessi diffusi）的法律，允许工会可以针对雇主的反工会行为提起诉讼。1973年意大利国家理事会（意 Consiglio Di Stato，又译为国务院）作出了第一件认为某环境保护协会具有保护环境方面的特殊利益，允许其提起相关诉讼的判决（该判决影响很大，但5年后为意大利最高法院所撤销）。1986年制定的法律第一次允许国家和地方机关提起保护环境利益的公益诉讼，1999年制定的法律又将该类诉权授予环境保护协会和公民，次年制定的法律进一步扩大公民提起环境公益诉讼的范围。但是，意大利的团体诉讼和公民诉讼还存在不少局限。例如，只有在意大利环境部获得注册的全国性环境保护协会，或者至少代表5个大区的环境保护协会才能提起公益诉讼，且其赔偿诉讼只是一种替代诉讼，诉讼后果系由被替代人所承担；公民提起环境公益诉讼只是一种补充的民众诉讼，只在行政机关不提起诉讼的前提下才能提起。[2]

根据我国《民事诉讼法》第58条第1款规定，对民事公益诉讼打破民事私益诉讼中原告须与本案有直接利害关系的限制条件，[3]规定为“法律规定的机关和有关组织”，即采取国家诉讼（法律规定的机关）和团体诉讼（有关组织）两种类型，其中所谓“法律规定的”仅限制“机关”，而不限制“有关组织”。该款规定的“法律规定的机关”，主要指行政机关，区别于同条第2款规定的检察机关，后者系作为补充的国家诉讼原告。可以提起民事公益诉讼的行政机关，一方面须有明确的法律依据，另一方面应与案件涉及的社会公共利益相关联。[4] 国家诉讼与团体诉讼之间具有功

---

[1] 参见[德]克雷斯蒂安·冯·巴尔：《大规模侵权损害责任法的改革》，贺栩栩译，中国法制出版社2010年版，第88~89页。其中，《意大利环境法》第18条第1款规定系源于《意大利民法典》第823条第2款规定，后者规定：“保护国有公共财产的权利属于行政机关。行政机关可以采用行政手段或者本法典规定的一般手段保护国家所有权和占有权。”

[2] 参见罗智敏：《意大利对普遍利益的司法保护及对我国的借鉴意义——以原告资格为中心》，载《比较法研究》2006年第1期。

[3] 参见我国《民事诉讼法司法解释》第282条，《环境民事公益诉讼解释》第1条，《消费民事公益诉讼解释》第1条。

[4] 全国人大常委会法制工作委员会民法室编著：《〈中华人民共和国民事诉讼法〉释解与适用》，人民法院出版社2012年版，第77页。立法过程中反对行政机关有权提起民事公益诉讼的观点，可参见全国人大常委会法制工作委员会民法室编：《民事诉讼法立法背景与观点全集》，法律出版社2012年版，第296、312~313、320页。

能衔接的意义。国家诉讼由于符合公共信任的原则(英 public trust doctrine),可以直接对应于法律所保护的环境法益的类别,同时保证损害赔偿金被切实用于恢复受损环境;团体诉讼可以平衡公共法律救济方式的严重缺陷,即政府部门的冷漠和资金不足及其与政策、行政决定结构之间千丝万缕的联系。〔1〕两种诉讼的区别可能主要表现在赔偿方式之上:通过国家诉讼所得的赔偿款项,一般归于国库;〔2〕通过团体诉讼所得的赔偿款项,可以归于对应的公益基金或者专门的项目基金,而非提起诉讼的有关组织。〔3〕

(二)司法实践的探索

在国家诉讼方面,我国除上述1979年制定《刑事诉讼法》授权人民检察院就侵害国家财产、集体财产提起附带民事诉讼,1999年修订《海洋环境保护法》授权行使海洋环境监督管理权的部门代表国家就侵害海洋生态环境提起民事诉讼外,司法实践中早已尝试允许地方人民政府及其相关职能部门为维护社会公共利益而提起民事诉讼。在2012年修正《民事诉讼法》正式规定民事公益诉讼制度之前,各级人民法院对国家诉讼(包括民事公益诉讼和民事私益诉讼)主要有如下一些探索:

1.1985年8月17日最高人民法院审判委员会第232次会议总结审判经验时,对广东省深圳市中级人民法院审结的以区政府的职能部门环境监测站作为原告提起的深圳市蛇口区环境监测站与香港凯达企业有限公司环境污染案的判决予以肯定,认为判决正确,制止了污染环境的行为,保护了人民健康。

2.《最高人民法院关于黑龙江省鸡西市梨树区人民政府与鸡西市化工局、沈阳冶炼厂环境污染纠纷案的复函》(〔1999〕民他字第31号)规定:"依照《中华人民共和国民事诉讼法》第一百零八条的规定,梨树区人民政府有权作为原告提起民事诉讼。"其中的"《中华人民共和国民事诉讼法》第一百零八条",对应现行该法第122条。在该请示中,黑龙江省高级人民法院的倾向性意见认为:(1)原《民法通则》第124条规定中的"他人"是指受环境污染损害的直接受害者,但并未规定必须是特定的受害人;(2)政府是人民群众选举产生的,负有依法管理社会公共事务,维护民众利益的职责,在不特定的人群遭受侵害的情况下,政府有权作为代表提起诉讼,请求法律保护;(3)该环境污染虽未造成人员、牲畜伤亡的直接损害后果,但环境污染已是客观存在,必须进行治理,而且由于污染的均是公共环境,只能由政府部门进行治

〔1〕参见[德]格哈德·瓦格纳:《损害赔偿法的未来——商业化、惩罚性赔偿、集体性损害》,王程芳译,熊丙万、李翀校,中国法制出版社2012年版,第213页。

〔2〕参见我国《最高人民法院关于审理海洋自然资源与生态环境损害赔偿纠纷案件若干问题的规定》(法释〔2017〕23号,以下简称《海洋环境损害赔偿规定》)第10条第1款。

〔3〕参见我国《环境民事公益诉讼解释》第34条。

理,由此势必加大政府治理开支和建设费用。因此,梨树区政府作为原告是适格的。〔1〕其中的原《民法通则》第124条规定,对应《民法典》第1229条规定。该诉讼的性质为国家民事私益诉讼。

3. 在"饶河县四排赫哲族乡政府诉郭某等侵犯民间文学艺术作品著作权纠纷案"中,北京市高级人民法院第二审认为:"世代在赫哲族中流传、以《想情郎》为代表的音乐曲调,属于民间文学艺术作品,应当受到法律保护。涉案的赫哲族民间文学艺术作品是赫哲族成员共同创作并拥有的精神文化财富。它不归属于赫哲族某一成员,但又与每一个赫哲族成员的权益有关。该民族中的任何群体、任何成员都有维护本民族民间文学艺术作品不受侵害的权利。赫哲族乡政府是依据我国宪法和法律的规定在少数民族聚居区内设立的乡级地方国家政权,可以作为赫哲族部分群体公共利益的代表。故在符合我国宪法规定的基本原则、不违反法律禁止性规定的前提下,赫哲族乡政府为维护本区域内的赫哲族公众的权益,可以以自己的名义对侵犯赫哲族民间文学艺术作品合法权益的行为提起诉讼。"〔2〕本案中的民间文学艺术作品具有社会公共利益的属性,该诉讼属于国家民事公益诉讼。

4.《海南省高级人民法院关于环境资源民事公益诉讼试点的实施意见》(琼高法发〔2011〕6号)第6条规定:"下列国家机关、社会组织或者民事主体可以提起环境公益诉讼:……(二)相关行政主管部门,包括:1. 环境保护行政主管部门;2. 海洋与渔业行政主管部门(海洋与渔业监察部门);3. 国家海事管理机构;4. 水务行政主管部门;5. 林业行政主管部门;6. 其他依照法律法规行使环境监督管理权的部门。(三)依法成立的自然保护区管理机构……"〔3〕

5. 在"上海市松江区叶榭镇人民政府诉蒋某祥等水污染责任纠纷案"中,上海市松江区人民法院认为:"根据《上海市河道管理条例》第5条第3款的规定:'乡(镇)人民政府和乡(镇)水利机构按照职责权限,负责乡(镇)管河道的管理……'故本案中原告叶榭镇政府作为被污染镇管河道的主管单位,有权对污染河道进行治理,也有权作为原告主体进行诉讼,故原告的主体资格是适格的。"最终判令被告蒋荣样于本判决生效之日起10日内赔偿原告上海市松江区叶榭镇人民政府各项经济损失887,266元,其他被告分别按一定比例对上述责任承担连带赔偿责任。〔4〕除由人民政府提起索赔诉讼并获得赔偿外,该案还有两个特点:一是涉及行民交叉,即"因本

〔1〕参见梁展欣编订:《民事司法规范大全》(侵权卷),人民法院出版社2013年版,第327~329页。

〔2〕饶河县四排赫哲族乡政府诉郭某等侵犯民间文学艺术作品著作权纠纷案,载《最高人民法院公报》2004年第7期。

〔3〕梁展欣编订:《民事司法规范大全》(侵权卷),人民法院出版社2013年版,第864页。

〔4〕参见上海市松江区叶榭镇人民政府诉蒋某祥等水污染责任纠纷案,载《最高人民法院公报》2014年第4期。

次污染事故,上海市环境保护局对被告佳余公司处以行政罚款46万元,对被告浩盟公司、日新公司各处以行政罚款16万元”,该3项行政罚款合计108万元;二是人民法院驳回了原告要求被告赔偿律师费74,981元的诉讼请求。该诉讼的性质为国家民事私益诉讼。

在2012年修正《民事诉讼法》正式确立民事公益诉讼制度之后,现行法律对不同领域的国家诉讼和团体诉讼采取不同的具体安排。例如,2014年修订的《环境保护法》仅涉及团体诉讼,而未涉及国家诉讼。立法说明指出:“有些常委委员、部门和社会公众提出,环境公益诉讼主体范围较窄,建议扩大诉讼主体范围。也有些常委委员、部门和社会公众提出,环境公益诉讼主体不宜过宽,对环境违法造成的损害,可以通过行政执法、刑事制裁和有关受害人提起民事诉讼等多种渠道予以救济,环境公益诉讼是一种补充的救济措施。法律委员会经研究,考虑到环境公益诉讼是一项新制度,宜积极稳妥地推进;确定环境公益诉讼主体范围也需要考虑诉讼主体的专业能力、社会信誉等因素,防止滥诉。”[1]立法部门的释义指出:“持反对的观点认为,负有环境保护职责的部门是国家利益代表者,其代表国家向污染者提出赔偿损失的诉讼请求,符合民事诉讼法关于原告资格的‘直接利害关系原则’,而公益诉讼是以损害行为无直接利害关系的主体为了维护公共利益而提起诉讼,因此负有环境保护职责的部门为了国家利益所提起的损害赔偿之诉属于普通的民事诉讼,而不属于公益诉讼。由于存在不同的认识,修订后的环境保护法没有赋予行政机关提起环境民事公益诉讼的原告资格。”[2]可见,如何正确处理行政监管与国家诉讼的关系,是确立国家诉讼制度正当性和合理性的核心问题。

在比较法上,针对生态环境保护领域的国家诉讼模式,已经逐渐成为国际共识。基于生态环境具有可使公众受益的性质,以及国家作为公共自然资源的受托人的设定,2004年制定的《欧盟关于预防和补救环境损害的环境责任指令》规定,只有主管机构(英 competent authority)可以要求对生态环境造成严重损害的行为人采取必要的修复措施(第6条第2款第c项),或者主管机构自行采取这些措施,并要求行为人补偿相关费用(同条第3款、第8条)。公众和有关组织只能对主管机构的作为和不作为提出要求,而不得直接对行为人提起诉讼(第12条)。此系明确环境修复责任的性质为公法责任,而不赋予私法救济的方式。欧洲民法典研究组等于2008年完成的《欧洲示范民法典草案》(Draft Common Frame of Reference, DCFR)第6－2:

---

〔1〕 第十二届全国人民代表大会法律委员会:《关于〈中华人民共和国环境保护法修正案(草案)〉修改情况的汇报》(2013年10月21日),载信春鹰主编:《中华人民共和国环境保护法释义》,法律出版社2014年版,第406页。

〔2〕 信春鹰主编:《中华人民共和国环境保护法释义》,法律出版社2014年版,第200～201页。

209 条规定："政府或其指定的主管机构为恢复遭到严重损害的自然要素，诸如空气、水流、土壤、动植物等，所负担的费用，构成具有法律相关性的损害。"[1] 依此，国家诉讼模式被认为足供对环境公益的保护，而无区分公益诉讼抑或私益诉讼之必要。在我国，从《海洋环境保护法》第 114 条第 2 款规定的国家（私益/公益）诉讼出发，司法解释将环境国家私益诉讼称为"生态环境损害赔偿诉讼"，原告范围包括省级、市地级人民政府及其指定的相关部门、机构，或者受国务院委托行使全民所有自然资源资产所有权的部门。[2] 该项国家私益诉权的落脚点，为"行使全民所有自然资源资产所有权"。其中的原告资格主要系赋予政府而非其相关职能部门，也区别于国家民事公益诉讼原告以政府相关职能部门为主的做法。于此场合，系实行"先私益后公益"的做法。[3]

应当承认，行政机关针对污染者开展行政管理、作出行政处罚（如代履行[4]）与提起国家诉讼、请求生态环境损害赔偿之间存在不小的功能交集，在一定程度上甚至模糊了行政机关的职能界限，甚至有被人民法院取而代之之嫌。以环境民事公益诉讼为例，学者指出：该项公益诉讼制度由于在设计上未建立执法衔接机制，造成诉前无须行政处理，严重浪费行政资源，以致诉讼与执法平行、重叠，相互之间不无干扰；由于人民法院深度介入环境公益保护，直接处理涉及生态环境保护和监管的专业问题，从而成为实质上的监管者等一系列问题。[5] 此应引起立法者的高度重视。衡诸现代法治基本原理，针对公益保护应确立行政优先处理的原则，即只要属于行政机关的监管事项，便应先行用尽行政监督管理手段，才能提起作为最后手段的国家诉讼。考虑到司法机关处理公共事务的能力毕竟有限，国家诉讼作为一种成本高昂的司法机制，不应被普遍适用、随意启动，而应备而不用、有必要才用。在生态环境保护领域，应结合生态环境损害的可恢复性、可计量性、技术成熟度以及实施成本等因素，将国家民事公益诉讼与国家民事私益诉讼作功能区分。在可以提起国家民事私益诉讼的场合下，原则上应先采取国家民事私益诉讼，而置国家民事公益诉讼于补充的地位，国家民事公益诉讼的适用范围原则上应限定于如海洋、水体和土壤污染等特定领域。2014 年修订的《环境保护法》未一律认可国家诉讼，是稳妥的。

---

[1] 欧洲民法典研究组、欧盟现行私法研究组编著：《欧洲示范民法典草案：欧洲私法的原则、定义和示范规则》，高圣平译，中国人民大学出版社 2012 年版，第 315 页。

[2] 参见《生态环境损害赔偿规定》第 1 条第 1 款。依该款规定，生态环境损害赔偿案件的范围包括：发生较大、重大、特别重大突发环境事件；在国家和省级主体功能区规划中划定的重点生态功能区、禁止开发区发生环境污染、生态破坏事件；发生其他严重影响生态环境后果。这明显小于环境民事公益诉讼的案件范围。

[3] 参见我国《生态环境损害赔偿规定》第 16～18 条。

[4] 参见我国《行政强制法》第 50 条。

[5] 参见巩固：《环境民事公益诉讼性质定位省思》，载《法学研究》2019 年第 3 期。

《海洋环境保护法》第 114 条第 2 款规定的由行使海洋环境监督管理权的部门提起的国家诉讼,应可纳入民事公益诉讼的范畴之中。至于在海洋生态环境保护领域是否允许《环境保护法》所规定的团体诉讼,司法实践中有不同观点,笔者倾向于采取肯定说。

(三)补充的国家诉讼

我国于 2017 年修正《民事诉讼法》,增订现行该法第 58 条第 2 款规定:“人民检察院在履行职责中发现破坏生态环境和资源保护、食品药品安全领域侵害众多消费者合法权益等损害社会公共利益的行为,在没有前款规定的机关和组织或者前款规定的机关和组织不提起诉讼的情况下,可以向人民法院提起诉讼。前款规定的机关或者组织提起诉讼的,人民检察院可以支持起诉。”笔者称该款前段规定的人民检察院提起的民事公益诉讼为补充的国家诉讼,区别于行政机关提起的国家诉讼;其提起不但后位于行政机关提起的国家诉讼,也后位于团体诉讼。

1. 学说争议。对于人民检察院的公益保护主体资格,我国立法中早有涉及。依 1979 年《刑事诉讼法》第 53 条第 2 款规定,授权人民检察院就侵害国家财产、集体财产提起附带民事诉讼。但是,由于欠缺实体法上的支撑,上述规定 40 余年来在司法实践中未受重视。早在 1991 年制定《民事诉讼法》时,“有的同志主张,检察院对某些民事案件可以提起诉讼,民事诉讼法对此没有规定。有些损害了国家利益的案件,当事人不起诉,怎么办,发生这种情况要不要管?当然应当管,问题是如何管,由谁来管”。[1] 人民检察院单独提起民事诉讼因而一直未为立法所承认。2012 年修正该法时,在审判监督程序中增设人民检察院可以就“调解书损害国家利益、社会公共利益的”提出检察建议或者抗诉(现行该法第 219 条第 1、2 款),此项诉讼也具有公益诉讼的属性。更为重要的是,该次修正正式增设民事公益诉讼制度,唯就人民检察院可否提起该类诉讼未予明定,解释上对于现行该法第 58 条第 1 款规定的“法律规定的机关”,似并未断然排除人民检察院。

关于人民检察院可否提起民事公益诉讼,在立法过程中争议很大。主要有如下两种观点:

(1)肯定说。认为在公共执法型的民事公益诉讼中,应当授予人民检察院第一顺位行使民事公益诉讼的资格,是基于对人民检察院作为法律监督机关,是国家利益和社会公共利益的代表者、维护者和实现者,在收集证据、调查证据的权限、担负诉

[1] 顾昂然:《民事诉讼法制定修改情况和主要内容》(1991 年 4 月),载顾昂然:《立法札记——关于我国部分法律制定情况的介绍(1982～2004 年)》,法律出版社 2006 年版,第 490 页。

讼成本的能力和进行诉讼所必需的法律专业素养等方面具有优越性等的考虑。[1] 司法实践中,有不少人民法院采此观点。[2] 在立法例上,《法国新民事诉讼法》针对检察院设为专编(第13编),检察院在民事诉讼中可以作为主当事人和从当事人;于法律规定之情形,检察院系作为主当事人代表社会参加诉讼(第421条);于此场合,检察院依职权进行诉讼,在事实妨害公共秩序时维护之(第422、423条)。依此,检察院于民事诉讼直接关乎公益(于公秩有利害关系)时,立于主当事人之地位参与民事诉讼。“此际国家实为主当事者,检事不过为其代表而已,其参与民事诉讼之形式,在立于诉讼当事者之地位。”[3]

(2)否定说。认为提起民事公益诉讼与人民检察院作为法律监督机关的职能不相符合,“如果由检察机关包揽公益损害时的保护之责,绕开现行法律已经设定的由各个相应的管理机关执行法律的体制而直接对应私人,不仅有越俎代庖之嫌,而且还会造成权力体系的混乱”。[4] 我国《最高人民法院关于恩施市人民检察院诉张苏文返还国有资产一案的复函》(〔2002〕民立他字第53号)指出:“检察机关以保护国有资产和公共利益为由,以原告身份代表国家提起民事诉讼,没有法律依据,此案件不应受理,如已受理,应当驳回起诉。”[5] 亦同此说。在2012年修正的《民事诉讼法》施行后,有人民法院采此观点,认为“目前尚未有法律规定检察机关可以作为原告提出公益诉讼,故检察机关尚不具备公益诉讼的原告主体资格”。[6]

---

〔1〕 参见江伟(1930—2012)教授主持的《民事诉讼法修改建议稿(第3稿)》第396条,载江伟等:《中华人民共和国民事诉讼法修改建议稿(第三稿)及立法理由》,人民法院出版社2005年版,第298页;肖建国:《民事公益诉讼的基本模式研究——以中、美、德三国为中心的比较法考察》,载《中国法学》2007年第5期;肖建国:《〈民事诉讼法〉再修改的重大问题研究》,载王利明主编:《判解研究》2011年第3辑(总第57辑),人民法院出版社2011年版,第22页。

〔2〕 参见《云南省高级人民法院全省法院环境保护审判庭建设及环境保护案件审理工作座谈会议纪要》(2009年5月18日)第3条;《海南省高级人民法院关于环境资源民事公益诉讼试点实施意见》(琼高法发〔2011〕6号)第6条第1项;载梁展欣编订:《民事司法规范大全》(侵权卷),人民法院出版社2013年版,第864、867~868页。

〔3〕 [日]松冈义正:《民事法与检察制度》,载[日]冈田朝太郎、松冈义正、小河滋次郎、志田钾太郎口授,郑言笔述,蒋士宜编纂:《检察制度》,中国政法大学出版社2003年版,第104~105页。松冈氏(1870—1939)按曰:“法兰西以检(原文为要——引者注)事为政府之耳目。以他国学说论,则检事为政府耳目颇不妥洽。使政府果有此权力,其间接必害司法之独立;使检事果可为司法大臣之耳目,则裁判官必仰其鼻息而不能独立。知此,可知法兰西检事之权力也。此法国检察制度之大病也。”“依余论之,就各国之立法例论,则是,检事制度至今日殊可不必太广也。”参见[日]冈田朝太郎、松冈义正、小河滋次郎、志田钾太郎口授,郑言笔述,蒋士宜编纂:《检察制度》,中国政法大学出版社2003年版,第104、105页。关于检察院在民事诉讼中地位的讨论,详见该书第93、99~101页。

〔4〕 参见吕忠梅:《环境公益诉讼辨析》,载《法商研究》2008年第6期。

〔5〕 在该案中,湖北省恩施市人民法院实际上已经受理湖北省恩施市人民检察院以原告身份提起的保护国有资产民事诉讼。对此,湖北省高级人民法院也倾向于持否定意见,认为对于确有造成国有资产流失犯罪行为的,检察机关可以依照刑法的规定追究国有资产主管人的刑事责任,也可依照民事诉讼法的规定督促或支持权利人起诉;提起民事诉讼不属于人民检察院组织法规定的人民检察院的职权范围。

〔6〕《广东省高级人民法院民事审判第一庭关于环保公益诉讼原告主体资格问题的批复》(〔2013〕粤高法民一复字第13号),载广东省高级人民法院民事审判第一庭编:《民事审判工作法律政策文件选编(2014)》,暨南大学出版社2014年版,第596页。

其时，立法部门的释义指出："有的认为，检察机关作为法律监督机关，其维护公共利益的方式主要是通过监督国家机关和相关单位及其工作人员执行法律、遵守法律，具体可采用督促起诉、支持起诉、刑事附带民事诉讼等方式。考虑到对检察机关提起公益诉讼时，还能否进行法律监督；检察机关是自己起诉，还是督促相关主体起诉等问题还有不同意见，对是否明确规定检察机关可以提起公益诉讼的问题还需要继续研究。"[1]

2. 政策推进。中国共产党第十八届中央委员会第四次全体会议通过的《中共中央关于全面推进依法治国若干重大问题的决定》（2014 年 10 月 23 日）第四（二）中明确提出"探索建立检察机关提起公益诉讼制度"。习近平总书记在说明中指出：

> 现在，检察机关对行政违法行为的监督，主要是依法查办行政机关工作人员涉嫌贪污贿赂、渎职侵权等职务犯罪案件，范围相对比较窄。而实际情况是，行政违法行为构成刑事犯罪的毕竟是少数，更多的是乱作为、不作为。如果对这类违法行为置之不理、任其发展，一方面不可能根本扭转一些地方和部门的行政乱象，另一方面可能使一些苗头性问题演变为刑事犯罪。全会决定提出，检察机关在履行职责中发现行政机关违法行使职权或者不行使职权的行为，应该督促其纠正。作出这项规定，目的就是要使检察机关对在执法办案中发现的行政机关及其工作人员的违法行为及时提出建议并督促其纠正。这项改革可以从建立督促起诉制度、完善检察建议工作机制等入手。
>
> 在现实生活中，对一些行政机关违法行使职权或者不作为造成对国家和社会公共利益侵害或者有侵害危险的案件，如国有资产保护、国有土地使用权转让、生态环境和资源保护等，由于与公民、法人和其他社会组织没有直接利害关系，使其没有也无法提起公益诉讼，导致违法行政行为缺乏有效司法监督，不利于促进依法行政、严格执法，加强对公共利益的保护。由检察机关提起公益诉讼，有利于优化司法职权配置、完善行政诉讼制度，也有利于推进法治政府建设。[2]

---

〔1〕 全国人大常委会法制工作委员会民法室编著：《〈中华人民共和国民事诉讼法〉释解与适用》，人民法院出版社 2012 年版，第 77 页；信春鹰主编：《中华人民共和国环境保护法释义》，法律出版社 2014 年版，第 201 页。

〔2〕 习近平：《关于〈中共中央关于全面推进依法治国若干重大问题的决定〉的说明》（2014 年 10 月 20 日），载本书编写组：《〈中共中央关于全面推进依法治国若干重大问题的决定〉辅导读本》，人民出版社 2014 年版，第 60～61 页。

2015年7月1日，第十二届全国人民代表大会常务委员会第十五次会议通过《关于授权最高人民检察院在部分地区开展公益诉讼试点工作的决定》，授权最高人民检察院在生态环境和资源保护、国有资产保护、国有土地使用权出让、食品药品安全等领域开展提起公益诉讼试点。试点地区包括北京、内蒙古、吉林、江苏、安徽、福建、山东、湖北、广东、贵州、云南、陕西、甘肃13个省、自治区、直辖市。人民检察院在提起公益诉讼前，应当依法督促行政机关纠正违法行政行为、履行法定职责，或者督促、支持法律规定的机关和有关组织提起公益诉讼。本决定的实施办法由最高人民法院、最高人民检察院制定，报全国人民代表大会常务委员会备案。试点期限为2年，自本决定公布之日起算。在此项试点的基础上，2017年修正《民事诉讼法》，增订现行该法第58条第2款规定，明确将人民检察院作为补充的民事公益诉讼原告，可以提起民事公益诉讼。次年制定的《英雄烈士保护法》规定，在英雄烈士的姓名、肖像、名誉、荣誉被侵害且损害社会公共利益，而英雄烈士没有近亲属或者近亲属不提起诉讼的情况下，人民检察院提起的本项诉讼的性质为民事公益诉讼；《军人地位和权益保障法》规定，侵害军人荣誉、名誉和其他相关合法权益，严重影响军人有效履行职责使命，致使社会公共利益受到损害的，人民检察院可以根据民事诉讼法、行政诉讼法的相关规定提起公益诉讼。

3. 纳入理由。笔者认为，应当允许人民检察院提起民事公益诉讼，将其作为补充的国家诉讼原告。首先，人民检察院是我国《宪法》明文规定的法律监督机关，具有代表国家提起刑事公诉和监督民事及行政诉讼活动的法定职权。相对于其他国家机关和有关社会组织而言，人民检察院拥有强大的诉讼资源和丰富的诉讼经验，由人民检察院代表国家提起民事公益诉讼显得更为经济。其次，允许人民检察院提起民事公益诉讼是域外法为保护社会公共利益的普遍做法，符合民事公益诉讼的发展潮流。在立法例上，《俄罗斯联邦民事诉讼法》第45条第1款前、中段规定："检察长有权请求法院维护公民、不确定范围的人的权利、自由和合法利益或者维护俄罗斯联邦、俄罗斯联邦各主体、地方自治组织的利益。维护公民权利、自由和合法利益请求仅在公民由于健康状况、年龄、无行为能力和其他正当原因不能亲自向法院提出请求时才能由检察长提出。"[1]最后，从司法实践来看，人民检察院提起民事公益诉讼已经屡有尝试，而且效果良好。法律上需要面对的问题，已经不再是人民检察院能否代表国家提起民事公益诉讼，而是转变为人民检察院如何代表国家提起民事公益诉讼，以促进该项诉讼制度健康发展。

---

〔1〕《俄罗斯民事诉讼法典》，程丽庄、张西安译，厦门大学出版社2017年版，第17页。

根据我国《民事诉讼法》第 58 条第 2 款前段规定，人民检察院系作为补充的国家诉讼原告，即只有在没有法律规定的行政机关和有关组织，或者法律规定的行政机关和有关组织不提起民事公益诉讼的情况下，人民检察院才能提起民事公益诉讼；如果有法律规定的行政机关和有关组织，或者法律规定的行政机关和有关组织提起民事公益诉讼的，则人民检察院只能支持起诉，而不得提起民事公益诉讼。确立人民检察院作为补充的民事公益诉讼原告的立法说明指出，可以“调动法律规定的机关和组织参与公益保护的积极性。在民事公益诉讼中，检察机关积极与相关社会组织沟通，引导、支持、建议符合条件的社会组织以原告身份提起公益诉讼，并在法律咨询、证据收集等方面提供专业支持和帮助，有利于形成行政机关、社会公益组织、司法机关共同保护公益的格局”。[1] 值得注意的是，该段规定就人民检察院提起民事公益诉讼的对象范围，是“破坏生态环境和资源保护、食品药品安全领域侵害众多消费者合法权益等损害社会公共利益的行为”，不包括原来试点范围中的国有资产保护、国有土地使用权出让的内容，人民检察院对后者只能提起行政公益诉讼。[2] 以生态环境保护领域为例，2018 年全国各级人民法院共受理检察机关提起的环境民事公益诉讼案件 113 件，而受理社会组织提起的该类案件 65 件；还受理检察刑事附带环境民事公益诉讼案件 1248 件。[3] 这与人民检察院相对于法律规定的机关和有关组织而言，仅为补充的国家诉讼原告的地位似不符合。

根据《最高人民法院、最高人民检察院关于检察公益诉讼案件适用法律若干问题的解释》（法释〔2018〕6 号，经法释〔2020〕20 号修正，以下简称《检察公益诉讼司法解释》）的规定，人民检察院以公益诉讼起诉人身份提起民事公益诉讼（第 4 条），唯本质上应与民事诉讼原告无异；[4] 人民检察院对人民法院第一审民事检察公益诉讼判决、裁定可以提起上诉（第 10 条）；人民检察院拟提起民事公益诉讼的，应当依法公告，法律规定的机关和有关组织在 30 日公告期内不提起诉讼的，人民检察院可以提起民事公益诉讼（第 13 条）；民事公益诉讼案件审理过程中，人民检察院诉讼

---

〔1〕 曹建明：《关于〈中华人民共和国行政诉讼法修正案（草案）〉和〈中华人民共和国民事诉讼法修正案（草案）〉的说明》（2017 年 6 月 22 日）。

〔2〕 参见我国《行政诉讼法》第 25 条第 4 款。

〔3〕 参见江必新：《中国环境资源审判 2017—2018》，载中国环境网，https://www.cenews.com.cn/subject/2019/2019lh/a/201903/t20190302_894317.html。

〔4〕 参见江必新：《认真贯彻落实民事诉讼法、行政诉讼法规定　全面推进检察公益诉讼审判工作——〈最高人民法院、最高人民检察院关于检察公益诉讼案件适用法律若干问题的解释〉的理解与适用》，载《人民法院报》2018 年 3 月 5 日，第 3 版。尽管有检察官认为人民检察院系作为公益诉讼起诉人、“不是原告”的诉讼身份，但其同时又承认“地位和权利应该和政府原告是一样的”。参见张雪樵：《检察公益诉讼比较研究》，载《国家检察官学院学报》2019 年第 1 期。

请求全部实现而撤回起诉的,人民法院应予准许(第19条);人民检察院可以在提起刑事公诉时一并提起附带民事公益诉讼(第20条第1款),[1]而不限于《刑事诉讼法》第101条第2款规定的“国家财产、集体财产遭受损失”情形。对于人民检察院的所谓“公益诉讼人”地位,笔者将其原则上等同于民事公益诉讼原告。这在学说上有不同见解,认为允许人民检察院提起民事公益诉讼,属于检察机关法律监督权的拓展,即通过司法诉讼程序将法律监督职能具体化。因此,人民检察院的诉讼地位并非诉讼当事人意义上的原告,其诉讼目标也不是单纯为了实现胜诉,而在于维护客观法秩序。因此,应当以“公诉人”或者与之相类似的“公益诉讼人”身份参与诉讼,在诉讼过程中拥有不同于一般原告的程序性权利。[2] 至于人民检察院支持民事公益诉讼的方式,包括通过提供法律咨询、提交书面意见、协助调查取证等。[3]

### 三、民事公益诉讼中的团体诉讼

所谓团体诉讼(德 Verbandsklage),是指社会组织代表受不法行为侵害的成员,以自己的名义提起的民事诉讼。团体诉讼原为民事私益诉讼的一种特殊类型,系德国法上为替代行会的自治性调整机制而设立,是以维护社会组织成员的共同利益或整体利益为本旨的停止侵害之诉或撤销之诉,具有为保护社会公共利益而制止违法和预防保护的功能。[4] 可见,团体诉讼具有代表特定领域的社会公共利益的天然属性,属于国家诉讼与公民诉讼之间的一个折中选项。根据我国《民事诉讼法》第58条第1款规定,“有关组织”可以提起民事公益诉讼,此即团体诉讼。其中的“有关组织”,应指性质上可以代表特定领域的社会公共利益的社会组织。“性质上可以代表特定领域的社会公共利益”是有关组织提起民事公益诉讼的资格源泉。这一资格原则上不是基于什么登记,毋宁是基于组织成员的意志,这使相关公益诉讼判决的效力可以及于人格上独立于组织的成员,或者与该组织性质相关联的其他人。如果有关组织与特定领域的社会公共利益毫无关系,便不得提起民事公益诉讼。

---

〔1〕 我国《最高人民法院、最高人民检察院关于人民检察院提起刑事附带民事公益诉讼应否履行诉前公告程序问题的批复》(法释〔2019〕18号)规定:“人民检察院提起刑事附带民事公益诉讼,应履行诉前公告程序。对于未履行诉前公告程序的,人民法院应当进行释明,告知人民检察院公告后再行提起诉讼。”“因人民检察院履行诉前公告程序,可能影响相关刑事案件审理期限的,人民检察院可以另行提起民事公益诉讼。”

〔2〕 参见陈海嵩:《中国环境法治中的政党、国家与社会》,载《法学研究》2018年第3期。该学者还提出,人民检察院不服民事公益诉讼第一审裁判的,应以抗诉而非上诉的方式进入第二审程序。

〔3〕 参见我国《民事诉讼法》第15条、第58条第2款后段;《环境民事公益诉讼解释》第11条。

〔4〕 参见范愉编著:《集团诉讼问题研究》,北京大学出版社2005年版,第233～234页。

(一)我国法的规定

民事公益团体诉讼制度的确立,对我国法律发展具有特别重大的意义。立法部门的释义指出:

> 允许社会团体等有关组织等主体提起公益诉讼,实质是让代表社会权利的社会团体等有关组织通过日常的诉讼活动参与社会管理、介入公共利益的保护,将损害公共利益的行为有可能诱发的社会矛盾纳入司法渠道化解。同时,随着经济社会的发展,我国公众的民主、法治和社会参与意识有了明显提高,也出现了多样化的利益群体,以及代表他们利益的各种组织。这些组织作为社会整体利益的代表享有诉讼权,可以弥补国家在维护环境等公共利益方面的不足,也为人们有序参与管理公共利益提供了一条现实途径。因此,建立公益诉讼与中央提出创新社会管理模式,使社会和公众有序参与社会管理的要求是一致的,对有效发挥社会监督作用,维护社会公正、促进社会进步具有不可替代的作用。[1]

此以我国法上实践民事公益诉讼最为有力的生态环境保护和消费者保护两大领域为例。

1. 消费者保护领域。对于可以就消费者保护提起民事公益诉讼的有关组织,我国《消费者权益保护法》第 47 条明确规定为中国消费者协会以及在省、自治区、直辖市设立的消费者协会,且其诉讼对象须为“侵害众多消费者合法权益的行为”。消费者协会是依法成立的对商品和服务进行社会监督的保护消费者合法权益的社会组织(同法第 36 条),其特征是“由政府主导设立,没有会员,履行职责具有公益性,与《社会团体登记管理条例》规定的由会员组成的社会团体不同”[2]。消费者协会在提起民事公益诉讼前,应先履行公益性职责,即就有关消费者合法权益的问题向有关部门反映、查询,提出建议或者受理消费者的投诉,并对投诉事项进行调查、调解。消费者协会经过上述步骤仍不能有效保护消费者合法权益的,才能提起民事公益诉讼,并提出其履行上述公益性职责的初步证据。[3] 但是,2012 年修正《民事诉讼法》

[1] 全国人大常委会法制工作委员会民法室编著:《〈中华人民共和国民事诉讼法〉释解与适用》,人民法院出版社 2012 年版,第 71 页。

[2] 第十二届全国人民代表大会法律委员会:《关于〈中华人民共和国消费者权益保护法修正案(草案)〉审议结果的报告》(2013 年 10 月 21 日),载李适时主编:《中华人民共和国消费者权益保护法释义》(最新修正版),法律出版社 2013 年版,第 355 页。

[3] 参见我国《消费民事公益诉讼解释》第 4 条第 3 项。

和2013年修正《消费者权益保护法》的良法美意,在司法实践中“遇冷”。中国消费者协会披露的资料显示,截至2019年3月15日,全国各级消费者协会组织提起的消费民事公益诉讼案件仅14件,[1]其中广东省消费者委员会提起的有7件。[2]

例如,在“广东省消费者委员会诉彭某胜等生产、销售假冒伪劣食盐消费民事公益诉讼案”中,广东省广州市中级人民法院第一审认为,此前彭某胜等已被该院第二审以犯非法经营罪分别判处有期徒刑或拘役,并处罚金共12.1万元。彭某胜等人因生产假盐类货值高达12.7万元,“根据行政处罚法和其他法律、行政法规和司法解释的有关规定,性质相同的金钱罚,即行政罚款和刑事罚金竞合时,一般采用轻罚在重罚中折抵的原则处理,以体现惩罚的谦抑,避免惩罚的过度。惩罚性赔偿金与行政罚款、刑事罚金同属惩罚性债权,只不过前者是私法债权,后两者是公法债权。原告虽主张追缴的民事惩罚性赔偿金应在消费者诉讼时效届满后再上缴国库,但根据生活习惯,广大善良的消费者不会因为购买一包食盐而保存购买凭证及其外包装,以备日后诉讼之用。可以想见,至今没有消费者提起民事私益诉讼,今后也不会有。且在消费者的诉讼时效均不完全相同且不确定的情形下,本院认为将民事惩罚性赔偿金直接上缴国库,更符合实际情况。这样,案涉的民事惩罚性赔偿金的性质发生转化,将事实上与行政罚款、刑事罚金类似,应参照行政罚款与刑事罚金竞合时相同的处理原则裁断……”依《食品安全法》第148条第2款前段“价款10倍”的规定,须向国家赔偿惩罚性赔偿金114.6余万元(其中已抵扣刑事罚金12.1万元),并在广东省级以上新闻媒体上发表经广州市中级人民法院认可的赔礼道歉声明。彭某胜等向广州市中级人民法院支付上述惩罚性赔偿金后,由广州市中级人民法院缴付国库。[3]

其中存有下列疑问:(1)允许消费者协会提起请求损害赔偿的民事公益诉讼,与《消费民事公益诉讼解释》第13条第1款关于该类诉讼中原告请求内容的规定是否相左,后者中并不包括损害赔偿。依该款规定,在消费民事公益诉讼中,原告原则上只能提起不作为(请求停止侵害、排除妨碍、消除危险)诉讼,而不得提起损害赔偿诉讼(但请求赔礼道歉除外)。作为不作为诉讼的典范,原告可以请求确认格式条款无效(同条第2款)。这与比较法上的做法基本一致,即使允许在特定情形下提起请求损害赔偿的消费民事公益诉讼,尚须经一定数量的受损害消费者的授权。(2)消费

---

〔1〕参见曾金秋:《4年仅提起14例消费类公益诉讼:消协组织如何担当主体?》,载界面新闻网,https://www.jiemian.com/article/2948129.html,2023年6月30日最后访问。

〔2〕参见唐珩:《广东消费民事公益诉讼连出重拳“假盐公益诉讼”最后一案胜诉》,载《羊城晚报》2018年10月22日,第4版。

〔3〕广东省广州市中级人民法院(2017)粤01民初384号民事判决(2018年9月26日)。

者协会作为原告提起的民事公益诉讼,所获得的赔偿金缘何直接归于国库。在比较法上,在特定情形下提起请求损害赔偿的消费民事公益诉讼,系为解决因损害分散而难以请求所带来的,故损害赔偿金应归于消费者,而不是也不可能是国库。(3)在民事公益诉讼中适用惩罚性赔偿,与该项赔偿制度作为私人执法机制的目的是否相悖。在比较法上,依2013年6月欧盟委员会颁布的《欧盟集体救济建议》,原告一般都不会得到惩罚性赔偿金,法官倾向于裁判数额适中的损害赔偿金,一般不超过原告在可能的个别诉讼中所获得的金额。[1] (4)民事性质的惩罚性赔偿金系基于何种缘由可以与刑事罚金发生折抵。在我国法上,罚金的折抵仅见于《行政处罚法》,该法第35条第2款规定:“违法行为构成犯罪,人民法院判处罚金时,行政机关已经给予当事人罚款的,应当折抵相应罚金;行政机关尚未给予当事人罚款的,不再给予罚款。”但此为行政罚款与刑事罚金折抵之间的折抵,应不当然适用于民事性质的惩罚性赔偿金与刑事罚金的关系。

2.生态环境保护领域。针对《环境保护法》第58条第1款规定,司法解释作有如下界定:(1)“社会组织”,包括社会团体、民办非企业单位以及基金会等。[2] (2)“设区的市级以上人民政府民政部门”,是指设区的市,自治州、盟、地区,不设区的地级市,直辖市的区以上人民政府民政部门。[3] (3)“专门从事环境保护公益活动”,是指社会组织章程确定的宗旨和主要业务范围是维护社会公共利益,且从事环境保护公益活动,同时,社会组织提起的诉讼所涉及的社会公共利益,应与其宗旨和业务范围具有关联性。[4] 对此,《社会团体登记管理条例》《民办非企业单位登记管理暂行条例》和《基金会管理条例》均明确规定社会组织不得超出章程规定的宗旨和业务范围进行活动。[5] (4)“无违法记录”,是指社会组织在提起诉讼前5年内未因从事业务活动违反法律、法规的规定受过行政、刑事处罚。[6] 社会组织提起民事公益诉讼的,应当提交社会组织登记证书、章程、起诉前连续5年的年度工作报告书或者年检报告书,以及由其法定代表人或者负责人签字并加盖公章的无违法记录的声明。[7] 2018年,全国各级人民法院共受理社会组织提起的环境民事公益诉讼案

---

〔1〕 参见范晓亮:《我国消费公益诉讼实证分析——兼论〈欧盟集体救济建议〉之借鉴》,载《苏州大学学报》(法学版)2016年第3期。

〔2〕 参见我国《环境民事公益诉讼解释》第2条。

〔3〕 参见我国《环境民事公益诉讼解释》第3条。

〔4〕 参见我国《环境民事公益诉讼解释》第4条。

〔5〕 在比较法上,我国台湾地区“民事诉讼法”第44条之3第1项规定为“于章程所定目的范围内”,亦揭斯旨。

〔6〕 参见我国《环境民事公益诉讼解释》第5条。

〔7〕 参见我国《环境民事公益诉讼解释》第8条第3项。

件65件,审结16件。[1]

例如,在"北京市朝阳区自然之友环境研究所、福建省绿家园环境友好中心诉谢某锦等破坏林地民事公益诉讼案"中,福建省高级人民法院第二审认为:北京市朝阳区自然之友环境研究所系于2010年6月18日在北京市朝阳区民政局登记成立的民办非企业单位,其在登记前已经依法从事环境保护公益活动,虽然其自登记之日起至本案起诉之日止成立不满5年,但其提起本案诉讼前专门从事环境保护公益活动已连续满5年,且在本案诉讼过程中其登记设立已满5年,亦无违法记录。福建省绿家园环境友好中心系于2006年11月7日在福建省民政厅登记,从事环境保护的非营利性社会组织,专门从事环境保护公益活动连续5年以上且无违法记录。因此,该二组织均符合《环境保护法》第58条规定,作为本案环境公益诉讼原告的主体适格。[2]

又如,在最高人民法院指导性案例75号"中国生物多样性保护与绿色发展基金会诉宁夏瑞泰科技股份有限公司环境污染公益诉讼案"中,最高人民法院认为,对于社会组织宗旨和业务范围是否包含维护环境公共利益,应根据其内涵而非简单依据文字表述作出判断。社会组织章程即使未写明维护环境公共利益,但若其工作内容属于保护各种影响人类生存和发展的天然的和经过人工改造的自然因素的范畴,均可以认定宗旨和业务范围包含维护环境公共利益。中国生物多样性保护与绿色发展基金会(以下简称绿发会)章程中规定的宗旨契合绿色发展理念,亦与环境保护密切相关,属于维护环境公共利益的范畴。依据《环境民事公益诉讼解释》第4条的规定,社会组织提起的公益诉讼涉及的环境公共利益,应与社会组织的宗旨和业务范围具有一定关联。即使社会组织起诉事项与其宗旨和业务范围不具有对应关系,但若与其所保护的环境要素或者生态系统具有一定的联系,亦应基于关联性标准确认其主体资格。本案环境公益诉讼系针对腾格里沙漠污染提起。沙漠生物群落及其环境相互作用所形成的复杂而脆弱的沙漠生态系统,需要人类的珍惜利用和悉心呵护。绿发会起诉认为瑞泰公司将超标废水排入蒸发池,严重破坏了腾格里沙漠本已脆弱的生态系统,所涉及的环境公共利益维护属于绿发会宗旨和业务范围。[3]

在司法实践中,有认为社会组织无权提起海洋生态环境公益诉讼。例如,在"北京市朝阳区自然之友环境研究所与荣成伟伯渔业有限公司、王某波、何某青破坏海

---

〔1〕 参见江必新:《中国环境资源审判2017—2018》,载中国环境网,https://www.cenews.com.cn/subject/2019/2019lh/a/201903/t20190302_894317.html。

〔2〕 福建省高级人民法院(2015)闽民终字第2060号民事判决(2015年12月14日)。

〔3〕 另参见中国生物多样性保护与绿色发展基金会不服宁夏回族自治区高级人民法院不予受理裁定案(最高人民法院(2016)最高法民再51号民事裁定,2016年1月28日),载《最高人民法院公报》2016年第9期。

洋生态责任纠纷案"中,山东省高级人民法院第二审认为:"本案系自然之友研究所以伟伯渔业、王某波及何某青非法捕捞、破坏海洋渔业资源为由提起的民事诉讼。据该起诉所依据的事实和理由,伟伯渔业、王某波及何某青非法捕捞行为破坏的对象是海洋生态环境。针对破坏海洋生态环境侵权者提起的公益诉讼具有特殊性,《海洋环境保护法》第 89 条第 2 款明确赋予行使海洋环境监督管理权的部门代表国家对破坏海洋生态环境的侵权者主张民事责任,该规定是确定提起海洋公益诉讼原告主体资格的法律依据。环境保护法等法律及相关司法解释关于公益诉讼原告主体资格的规定,适用于一般公益诉讼。根据特别法优于一般法的原则,针对损害海洋渔业资源、破坏海洋生态环境提起的公益诉讼,在本案中应由国家渔业行政主管部门作为原告提起。自然之友研究所作为社会组织,不具有原告主体资格。"[1]

(二)比较法的观察

如前所述,无论是经由诉讼保护公益的领域,抑或公益保护的具体方式、手段,不同的国家和地区可能由于不同的政治、经济、社会发展状况乃至历史文化传统等因素而呈现极大的差异。这在团体诉讼模式方面表现得尤为明显。即使都采取该种诉讼模式,域外法上对于其能否适用于公益保护的全部领域,以及应否针对不同的公益保护领域而采取不同模式等,素有争议。如 2001 年 6 月出台的《日本司法制度改革审议会意见书——支撑 21 世纪日本的司法制度》指出:"对于是否需要建立团体诉讼权,如何规定这些团体的资格的问题,应该按不同法律领域的各个实体法中,考虑该法律的目的和该法律所要保护的权利及利益后再决定。"[2]从我国《民事诉讼法》第 58 条第 1 款等规定来看,对该问题尚难窥端倪。考虑到美国法上的集团诉讼(英 class action)制度是这一领域最具特色的制度,考虑到相关介绍的素材已经足够丰富,而且该制度与该国自身的司法环境具有深刻关联,本章不予详论。鉴于消费者保护领域是大陆法系团体诉讼的主战场,本小节围绕大陆法系国家和地区消费民事公益诉讼中的团体诉讼作适当展开。

1. 法国法。在《法国刑事诉讼法》将民事诉讼可以成为"刑事诉讼的附带标的"的基础上,1973 年 12 月颁布的《法国卢瓦耶法》(*Loi Royer*)创设了消费者团体请求金钱赔偿的诉讼制度。该法第 46 条规定:"在章程中明确提出保护消费者利益这一目的的团体和被认为的确具有这一性质的团体,对直接或间接损害消费者整体利益

---

〔1〕 山东省高级人民法院(2018)鲁民终 1334 号民事裁定(2018 年 9 月 20 日);其中的"《海洋环境保护法》第 89 条第 2 款",对应现行该法第 114 条第 2 款。

〔2〕《日本司法制度改革审议会意见书——支撑 21 世纪日本的司法制度》,丁相顺译,载孙谦、郑成良主编:《司法改革报告——有关国家司法改革的理念与经验》,法律出版社 2002 年版,第 112 页。

的行为,可以向所有法院附带提起私人诉讼。"这些团体虽然可以请求赔偿,但被赔偿的多是一种徒有虚名的"象征性货币"(法 franc symbolque)。[1] 1993 年,该法被吸收入受美国集团诉讼制度启发制定的《法国消费者法》之中,后者设置了一种经认可的消费者协会提起的"消费者联合代表诉讼"制度。消费者联合代表诉讼是指消费者协会接受受害人委托,在民事法院与刑事法院以受害人的名义进行诉讼。消费者协会得到认可的条件主要有:公开宣告成立至少已经 1 年;有自己的章程;章程规定的明确目标是保护消费者的利益;不从事任何形式的职业活动;在全国范围内或地方上具有代表性。这一认可的有效期间为 5 年。消费者协会代表消费者向法院提起诉讼,主要有以下三条途径:(1)在涉及直接或间接损害到本协会成员之利益的情况下,可以以自己的名义在民事法院或刑事法院进行诉讼。[2] 在紧急情况下,可以申请紧急审理。(2)可以以其受到个人损害的成员的委托代理资格进行诉讼。[3] 这一代表权是出于一种必要,因为消费者受到的损害数额往往较小,并无必要通过传统途径来进行诉讼。(3)可以要求取消格式合同中订立的滥用条款以及要求停止非法行为,并且可以规定逾期罚款。[4] 在司法实践中,消费者联合代表诉讼通过在刑事诉讼程序中附带提起,收效甚好。[5]

法国的团体诉讼(联合代表诉讼)是非常有特点的,即把对各种分散损害的追偿委托给一个协会来行使,以实现行为规范功能。通过协会提起的联合代表诉讼保障各种集体性利益,诸如从消费者保护到环境保护,再到防止虐待动物,惩罚战争犯罪、反人类犯罪,保障烈属纪念抗争英雄的权利以及保护法国语言等。在这些情形中,联合代表诉讼只关心对分散损害的赔偿,其法律基础在于《法国刑事诉讼法》第 2 条规定的民事诉讼,其领域也是相应的刑事诉讼程序。这种法律救济的刑事色彩也影响其事实构成,即诉讼的首要目的不再是损害赔偿,而是给行为人施加应有的

〔1〕 参见[德]海因·克茨:《公共利益诉讼的比较法鸟瞰》,载[意]英诺·卡佩莱蒂编:《福利国家与接近正义》,刘俊祥等译,法律出版社 2000 年版,第 86、88 页。

〔2〕 参见《法国消费法典》第 L421-1 条第 1 款规定:"为了依法保护消费者利益的明确目的而正式宣告成立的协会,如果这些协会为此得到批准,则可以对直接或间接侵害消费者集体利益的行为,行使法律赋予民事当事人的权利。"参见《法国消费法典》,孙平编译,中国政法大学出版社 2012 年版,第 175 页。

〔3〕 参见《法国消费法典》第 L422-1 条第 1 款规定:"如果多个具有明确身份的自然人消费者,受到由同一个经营者的行为引起原因相同的个人损害,那么按照第 1 篇的规定经批准且在全国具有代表性的任何协会,如果受到至少 2 名相关消费者的委托,则可以这些消费者的名义向任何法院提起要求赔偿之诉。"参见《法国消费法典》,孙平编译,中国政法大学出版社 2012 年版,第 177 页。

〔4〕 参见[法]伊夫·居荣:《法国商法》(第 1 卷),罗结珍、赵海峰译,法律出版社 2004 年版,第 1008~1009 页。

〔5〕 参见[德]格哈德·瓦格纳:《损害赔偿法的未来——商业化、惩罚性赔偿、集体性损害》,王程芳译,熊丙万、李翀校,中国法制出版社 2012 年版,第 177 页。但在施行初期,消费者联合代表诉讼制度"似乎始终没有得到运用,经认可的协会对提起有风险的而且费用很高的诉讼也有所犹豫"。转引自[法]伊夫·居荣:《法国商法》(第 1 卷),罗结珍、赵海峰译,法律出版社 2004 年版,第 1006 页。

惩罚。如此一来,一面是刑事程序中的私法诉讼元素(同法第374条),另一面则是处于刑事诉讼附带程序中、但本质上仍为私法上的损害赔偿诉讼元素,两种元素相混淆。从本质上说,联合代表诉讼制度的意义在于:在官方主观不作为,或者因缺乏有关违规标准的信息而客观不作为时,动员社会参与行使客观权利。[1]

2. 德国法。在德国,符合法律规定的章程宗旨、成立年限、会员人数、资金等的适格消费者团体,可以以自己的名义提起保护消费者权益的团体诉讼。(1)依据2001年制定的《德国不作为诉讼法》提起不作为诉讼,要求经营者停止侵权行为,但不得要求损害赔偿,目的是禁止经营者今后重复实施损害消费者权益的行为。只有能够证明自己在德国联邦司法机关的名册或者在欧盟委员会的名册上登记了的消费者保护机构,才享有此项诉权。消费者团体申请进入联邦司法机关名册的条件,包括:具有法律能力;团体章程确定的任务必须包含通过顾问和咨询、非营利性并且非临时性地保护消费者利益;团体已经存在1年以上,并且实际履行了上述章程任务;团体会员必须包括在此领域活动的团体,或者75名以上的自然人。[2] (2)依据2004年修改的《德国反不正当竞争法》等法律提起收缴违法所得的诉讼,系由特定团体提起诉讼要求收缴行为人因实施不公平商业行为而获得的全部收益(德 Gewinn)。条件包括:行为人实施了不公平商业行为;行为人具有故意;行为人基于大量购买者的负担(德 zu Lasten)而获利。对违法所得的收缴之诉实行纯利原则,即须扣除行为人生产成本以及可能的经营性支出,以及行为人因违法行为已经向第三人或者国家执行的给付等。被收缴的违法所得将上交联邦财政,由行为人承担诉讼费用,但胜诉的消费者团体将因此而获得针对联邦主管部门的费用补偿请求权。消费者团体败诉的,须自行承担相关诉讼费用、律师费用等。[3] 无论提起上述何种诉讼,适格消费者团体均应在起诉前向经营者发出警告。若警告成功,消费者团体可以不提起诉讼,以节省诉讼成本;若警告不成功,消费者团体才提起诉讼。[4]

---

〔1〕 参见[德]格哈德·瓦格纳:《损害赔偿法的未来——商业化、惩罚性赔偿、集体性损害》,王程芳译,熊丙万、李翀校,中国法制出版社2012年版,第180～181页。

〔2〕 参见吴泽勇:《论德国法上的团体不作为之诉——以〈不作为之诉法〉和〈反不正当竞争法〉为例》,载《清华法学》2010年第4期。在生态环境保护领域,目前德国有30多个从事环境保护的民间社团可以对造成污染的企业提起公益诉讼,但诉讼请求仅发于对造成的污染进行治理,而不能代表受害人提起损害赔偿诉讼。参见《德国环境侵权的有关情况》,载全国人大常委会法制工作委员会民法室编:《侵权责任法立法背景与观点全集》,法律出版社2010年版,第889页。

〔3〕 参见吴泽勇:《论德国〈反不正当竞争法〉上的撇去不法收益之诉》,载《当代法学》2010年第3期。

〔4〕 《德国反不正当竞争法》第12条第1款规定:"有权主张停止侵害请求权的人,应当向债务人发出将启动诉讼程序的警告,并给予债务人通过发出一份附有适当违约金的停止侵害义务承诺书来解决纠纷的机会。如果警告是合法的,可以要求赔偿必要的费用。"参见邵建东译,载《中德法学论坛》(第4辑),南京大学出版社2006年版,第254页。

3. 日本法。2006 年修改的《日本消费者合同法》增设消费者团体诉讼制度。适格消费者团体应当符合下列条件：具有法人资格；以维护不特定多数消费者利益为主要目的，并在相当时间内一直适当地从事上述活动；具有完善的组织体制和业务流程；理事会的构成和决策方法适当；拥有消费领域的专家和法律专家；具有足够的财力基础和完备的会计制度；独立于其他业务活动；未从事任何违法活动，如从事黑社会性质的行为。消费者团体只能对经营者提起停止侵害的不作为诉讼，其不能代替消费者提起损害赔偿诉讼。目前，全日本只有 11 个消费者团体获得提起民事公益诉讼的原告资格，该资格每 3 年更新 1 次。[1] 依《日本消费者合同法》第 41 条规定，在提起诉讼之前，适格消费者团体应当先向将成为被告的经营者提出书面的停止侵害请求，上面应记载请求的要旨、纷争的要点以及其他内阁法令规定的事项。诉讼在提出请求后 1 周以内不得提起，但请求被经营者明确拒绝的不在此限。实践中，大部分经营者都会根据适格消费者团体的要求进行改善，真正进入诉讼程序的并不多。同时，适格消费者团体应将提出的建议、经营者的回应和处理结果，以及诉讼判决或者和解的概要等情况予以公布。

为解决消费者团体代替消费者请求损害赔偿的问题，2013 年制定的《日本群体性消费者财产性被害恢复民事诉讼特别法》允许经国家认证的消费者团体在符合条件的情况下向经营者提起损害赔偿公益诉讼。损害赔偿公益诉讼是在消费者不知权益受损或怠于行使损害赔偿请求权的情况下发挥对消费维权的适度补充作用，目的在于恢复群体性消费者损害，最终确保消费者个体权利的实现、维护社会公共利益。损害赔偿公益诉讼主要针对带有共通性、多数性、同类性的消费者财产性损害进行救济，因而限定可予主张的损害赔偿项目，具体包括：消费者合同上的履行债务、不当得利、违约损害赔偿、瑕疵担保责任、侵权损害赔偿；排除主张下列损害赔偿项目：预期利益损失、营业损失、人身损害和精神损害。这种限定，有利于快速确定消费者债权，防止滥诉影响企业正常经营，实现诉讼经济。损害赔偿公益诉讼分为两个阶段：一是共通义务确认之诉，对被告的给付责任进行确认；二是对象债权确定程序，即确定给谁支付多少金钱。此外，2017 年修改《日本国民生活中心法》，规定特定适格消费者团体可由国民生活中心提供抵押担保，向法院申请财产保全，以便消费者索赔权之快速实现；但在两个阶段的诉讼程序中，财产保全申请及其执行程

〔1〕 参见刘学在：《日本消费者团体诉讼制度介评》，载《法学评论》2013 年第 6 期；《日本消费者团体诉讼的有关情况》，载全国人大常委会法制工作委员会民法室编：《民事诉讼法立法背景与观点全集》，法律出版社 2012 年版，第 332 页以下；李适时主编：《中华人民共和国消费者权益保护法释义》（最新修正版），法律出版社 2013 年版，第 215～216 页。

序、简易确定程序等民事诉讼程序须经律师代理方可进行，以防止滥诉给被告造成过大经济负担，维护司法公正。[1]

4. 我国台湾地区有关规定。2003 年我国台湾地区修改“民事诉讼法”，增设消费者团体诉讼制度。新增第 44 条之 3 第 1 项规定：“以公益为目的之社团法人或财团法人，经其目的事业主管机关许可，于章程所定目的范围内，得对侵害多数人利益之行为人，提起不作为之诉。”“消费者保护法”除允许消费者保护官或消费者保护团体提起不作为诉讼（第 53 条）外，还允许消费者保护团体受让 20 人以上消费者损害赔偿请求权，以自己名义提起损害赔偿诉讼（第 50 条）。消费者保护团体提起消费者损害赔偿诉讼和不作为诉讼，须符合下列条件：(1) 许可设立 3 年以上，申请消费者保护委员会评定优良，置有消费者保护专门人员；(2) 社员人数 500 人以上之社团法人，或者登记财产总额新台币 1000 万元以上之财团法人；(3) 经消费者保护官同意（第 49 条第 1 项）。[2]

（三）是否认可公民诉讼

对于民事公益诉讼是否采取公民诉讼的模式，此前司法实践中分有肯定说[3]和否定说。[4] 一般认为，公民对于损害社会公共利益的行为，只能作为受害人依私益途径提起民事诉讼，而不得提起民事公益诉讼；同时，这一判断也寓有否认在民事公益诉讼中实行代表人诉讼的意味。[5] 反对公民诉讼的观点认为，“目前还不宜赋予公民提出公益诉讼的权利，原因在于：一是在我国经济社会发展的现阶段，考虑到法治建设的现状，全面赋予公民提起公益诉讼的权利，可能事倍功半，诉讼效果可能不佳，还可能导致滥诉。二是从实践情况看，有的公民提起公益诉讼炒作成分较多。这种炒作有可能对我国现行社会管理体制造成冲击，影响社会稳定”，[6]“一般意义上的公民个人由于在组织能力、社会资源、行为动机上的缺失，在现阶段尚难以普遍成为符合公益保护目标‘功能最适’的主体，在现行制度架构内不宜成为被授权主体而直接提起环境公益诉讼”，“为促进环境公益诉讼的发展，当前的政策方针当更侧

---

[1] 参见任超、全彬彬：《日本消费者损害赔偿公益诉讼制度研究》，载陈云良主编：《经济法论丛》2019 年第 1 期（总第 33 期），社会科学文献出版社 2019 年版，第 337 页以下。

[2] 有关背景及学说介绍，可参见刘学在：《台湾地区消费者团体诉讼制度评析》，载《法学评论》2012 年第 6 期。

[3] 参见《海南省高级人民法院关于环境资源民事公益诉讼试点实施意见》（琼高法发〔2011〕6 号）第 6 条第 6 项，载梁展欣编订：《民事司法规范大全》（侵权卷），人民法院出版社 2013 年版，第 864 页。

[4] 参见《云南省高级人民法院全省法院环境保护审判庭建设及环境保护案件审理工作座谈会议纪要》（2009 年 5 月 18 日）第 3 条，载梁展欣编订：《民事司法规范大全》（侵权卷），人民法院出版社 2013 年版，第 867 ~ 868 页。

[5] 参见我国《民事诉讼法》第 56 条。

[6] 全国人大常委会法制工作委员会民法室编著：《〈中华人民共和国民事诉讼法〉释解与适用》，人民法院出版社 2012 年版，第 76 页。

重于社会组织能力的提升、相关配套制度的完善以及全社会认识的提高,在社会条件与制度条件成熟的前提下再逐步放宽至个人”。[1]

笔者认为,公民诉讼和团体诉讼的宪法依据都是人民主权原则。我国《宪法》第2条第3款规定:“人民依照法律规定,通过各种途径和形式,管理国家事务,管理经济和文化事业,管理社会事务。”公民诉讼和团体诉讼正是人民参与管理国家与社会事务的“途径和形式”之一。由公民和团体对国家与社会事务中的各种违法行为实施监督,从而将主权意义上的“人民”转换为国家治理层面上的法律主体——公民和团体,对政府执法发挥十分有益的促进和补充作用。长远来看,应对公民诉讼采取开放的态度,允许公民径以自己之名义提起民事公益诉讼。说到底,所谓“公益”中的“公”的落脚点是普通民众,社会公共利益的真正权利人也只可能是普通民众。[2]事实上,既然承认团体诉讼与国家诉讼在公益保护方面的功能衔接,便应承认公民诉讼对于国家诉讼、团体诉讼具有功能补充的意义。我国民法上的惩罚性赔偿制度,[3]允许受害人起诉要求行为人对超出实际损害的范围给予赔偿,本质上系为一项私人执法(英 private enforcement)机制,兼具受害救济和公益保护的功能,已与允许公民提起民事公益诉讼非常接近。

在生态环境保护领域,公民环境权系环境民事公益诉讼制度的基本权利基础之一。我国2014年修订《环境保护法》,增订第53条第1款规定:“公民、法人和其他组织依法享有获取环境信息、参与和监督环境保护的权利。”公民环境权的本质是生存权,属于公民基本权利之一,其《宪法》依据为第26条第1款规定:“国家保护和改善生活环境和生态环境,防治污染和其他公害。”[4]与公民其他基本权利不同,公民环境权的权利主体不限于公民,而扩及于社会(全球—空间之维)和后代(人类—历史之维)。公民环境权包括环境防御权、环境请求权和环境受益权三个层面。[5]其中,环境请求权彰显公民环境权的积极性质,其对象包括国家(要求国家维持和改善

---

〔1〕 李楯主编:《环境公益诉讼观察报告》(2015年卷),法律出版社2016年版,第288页;叶肖华、刘延炀:《论我国环境民事公益诉讼的实践难题——基于法治浙江的调研》,载《环境保护》2018年第2期;陈海嵩:《中国环境法治中的政党、国家与社会》,载《法学研究》2018年第3期。

〔2〕 参见[日]星野英一:《民法劝学》,张立艳译,于敏校,北京大学出版社2006年版,第57页。

〔3〕 参见我国《民法典》第179条第2款、第1207条,《消费者权益保护法》第55条,《食品安全法》第148条第2款等。

〔4〕 另如,《法国环境法典》第L110-2条第1款前段规定:“法律和法规规定任何人都享有拥有有益健康的环境的权利。”第2款规定:“每个人都有义务监督环境保护……”参见《法国环境法典》(第一至三卷),莫菲、刘彤、葛苏聃译,安意诗、周迪校,法律出版社2018年版,第5页。

〔5〕 参见张震:《中国宪法的环境观及其规范表达》,载《中国法学》2018年第4期。

环境质量）和第三人（要求他人承担保护和不侵害环境）。[1] 对于前者，“国民对国家可以请求其保护良好环境的权利……不管公私之性质，国家和地方公共团体对于企业所造成的环境破坏施行的公法型规制，或者为改善已经恶化的环境而所采取的积极性措施，都是基于国家的环境保护义务”。[2] 对于后者，根据《宪法》第 9 条第 2 款后段“禁止任何组织或者个人用任何手段侵占或者破坏自然资源”的规定，在国家未能切实履行环境义务的情况下，不排除公民针对环境违法行为提出请求。因此，允许公民提起环境民事公益诉讼，既是公民环境权的宪法要求，亦为该项制度发展的终极形态。

## 四、民事公益诉讼的诉讼费用

在民事公益诉讼制度中，应注重发挥诉讼费用调节诉讼的杠杆作用，通过诉讼费用的缓、减、免和转移负担机制，适当鼓励法律规定的机关和有关组织积极提起民事公益诉讼，以确保该项制度发挥出应有的作用。因此，对于民事公益诉讼中诉讼费用的负担，理应设为特则。

### （一）案件受理费

根据我国《民事诉讼法》第 121 条第 1 款规定，诉讼费用包括案件受理费和其他费用，均属于法院内费用。在民事公益诉讼中，应加大对原告诉讼费用的司法救助力度。由于原、被告的角色固定，无论被提起的是国家诉讼抑或团体诉讼，原告在起诉时均可以向人民法院申请缓交案件受理费。原告交纳诉讼费用确有困难，依法申请缓交的，人民法院应予准许。败诉或者部分败诉的原告申请减交或者免交诉讼费用的，人民法院应当依照国务院《诉讼费用交纳办法》的规定，视原告的经济状况和案件的审理情况决定是否准许。[3]

原告败诉的，其上述诉讼费用可以通过下列两种方式转嫁：一是诉讼费用保险，由接受诉讼费用负担投保的保险人直接为被保险人提起的民事公益诉讼承担全部或者部分的诉讼费用；二是成立公益诉讼基金，从每件民事公益诉讼案件判处被告承担的民事赔偿金额中提留一定比例作为公益诉讼基金，用于支付民事公益诉讼案件的诉讼费用。[4] 对于其中的第二种方式，司法实践中已有所探索。《最高人民法院关于全面加强环境资源审判工作为推进生态文明建设提供有力司法保障的意见》

---

〔1〕 参见吕忠梅：《环境法回归　路在何方？——关于环境法与传统部门法关系的再思考》，载《清华法学》2018 年第 5 期。

〔2〕 ［日］大须贺明：《生存权论》，林浩译，吴新平审校，法律出版社 2001 年版，第 199 页。

〔3〕 参见我国《环境民事公益诉讼解释》第 33 条。

〔4〕 参见颜运秋：《公益诉讼理念研究》，中国检察出版社 2002 年版，第 296 页。

(法发〔2014〕11号)第15条规定:“探索构建合理的诉讼成本负担机制。……鼓励从环境公益诉讼基金中支付原告环境公益诉讼费用的做法,充分发挥环境公益诉讼主体维护环境公共利益的积极作用。”〔1〕

(二)律师费用

律师费用属于当事人费用,但基于各国诉讼制度和律师制度的不同设计,对如何负担律师费用并未形成共识。在采取强制律师代理制度的国家(如德国),律师费用系作为一种单独的法院外费用而包含在诉讼费用之中,由败诉方当事人负担;〔2〕在采取任意律师代理制度的国家(如中国、美国、荷兰、日本),一般系由各方当事人自行负担律师费用。在我国,人民法院对于律师费用的负担具有一定的自由裁量权。司法实践中早有一般性地承认律师费用应由败诉方当事人负担的观点,〔3〕在环境损害责任纠纷案件中亦然。〔4〕不少人民法院根据案件的具体情况,依原告诉请直接判令败诉被告负担律师费用。〔5〕在司法解释上,对于普通侵权案件,也存在要求行为人负担受害人的合理律师费用的做法。〔6〕在环境损害责任纠纷案件中,行为人一般须负担原告“合理的律师费以及其他为诉讼支出的合理费用”;〔7〕在原告胜诉时,人民法院应同时判令被告承担调查、鉴定评估等费用,清除污染以及防止损害的发生和扩大所支出的合理费用、合理的律师费以及为诉讼支出的其他合理费用。〔8〕

德国实行强制律师代理制度,律师费用原则上由败诉方当事人负担,但也存在一些例外情况。如依1965年修改的《德国反不正当竞争法》第23条规定,消费者团体可以对有欺诈广告或违反其他诚实交易惯例的行为人提起诉讼,请求停止行为,

〔1〕《江苏省高级人民法院、江苏省人民检察院关于依法办理环境保护案件若干问题的实施意见》(2013年11月1日)第36条规定:“积极探索设立环境保护公益基金。人民法院、人民检察院应当与环保机关、财政部门等加强沟通,共同探索建立环境保护公益基金,将公益诉讼中民事赔偿金和刑事案件被告人的罚金等纳入公共性环保专用基金,专门用于支持环保公益行动和环保事业的发展。”

〔2〕参见《德国民事诉讼法》第91条第2款。

〔3〕参见《上海市高级人民法院关于民事案件审理的几点具体意见》(沪高法民〔2000〕44号),载上海市高级人民法院编:《上海法院审判业务资料》,2006年11月印,第5~18页。

〔4〕参见《重庆市高级人民法院关于试点设立专门审判庭集中审理刑事、民事、行政环境保护案件的意见》(渝高法〔2011〕364号)第17条;载梁展欣编订:《民事司法规范大全》(侵权卷),人民法院出版社2013年版,第859~560页。

〔5〕参见赵春明等诉烟台市福山区汽车运输公司卫德平等机动车交通事故责任纠纷案,最高人民法院指导性案例19号;谢叶阳诉上海动物园饲养动物致人损害纠纷案,载《最高人民法院公报》2013年第8期。

〔6〕参见我国《最高人民法院关于审理利用信息网络侵害人身权益民事纠纷案件适用法律若干问题的规定》(法释〔2014〕11号,经法释〔2020〕17号修正,以下简称《利用信息网络侵权规定》)第12条第1款后段。

〔7〕参见我国《生态环境损害赔偿规定》第14条第3项。

〔8〕参见我国《环境民事公益诉讼解释》第22条,《消费民事公益诉讼解释》第18条。

以及在一定情况下赔偿损失。但是,如果执行由败诉方当事人负担律师费用的做法,消费者团体很可能就会放弃申请制止违法行为的想法,而使上述规定成为具文。于此场合,该法允许法院直接对相关的诉讼费用予以降低(同法第23a条),这不仅可以照顾到原告的利益,对被告也有利。其他如知识产权保护领域也有相类似的规定。有学者建议,可以从上述规定中抽象出下列原则:在某人为重要的公共利益而提起诉讼,并且承担了自己财力所不能承担的危险的场合,法院为了他的利益,可以直接对相关的诉讼费用予以降低。[1]

日本尽管实行任意律师代理制度,律师费用原则上由当事人自行负担,但也存在一些例外情况。在普通侵权特别是人身侵权案件中,一般认为受害人所支出的部分律师费用与侵权行为具有相当因果关系,行为人须按法院认定的侵权损害总额的10%左右的标准予以赔偿。又如,为对抗不正当的起诉、保全、上诉等诉讼行为而支出的律师费用,可以作为相当于独立的侵权行为而给予赔偿;因本人无辩论能力而由法院指令聘请律师的,律师费用中法院认为适当的金额可以算入诉讼费用。[2] 1969年,日本最高法院在一项判决中作出如下判断:“现今的诉讼因其专业性、技术性越来越强,对当事人的要求也相应提高,一般人几乎不可能单独展开诉讼活动。……由于此类原因,因对方之故意或过失而受到自身权利之侵害的受害人,很难得到损害赔偿义务者的赔偿。在受害人为保护自身的权利不得不提起上诉的场合,一般人若不委托律师则不能进行充分的诉讼。……对此种情况下的律师费用,应根据案件的复杂程度、请求额和前审判决额的多少以及其他诸因素加以综合判断,在认为适当的范围内,可作为与该侵权行为具有相当因果关系的损害内容。”[3]

在美国民事诉讼法上,由被告承担公益诉讼原告的律师费用,被视为系关于律师费用的“美国规则”的例外。所谓“美国规则”,是指无论民事诉讼当事人胜败,均须各自负担法律规定的律师代理费用。但是,该规则在公民权诉讼方面打开了缺口。1968年,在纽曼诉猪园企业公司(Newman v. Piggie Park Enterprises. Inc.)案中,美国联邦最高法院指出:“在议会通过《1964年公民权法案》时,我们已经明确地知道要实现它并不容易。作为广泛遵守该法律的手段,国家必须在某种程度上依靠私人诉讼。因此,该法案第2篇诉讼在形式上只限于私人诉讼。如果某原告以本篇

〔1〕参见[德]海因·克茨:《公共利益诉讼的比较法鸟瞰》,载[意]英诺·卡佩莱蒂编:《福利国家与接近正义》,刘俊祥等译,法律出版社2000年版,第75~76页。

〔2〕参见于敏:《日本侵权行为法》(第3版),法律出版社2015年版,第553~554页。

〔3〕参见[日]田中英夫、竹内昭夫:《私人在法实现中的作用》,李薇译,法律出版社2006年版,第23~24页;于敏:《日本侵权行为法》(第3版),法律出版社2015年版,第554页。

为基准提出诉讼,他就不仅仅是为了自身的利益,而是作为私设司法长官(英 private attorney general),议会考虑到这一政策的重要而拥护之。如果胜诉原告常常要自己负担律师费用的话,处于诉诸联邦法院的制止功能而增进公共利益的立场的受害人就几乎不会挺身而出了。因此,为了表彰那些受到人种歧视的人以此篇为基准寻求司法救济,制订了关于律师报酬的条款。”除人种歧视外,在诸如保护言论自由、环境保护、通信自由等领域,也制定了关于律师报酬的条款。1976 年制定的《美国公民权律师报酬法》(Civil Rights Attorney's Fees Awards Act)确立了下列原则,即在公民权诉讼中,法院可以依其裁判,确定一定金额的律师报酬作为诉讼费用的一部分,向除美国国家外的胜诉方当事人给予赔偿。〔1〕

〔1〕 参见[德]海因·克茨:《公共利益诉讼的比较法鸟瞰》,载[意]英诺·卡佩莱蒂编:《福利国家与接近正义》,刘俊祥等译,法律出版社 2000 年版,第 71 ~ 72 页、第 72 页注释 1。

# 第五章　刑民司法鉴定的诉讼逻辑(上)*

随着科学技术的不断发展，人民群众对司法审判发现真实的需求不断提高，司法鉴定在诉讼活动中的地位和作用日益重要。在深化司法体制综合配套改革、加快建设公正高效权威的社会主义司法制度的大背景下，加强司法鉴定已成为推进以审判为中心的诉讼制度改革中的重要一环。中国共产党第十八届中央委员会第四次全体会议通过的《中共中央关于全面推进依法治国若干重大问题的决定》(2014 年 10 月 23 日)第四(三)中规定："推进以审判为中心的诉讼制度改革，确保侦查、审查起诉的案件事实证据经得起法律的检验。全面贯彻证据裁判规则，严格依法收集、固定、保存、审查、运用证据，完善证人、鉴定人出庭制度，保证庭审在查明事实、认定证据、保护诉权、公正裁判中发挥决定性作用。"在刑民诉讼活动中，鉴定意见作为证据的法定类型之一，一般认为相对于其他证据类型具有较佳的证据效力，因而对人民法院认定案件事实具有较大的影响。为此，司法鉴定应以其科学性、客观性、权威性、中立性，成为保护公民、法人和非法人组织合法权益的重要力量，以及捍卫司法公正的"科学卫士"。

## 一、刑民司法鉴定的性质

司法鉴定属于法庭科学，旨在弥补人民法院在审理案件中科学知识方面的欠缺，帮助人民法院准确认定案件事实，是诉讼活动和诉讼体制的重要组成部分。在刑事诉讼和民事诉讼之间，尽

---

* 本章第一节曾作为《民事司法鉴定及其鉴定人出庭作证若干问题》一文的部分内容，载杨海云主编：《司法改革背景下司法鉴定法庭科学制度探索与实践》，青海民族出版社 2018 年版，第 160 ~ 170 页。

管存在如诉讼目的、证明标准乃至程序展开等方面的差异,但在鉴定意见这一证据类型方面,却是共性大于个性。我国《刑事诉讼法》《民事诉讼法》对鉴定制度的规定有不少重合之处,但由于两部法律从一开始就分途发展,在诉讼模式和构造等方面都存在明显区别,以致人们对它们中的鉴定制度也分而视之的误解。这一问题在《全国人民代表大会常务委员会关于司法鉴定管理问题的决定》(2005 年制定,2015 年修正,以下简称《司法鉴定管理决定》)中得到澄清,后者对两种诉讼中的鉴定制度作统一规定,具有重要的启示意义。

(一)比较法的观察

我国于 2005 年颁布《司法鉴定管理决定》,是司法鉴定制度发展的分水岭。其中最重要的条文,莫过于第 1 条关于司法鉴定的定义规定。该条规定:"司法鉴定是指在诉讼活动中鉴定人运用科学技术或者专门知识对诉讼涉及的专门性问题进行鉴别和判断并提供鉴定意见的活动。"该条规定从三个方面对司法鉴定进行了界定:一是司法鉴定的应用场景是"诉讼活动",其他活动中发生的鉴定不属于司法鉴定,至少不属于《司法鉴定管理决定》意义上的司法鉴定;二是司法鉴定活动的主体是"鉴定人",而不是鉴定机构或者其他承担具体鉴定业务的部门,此与其时施行的 1991 年制定的《民事诉讼法》的规定存在差异;三是司法鉴定活动的结果是"鉴定意见",而不是"鉴定结论",此与其时施行的《刑事诉讼法》《民事诉讼法》的规定存在差异。[1] 总体而言,该条规定是符合司法规律的,它准确揭示了:司法鉴定是科学技术或者专门知识在诉讼活动中的运用,非在诉讼活动中的鉴定活动不属于司法鉴定。

在比较法上,不同法系诉讼法对司法鉴定的性质和定位存在不同认识。在大陆法系的内部,也存在一定的分歧。在德国,普通法时期将鉴定人(德 Sachverstandiger)与证人作相同看待,即鉴定人是理论方面的证人,证人则是事实方面的证人,鉴定的性质为证据方法(德 Beweismittelsth Eorie,证据方法说);后来增入将鉴定人作为法院的辅助人(或辅助机关,德 Gehilfentheorie)的观点(折衷说),其后更将鉴定人仅仅作为法院的辅助人(法院辅助人说)。目前的通说是折衷说,日本诉讼法亦采取此说。[2] 法国和我国台湾地区"诉讼法"采取法院辅助人说。在法国,"在当事人心目中,鉴定人是法院的代表,当事人必须说服他才能胜诉"。[3] 英美法系国家诉讼法

---

〔1〕"鉴定结论"见于我国 1979 年《刑事诉讼法》第 31 条第 1 款第 5 项(1996 年修正的该法第 42 条第 2 款第 5 项)等、1991 年《民事诉讼法》第 63 条第 1 款第 6 项等规定。

〔2〕[日]松冈义正:《民事证据论(上、下册)》,张知本译,洪冬英勘校,中国政法大学出版社 2004 年版,第 206 页。

〔3〕沈达明:《比较民事诉讼法初论》(下册),中信出版社 1991 年版,第 101 页。

系采取证据方法说,当事人自行委托专家证人进行鉴定,所提出的鉴定意见称为专家证言。专家证人与普通证人没有本质区别,须到庭提出专家证言并接受交叉询问,这与其实行对抗式的诉讼模式存在直接关联,即强调鉴定的党派性(附从于某方当事人)而非中立性。[1]

我国由《司法鉴定管理决定》所确立的司法鉴定体制,属于大陆法系的公鉴定体制。对于公鉴定体制的性质,笔者赞成折衷说。唯此折衷并非平分秋色,而是各有侧重,即应以法院辅助人说为主,以证据方法说为辅。在作为法院辅助人的方面,鉴定的功能是为法院准确认定案件事实,提供科学技术和专业知识方面的支持。鉴定人须围绕鉴定事项,依照科学原理和方法,中立地开展鉴定活动,向法院提出鉴定意见,其活动具有准司法行为的性质。[2] 鉴定人与法院之间是辅助人与被辅助人的诉讼法律关系,鉴定人与当事人之间不存在直接的法律关系。鉴定人提出鉴定意见的对象是法院,而非当事人。基于鉴定活动具有准司法行为的性质,鉴定人在全部鉴定活动中均须保持中立,[3]履行法定的回避义务,不得听命于任何一方当事人。在作为证据方法的方面,鉴定是一项专门的证据调查程序,鉴定人不仅须向法院提出书面鉴定意见,还须出庭作证,向法庭阐明鉴定意见的内容,回答当事人、诉讼代理人及专家辅助人的询问。综观此二方面,鉴定人应在法院的指导下独立地开展鉴定活动,提出鉴定意见;法院应依法指导鉴定人开展鉴定活动,并避免对鉴定人的鉴定活动越俎代庖。

以公鉴定体制的代表德国民事诉讼法为例。法院既可以自行确定鉴定人,也可以要求当事人确定鉴定人,但应尊重双方当事人对鉴定人人选的一致意见,还可以拒绝当事人要求鉴定的申请。鉴定人的人数由法院决定,法院可以只任命1名鉴定人。就特定种类的鉴定工作,已有由政府任命的鉴定人时,法院只能在有必要时,才能另行选任他人为鉴定人。[4] 法院应对鉴定人的工作给予指导,对鉴定人开展鉴定活动的种类和范围给予指示。在情况需要时,法院在拟定应证明的问题前应讯问鉴定人,使其明晰鉴定任务,并在其要求时作出释明。对有争议的事项,法院应决定鉴定人应以哪些事实作为其意见的根据。在必要时,法院应决定鉴定人在何种范围内须对待证问题作出证明,在何种情况下须与双方当事人共同进行工作,以及在何时须允许当事人参与鉴定工作。法院应将给予鉴定人的指示通知双方当事人;如在

---

〔1〕 参见[日]高桥宏志:《重点讲义民事诉讼法》,张卫平、许可译,法律出版社2007年版,第95页注释117。

〔2〕 参见《德国民事诉讼法》第407条,《日本民事诉讼法》第212条第1款。

〔3〕 参见《德国民事诉讼法》第404条第1款前段;[德]奥特马·尧厄尼希:《民事诉讼法》(原书第27版),周翠译,法律出版社2003年版,第291页。

〔4〕 参见《德国民事诉讼法》第404条第1、2款。

特定期日对鉴定人给予指示的,应允许双方当事人参加。[1]

(二)公鉴定的要义

私鉴定是指当事人自行委托而实施的鉴定活动,由此而提出的“鉴定意见”与诉讼法上作为证据法定类型的鉴定意见异其性质。[2] 相较于私鉴定,公鉴定具有统一性和优先性。统一性是指公鉴定意见系依据法院的指示,在诉讼程序中所提出,区别于私鉴定意见系依当事人的自行委托而作出的任意性;优先性是指在证据效力上,公鉴定意见一般优先于私鉴定意见。[3] 本章中的鉴定,如无特指,均指公鉴定。与对其他证据的审查和判定相同,法院对是否采纳鉴定意见系实行自由心证。[4] 法院应在鉴定人的帮助下形成对案件事实的判断,此乃自由心证主义在鉴定意见审查方面的要求。[5] 尤其在对鉴定活动具有高度依赖的建设工程施工合同纠纷、医疗损害责任纠纷、环境损害责任纠纷等案件中,更是如此。法院“必须经常不断地(对鉴定意见——引者注)进行‘可信性检查’,法官在鉴定人的专业范围内越有经验,这种检查也越能成功。但这在实践上几乎不可能,所鉴定的问题越复杂和越‘专业’,越不可能。这里‘主人’对‘辅助人’的依赖明显令人不安”。法院如果过分地依赖司法鉴定,将鉴定意见奉若神明,将会危及司法公正的实现。[6]

例如,在“李某起、李某燕等诉北京市平谷区医院医疗损害责任纠纷案”中,北京市平谷区人民法院委托的北京天平司法鉴定中心对北京市平谷区医院是否存在过错及过错程度、与损害结果之间是否存在因果关系进行鉴定。该中心出具的鉴定意见认为,平谷区医院的诊疗符合常规,具有手术适应证,但医方在诊疗中存在沟通不足,未尽到必要的注意义务,存在医疗过失,责任程度为次要,其过失与被鉴定人损害结果具有一定的因果关系。平谷区人民法院第一审认为,被告平谷区医院告知患者及其家属的病情重于实际情况,且在患者家属提出转诊安贞医院时,对是否有安贞医院专家来院就诊存在主观上的错误告知,以上情节均对患者家属作出就诊的决

---

〔1〕 参见《德国民事诉讼法》第404a条。

〔2〕 参见我国《最高人民法院关于当前形势下加强民事审判切实保障民生若干问题的通知》(法〔2012〕40号,以下简称《加强民事审判保障民生通知》)第6条中指出:“要注重委托鉴定的统一化,严格执行只有经人民法院统一委托后作出的鉴定结论才能作为定案依据的规则。”

〔3〕 参见我国《海洋环境损害赔偿规定》第8条第2款,《最高人民法院、最高人民检察院关于办理环境污染刑事案件适用法律若干问题的解释》(法释〔2016〕29号,以下简称《环境污染刑事司法解释》)第14条。

〔4〕 参见《巴西民事诉讼法》第436条规定:“法官可以不受鉴定书的拘束,而基于其他要素或案件卷宗中被证明的事实形成心证。”参见《巴西民事诉讼法典之证据部分》,林剑锋译,载何家弘、张卫平主编:《外国证据法选译(增补卷)》,人民法院出版社2002年版,第188页。

〔5〕 参见我国《民事诉讼法司法解释》第105条,《民事诉讼证据规定》第85条第2款,《德国民事诉讼法》第286条,《日本民事诉讼法》第247条,我国台湾地区“民事诉讼法”第222条第1项。

〔6〕 参见[德]奥特马·尧厄尼希:《民事诉讼法》(原书第27版),周翠译,法律出版社2003年版,第291页。

定已经产生较大影响,故在鉴定意见的基础上对平谷区医院的责任程度提高至同等责任,判决平谷区医院承担相应的民事赔偿责任。[1] 可见,鉴定意见只是供法院认识案件事实的辅助材料,至于行为人是否以及如何承担民事责任,则须由法院根据该案件事实进行法律上的评价而作出判断,鉴定意见原则上不具有这方面的功能。

应当承认,针对涉及专门性问题的案件事实,法院的认定工作对司法鉴定活动存在一定的依赖性,鉴定意见对于法院准确认定案件事实、作出公正判决时常具有决定作用。在公鉴定的框架下,尽管鉴定人可以由当事人合意确定,但鉴定委托系由法院而非当事人所作出。鉴定人不是审理案件的法官,应避免将自己"代入"到具体纠纷案件的处理上,甚至代替法院对案件作出"判决",或者为当事人"预测"判决,这些行为都有违于司法鉴定的职业伦理和鉴定人的法定职责。鉴定意见所涉及的案件事实的真伪,是指科学意义上的真伪,而不是法律意义上的真伪,后者只能由法院根据案件的具体情况依法进行判断。鉴定意见具有科学性和专业性,其可靠性和有效性系源于其所依据的科学原理和技术方法。因此,鉴定书必须包含对鉴定所依据的原理、方法的说明,以便法院和当事人充分理解鉴定意见的内容及根据。法院审查鉴定意见,也不应局限于对鉴定意见及其提出程序的形式审查,而应对鉴定意见在科学原理、方法上是否有效,有无逾越法院的事实认定职责界限等进行实质审查。即使鉴定意见是由权威科学家所提出,也不能例外。[2]

司法鉴定是一项严肃、具有高度专业性且事关社会公平正义的准司法行为,必须以服务审判工作、维护司法公正作为价值取向,而不应是一项以市场为导向的服务行为。司法鉴定对法院在科学知识方面的欠缺是一种有益补充,有时甚至是不可或缺的。诚如美国学者米尔建·R.达马斯卡(Mirjan R. Damaška)所指出的,"随着人类感官察觉的事实与用来发掘感官所不能及的世界的辅助工具所揭示的真相之间鸿沟的扩大,人类感官在事实认定中的重要性已经开始下降";"科学将持续地改

---

〔1〕 北京市平谷区人民法院(2015)平民初字第6416号民事判决(2016年6月13日);李扬、陈胜杰:《李某起、李某燕等诉北京市平谷区医院医疗损害责任纠纷案——医疗过错鉴定意见的调整》,载最高人民法院中国应用法学研究所:《人民法院案例选》2017年第10辑(总第116辑),人民法院出版社2018年版,第103页以下。

〔2〕 人民法院在民事审判中对鉴定意见(案涉3份鉴定意见,其中2份为公鉴定意见,1份为私鉴定意见;各鉴定人均出席第一审法庭庭审接受询问)进行审查的范例,可参见江苏省扬州市中级人民法院(2004)扬民一初字第009号民事判决(2005年10月9日)、江苏省高级人民法院(2006)苏民终字第0033号民事判决(2006年4月28日);杨立新:《医疗事故鉴定的性质及其司法审查》,载王利明主编:《判解研究》2007年第4辑(总第36辑),人民法院出版社2008年版,第95~110页。

变社会生活,事实认定的伟大变革摆在了所有司法制度面前”。[1] 在此背景下,司法鉴定在诉讼活动中的重要性将会日益凸显。如何既充分发挥鉴定人对法院审判工作的辅助作用,又避免其对法院审判权的侵蚀,是司法鉴定制度改革与发展中的一道必答题。

## 二、刑民司法鉴定的互动

根据我国《司法鉴定管理决定》,司法鉴定的承担者是鉴定人而非鉴定机构(第1条),由此而确立的司法鉴定基本框架可以概括为:以鉴定人的名义开展鉴定,鉴定机构统一接受委托。《司法鉴定管理决定》第9条第1、2款规定:“在诉讼中,对本决定第二条所规定的鉴定事项发生争议,需要鉴定的,应当委托列入鉴定人名册的鉴定人进行鉴定。鉴定人从事司法鉴定业务,由所在的鉴定机构统一接受委托。鉴定人和鉴定机构应当在鉴定人和鉴定机构名册注明的业务范围内从事司法鉴定业务。”为与2005年制定的《司法鉴定管理决定》规定相一致,2012年先后《刑事诉讼法》《民事诉讼法》,均将原来采取的“鉴定结论”术语修改为“鉴定意见”,并对鉴定制度予以修改完善。其中,《民事诉讼法》的相关修改幅度相对较大,本节试以此为基点展开。

### (一)2012年的相关修改

我国于2012年修正《民事诉讼法》,对鉴定制度进行了较大幅度的修改,主要有如下五个方面(这些内容在2017年、2021年、2023年3次修正该法时均予保留,所引条目均为新法):

1. 明确“鉴定意见”作为证据的法定类型之一。《民事诉讼法》第66条第1款规定了8种民事诉讼证据形式,该款规定:“证据包括:(一)当事人的陈述;(二)书证;(三)物证;(四)视听资料;(五)电子数据;(六)证人证言;(七)鉴定意见;(八)勘验笔录。”其中第7项“鉴定意见”,是对原来“鉴定结论”的证据法定类型的修改。这一修改表明,鉴定人向人民法院提供的是“意见”而非“结论”,“结论”意味着最终性,“意见”则具有过程性。这就要求,人民法院必须对鉴定意见进行审查,而非当然地全盘接受,以打破司法实践中对“鉴定结论”的迷信。归根结底,鉴定意见属于言词证据、意见证据,不仅当事人对此有质证的权利,而且人民法院对此亦有审查的职责。为此,鉴定意见不宜仅仅停留在书面形式,也不仅由法庭宣读(同法第141条第4项),而应结合鉴定人出庭作证,即配以口头形式,才能发生应有的证明

---

〔1〕[美]米尔建·R.达马斯卡:《漂移的证据法》,李学军等译,何家弘审校,中国政法大学出版社2003年版,第200、210页。

功能和证据效力。有学者建议,将“鉴定意见”修改为“鉴定人意见”,[1]是有一定道理的。盖因在上述规定中,“鉴定意见”系采取动—宾结构,与同条第6项“证人证言”采取主—宾结构相比较,后者的意旨更加显明。

应予厘清的是,鉴定人不同于证人,鉴定意见亦不同于证人证言。(1)主体不同。鉴定人是具有专门知识,能够解决案件事实认定中所涉及的某些专门性问题的人。证人是耳闻目睹案件相关事实的人,不以具有专门知识为条件,而只需了解案件的相关事实并作如实陈述。(2)性质不同。鉴定意见系基于科学原理、方法上的分析和判断,一般不具有一身专属性,且属于一种事后意见。[2] 证言具有一身专属性,属于一种事中陈述,证人不得掺杂自己的意见和评价,也不得根据事后得知的信息而对案件相关事实作出估计和推测。(3)义务不同。鉴定人如与案件及当事人、诉讼代理人等有利害关系,有回避的义务;证人则不存在回避的问题,即使他与案件及当事人、诉讼代理人等有利害关系也无须回避。[3] (4)来源不同。鉴定意见是鉴定人依据人民法院的命令(委托、指示)而提出,证人证言则是证人就其所知的案情进行的陈述,与人民法院的命令无关,此为两者的基本区别。但就证据本质而言,两者之间只存在判断作用大小的程度之别。[4]

2. 明确鉴定的启动须依申请的原则,是否予以准许由人民法院决定。《民事诉讼法》第79条规定:“当事人可以就查明事实的专门性问题向人民法院申请鉴定。当事人申请鉴定的,由双方当事人协商确定具备资格的鉴定人;协商不成的,由人民法院指定。当事人未申请鉴定,人民法院对专门性问题认为需要鉴定的,应当委托具备资格的鉴定人进行鉴定。”当事人具有启动鉴定程序的申请权,人民法院具有依申请委托鉴定的决定权。开展鉴定活动的主体为“鉴定人”,而非1991年《民事诉讼法》第72条规定的“鉴定部门”,此与2005年《司法鉴定管理决定》第1条

---

[1] 毕玉谦、谭秋桂、杨路:《民事诉讼研究及立法论证》,人民法院出版社2006年版,第401页(毕玉谦执笔);葛琳:《“鉴定意见”表述为“鉴定人意见”更好》,载《检察日报》2011年10月12日,第3版。

[2] 我国《最高人民法院关于知识产权民事诉讼证据的若干规定》(法释〔2020〕12号,以下简称《知识产权民事证据规定》)规定了鉴定事项的部分转委托,第20条规定:“经人民法院准许或者双方当事人同意,鉴定人可以将鉴定所涉部分检测事项委托其他检测机构进行检测,鉴定人对根据检测结果出具的鉴定意见承担法律责任。”

[3] 参见柴发邦主编:《民事诉讼法学新编》,法律出版社1992年版,第216~217页;[德]奥特马·尧厄尼希:《民事诉讼法》(原书第27版),周翠译,法律出版社2003年版,第288页。

[4] 参见[日]小岛武司:《民事审理中的公鉴定与私鉴定——第三种证明模式之提倡》,陈刚译,载小岛武司著,陈刚主编:《自律型社会与正义的综合体系——小岛武司先生七十华诞纪念文集》,中国法制出版社2006年版,第312~313页。

关于司法鉴定的定义规定以及鉴定意见的鉴定人负责制相一致。[1] 人民法院一般只有在当事人未申请鉴定而认为需要鉴定的情况下，才能依职权委托鉴定，这改变了1991年《民事诉讼法》第72条第1款规定的鉴定全由人民法院依职权启动的做法。[2]

3. 删除"鉴定部门"作为鉴定活动的主体。在1991年《民事诉讼法》中，鉴定活动主要系由"法定鉴定部门"完成，该部门一般是指人民法院内设的专门从事鉴定活动的部门；人民法院"没有法定鉴定部门的，由人民法院指定的鉴定部门鉴定"（第72条第1款）。但是，《司法鉴定管理决定》第1条关于司法鉴定的定义规定，鉴定人是司法鉴定活动的法定主体。《民事诉讼法》第80条第2款规定，鉴定意见系由鉴定人所提出，并由鉴定人在鉴定书上签名或者盖章，删除了1991年《民事诉讼法》第72条第3款后段"由鉴定人所在单位加盖印章，证明鉴定人身份"的规定。值得注意的是，将"鉴定机构"和"鉴定人"共同列为鉴定活动的主体，原来系由1991年《民事诉讼法》所确立。本次修正，实系恢复1982年制定的《民事诉讼法（试行）》第63条第2、3款规定将"鉴定人"作为开展鉴定活动的唯一法定鉴定主体的设置。[3]

4. 增设鉴定人出庭作证制度。《民事诉讼法》第81条规定："当事人对鉴定意见有异议或者人民法院认为鉴定人有必要出庭的，鉴定人应当出庭作证。经人民法院通知，鉴定人拒不出庭作证的，鉴定意见不得作为认定事实的根据；支付鉴定费用的当事人可以要求返还鉴定费用。"鉴定人出庭作证的条件有两个，要么是当事人对鉴定意见有异议，要么是人民法院认为有必要。两个条件都是鉴定人出庭作证的充分条件，当满足二者之一时，鉴定人经人民法院通知，均应出庭作证；如鉴定人拒不出庭作证的，其所提出的鉴定意见的证据效力即被否定。该条前段规定系吸收2005年《司法鉴定管理决定》第11条规定的经验。相较于2005年《司法鉴定管理决定》将鉴定人出庭作证的条件限定为当事人对鉴定意见有异议，本法有所扩张。相较于

---

〔1〕 这是吸收了我国修正前的《最高人民法院关于民事诉讼证据的若干规定》（法释〔2001〕33号，以下简称《2001年民事诉讼证据规定》）第25、26条（对应《民事诉讼证据规定》第31、32条）规定的经验，强调鉴定人的中立性。值得注意的是，《2001年民事诉讼证据规定》一方面将鉴定的内容置于第"二、人民法院调查收集证据"之中；另一方面明确采取鉴定依申请原则，与传统民事诉讼法上将鉴定定位为法院的辅助人有关。《民事诉讼证据规定》该部分已修改为"证据的调查收集和保全"。

〔2〕 因我国于2007年第1次修正《民事诉讼法》时，未涉及证据部分，故本节以1991年《民事诉讼法》作为对照。

〔3〕 我国《民事诉讼证据规定》恢复了鉴定机构作为鉴定活动主体的设置，第36条第2款后段规定："委托机构鉴定的，鉴定书应当由鉴定机构盖章，并由从事鉴定的人员签名。"但是，由鉴定机构担任"鉴定人"，毕竟与《民事诉讼法》规定不符，仅宜作为鉴定人作为鉴定主体的补充。

《2001年民事诉讼证据规定》第59条第1款规定的“鉴定人应当出庭接受当事人质询”,本法则有所限缩未予吸收,盖鉴定人出庭作证的询问主体并不限于当事人。可作对照的是,现已删除的《2001年民事诉讼证据规定》第59条第1款规定:“鉴定人应当出庭接受当事人质询”,未为鉴定人出庭作证设定任何前提条件。鉴定人出庭所陈述的内容,是作为鉴定意见的组成部分,属于鉴定意见的口头形式,因而称为作证。

5. 增设专家辅助人制度。参照2012年稍早时修正的《刑事诉讼法》第192条第2款(对应现行该法第197条第2款)和《2001年民事诉讼证据规定》第61条规定,《民事诉讼法》第82条规定:“当事人可以申请人民法院通知有专门知识的人出庭,就鉴定人作出的鉴定意见或者专业问题提出意见。”其中所谓“有专门知识的人”,称为专家辅助人。[1] 专家辅助人的设置,主要是针对医疗事故、环境污染和知识产权等专业性较强的案件,为了查明事实、分清是非,补强当事人的举证能力。专家辅助人的工作对象一般是鉴定意见(还包括其他专业问题),即针对鉴定意见为当事人提供支持或提出质疑。[2] 当事人申请专家辅助人出庭的,是否予以准许,由人民法院决定。人民法院不得依职权通知专家辅助人出庭,但对专家辅助人有必要出庭的案件,应向当事人进行释明。[3] 专家辅助人与鉴定人既有区别,又有联系。联系在于,专家辅助人是有专门知识的人,往往具有与鉴定人相同的知识背景。区别在于,专家辅助人是当事人的辅助人,鉴定人是人民法院的辅助人;专家辅助人出庭的性质不是作证,而是作出陈述(通常所谓“专家意见”),其性质为当事人陈述,经当事人质证后可以认定其证据效力。[4]

(二)民事司法鉴定的框架

1. 我国现行《民事诉讼法》中鉴定制度的主要内容如下:

(1)关于鉴定人的回避(第47条)。

(2)关于鉴定意见作为证据的法定类型之一(第66条第1款第7项)。

(3)关于当事人向人民法院申请委托鉴定(第79条第1款)。

(4)关于人民法院依职权委托鉴定(第79条第2款)。

---

〔1〕 我国司法实践中,很早就有专家辅助人的需求。如《最高人民法院经济审判庭关于涉及技术性较强的第二审经济纠纷案件能否邀请技术人员陪审问题的电话答复》(1990年3月27日)规定:“至于审理案件中遇到需要解决专门的问题时根据民事诉讼法(试行)第六十三条之规定,请有关部门指派有专业知识的人员进行技术鉴定。”其中的“民事诉讼法(试行)第六十三条”,对应《民事诉讼法》第79条,是关于鉴定的规定。

〔2〕 依我国《刑事诉讼法》第197条第2款规定,专家辅助人出庭提出意见的对象,仅为鉴定意见。

〔3〕 有学者主张,人民法院可以根据案件情况依职权通知专家辅助人出庭,参见宋健:《专家证人制度在知识产权诉讼中的运用及其完善》,载《知识产权》2013年第4期。

〔4〕 参见我国《民事诉讼法司法解释》第122条第2款。

(5)关于鉴定人对鉴定所需材料的了解权(第 80 条第 1 款)。

(6)关于鉴定意见的书面形式要求(第 80 条第 2 款)。

(7)关于当事人对鉴定意见的异议权和鉴定人出庭作证(第 81 条)。

(8)关于鉴定意见的质证(专家辅助人,第 82 条)。

(9)关于对鉴定人的妨害民事诉讼强制措施和人身保护(第 114 条)。

(10)关于法庭调查时须宣读鉴定意见(第 141 条第 4 项)。

(11)关于法庭调查中当事人向鉴定人发问(第 142 条第 2 款)。

(12)关于当事人要求重新鉴定的,是否准许由人民法院决定(第 142 条第 3 款)。

(13)关于因重新鉴定的延期开庭审理(第 149 条第 3 项)。

(14)关于认定公民无民事行为能力、限制民事行为能力案件特别程序中的鉴定(第 195 条;允许私鉴定,见同条后段)。

2. 我国现行《民事诉讼证据规定》将有关鉴定的内容从《2001 年民事诉讼证据规定》的 9 条(第 25 ~ 29、59 ~ 61、71 条)增加至 19 条(第 30 ~ 42、79 ~ 84 条)。其中,修改 8 条,删除 1 条(原第 71 条),修改 11 条(第 30、33 ~ 35、37 ~ 39、42、79、81、83 条)。下列内容,值得重视:

(1)关于人民法院对鉴定意见的审查,《民事诉讼证据规定》第 36 条第 1 款规定:"人民法院对鉴定人出具的鉴定书,应当审查是否具有下列内容:(一)委托法院的名称;(二)委托鉴定的内容、要求;(三)鉴定材料;(四)鉴定所依据的原理、方法;(五)对鉴定过程的说明;(六)鉴定意见;(七)承诺书。"其中,第 4 项规定是对《2001 年民事诉讼证据规定》第 29 条第 3 项"鉴定的依据及使用的科学技术手段"规定的修改,这标志着对鉴定意见的审查模式从形式审查向实质审查的转变。学说上将实质审查形象地称为教育模式,而将形式审查称为遵从模式。遵从模式是指法院只需直接采纳鉴定意见,而无须建立在理解的基础之上;教育模式是指法院须根据自己的理解决定是否采纳鉴定意见。遵从模式本质上是法院将认定事实的审判权让渡给鉴定人(即专家),因而渐被抛弃。教育模式将法院等同于专家,亦非所宜。应采取一种适当的教育模式,通过强化鉴定人须以社会公众能够理解的方式提出鉴定意见,赋予鉴定人以出庭作证的强制义务,围绕鉴定意见的庭前开示(英 discovery)以及将实质审查的规则具体化等,增强法院对鉴定意见进行实质审查的能力。为此,鉴定人在提出鉴定意见时,应就鉴定所依据的原理、方法作出说明,否则将构成鉴定书内容不全甚至违法,导致鉴定意见不能发生证据效力。[1]

(2)关于鉴定意见的证据效力,《2001 年民事诉讼证据规定》第 71 条规定:“人民法院委托鉴定部门作出的鉴定结论,当事人没有足以反驳的相反证据和理由的,可以认定其证明力。”第 77 条规定:“人民法院就数个证据对同一事实的证明力,可以依照下列原则认定:……(二)……鉴定结论……证明力一般大于其他书证、视听资料和证人证言;……”[2] 此系赋予鉴定意见在证据效力上一定程度的优先性,均为《民事诉讼证据规定》所删除。事实上,此所谓鉴定意见证据效力的优先性,与其证据性质上的科学性甚有关联。但在诉讼中,该科学性仍须从属于人民法院认定案件事实的裁断性质。法官作为法律纠纷的裁断者,仍只是法律家,而非科学家。为判断鉴定意见的可靠性,他只需对相关科学技术知识有一定程度的了解,足以对相关争点作出裁断即为已足,而无须成为一名真正意义的科学家,需要对科学原理进行研究和判断。《民事诉讼法》对此亦未予纳入,似系将鉴定意见的证据效力问题一并纳入人民法院自由心证以及鉴定人出庭作证的框架之中,防止人民法院将认定事实的审判权擅自“让渡”给鉴定人。

(3)关于当事人自行委托而形成的鉴定意见(私鉴定)的性质,《民事诉讼证据规定》第 41 条规定:“对于一方当事人就专门性问题自行委托有关机构或者人员出具的意见,另一方当事人有证据或者理由足以反驳并申请鉴定的,人民法院应予准许。”在性质上,私鉴定意见无论是基于一方当事人的委托而提出,还是基于双方当事人的委托而提出,均不属于《民事诉讼法》第 66 条第 1 款第 7 项规定和《司法鉴定管理决定》意义上的鉴定。一方当事人对私鉴定意见不予认可的,可以申请人民法

[1] 参见金自宁:《作为科学证据的环境损害鉴定评估——基于环境司法案例的考察》,载《法学评论》2021 年第 5 期。(1)我国《最高人民法院关于人民法院民事诉讼中委托鉴定审查工作若干问题的规定》(法〔2020〕202 号,以下简称《委托鉴定审查规定》)第 2 条规定:“拟鉴定事项所涉鉴定技术和方法争议较大的,应当先对其鉴定技术和方法的科学可靠性进行审查。所涉鉴定技术和方法没有科学可靠性的,不予委托鉴定。”即寓有实质审查的意旨。但是在司法实践中,“由于绝大多数法官或者当事人及其诉讼代理人,囿于缺乏对相关专业领域问题的研究,故根本无法对鉴定意见是否符合科学性的问题提出具体的异议或者意见,根本无法和出庭的鉴定人员就涉及的专业性问题进行平等的对话,质证效果不好”,参见最高人民法院民事审判第一庭:《最高人民法院新民事诉讼证据规定理解与适用》(上),人民法院出版社 2020 年版,第 368 页。这是需要改进的地方。(2)《知识产权民事证据规定》第 23 条关于鉴定意见审查的规定中,没有吸收《民事诉讼证据规定》第 36 条第 1 款第 4 项规定的“鉴定所依据的原理、方法”,略有退步之嫌;又将“鉴定人是否具备相应资格”“鉴定人是否具备解决相关专门性问题应有的知识、经验及技能”(第 1、2 项)纳入审查项目,唯此二者均应在委托鉴定时予以审查,而非在鉴定意见提出后才审查。

[2] 参见我国《最高人民法院关于行政诉讼证据若干问题的规定》(法释〔2002〕21 号,以下简称《行政诉讼证据规定》)第 63 条第 2 项,同条第 4 项还规定:“法定鉴定部门的鉴定结论优于其他鉴定部门的鉴定结论”。《海洋环境损害赔偿规定》第 8 条第 2 款规定:“未来修复必然发生的合理费用和恢复期间损失,可以根据有资格的鉴定评估机构依据法律法规、国家主管部门颁布的鉴定评估技术规范作出的鉴定意见予以确定,但当事人有相反证据足以反驳的除外。”

院委托鉴定,但该鉴定并非重新鉴定,因为重新鉴定的前提是存在一个公鉴定意见。私鉴定意见的性质与专家辅助人向法庭提出的意见相当,即“视为当事人的陈述”。[1] 人民法院须将之纳入自由心证的对象范围进行审查。私鉴定意见经双方当事人认可的,可以直接采纳为证据;一方当事人不予认可的,有权提出异议及理由。人民法院经审查,认为该异议成立的,对私鉴定意见不予采信;认为异议不成立的,仍须对该私鉴定意见依法进行审查。[2] 在比较法上,德国民事诉讼法将私鉴定意见作为当事人陈述的一部分予以评价;[3] 日本民事诉讼法将私鉴定意见作为书证对待。有的国家和地区民事诉讼法针对特定领域,不认可私鉴定,如我国台湾地区“民事诉讼法”不认可针对医疗损害的私鉴定。

(三)民事司法鉴定的启动

根据我国《民事诉讼法》第79条规定,民事司法鉴定的启动有如下要义:

1.关于人民法院依申请委托鉴定的原则。“当事人申请鉴定,可以在举证期限届满前提出。申请鉴定的事项与待证事实无关联,或者对证明待证事实无意义的,人民法院不予准许。”[4] 人民法院只有在当事人未申请鉴定而认为需要鉴定的情况下,才能依职权委托鉴定,此从属于人民法院依职权调查收集证据。[5] 当事人未申请鉴定,“符合依职权调查收集证据条件的,人民法院应当依职权委托鉴定,在询问当事人的意见后,指定具备相应资格的鉴定人”。[6] 其中所谓“依职权调查收集证据条件”,是指《民事诉讼法司法解释》第96条第1款规定的情形。

2.关于人民法院委托鉴定的内容。人民法院委托鉴定的内容即鉴定事项,是指诉讼中涉及查明案件事实且当事人存在争议的专门性问题。鉴定事项存在内容不合法或者技术不可能等情形的,人民法院不得委托鉴定。[7] 当事人对部分案件事实有争议的,仅对有争议的事实进行鉴定,但争议事实范围不能确定,或者当事人请

---

〔1〕 参见我国《民事诉讼法司法解释》第122条第2款。

〔2〕 我国司法解释上有赋予双方当事人共同委托作出的私鉴定意见较优先的证据效力的规定,参见《最高人民法院关于审理医疗损害责任纠纷案件适用法律若干问题的解释》(法释〔2017〕20号,经法释〔2020〕17号修正,以下简称《医疗损害责任司法解释》)第15条,《最高人民法院关于审理建设工程施工合同纠纷案件适用法律问题的解释(一)》(法释〔2020〕25号,以下简称《建设工程施工合同司法解释一》)第30条。此前,曾有观点反对医疗损害责任纠纷中的私鉴定,参见《加强民事审判保障民生通知》第6条。

〔3〕 参见[德]罗森贝克、施瓦布、戈特瓦尔德:《德国民事诉讼法》(原书第16版)(下册),李大雪译,中国法制出版社2007年版,第910页。

〔4〕 我国《民事诉讼法司法解释》第121条第1款,《民事诉讼证据规定》第31条第1款前段。

〔5〕 参见我国《民事诉讼法》第67条第2款。

〔6〕 我国《民事诉讼法司法解释》第121条第3款,《民事诉讼证据规定》第32条第2款,《医疗损害责任司法解释》第8条第2款。

〔7〕 参见我国《民事诉讼法》第79条第1款前段;《委托鉴定审查规定》第1、2条。

求对全部事实鉴定的除外。[1] 人民法院应当根据当事人申请及查明案件事实的需要,确定委托鉴定的事项、范围、鉴定期限等,并在委托鉴定书中予以列明。[2] 如在医疗损害责任纠纷案件中,可以申请医疗损害鉴定的事项包括:实施诊疗行为有无过错;诊疗行为与损害后果之间是否存在因果关系以及原因力大小;医疗机构是否尽到了说明义务、取得患者或者患者近亲属明确同意的义务;医疗产品是否有缺陷、该缺陷与损害后果之间是否存在因果关系以及原因力的大小;患者损伤残疾程度;患者的护理期、休息期、营养期等。[3]

3. 关于鉴定人的确定。鉴定人的范围包括具备相应鉴定能力、符合鉴定要求的专家,原则上须具备与鉴定事项相适应的鉴定执业资格。尽管在诉讼过程中是否委托鉴定属于人民法院的职权范围,但是对于鉴定人的确定,在鉴定系依当事人申请的情况下,可由当事人协商确定。对当事人协商确定鉴定,仍须经人民法院审查确认。[4] 当事人协商不成的,人民法院可以提出确定鉴定人的方法建议,如由人民法院在双方都认可的鉴定人范围中进行摇珠确定。双方当事人不同意该方法建议的,才由人民法院依职权指定具有相应资格的鉴定人。人民法院依职权指定鉴定人的,应当在询问当事人对鉴定人人选的意见后作出指定。[5] 由于鉴定实务的机制局限,人民法院一般先确定委托鉴定机构,然后由委托鉴定机构在其鉴定人范围中进行选定。鉴定人由委托鉴定机构选定的,人民法院仍应对鉴定人的专业能力、从业经验、业内评价、执业范围、鉴定资格、资质证书有效期以及是否有依法回避的情形等进行审查。[6]

4. 关于鉴定材料的获得。当事人应当根据鉴定事项,按照鉴定的要求提交真实、完整、充分的鉴定材料。对当事人提交的鉴定材料,人民法院应当先组织当事人进行质证,才能向鉴定人提供。[7] 对未经当事人质证的材料,不得作为鉴定材料,鉴定人也不得接受当事人(*无论单方抑或双方*)私下提供的鉴定材料。但是,因当事

---

〔1〕 参见我国《民事诉讼法司法解释》第121条第1款,《建设工程施工合同司法解释一》第31条。

〔2〕 参见我国《民事诉讼证据规定》第32条第3款,《医疗损害责任司法解释》第11条第1款前段、第3款,《建设工程施工合同司法解释一》第33条。

〔3〕 我国《医疗损害责任司法解释》第11条第2款。

〔4〕 参见我国《委托鉴定审查规定》第7条。

〔5〕 参见我国《民事诉讼法》第79条第1款后段;《民事诉讼法司法解释》第121条第2、3款,《民事诉讼证据规定》第32条第1、2款,《医疗损害责任司法解释》第9条第2、3款。

〔6〕 参见我国《委托鉴定审查规定》第9条第1款。在德国,鉴定意见原则上只能由鉴定人出具,因而法院原则上不得委托鉴定机构,而只能委托自然人作为鉴定人,即法院不得将对鉴定人的选择权交给某个机构,否则当事人可以对此提出异议。参见[德]彼得·哥特瓦尔德:《鉴定人及其鉴定意见在德国民事诉讼法中的地位》,曹志勋译,载《证据科学》2020年第2期。

〔7〕 参见我国《民事诉讼证据规定》第34条第1款前段,《医疗损害责任司法解释》第10条,《建设工程施工合同司法解释一》第33条。

人无法联系、公告送达或当事人放弃质证的，可以经人民法院确认后纳入鉴定材料。对当事人有争议的材料，应当由人民法院予以认定，不得直接交由鉴定人选用。[1] 鉴定人应当根据委托鉴定书中明确的鉴定事项和鉴定要求，围绕鉴定材料开展鉴定活动。[2] 鉴定人发现鉴定材料不符合鉴定要求的，应当及时向人民法院提出意见，而非向当事人提出意见。人民法院收到鉴定人对鉴定材料不符合鉴定要求的意见，应当及时通知当事人予以更换或者补充；更换或者补充的鉴定材料，也须经当事人质证才能提供。鉴定人将当事人有争议且未经质证的材料作为鉴定材料的，人民法院应当组织当事人就该部分材料进行质证；经质证认为不能作为鉴定材料的，根据该材料所提出的鉴定意见不得作为认定案件事实的依据。[3] 除此以外，“鉴定人有权了解进行鉴定所需要的案件材料，必要时可以询问当事人、证人”；[4]“经人民法院准许，鉴定人可以调取证据、勘验物证和现场”。[5]“人民法院可以要求鉴定人参与勘验。必要时，可以要求鉴定人在勘验中进行鉴定”。[6]

5. 关于鉴定期限的确定。鉴定期限一般由人民法院根据鉴定事项的难易程度、鉴定材料准备情况来合理确定，原则上不超过30个工作日，重大、疑难、复杂的案件不超过60个工作日。鉴定人因特殊情况需要延长鉴定期限的，应当提出书面申请，由人民法院根据具体情况决定是否予以延长。鉴定人未按期提交鉴定书的，人民法院应当审查鉴定人是否存在正当理由。如无正当理由且人民法院准许当事人申请另行委托鉴定的，应当责令原鉴定人退还已经收取的鉴定费用。[7]

（四）补充鉴定和重新鉴定

1. 补充鉴定。补充鉴定是指在同一诉讼程序中，鉴定人对鉴定事项进行复查、核实，必要时对鉴定意见进行补充。我国《民事诉讼法》没有提及补充鉴定。《民事诉讼证据规定》第37条规定确立了鉴定意见的庭前开示程序，要求人民法院应当向当事人送交鉴定书副本，并指定当事人对鉴定书的内容提出书面异议的期间（第1、2款）。[8] 同条第3款规定：“对于当事人的异议，人民法院应当要求鉴定人作出解

---

[1] 参见我国《委托鉴定审查规定》第4条第2款、第5条。此系作为《民事诉讼证据规定》第34条第1款后段“未经质证的材料，不得作为鉴定的根据”规定的例外。

[2] 参见我国《医疗损害责任司法解释》第11条第1款后段。

[3] 参见我国《建设工程施工合同司法解释一》第34条中、后段。

[4] 我国《民事诉讼法》第80条第1款。

[5] 我国《民事诉讼证据规定》第34条第2款。

[6] 我国《民事诉讼法司法解释》第124条第2款。

[7] 参见我国《民事诉讼证据规定》第35条，《委托鉴定审查规定》第13条。

[8] 司法实践中有观点认为，当事人未在合理期限内对鉴定意见提出异议的，视为对鉴定意见的认可，参见最高人民法院（2021）最高法民申4919号民事裁定（2021年12月14日）。其中的合理期限，似乎未经人民法院指定异议期间。

释、说明或者补充。人民法院认为有必要的,可以要求鉴定人对当事人未提出异议的内容进行解释、说明或者补充。”其中的“补充”,包括补充鉴定,盖因此处当事人的异议不限于对鉴定意见的异议。补充鉴定的条件有两个,要么是当事人对鉴定书的内容有异议,要么是人民法院认为有必要。补充鉴定一般由提出鉴定意见的鉴定人进行。司法部《司法鉴定程序通则》第30条规定:“有下列情形之一的,司法鉴定机构可以根据委托人的要求进行补充鉴定:(一)原委托鉴定事项有遗漏的;(二)委托人就原委托鉴定事项提供新的鉴定材料的;(三)其他需要补充鉴定的情形。”“补充鉴定是原委托鉴定的组成部分,应当由原司法鉴定人进行。”

2. 重新鉴定。重新鉴定是指在同一诉讼程序中,重新对鉴定事项进行鉴定并提出新的鉴定意见。一般情况下,重新鉴定须由人民法院另行委托鉴定,至少应更换鉴定人。我国《民事诉讼法》对重新鉴定有专门规定,第142条第3款规定:“当事人要求重新进行调查、鉴定或者勘验的,是否准许,由人民法院决定。”但是,当事人为谋取利益的最大化,对认为不利于己方的鉴定意见随意申请重新鉴定,已经成为严重影响民事司法效率的顽疾,不仅造成本已稀缺的司法鉴定资源的严重浪费,还对司法公信力产生极大的危害。笔者认为,在公鉴定的框架下,是否重新鉴定应属于人民法院的职权范围,其审查条件不同于当事人对鉴定的初始申请。人民法院对当事人提出的不符合法定条件的重新鉴定申请,应依职权予以驳回,当事人对此不具有异议权。基于重新鉴定所提出的鉴定意见是一个新的鉴定意见,当然成为人民法院自由心证的对象,原则上不存在将之与原鉴定意见相比较的问题。

人民法院委托鉴定,应以一次鉴定为原则。重新鉴定属于正常鉴定活动的例外情况,所提出的鉴定意见是对原鉴定意见证据效力的废弃,因而必须审慎启动。对当事人提出的重新鉴定申请,人民法院应先穷尽相关证明手段,如要求鉴定人出庭作证、补充鉴定、咨询意见、人民法院内部技术审核等,对原鉴定意见存在的缺陷予以弥补;在穷尽上述证明手段仍不能弥补原鉴定意见存在的缺陷,且符合重新鉴定条件的情况下,才能准许重新鉴定申请,并另行委托鉴定。[1] 重新鉴定涉及下列一些规定:

(1)已被废止的《最高人民法院第一审经济纠纷案件适用普通程序开庭审理的若干规定》(法发〔1993〕34号)第29条规定:“当事人要求提供新的证据或者合议庭认为事实尚未查清,确需人民法院补充调查、收集证据或通知新的证人到庭、重新鉴定、勘验,因而需要延期审理的,可以宣布延期审理。需要当事人补充证据的,应告

〔1〕 参见《浙江省高级人民法院关于进一步规范民事诉讼鉴定相关工作若干问题的纪要》(浙高法〔2014〕187号)第15条。

知其在限定期间内提供。"[1]依此,重新鉴定的条件是"合议庭认为事实尚未查清"和"确需"重新鉴定。

(2)已被废止的《最高人民法院关于民事经济审判方式改革问题的若干规定》(法释〔1998〕14号)第13条规定:"一方当事人要求补充证据或者申请重新鉴定、勘验,人民法院认为有必要的可以准许。补充的证据或者重新进行鉴定、勘验的结论,必须再次开庭质证。"[2]依此,重新鉴定可以由一方当事人申请,人民法院以"有必要"为条件予以准许。

(3)修正前的《最高人民法院关于适用〈中华人民共和国民事诉讼法〉审判监督程序若干问题的解释》(法释〔2008〕14号)第10条第1款第3项规定:"申请再审人提交下列证据之一的,人民法院可以认定为民事诉讼法第一百七十九条第一款第一项规定的'新的证据':……(三)原审庭审结束后原作出鉴定结论、勘验笔录者重新鉴定、勘验,推翻原结论的证据。"(现已删除)其中的"民事诉讼法第一百七十九条第一款第一项",对应现行该法第211条第1项。其中的"重新鉴定"显然不可能由原审人民法院所委托,故实为私鉴定,而非公鉴定。此似应限于如下两种情形:一是鉴定人自行发现原鉴定意见有错误而进行的重新鉴定;二是当事人针对私鉴定意见而自行委托的"重新鉴定"(仍为私鉴定)。对此,人民法院可以结合案件的具体情况,决定是否进入再审。[3]

(4)《民事诉讼证据规定》第40条规定:"当事人申请重新鉴定,存在下列情形之一的,人民法院应当准许:(一)鉴定人不具备相应资格的;(二)鉴定程序严重违法的;(三)鉴定意见明显依据不足的;(四)鉴定意见不能作为证据使用的其他情形。""存在前款第一项至第三项情形的,鉴定人已经收取的鉴定费用应当退还。拒不退还的,依照本规定第八十一条第二款的规定处理。""对鉴定意见的瑕疵,可以通过补正、补充鉴定或者补充质证、重新质证等方法解决的,人民法院不予准许重新鉴定的申请。""重新鉴定的,原鉴定意见不得作为认定案件事实的根据。"其中,第1款规定的前两项为程序性事由,后两项为实体性事由。特别是后两项事由,结合同一司法解释第36条第1款第4项的规定,反映人民法院对鉴定意见的审查性质是实质审查,该审查系受人民法院自由心证之调节。根据《民事诉讼证据规定》第40

〔1〕该司法解释已根据我国《第十三批废止司法解释决定》而废止,废止理由是已被《民事诉讼法司法解释》代替。

〔2〕该司法解释已根据我国《第十三批废止司法解释决定》而废止,废止理由是已被《民事诉讼法司法解释》代替。

〔3〕参见最高人民法院民事审判第一庭:《最高人民法院新民事诉讼证据规定理解与适用》(上),人民法院出版社2020年版,第395页。《2001年民事诉讼证据规定》第28条规定:"一方当事人自行委托有关部门作出的鉴定结论,另一方当事人有证据足以反驳并申请重新鉴定的,人民法院应予准许。"(现已删除)其中的"重新鉴定",应为第一次公鉴定。

条第2款规定,重新鉴定系由于原鉴定人方面的原因所导致的,原鉴定人应当退还鉴定费用,并承担相应的法律责任。同条第3款规定明确了重新鉴定的兜底性原则,列举了解决鉴定意见存在瑕疵的相关证明手段,包括补正、补充鉴定或者补充质证、重新质证等。因此,当事人不得简单地以对鉴定意见有异议而申请重新鉴定的,而应举证证明原鉴定意见存在上述情形。[1] 同条第4款规定明确基于重新鉴定所提出的鉴定意见,是对原鉴定意见的取代,原鉴定意见不发生证据效力。除此以外,《民事诉讼证据规定》第81条第3款规定:"当事人因鉴定人拒不出庭作证申请重新鉴定的,人民法院应当准许。"

(5)《最高人民法院第八次全国法院民事商事审判工作会议(民事部分)纪要》(法〔2016〕339号)第35条规定:"当事人对鉴定人作出的鉴定意见的一部分提出异议并申请重新鉴定的,应当着重审查异议是否成立;如异议成立,原则上仅针对异议部分重新鉴定或者补充鉴定,并尽量缩减鉴定的范围和次数。"该条规定肯定了部分的重新鉴定,同时坚持重新鉴定的兜底性原则,人民法院对当事人重新鉴定(/补充鉴定)的申请具有决定权。

(6)《最高人民法院、司法部关于建立司法鉴定管理与使用衔接机制的意见》(司发通〔2016〕98号,以下简称《鉴定管理与使用衔接意见》)规定:"人民法院要加强对委托鉴定事项特别是重新鉴定事项的必要性和可行性的审查,择优选择与案件审理要求相适应的鉴定机构和鉴定人。"

(7)《委托鉴定审查规定》第11条规定:"鉴定意见书有下列情形之一的,视为未完成委托鉴定事项,人民法院应当要求鉴定人补充鉴定或重新鉴定:(1)鉴定意见和鉴定意见书的其他部分相互矛盾的;(2)同一认定意见使用不确定性表述的;(3)鉴定意见书有其他明显瑕疵的。""补充鉴定或重新鉴定仍不能完成委托鉴定事项的,人民法院应当责令鉴定人退回已经收取的鉴定费用。"其中,第1款引言明确重新鉴定可以由原鉴定人进行,似非所宜。另值注意的是,该款第2项规定同一认定意见须使用确定性表述,《民事诉讼证据规定》第40条第1款关于鉴定意见审查项目中对此未予涵括。事实上,该要求与鉴定活动中一些常见的类别和方法不相匹配。如笔迹鉴定,其本质即为不确定性,《笔迹鉴定技术规范》(GB/T 37239-2018)中规定,笔迹鉴定意见包括确定性意见、非确定性意见和无法判断等"三类九种"表

---

[1] 参见江西省南昌百货总公司、湖南赛福尔房地产开发公司与南昌新洪房地产综合开发有限公司合资、合作开发房地产合同纠纷案(最高人民法院(2011)民申字第777号民事裁定,2011年12月20日),载《最高人民法院公报》2013年第1期;最高人民法院(2016)民申826号民事裁定(北通建设集团有限公司、沈阳经济技术开发区市政建设工程有限公司与北通建设集团有限公司、沈阳经济技术开发区市政建设工程有限公司等建设工程施工合同纠纷申请再审案,2016年6月29日)。

述。在笔迹鉴定方法上，近年来颇受法庭科学界青睐的似然率模型评价方法，既不以追求绝对的同一认定作为工作目标，还引入鉴定人的确信度作为评价因子。[1]

(8)司法部《司法鉴定程序通则》第31条规定："有下列情形之一的，司法鉴定机构可以接受办案机关委托进行重新鉴定：(一)原司法鉴定人不具有从事委托鉴定事项执业资格的；(二)原司法鉴定机构超出登记的业务范围组织鉴定的；(三)原司法鉴定人应当回避没有回避的；(四)办案机关认为需要重新鉴定的；(五)法律规定的其他情形。"第32条规定："重新鉴定应当委托原司法鉴定机构以外的其他司法鉴定机构进行；因特殊原因，委托人也可以委托原司法鉴定机构进行，但原司法鉴定机构应当指定原司法鉴定人以外的其他符合条件的司法鉴定人进行。""接受重新鉴定委托的司法鉴定机构的资质条件应当不低于原司法鉴定机构，进行重新鉴定的司法鉴定人中应当至少有1名具有相关专业高级专业技术职称。"此系要求重新鉴定的资质条件须不低于原鉴定的资质条件，其启动一般须另行委托鉴定人，原则上不得与原鉴定人在同一鉴定机构任职。

在比较法上，有立法例拒绝以重新鉴定所提出的鉴定意见废弃原鉴定意见，而是将二者均纳入法院自由心证的对象范围，但其重新鉴定具有审查原鉴定的意味。如《巴西民事诉讼法》规定，"当法官认为问题未被充分的解明时，可以依职权或当事人的申请作出重新鉴定的决定。"（第437条）"第二次鉴定应以第一次鉴定的事实作为对象，并以纠正第一次鉴定结果中的遗漏或错误为目的。"（第438条）"第二次鉴定不能替代第一次鉴定的结论，法官对两次鉴定的作用与价值可以分别自由地作出评价。"（第439条补充条款）[2]

(五)刑事司法鉴定的借鉴

相较于我国《民事诉讼法》及其司法解释对民事司法鉴定所作的全面规定，《刑事诉讼法》及其司法解释关于刑事司法鉴定的规定则显得薄弱。《刑事诉讼法》将鉴定制度的重心放在"侦查"阶段（第2编第2章第7节，第146～149条），在"审判"阶段则与其他证据方法作一并规定（第3编第2章第1节，第192～197条），两种鉴定的性质均为公鉴定。《刑事诉讼法司法解释》只有5个条文对鉴定作专门规定（第97～101条），其余则与证人、专家辅助人等作混合规定（如第246、249、256～265条等）。尽管在诉讼领域上具有本质区别，但民事司法鉴定与刑事司法鉴定存

---

〔1〕参见李冰、杨雅棋：《似然率模型评价笔迹鉴定意见方法的研究——兼论笔迹鉴定意见"不确定性"的本质》，载《证据科学》2021年第5期。

〔2〕《巴西民事诉讼法典之证据部分》，林剑锋译，载何家弘、张卫平主编：《外国证据法选译》（增补卷），人民法院出版社2002年版，第188页。

在共通之处,其中的不少规则可以相互借鉴、吸收。

1. 赋予刑事案件当事人特别是被告人、辩护人以鉴定申请权。目前,《刑事诉讼法》只承认侦查机关的鉴定启动权(第 146 条),当事人只有补充鉴定、重新鉴定的申请权,而没有初始的鉴定申请权。当事人的该项申请权,包括两个部分:一是向侦查机关申请补充鉴定、重新鉴定(第 148 条后段),二是向人民法院申请重新鉴定(第 197 条第 1 款)。在比较法上,与我国实行的职权主义刑事诉讼模式较为接近的大陆法系国家,司法审查贯穿刑事诉讼的始终,无论是控方还是辩方,都可以申请法院启动鉴定;英美法系国家刑事诉讼中,控辩双方都有权自行启动鉴定。[1] 为使鉴定能够成为当事人开展刑事诉讼的有效手段,可以吸收民事司法鉴定中的有益元素,引进当事人对刑事司法鉴定的申请权。厘清侦查鉴定与人民法院依申请委托鉴定之间的关系,在就同一鉴定事项已经有前者的情况下,后者则为相对于前者的重新鉴定,其启动一定程度上意味着对前者证据效力的废弃。除此以外,无论有无侦查鉴定或者当事人申请委托鉴定,人民法院都可以在必要时依职权委托鉴定。

2. 明确人民法院对刑事鉴定意见的审查性质是实质审查。《刑事诉讼法司法解释》第 197 条规定列举了人民法院对刑事鉴定意见应当着重审查的 10 项内容,其性质主要为形式审查,只有第 6 项"鉴定的过程和方法是否符合相关专业的规范要求"稍具有实质审查的味道。对照《民事诉讼证据规定》规定,人民法院审查民事鉴定意见,应当审查"鉴定所依据的原理、方法"(第 6 条第 1 款第 4 项)。这是因为,如果采取遵从模式,无异于将对案件事实的判断权完全让渡给鉴定人、鉴定机构或者特定的鉴定行业,此即所谓"以鉴代审",极易造成冤错案件。事实上,不少鉴定方法在科学原理上并未经过充分验证,这从最高人民法院、最高人民检察院对利用人类白细胞抗原(HLA)进行亲子鉴定、[2]测谎、[3]骨龄鉴定[4]等鉴定方法采取谨慎态度,便

---

〔1〕 参见陈永生:《论刑事司法对鉴定的迷信与制度防范》,载《中国法学》2021 年第 6 期。

〔2〕 我国《最高人民法院关于废止 1980 年 1 月 1 日至 1997 年 6 月 30 日期间发布的部分司法解释和司法解释性质文件(第九批)的决定》(法释〔2013〕2 号,以下简称《第九批废止司法解释决定》)第 99 项规定:"目前已不使用此种鉴定方式"。

〔3〕 我国《最高人民检察院关于 CPS 多道心理测试鉴定结论能否作为诉讼证据使用问题的批复》(高检发研字〔1999〕12 号)规定:"CPS 多道心理测试(俗称测谎)鉴定结论与刑事诉讼法规定的鉴定结论不同,不属于刑事诉讼法规定的证据种类。人民检察院办理案件,可以使用 CPS 多道心理测试鉴定结论帮助审查、判断证据,但不能将 CPS 多道心理测试鉴定结论作为证据使用。"

〔4〕 我国《最高人民检察院关于"骨龄鉴定"能否作为确定刑事责任年龄证据使用的批复》(高检发研字〔2000〕6 号)规定:"犯罪嫌疑人不讲真实姓名、住址,年龄不明的,可以委托进行骨龄鉴定或其他科学鉴定,经审查,鉴定结论能够准确确定犯罪嫌疑人实施犯罪行为时的年龄的,可以作为判断犯罪嫌疑人年龄的证据使用。如果鉴定结论不能准确确定犯罪嫌疑人实施犯罪行为时的年龄,而且鉴定结论又表明犯罪嫌疑人年龄在刑法规定的应负刑事责任年龄上下的,应当依法慎重处理。"

可看出。因此,人民法院对鉴定意见的审查,应当包含对鉴定方法特别是新兴技术所依据的原理的审查。在比较法上,美国联邦最高法院于 1993 年“多伯特诉梅里尔·道医药公司案”(Daubert v. Merrell Dow Pharmaceuticals, Inc.)中提出,法官应对科学证据(即专家证言)履行“看门人”(英 gatekeeper)的职责,对专家证言的科学基础进行实质审查,获得确信后方能予以采纳。法官须对专家证言进行可靠性审查(即实质审查),具体标准包括:是否建立在具有适当可靠性的原理或方法的基础上;是否建立在充分、可靠的事实与数据的基础上;是否已经将这些原理或方法可靠地应用于案件事实等。〔1〕

3. 明确刑事司法鉴定意见的庭前开示程序。《刑事诉讼法》虽然设置了庭前会议程序,但仅对其功能限于人民法院“了解情况,听取意见”(第 187 条第 2 款),而未对鉴定意见的庭前开示程序作出专门规定。有所涉及的仅为“侦查机关应当将用作证据的鉴定意见告知犯罪嫌疑人、被害人”的规定(第 148 条前段),而未涉及在审判阶段当事人对鉴定意见的异议权问题。在《刑事诉讼法司法解释》关于庭前会议的规定中,也只是涉及“是否申请重新鉴定”的内容(第 228 条第 1 款第 6 项),由审判人员询问控辩双方对证据材料有无异议(第 229 条)。笔者认为,应参照《民事诉讼证据规定》第 37 条规定,创设专门的刑事司法鉴定意见的庭前开示程序。对纳入控诉证据材料的鉴定意见,应在庭前会议时专门询问当事人有无异议。对审判阶段由人民法院委托提出的鉴定意见,人民法院应当及时向控辩双方送交鉴定书副本,允许双方在指定期间内提出书面异议。控辩双方提出异议的,人民法院应当要求鉴定人作出解释、说明或者补充;认为有必要的,可以要求鉴定人出席庭前会议,对被异议的相关内容进行解释、说明或者补充。未经庭前开示的鉴定意见,原则上不得作为证据提交庭审进行审理。〔2〕

4. 完善刑事司法鉴定人出庭作证的条件。建议参照《司法鉴定管理决定》第 11 条、《民事诉讼法》第 81 条前段规定,修改《刑事诉讼法》第 192 条第 3 款前段规定,将鉴定人对鉴定意见提出异议作为鉴定人出庭作证的充分条件,而不以“人民法院认为鉴定人有必要出庭”作为并列条件,这有利于强化当事人在诉讼尤其是刑事诉

〔1〕 参见《美国联邦证据规则》第 702 条规定:“如果科学、技术或者其他专门知识将会帮助事实审判者理解证据或者确定争议事实,则因知识、技能、经验、训练或者其他教育而具有专家资格的证人,可以以意见或者其他的形式就此作证。”参见《美国 1999 年统一证据规则》第 702 条,刘品新译,载何家弘、张卫平主编:《外国证据法选译》(增补卷),人民法院出版社 2002 年版,第 40 ~ 41 页;金自宁:《作为科学证据的环境损害鉴定评估——基于环境司法案例的考察》,载《法学评论》2021 年第 5 期。

〔2〕 参见吴高庆、张进:《论刑事鉴定意见的庭前开示程序》,载《中国司法鉴定》2013 年第 2 期。《日本刑事诉讼法》第 299 条第 1 款中规定,法庭应当提前为控辩双方提供知悉鉴定人相关信息的机会。

讼中的主体地位,实现诉讼尤其是刑事诉讼中的力量平衡。质言之,对于鉴定人出庭作证,人民法院既可以依当事人异议,[1]也可以依职权。[2] 在解释上,对于《刑事诉讼法》第192条第3款前段规定中的"人民法院认为鉴定人有必要出庭",既可以理解为人民法院对当事人针对鉴定意见所提出的异议具有审查权,也可以理解为人民法院依职权通知鉴定人出庭作证的事由。应逐步转变为如下观念:就鉴定意见这一证据类型的表现形式而言,应以"书面+口头"作为原则,"仅为书面"作为例外。从立法方式来看,应以《民事诉讼法》第81条前段规定的方式为较佳,《刑事诉讼法》第192条第3款前段规定宜向其靠拢。

5. 完善刑事司法鉴定人出庭作证的方式。人民法院对鉴定所依据的原理、方法和鉴定过程进行实质审查面临的最大困难在于,法官是科学界的外行,通常对鉴定所涉及的专业知识并不了解。亦正因此,鉴定人除应用符合社会一般认知的方式提出书面鉴定意见以外,还须在出庭作证以法庭能够理解的方式进行表达。由于民事诉讼具有天然的对抗性,双方当事人皆致力于说服法庭接受其观点,对鉴定意见提出质疑的能力也较强。相比之下,刑事诉讼当事人对鉴定意见提出质疑的能力则较弱,为此,更应强化鉴定人出庭作证的效果。例如,对于那些经验比对类鉴定,如指纹鉴定、笔迹鉴定、枪弹痕迹鉴定等,鉴定人应向法庭展示检材和样本经过放大的图片或者照片,描述根据行业规范所确定的特征比对点。在此基础上,法庭须判断哪些比对点具有同一性,哪些比对点不具有同一性,从而对鉴定意见的正确性形成心证。对属于实验室分析类的鉴定,如DNA鉴定、药物成分鉴定等,鉴定人应将科学结果转化为非科学家能够理解的语言,帮助法庭了解科学实验的原理、方法及过程,并以此为基础判断鉴定意见的正确性。[3]

6. 完善刑事司法鉴定中的重新鉴定制度。我国《刑事诉讼法》在侦查和审判两个阶段都规定了重新鉴定。在侦查阶段,犯罪嫌疑人、被害人有权申请补充鉴定或者重新鉴定(第148条后段);在审判阶段,当事人和辩护人、诉讼代理人有权申请重新鉴定(第197条第1款)。针对侦查阶段的重新鉴定,公安部《公安机关办理刑事案件程序规定》第255条第1款规定:"经审查,发现有下列情形之一的,经县级以上公安机关负责人批准,应当重新鉴定:(一)鉴定程序违法或者违反相关专业技术要求的;(二)鉴定机构、鉴定人不具备鉴定资质和条件的;(三)鉴定人故意作虚假鉴定或者违反回避规定的;(四)鉴定意见依据明显不足的;(五)检材虚假或者被损坏

[1] 参见我国《刑事诉讼法司法解释》第249条第1款。
[2] 参见我国《刑事诉讼法司法解释》第251条。
[3] 参见陈永生:《论刑事司法对鉴定的迷信与制度防范》,载《中国法学》2021年第6期。

的；(六)其他应当重新鉴定的情形。”针对审判阶段的重新鉴定，《刑事诉讼法司法解释》第273条第1款规定，法庭审理过程中，控辩双方申请重新鉴定，“法庭认为有必要的，应当同意”。但对于何为“有必要”，尚不明确。笔者认为，宜参照《民事诉讼证据规定》第40条第1款以及公安部《公安机关办理刑事案件程序规定》上述规定，在经鉴定人出庭作证等相关证明手段仍不足以采纳鉴定意见时，人民法院可以依申请委托重新鉴定。

### 三、司法鉴定的管理与使用

关于对鉴定人/鉴定机构的管理监督，我国《司法鉴定管理决定》、《刑事诉讼法》和《民事诉讼法》均未予着墨，似系将此统一交由司法行政机关进行，如此理解难免造成司法鉴定的管理监督与使用相脱节的问题。人民法院作为司法鉴定的委托方(即使用方)，对鉴定人/鉴定机构的工作情况有着最为直观的认识，理应参与对鉴定人/鉴定机构的管理监督。为建立司法鉴定管理与使用的衔接机制，规范司法鉴定工作，提高司法鉴定质量，最高人民法院、司法部于2016年联合制定《鉴定管理与使用衔接意见》。

(一)司法鉴定的管理

根据我国《司法鉴定管理决定》，司法行政机关对司法鉴定活动实行不完全的统一登记管理制度。第2条规定：“国家对从事下列司法鉴定业务的鉴定人和鉴定机构实行登记管理制度：(一)法医类鉴定；(二)物证类鉴定；(三)声像资料鉴定；(四)根据诉讼需要由国务院司法行政部门商最高人民法院、最高人民检察院确定的其他应当对鉴定人和鉴定机构实行登记管理的鉴定事项。”“法律对前款规定事项的鉴定人和鉴定机构的管理另有规定的，从其规定。”结合第3条“国务院司法行政部门主管全国鉴定人和鉴定机构的登记管理工作。省级人民政府司法行政部门依照本决定的规定，负责对鉴定人和鉴定机构的登记、名册编制和公告”的规定，以第1条规定为前提，第2条第1款规定的“三大类”司法鉴定(包括法医类鉴定、物证类鉴定和声像资料鉴定)系由司法行政机关实行统一的登记管理，第2条第2款规定的“其他类”司法鉴定则由其他行政部门进行管理，笔者称此为司法鉴定的二元管理体制。目前，司法行政机关只是“四大类”(“三大类”+环境损害鉴定[1])司法鉴定的登记管理部门，对“其他类”司法鉴定则没有登记管理的权力。对于产品质量鉴定、建筑工程质量鉴定、工程造价、会计审计、评估等司法鉴定类别，分别由质检、建设、财政、

---

〔1〕 近年根据我国《司法鉴定管理决定》第2条第1款第4项规定，仅增加了一类“环境损害鉴定”；《最高人民法院、最高人民检察院、司法部关于将环境损害司法鉴定纳入统一登记管理范围的通知》(司发通〔2015〕117号)。

国土资源等相关行政管理机关进行管理,不属于司法行政机关的登记管理范围。[1]

司法行政机关对司法鉴定的登记管理范围,原则上系限于"四大类"司法鉴定活动。从《司法鉴定管理决定》的内容来看,私鉴定并不在其调整范围之内。[2] 既然私鉴定不属于司法鉴定,其鉴定人/鉴定机构当然不能称为司法鉴定人/司法鉴定机构,它们当然也不能纳入司法行政机关的登记管理范围。究其原因,司法鉴定活动可能涉及科学技术的任何领域,希图在行政管理上进行穷尽列举并作出范围规限,进而实行统一的登记管理的愿望尽管美好,但既不符合科学规律,也没有任何可操作性。因此,不能将司法行政机关对从事"四大类"司法鉴定活动的鉴定人/鉴定机构的登记管理,置换为对从事"四大类"司法鉴定和私鉴定活动的鉴定人/鉴定机构的登记管理。从法条文义上考察,《司法鉴定管理决定》没有赋予司法行政机关对私鉴定的鉴定人/鉴定机构的登记管理权。

司法行政机关对司法鉴定(公鉴定)的登记管理,除登记权[3]外,更重要的是定价权。2005年《司法鉴定管理决定》第15条规定:"司法鉴定的收费项目和收费标

---

〔1〕 参见我国《最高人民法院办公厅对十二届全国人大三次会议第1084号建议的答复》(法办函〔2015〕433号)。例如,《最高人民法院关于审理生产、销售伪劣商品刑事案件有关鉴定问题的通知》(法〔2001〕70号)第2条规定:"人民法院受理的生产、销售假药犯罪案件和生产、销售不符合卫生标准的食品犯罪案件,均需有'省级以上药品监督管理部门设置或者确定的药品检验机构'和'省级以上卫生行政部门确定的机构'出具的鉴定结论"。其中,"省级以上药品监督管理部门设置或者确定的药品检验机构"与《药品管理法》第6条"药品监督管理部门设置或者指定的药品专业技术机构"的规定基本一致,但"省级以上卫生行政部门确定的机构"则已与《食品安全法》第84条规定相矛盾,后者第1款规定:"食品检验机构按照国家有关认证认可的规定取得资质认定后,方可从事食品检验活动。但是,法律另有规定的除外。"依该款规定,"地方各级食品药品监管部门应当及时将会同有关部门认定的食品药品检验检测机构名单、检验检测资质及项目等,向公安机关、人民检察院、人民法院通报"。参见《国家食品药品监管总局、公安部、最高人民法院、最高人民检察院关于印发食品药品行政执法与刑事司法衔接工作办法的通知》(食药监稽〔2015〕271号)第20条。有检察官认为,在"彭某胜等生产、销售假盐案"中,作出食盐不符合国家标准检验结论的广东省质量监督盐业产品检验站并非省级以上卫生行政部门确定的机构,导致该案因无法形成鉴定意见而不能认定生产、销售不符合安全标准的食品罪,参见许一思:《"6·09"假盐系列案的分析与思考》,载广州市法学会编:《法治论坛》2017年第4辑(总第48辑),中国法制出版社2017年版,第327页。这一观点不符合《食品安全法》的上述规定。同时,上述通知中"省级以上卫生行政部门确定的机构"所依据的《最高人民法院、最高人民检察院关于办理生产、销售伪劣商品刑事案件具体应用法律若干问题的解释》(法释〔2001〕10号)第4条规定实际上已被《最高人民法院、最高人民检察院关于办理危害食品安全刑事案件适用法律若干问题的解释》(法释〔2013〕12号)所修改,后者第21条规定:"'足以造成严重食物中毒事故或者其他严重食源性疾病''有毒、有害非食品原料'难以确定的,司法机关可以根据检验报告并结合专家意见等相关材料进行认定。必要时,人民法院可以依法通知有关专家出庭作出说明。"参与起草该司法解释的法官指出:此举旨在转换生产、销售不符合安全标准的食品罪的入罪门槛的认定思路,解决作为主要定案证据的检验报告通常仅就送检食品是否含有致病性微生物、污染物质及其理化数值发表意见,证据事实与待证事实存在明显断裂的问题,参见裴显鼎、刘为波:《〈关于办理危害食品安全刑事案件适用法律若干问题的解释〉的精神解读》,载《人民法院报》2013年5月15日,第6版。

〔2〕 有学者认为,我国《司法鉴定管理决定》也调整私鉴定,参见陈刚:《我国民事诉讼领域有关鉴定的问题与对策》,载《中国司法鉴定》2012年第5期。

〔3〕 对于我国《司法鉴定管理决定》赋予司法行政机关对司法鉴定活动的登记权,有关部门规章系理解为对司法鉴定机构的许可登记和对司法鉴定人的审核登记,由司法行政部门分别颁发《司法鉴定许可证》和《司法鉴定人执业证》,参见司法部《司法鉴定机构登记管理办法》《司法鉴定人登记管理办法》。

准由国务院司法行政部门商国务院价格主管部门确定。”2015年修正《司法鉴定管理决定》，只涉及此一条文，规定：“司法鉴定的收费标准由省、自治区、直辖市人民政府价格主管部门会同同级司法行政部门制定。”此系将司法鉴定的定价权从原来的国家一级，下放到省一级。此一修正值得商榷。基于基本的程序公正，司法鉴定属于诉讼法事项，应与案件受理费等普通诉讼费用一样，实行全国统一的收费标准，似不宜实行不同地方之间的区别待遇。[1] 此一修正的背后，可能源于一种司法鉴定市场化的错误认识，以所谓市场化的价值机制衡量司法鉴定活动的“价格”。事实上，所谓市场化的鉴定活动只应限于私鉴定。既不应将私鉴定纳入司法行政机关对司法鉴定的登记管理之中，也不应因私鉴定实行市场化而“倒逼”司法鉴定定价权的下放。司法鉴定费用只宜立基于人民法院与鉴定人之间的诉讼法律关系，而与案件当事人没有必然联系。目前，《诉讼费用交纳办法》采取由案件当事人直接向鉴定机构交纳鉴定费用的做法，也值得商榷。

司法鉴定不仅不应与私鉴定相提并论，而且不应走市场化的道路。司法鉴定的目的，是为了确保司法公正，而不是实现鉴定人/鉴定机构的所谓市场价值；或者说，司法鉴定本来就不该有什么市场。目前实践中在司法鉴定收费上出现的问题，不是出在由谁来制定标准之上，而是出在标准应如何制定之上。一方面，司法鉴定制度应实现社会公众对司法鉴定资源的公平享有和利用，因而不宜直接采取私鉴定的市场化收费标准。另一方面，制定司法鉴定收费标准，除须兼顾鉴定人/鉴定机构所付出的基本劳动外，还须考虑因鉴定活动使用不同规格、标准的鉴定仪器而发生科学技术成本差异。为实现社会公众对司法鉴定资源的公平享有和利用，应制定全国统一的司法鉴定阶梯收费标准，再由司法鉴定的使用方——人民法院根据案件的具体情况确定司法鉴定费用数额。

（二）司法鉴定的使用

我国《司法鉴定管理决定》第3条后段规定：“省级人民政府司法行政部门依照本决定的规定，负责对鉴定人和鉴定机构的登记、名册编制和公告。”根据司法部有关规定，凡经司法行政机关审核登记的司法鉴定机构及司法鉴定人，必须统一编入司法鉴定人和司法鉴定机构名册并公告；未经司法部批准，其他部门和组织不得以任何名义编制司法鉴定人和司法鉴定机构名册或者类似名册。[2] 有人认为，司法实践中人民法院在司法行政机关编制的鉴定人和鉴定机构名册以外，另行编制人民法院专用的鉴定人和鉴定机构名册（*以下简称鉴定人名册*），违反了上述规定。但

[1] 参见我国《诉讼费用交纳办法》第13条。

[2] 我国司法部《司法鉴定机构登记管理办法》第28条、第29条第2款。

是,人民法院作为司法鉴定的使用方,对鉴定人/鉴定机构的能力、资质、技术等有着须与案件审理相对应的、更为具体的要求,与司法行政机关从技术、人员、学历等标准简单判断鉴定人和鉴定机构是否具备鉴定能力是完全不同的。人民法院为便于开展委托鉴定活动,确有必要编制与审判实践相适应的、统一的鉴定人名册。尤其是对于"四大类"司法鉴定以外的鉴定活动,人民法院编制鉴定人名册更是无可厚非。《最高人民法院对外委托鉴定、评估、拍卖等工作管理规定》(法办发〔2007〕5号)第42条第1款规定:"法医、物证、声像资料三类鉴定的专业机构名册从司法行政管理部门编制的名册中选录编制。其他类别的专业机构、专家名册由相关行业协会或主管部门推荐,按照公开、公平、择优的原则选录编制。"对此,最高人民法院曾作有如下2件复函:

(1)《最高人民法院办公厅关于〈黑龙江省司法鉴定管理条例(草案修改稿)〉有关问题意见的复函》(法办函〔2015〕558号)第3条指出:"对于法医类、物证类、声像资料类鉴定,以及司法部商'两高'后确定纳入司法鉴定登记管理范围的鉴定类别,人民法院应当在司法行政部门编制的鉴定机构名册内,根据案件的具体情况,选择在专业、能力等方面与委托鉴定事项和要求相适应的鉴定机构委托鉴定。人民法院对鉴定机构和鉴定人的鉴定行为进行监督,发现其有违法、违规等行为的,应当暂停委托其从事人民法院司法鉴定业务,并将相关情况通报司法行政部门。""对不属于司法鉴定登记管理范围的其他类鉴定,由人民法院司法技术部门定期开展申报审查。对向人民法院提出申请、愿意履行相应责任和义务、具备相关行业资质的专业机构,人民法院可以根据专业机构的资质等级、综合能力、社会信誉、服务质量等,择优纳入委托鉴定机构信息库,供人民法院在开展对外委托工作时选用。""对委托工作中较少出现、未纳入信息库的专业类鉴定,人民法院可根据工作需要委托相关领域的检验、检测等机构进行鉴定。"〔1〕

(2)《最高人民法院办公厅关于北京市司法局就登记管理的鉴定机构均进入北京法院专业机构名册意见的复函》(法办函〔2019〕604号)指出:"人民法院对外委托工作是审判执行工作的重要环节,是对待证事实的寻证活动,受诉讼法律和司法解释的调整,属于司法活动,与行政机关的行政管理在性质、目的任务和管理后果等方面均不相同。人民法院的主要任务是公开公平公正处理案件,而非为各类鉴定机构提供案源。工作中,为保证审判执行工作质量,各级人民法院应当加强对鉴定机构鉴定人专业能力、业务水平、规范管理、诚信执业等情况的审查,择优选择符合审

〔1〕　参见贺荣主编:《人民法院司法技术工作规范指南》(上册),人民法院出版社2016年版,第165~166页。

判执行工作需要的鉴定机构鉴定人，没有必要也没有义务将所有专业机构纳入人民法院对外委托名册。此外，对外委托名册只是人民法院开展委托鉴定工作的使用名单，并非行政许可，没有进入人民法院对外委托名册的各类社会中介机构，仍然可以接受公安、检察、行政机关、当事人等社会各界的委托，并不影响其执业。”

人民法院编制鉴定人名册与司法行政机关编制鉴定人名册之间存在本质区别。前者的目标是服务审判工作，具有确保司法公正的价值；后者的目标则是维护司法鉴定秩序，以达成事务管理为已足。实践中司法行政机关编制鉴定人名册的最大不足，是未能直接对接审判工作的具体需要。围绕人民法院编制鉴定人名册，最高人民法院制定了《人民法院对外委托司法鉴定管理规定》（法释〔2002〕8 号）和《人民法院司法鉴定人名册制度实施办法》（法发〔2004〕6 号）。上述司法解释和规范性文件尽管都是在 2005 年《司法鉴定管理决定》施行前出台，但迄今仍然有效。〔1〕 人民法院编制鉴定人名册，系按照属地原则分级建立，由高级人民法院实行统一管理、分级委托。针对“四大类”司法鉴定，为避免与司法行政机关编制的鉴定人名册相冲突，人民法院一般是在该鉴定人名册的范围内，根据审判需要和专业标准，编制自身的鉴定人名册。这意味着，鉴定人/鉴定机构即使取得了司法行政机关的登记，仍须被纳入人民法院鉴定人名册后，才能接受人民法院委托开展鉴定活动。人民法院在编制鉴定人名册时，应当对鉴定人/鉴定机构是否符合为审判工作开展鉴定活动的资质进行审查。未被纳入人民法院鉴定人名册的鉴定人/鉴定机构，人民法院原则上不得委托开展鉴定活动，但是名册中没有符合相关鉴定专业类别的除外。人民法院委托鉴定的，原则上按照属地原则，根据诉讼法的相关规定，由当事人协商或者人民法院摇珠从鉴定人名册中确定鉴定人/鉴定机构。接受委托的鉴定人/鉴定机构存在违法违规情形的，人民法院可以根据情节轻重，对其予以暂停委托、责令退还鉴定费用、从人民法院鉴定人名册中除名等惩戒，并向行政主管部门或者行业协会发出司法建议。鉴定人/鉴定机构存在违法犯罪情形的，人民法院应当将有关线索材料移送公安、检察机关处理。〔2〕

《刑事诉讼法》第 147 条第 2 款规定：“鉴定人故意作虚假鉴定的，应当承担法律

---

〔1〕 我国《最高人民法院关于人民法院委托评估、拍卖工作的若干规定》（法释〔2011〕21 号，以下简称《委托评估、拍卖规定》）第 2 条第 2 款规定：“人民法院不再编制委托评估、拍卖机构名册。”这后来在实践中演变为“隐性名册”，《最高人民法院关于实施〈最高人民法院关于人民法院委托评估、拍卖工作的若干规定〉有关问题的通知》（法〔2012〕30 号，以下简称《委托评估、拍卖规定实施通知》）第 3 条规定：“符合资质等级标准的评估、拍卖机构，每年年末向所在地区的高级或中级人民法院提出申请，作为下一年度人民法院委托评估、拍卖入选机构，履行相应的责任和义务。”

〔2〕 参见我国《民事诉讼证据规定》第 42 条，《委托鉴定审查规定》第 14 条第 1 款，广东省高级人民法院制定的《广东省司法委托中介机构诚信管理细则》（粤高法〔2014〕341 号）。

责任。”其中的法律责任主要指刑事责任、行政责任(含诉讼责任)。《民事诉讼法》中没有类似的规定,却有关于人民法院对妨害民事诉讼行为的制裁规定(第114条),适用于鉴定人/鉴定机构的鉴定活动。《民事诉讼证据规定》第33条第2款规定:“鉴定人故意作虚假鉴定的,人民法院应当责令其退还鉴定费用,并根据情节,依照民事诉讼法第一百一十一条的规定进行处罚。”其中的“民事诉讼法第一百一十一条”,对应现行该法第114条。[1] 人民法院发现鉴定人/鉴定机构存在违规鉴定、无正当理由逾期完成鉴定、经依法通知无正当理由拒不出庭作证等违法违规情形,甚至有故意作虚假鉴定等严重违法行为的,均可以按照情节轻重和造成后果的程度,按照上述规定予以处罚。[2] 当然,上述规定同时也具有保护鉴定人的人身安全、维护正常鉴定活动秩序的作用。除此以外,上述规定还可以辐射于相关当事人追究鉴定人/鉴定机构的专家民事责任。

## 附录　我国清末诉讼立法中的司法鉴定

我国诉讼法律的近代化始于清末修律活动,以采取刑民分立的立法模式(先是实体法,后是诉讼法)为其大端,以宣统二年十二月(1911年1月)由修订法律大臣沈家本(1840—1913)等先后奏进的《大清刑事诉讼律草案》和《大清民事诉讼律草案》为其大成。其中,《大清刑事诉讼律草案》系由日本学者冈田朝太郎(1868—1936)参与,[3]参酌1890年《日本刑事诉讼法》研拟而成。[4]《大清民事诉讼律草

---

〔1〕 参见我国《行政诉讼证据规定》第76条。

〔2〕 我国《委托评估、拍卖规定》第8条规定:“人民法院对其委托的评估、拍卖活动实行监督。出现下列情形之一,影响评估、拍卖结果,侵害当事人合法利益的,人民法院将不再委托其从事委托评估、拍卖工作。涉及违反法律法规的,依据有关规定处理:(1)评估结果明显失实;……(3)随机选定后无正当理由不能按时完成评估……”《委托评估、拍卖规定实施通知》第8条规定:“对从事司法委托评估、拍卖活动的机构及责任人未尽责任义务、违规违法操作、存在严重瑕疵,影响评估、拍卖结果的,人民法院可以根据其情节暂停或取消其司法评估、拍卖资格,对违反法律法规的依法处理。”人民法院的司法委托评估,与《资产评估法》规定的评估活动稍有不同:前者系落脚于鉴定人而非鉴定机构,后者则系落脚于评估机构而评估专业人员。因此,尽管该法也可以适用于司法鉴定活动,但由于该法的调整对象主要为评估中介活动,而与司法鉴定活动异其性质。故于司法委托评估之际,仍应由评估专业人员(一般为评估师)直接担任鉴定人,而非由评估机构担任鉴定人。

〔3〕 [日]冈田朝太郎:《冈田博士关于吾国法典之讲演》,原载《法政学报(北京)》(1914年第1号),现载史洪智编:《日本法学博士与近代中国资料辑要(1898—1919)》,上海人民出版社2014年版,第324~325页。

〔4〕 冈田朝太郎曾在北京多个法律学堂讲授刑事诉讼法,现存熊元襄(1883—1924)记录本(1911年)和汪有龄(1879—1947)记录本(1917年)两个版本,分别为熊元襄编:《刑事诉讼法》,上海人民出版社2013年版;汪有龄译述:《刑事诉讼法》,中国政法大学出版社2012年版。其中,前书侧重于围绕日本法(《日本刑事诉讼法》《日本裁判所构成法》)进行讲述,后书则侧重于对清末现行法(包括《大清刑事诉讼律草案》《大清法院编制法》等)进行讲述。(1)对于前书,原书正文署编辑者为熊元襄,版权页中则署为熊元翰。对此,《民国时期总书目(1911—1949)·法律》一书采为熊元翰。参见北京图书馆编,书目文献出版社1990年版,第265页第3004条。(2)对于后书,尽管该书的点校者称,已对其中所引《大清刑事诉讼律草案》的条文进行逐一订正,但该书中仍有个别“草案”条文与该草案条文不相对应,笔者疑冈田氏在该书中所引的“草案”,并非最终版本的1911年《大清刑事诉讼律草案》。这种情形也出现在前书之中。

案》主要系由日本法官松冈义正(1870—1939)执笔,参酌1903年《日本民事诉讼法改正案》研拟而成。[1]

清末诉讼立法始于光绪三十二年(1906)四月沈家本等奏进的《大清刑事民事诉讼律草案》,但其中并无关于鉴定的规定。诉讼立法中关于鉴定的规定,最早似见于光绪三十三年(1907)十月法部制定的《各级审判厅试办章程》,其中第3章第3节为"证人、鉴定人"。诉讼法上的刑民分立,系由同年十一月沈氏等奏进的《修订法律馆办事章程》所确立,其中明确修订法律馆中分设二科,其中之一掌关于刑事诉讼律、民事诉讼律之调查起草(第2条)。三年多后出炉的《大清刑事诉讼律草案》和《大清民事诉讼律草案》,正是此项工作的最终成果。尤须重视者,为沈氏在奏进《大清刑事诉讼律草案》时,就实体法与诉讼法关系有下列论述:"查诸律中,以刑事诉讼律尤为切要。西人有言曰:'刑律不善不足以害良民;刑事诉讼律不备,即良民亦罹其害。'盖刑律为体,而刑诉为用,二者相为维系,固不容偏废也。"[2]在两部诉讼律草案中,就鉴定设有多个条文且附理由,对我国现时的诉讼立法和实践均极具参考价值。

(一)《大清刑事诉讼律草案》中的"鉴定"

《大清刑事诉讼律草案》第1编"总则"第3章"诉讼行为"第5节为"鉴定及通译",凡10条。兹将其条文及按语(标为"原按"),[3]以及时人邵羲(1874—1918)

---

〔1〕 熊达云:《〈大清民事诉讼律草案〉的编订与松冈义正的作用》,载熊达云:《洋律徂东:中国近代法制的构建与日籍顾问》,社会科学文献出版社2019年版,第376页。据熊教授介绍,《大清民事诉讼律草案》约85%的条文来自《日本民事诉讼法改正案》。关于《大清民事诉讼律草案》的主要参考立法例,此前主要有两种观点,一是认为该草案"几全抄袭《德国民事诉讼法》"研拟而成,参见谢振民编著:《中华民国立法史》(下册),中国政法大学出版社2000年版,第991页。二是认为该草案大致上是以1890年《日本民事诉讼法》为蓝本。参见黄源盛:《中国法史导论》,广西师范大学出版社2014年版,第394页。松冈义正曾在京师法律学堂讲授民事诉讼法。

〔2〕 (清)沈家本、俞廉三:《宣统二年十二月二十四日奏刑事诉讼律草案告成装册呈览折》,载吴宏耀、种松志主编:《中国刑事诉讼法典百年(1996年~2012年)》(上册),中国政法大学出版社2012年版,第108页。其中所谓"西人有言……"一句,应系转引自冈田朝太郎的讲义。参见冈田氏口述,熊元襄编:《刑事诉讼法》,上海人民出版社2013年版,第21页;冈田朝太郎口授,汪有龄译述:《要旨》《刑事诉讼法》,中国政法大学出版社2012年版,第Ⅰ页。关于诉讼法与实体法的关系,冈田氏尽管同意将两者分别对应主法与助法的分类,但也指出:"诉讼法不完备,则实体法为徒法空文。"分别参见冈田朝太郎口述,熊元翰编:《法学通论》,上海人民出版社2013年版,第25、21页。松冈义正指出:"民商法与民诉法,同居重要之地位。前者规定权利之存在,后者规定权利之实行。存在与实行,事属一贯。谓规定权利实行之法律,为补助规定权利存在之法律,是不知保护权利实行之法律之性质也。故主助之名,仅足为指定民商法及民诉法之简略名词,于法理上并无根据。"参见[日]松冈义正口述,汪有龄口译,熊元襄编:《民事诉讼法》,上海人民出版社2013年版,第20~21页。

〔3〕 参见吴宏耀、种松志主编:《中国刑事诉讼法典百年(1996年~2012年)》(上册),中国政法大学出版社2012年版,第144~146页。

所著释义(标为“邵按”),[1]一并引录如下:

**第一百八十三条**　鉴定应选有学识、技艺或职业及其他经验能胜任者充之。

原按:本条规定鉴定人之资格。例如,被告人有无心疾或其物件系何地产出等项,非有特别学识、经验者,未能断定之也。惟该鉴定人不问贵贱、贫富、老幼、男女,必以能胜鉴定之任者为断。

邵按:何人得为鉴定人,于法律上本无特别限制。然鉴定人之鉴定,基于特种之智能,故其资格不能与证人无异。此本条所以列举须有学识、技艺、职业及其他经验者,始得选任其为鉴定人。此即不设特别限制中之限制也。例如,欲鉴定刀上血痕之为人血或为动物血者,须通医学及化学之人。欲鉴定伪造货币是否属实者,须通铸金术之人。盖裁判官虽通法学,断难兼通各种科学,是不能不借助他山,而借为裁判之材料。故鉴定人以有特别学识、技艺、职业及其他经验者为限。

**第一百八十四条**　鉴定人应于鉴定前具结,必为诚实之鉴定。

原按:鉴定人之义务与为证人之义务同,故亦须取具甘结。惟证人所具甘结,陈明所述真确并无捏饰增损等情;而鉴定人所具甘结,亦须声明必为诚实鉴定并决无欺饰。至结文格式,则据第一百九十一条,准第一百七十条行之。

邵按:本条为鉴定人之义务。其与为证人之义务相同,故亦须具结。惟证人所具之结,记明所述真确,并无捏饰,增损等情;而鉴定人所具之结,亦须声明必为诚实鉴定,决无欺饰。至结文程序,则可依据第一百九十一条之规定,准用第一百七十条所定之程序。

**第一百八十五条**　鉴定事宜,应预指定之。

鉴定人应以书状或言词报告鉴定程序及其结果。

原按:鉴定事宜若不预定范围,往往鉴定人无从决定取舍。例如,命医者鉴定被告人有无心疾,须先告以鉴定有无心疾之事项。其有心疾者,并使鉴定其性质与发生时期及犯罪时是否为发生心疾之时。有此预定范围,鉴定人乃于所指事项,一一断定之。至鉴定报告,大抵系用书状,但以言词报告亦可。

邵按:鉴定事宜,本有限制。而得为鉴定人者,又为有特别智能之人。故鉴定事宜,若不预为指定,则何由而得鉴定哉?故例如令鉴定刀上之血痕者,应先指定系对于刀上之血而为鉴定。则鉴定人之实施鉴定,当不必问刀之质地为何,及附着于他物质上之血痕如何,而仅就刀上之血痕以为鉴定可矣。倘或[未]预为指定之时,则

[1] 邵羲:《1911年刑事诉讼律释义》,中国政法大学出版社2012年版,第88页以下。原书名为《刑事诉讼律释义》,其对象实为“草案”是也。除此之外,冈田朝太郎口授《刑事诉讼法》汪有龄译述,中国政法大学出版社2012年版,第82页以下中亦有以其本人起草之《大清刑事诉讼律草案》中“鉴定及通译”的内容进行疏解。

鉴定者或仅鉴定其刀之质地及附着其他物质之血痕，而反失真旨，不能供裁判之材料，复何须乎此种鉴定哉？至其报告，用书状言词，均无不可。

**第一百八十六条** 遇有必要情形，得以有关鉴定之物交付鉴定人，令于各该官厅外鉴定之。

原按：实施鉴定往往须藉化学、格致、医学等实验之法，而检察、审判厅内平时未尝准备此等实验室及其材料、机械，实际上将不能实施鉴定。故本条特为规定之。

邵按：按鉴定事宜，以关于学术、技艺、职业或其他经验者为多。而关于此种鉴定者，往往有应用化验及其他机械始能得鉴定之结果者。然而化验有一定之场所并须经历长时间；使用机械，则或为审判衙门所未备者，是不能于庭讯之时，仓（卒）[猝]鉴定；亦不能以各种机械移置公署之内而为鉴定。无已，其以鉴定物交付鉴定人，命其在公署外鉴定之，较为妥善。故本条允许其为署外鉴定也。

**第一百八十七条** 遇有鉴定上必要情形，鉴定人经各该官厅许可，得阅视文件及证据物，并于讯问被告人、证人时莅视。

鉴定人得请求讯问被告人、证人，并经许可亲自发问。

原按：本条所列各事宜，俱属实施鉴定时所不可少之程序。

邵按：凡鉴定人实施鉴定之程序，非博采周咨，往往有不能得鉴定之结果者。故许其阅视书状、莅视讯问，并亲自发问。俾得从各方面之观察而得圆满之效果。其于鉴定之实施，定有裨益也。

**第一百八十八条** 鉴定人得增加额数或更易其人。

原按：鉴定人若专恃一人之能力，未能实施鉴定或其人不甚合宜者，应由检察、审判各厅分别增加人数或另嘱他人鉴定，以期完密。

邵按：本条规定亦为鉴定人与证人之异点。证人者，系有特别见闻之人，其人数自有限制。为甲殴乙之时，而旁观者仅为丙之一人，则证人之资格，自专属于丙而不能移之于丁。若鉴定人者，系有特别智能之人。夫有特别智能非一人所独具。故如欲鉴定被告人之有无精神病者，须用医生。然业医者非一人所得专，而同业者必有若而人焉。当选任鉴定人之时，如选医生某甲为鉴定人，继复添选医生某乙、某丙同为鉴定人，固无不可。即初选医生某甲为鉴定人，而继复改选医生某乙为鉴定人，亦无不可。故本条云“得增加额数或更易其人”。

**第一百八十九条** 审判衙门或受命推事命鉴定人鉴定时，得由检察官、辩护人莅视。

第一百四十一条第三项规定，于前项莅视准用之。

原按：代表原告之检察官及救劝被告之辩护人，均有辨识鉴定当否之责，本套特为规定之。

邵按:本条为审判衙门或鉴定人为鉴定时莅视之程序。第一百四十一条第三项审判衙门固实施检证、搜索、扣押或保管等处分,预告检察官及辩护人以处分日期及处所也。于前项莅视准用之者,即准用其预告处分日期及处所之程序也。

**第一百九十条**　鉴定人,不得句摄。

原按:鉴定人以其学术、技艺或特种经验从事鉴定,以补助检察与司法之确实,自不得径行句摄,损害其名誉。即句摄强令到场,其鉴定难保无虚伪之弊。故特设本条禁止之。惟不肯即行到场者,可据次条科以第一百五十七条之罚锾,并可引用第一百五十八条再送传票。

邵按:按鉴定人以其学术、技艺、职业或特种经验,从事鉴定,以补助检察与司法之缺失,不若证人之讯问有强制人民之权限,自不得句摄,以损害其名誉。即句摄强令到场,其鉴定难保无虚伪之虞。故特设本条禁止之。

**第一百九十一条**　第四节证言之规定,除本节特别规定外,关于鉴定准用之。

邵按:本条所谓特别规定者,即本节各条之规定也。于鉴定准用人证规定者,如传唤、送达、到场、具结、拒绝、罚金之类。凡本节无规定者,皆得准用证言节各条之规定。

**第一百九十二条**　被告人、证人、鉴定人有不通中国语言或不通检察官、审判官语言者,依下列各款令通事通译。

第一,检察官、审判官实施讯问或命令鉴定时,该处或邻近审判衙门依《法院编制法》第七十条置有翻译吏员者,命该吏员通译之。

第二,无适当翻译吏员,由检察厅审判衙门命令能胜任者,通译之。

被告人、证人,如系聋、哑不能以文字为问答者,亦同。

原按:本条所称不通中国语言者,例如,未学中国语之外国人是。不通检察官、审判官所用中国语言者,例如未学官话之蒙、藏人民等是。遇有此种情形,非置通事不能实施审判。至第二项所谓"通事",非谓通其语言,乃指通其意思者而言。例如,哑者表明意思,咸以手指比示,则令能领悟其手势之人以通其意。

邵按:本条所谓不通中国语言者,例如未学中国语之外国人是。不通检察官、审判官之语言者,例如未学官话之蒙、藏人民是。遇有此种情形,非置通事不能实施审判。至第二项所谓通事,非谓通其语言,乃指通其意思者而言。例如,哑者表明意思,咸以手指比示,令能领悟其手势之人以通其意是也。至第一项第一款通事,系本有吏员之资格,故不得准用鉴定人之规定。第一项第二款之通事及第二项情形,则身非吏员,而其事究与鉴定相类。故准用鉴定之规定。

（二）《大清民事诉讼律草案》中的"鉴定"

《大清民事诉讼律草案》第3编"普通诉讼程序"第2章"地方审判厅第一审诉讼程序"第4节"证据"第3款"鉴定"，凡17条，备极其详。兹将其条文及案语，[1]引录如下：

谨按：鉴定，乃由当事人以外之第三人就审判衙门所指定之诉讼资料陈述意见之谓也。陈述意见之人称曰鉴定人，学者中有以鉴定人为证人者（证据方法），亦有以鉴定人为辅助审判官之智识者。盖鉴定之事自审判衙门视之，则为辅助审判官之意见；自当事人视之，则为一种证据方法。此本条之所以设也。

本案第三百九十八条规定鉴定义务，第三百九十九条明示应准用人证规定之旨，第四百条至第四百零六条规定讯问鉴定人程序，第四百零七条规定受命推事或受托推事讯问鉴定人程序，第四百零八条规定拒绝鉴定权，第四百零九条至第四百十二条规定鉴定人拒却程序，第四百十三条规定鉴定人日费及旅费之请求权，第四百十四条规定鉴定证人。

**第三百九十八条** 从事于鉴定所需之学术、技艺、职业及经官委任为鉴定人者，应负鉴定义务。

谨按：鉴定人，乃有特别之知识而陈述意见者，若无此知识即不宜为鉴定人。外国审判衙门有为便利起见，预行委任鉴定人使负鉴定人义务者。本条则定有鉴定义务之人以防不能得鉴定人之弊。

**第三百九十九条** 除有特别规定外，人证规定于鉴定准用之。

谨按：鉴定之与人证同以当事人外第三人之陈述为证据者，故关于人证之规定鉴定准用之。此本条之所以设也。

**第四百条** 声请鉴定应声明鉴定事项。

谨按：声请鉴定与声请人证异，毋庸声明鉴定人。而鉴定事项则必须声明，否则鉴定之必要与否不能断定（如鉴定证书之真伪是也）。此本条之所以设也。

**第四百零一条** 受诉审判衙门应选任鉴定人并指定其人数。审判衙门得改任鉴定人。

审判衙门得命当事人指定鉴定人。

谨按：鉴定人，乃陈述意见以辅助审判官者也。受诉审判衙门遇有声请时，固应以职权选任适当之鉴定人，视事件之难易以定其员数，并得改任不适当之鉴定人。然当事人如知有适当之鉴定人者，则审判衙门即令其指名，藉适当之鉴定以为正当

---

〔1〕参见怀效锋主编：《清末法制变革史料》（上卷），中国政法大学出版社2010年版，第656～658页。

之判决,亦事之至便者。此本条之所以设也。

**第四百零二条**　鉴定人不得句摄。

谨按:无正当之理由而不到场之鉴定人,固应与证人受同一之制裁(本案第三百九十八条),然鉴定人可使他人代之,毋庸拘致。此本条之所以设也。

**第四百零三条**　鉴定人于鉴定前应具结声明为诚实之鉴定。

谨按:鉴定须求其诚实,故必令鉴定人具结。此本条之所以设也。

**第四百零四条**　受诉审判衙门得命鉴定人以言辞或书状陈述意见。

审判衙门得命鉴定人为鉴定书之说明。

谨按:鉴定如系简易事项,即用言辞记之于笔录;如其事项繁杂且需专门学之知识者,则宜用书状。至鉴定人之具鉴定书,审判衙门应假以相当之期限固不待言。此本条第一项之所以设也。鉴定书之应说明者,审判衙门得于言辞辩论日期命其到场说明之,否则与鉴定之宗旨不符。此本条第二项之所以设也。

**第四百零五条**　鉴定人有数人者,审判衙门得命其共同或各别陈述意见。

谨按:选任数人作鉴定人者,其数人之意见一致时,使其共同陈述意见,实际上甚属便利;若意见各执,应令分别陈述意见。此本条之所以设也。

**第四百零六条**　受诉审判衙门若以鉴定为不足者,得仍命原鉴定人或另易鉴定人复行鉴定。

谨按:受诉审判衙门认鉴定为不足据,含有数种情形在内,或因鉴定人之意见自相抵触或因事件重大,一人之鉴定尚难取信,遇有此种情形,因声请或职权得命原鉴定人或令鉴定人更行鉴定,以昭慎重。此本条之所以设也。

**第四百零七条**　受诉审判衙门得命受命推事或受托推事依鉴定为证据调查。

受诉审判衙门得命受命推事或受托推事选任鉴定人。

第四百零一条之规定,于前条(应为"项"——引者注)情事准用之。

谨按:受诉审判衙门之得使受命推事或受托推事据鉴定以调查证据,与推事据人证以调查证据无异。例如,应就当场讯问鉴定人之类是也(本案第三百八十三条)。遇有此类情形,以选任、改任鉴定人之事委之于受命推事或受托推事,亦事之至便者。此本条之所以设也。

**第四百零八条**　鉴定人得据其拒绝证言之事由拒绝鉴定。

官吏或公吏遇其所属之官署、公署有异议者,不得作为鉴定人讯问之。

谨按:鉴定人如有可以拒绝鉴定之事由仍不得不为鉴定,则戾于人情。此第一项之所以设也。

官吏、公吏非其所属官署或公署别无异议,不得作为鉴定人讯问之,以官吏、公吏之为鉴定人难保其公务上无窒碍故也。此第二项之所以设也。

**第四百零九条** 当事人得据其拒却推事之事由拒却鉴定人。但不得以鉴定人就同一事件曾为证人或鉴定人为事由而拒却之。

鉴定人就鉴定事项已陈述意见或已交出鉴定书后不得拒却之。但拒却之原因发生在后或不知有此原因者不在此限。

谨按:鉴定所以辅助审判官,非单纯之证据方法当事人得以任意左右者也。如当事者之拒却鉴定人漫无限制,则诉讼必因此迟滞。此本条之所以设也。

**第四百一十条** 声请拒却鉴定人应向选任整定人之审判衙门或推事为之。

拒却原因及前条第二项但书之事实应声叙之。

谨按:声请拒却鉴定人必向选任该鉴定人之审判衙门、或受命推事抑受托推事为之者,以其声请之当否得以迅速裁判故也。至拒却之原因及前条第二项但书之事实,只用声叙,亦为避诉讼迟延之害。此本条之所以设也。

**第四百一十一条** 声请拒却得以决定裁判之。

以拒却为正当之决定不得声明不服,以拒却为不当之决定得为即时抗告。

谨按:声请拒却甚为简单,故以决定裁判之不必经言辞辩论。以声请拒却为正当之决定(裁判所之裁判),于当事人无重大之利害关系,不得声明不服。至于以其声请为不当之决定,则于当事人关系甚大,故令其得以即时抗告以保护利益。此本条之所以设也。

受命推事或受托推事于声明拒却之当否,得不经言词辩论而为裁判。然对于其裁判仍得使当事者受诉审判衙门之裁判(参照抗告一节)。对于此受诉审判衙门之裁判,即适用本条第二项,所以揭明决定二字也。

**第四百一十二条** 鉴定人陈述意见后,若有以声请拒却为正当之决定,审判衙门得命其他鉴定人复行鉴定。

谨按:鉴定后,鉴定人在法律上拒却时,其鉴定不得为判决之凭据。故裁判所得因声请或职权,更使他鉴定人鉴定以冀得适当之判决。此本条之所以设也。

**第四百一十三条** 鉴定人得请求日费、旅费及鉴定实费。

谨按:鉴定人与证人同应受法律上一定之日费、旅费、鉴定实费等项,至药费、使用器械费更不待言,否则为鉴定人者将受无穷之累。此本条之所以设也。

**第四百一十四条** 人证规定于讯问确有实验之人,以特别之智识立证已往之事实者,准用之。

谨按:以往所知之事实,有非具待别之智识不能立证者。如讯问知此事实者应作为证人而讯问之耶,抑作为鉴定人而讯问之耶,故设本条以祛疑问。

# 第六章　刑民司法鉴定的诉讼逻辑(下)*

司法鉴定是捍卫司法公正的“科学卫士”。决定司法鉴定事业成败的关键,既在于诉讼法对司法鉴定程序的科学设置,也在于诉讼体制机制对司法鉴定工作的共同支撑。本章将结合我国《司法鉴定管理决定》、《刑事诉讼法》和《民事诉讼法》中有关鉴定程序的规定,对若干问题展开论述。

## 一、鉴定人负责制度

鉴定人是指在诉讼中运用专业知识,对案件事实中涉及的专门性问题提出意见的自然人。[1] 鉴定人在一般情况下只能是自然人,特殊情况下才允许以组织的形式予以担任。这是因为,运用专业知识并作出判断,一般由作为个体的自然人加以完成,而不表现为组织性行为。此即鉴定人负责、鉴定人承诺、鉴定人出庭作证等鉴定制度设置的根源所在。我国于 2012 年修正《民事诉讼法》,删除了“鉴定部门”作为接受人民法院委托开展鉴定活动的主体,使“鉴定人”成为开展鉴定活动的唯一主体。

(一)鉴定人诚信义务

鉴定人负责是指由鉴定人本人对鉴定活动的全部内容,即鉴

---

* 本章第一节、第三节曾作为《民事司法鉴定及其鉴定人出庭作证若干问题》一文的部分内容,载杨海云主编:《司法改革背景下司法鉴定法庭科学制度探索与实践》,青海民族出版社 2018 年版,第 160 ~ 170 页。

〔1〕 我国《司法鉴定管理决定》第 4 条规定:“具备下列条件之一的人员,可以申请登记从事司法鉴定业务:(一)具有与所申请从事的司法鉴定业务相关的高级专业技术职称;(二)具有与所申请从事的司法鉴定业务相关的专业执业资格或者高等院校相关专业本科以上学历,从事相关工作五年以上;(三)具有与所申请从事的司法鉴定业务相关工作十年以上经历,具有较强的专业技能。因故意犯罪或者职务过失犯罪受过刑事处罚的,受过开除公职处分的,以及被撤销鉴定人登记的人员,不得从事司法鉴定业务。”

定所采取的方法、过程以及提出的鉴定意见等负责。我国《司法鉴定管理决定》第10条前段规定："司法鉴定实行鉴定人负责制度。"司法部《司法鉴定程序通则》第5条前、中段规定："司法鉴定实行鉴定人负责制度。司法鉴定人应当依法独立、客观、公正地进行鉴定，并对自己作出的鉴定意见负责。"依此，鉴定人有权独立、客观、公正地进行鉴定并提出鉴定意见，排除他人对鉴定活动的非法干预。如果鉴定活动的独立性、客观性被破坏，则鉴定意见的公正性便不能被确保，其证据效力将会大打折扣。鉴定人只有以其最高审慎开展鉴定活动，才能确保鉴定意见的科学性和公正性，并服务于人民法院准确查明案件事实。鉴定人遵守职业道德的程度，以及鉴定机构的自律程度，都会对作为鉴定活动最终结果的鉴定意见的质量产生重大影响。

鉴定人诚信义务是鉴定人负责制度的义务基础，是鉴定人开展鉴定活动应遵守的基本义务。[1]《司法鉴定管理决定》第12条规定："鉴定人和鉴定机构从事司法鉴定业务，应当遵守法律、法规，遵守职业道德和职业纪律，尊重科学，遵守技术操作规范。"《民事诉讼法》第13条第1款规定："民事诉讼应当遵循诚实信用原则。"其规律之对象，自应包括负责诉讼活动中提出鉴定意见的鉴定人在内。《委托鉴定审查规定》所附《鉴定人承认书（试行）》中，鉴定人须予承诺的第一项内容是："遵循科学、公正和诚实原则，客观、独立地进行鉴定，保证鉴定意见不受当事人、代理人或其他第三方的干扰。"司法部《司法鉴定程序通则》第4条规定："司法鉴定机构和司法鉴定人进行司法鉴定活动，应当遵守法律、法规、规章，遵守职业道德和执业纪律，尊重科学，遵守技术操作规范。"[2]例如，注册会计师在司法鉴定中执行审计业务，"必须按照执业准则、规则确定的工作程序出具报告"，不得出具内容不实的会计报告。[3]

在比较法上，德国民事诉讼法中鉴定人负有如下诚信义务：一是除法院批准的外，不能私自接触双方当事人。经法院批准接触当事人的，仅限于就鉴定事项相关的问题进行提问。二是一方当事人或其律师接触鉴定人，鉴定人应当告知法院，法院应当告知对方当事人，以保持鉴定人的中立性。三是鉴定人接受一方当事人鉴定材料而未告知法庭和对方当事人的，法院应当撤换鉴定人。[4] 日本民事诉讼法中鉴定人负有如下诚信义务：一是鉴定人负有自己直接进行鉴定的义务，在进行鉴定

---

〔1〕《日本民事诉讼法》第214条第1款规定中有"鉴定诚信"的措辞。

〔2〕我国司法部《司法鉴定程序通则》第4条规定将"鉴定人"置于"鉴定机构"之后，与《司法鉴定管理决定》第12条规定的做法正相反对，似与鉴定人负责制度不相符合。

〔3〕参见我国《注册会计师法》第21条；《最高人民法院关于审理涉及会计师事务所在审计业务活动中民事侵权赔偿案件的若干规定》（法释〔2007〕12号）第5、6条。

〔4〕参见司法部赴德司法鉴定培训团：《德国司法鉴定制度》，载《中国司法鉴定》2010年第3期。

时虽可雇用辅助人员,但对于鉴定的主要事项必须自身直接进行或作出判断;二是鉴定人负有依法实施鉴定的义务,鉴定活动应尽量不侵害第三人的基本权利;三是鉴定人必须中立公正、客观地实施鉴定。鉴定人故意进行虚假鉴定的,将构成虚假鉴定罪;因过失造成虚假鉴定,并给当事人造成危害或损失的,当事人可以请求国家赔偿;对虚假鉴定有明显的不法行为时,当事人还可以对鉴定人提起不法行为赔偿请求。[1]

(二)鉴定人专家责任

鉴定人专家责任是鉴定人因违反诚信义务而应承担的特殊侵权责任,是鉴定人负责制度的重要组成部分。我国民法对此未作专门规定。《刑事诉讼法》第147条第2款规定:"鉴定人故意作虚假鉴定的,应当承担法律责任。"依立法部门的释义,"故意作虚假鉴定",是指故意出示不符合事实的鉴定意见;因技术上的原因而错误鉴定的,不属于"故意作虚假鉴定"。"法律责任"包括刑事责任和行政责任。[2] 笔者认为,上述规定中的"法律责任"还应包括民事责任,特别是民事侵权责任,即鉴定人专家责任。

民法上专家责任中的专家,具有如下特征:(1)工作性质具有高度的专门性(英 skilled and specialised),这些工作不是体力性的,而是精神性、判断性的(英 mental rather than manual);(2)要求高度的职业道德以及与委托人建立信赖关系;(3)大多要求一定的资格,并由专家集团维持一定的业务水平;(4)具有较高的社会地位。[3] 基于此,专家责任具有如下特征:(1)专家的工作内容高度专门化,这要求专家应具有与委托事务相符的、高度的能力和技能。对专家能力和技能的认定,系采取客观标准,专家一般不因其能力和技能存在不足而免责。(2)专家的工作以智力判断为中心,除具有客观标准的情形外,如医师误诊等,很难进行过失判断。为此,要证明专家的过失必须寻求其他的办法,如依据说明义务违反等追究责任。(3)专家负有与委托人的信赖相符、为委托人的利益而行动的忠实义务,此系由他们之间高度的职业道德、信任关系所决定。由此,专家责任可以区分为高度注意义务违反型和忠实义务违反型两种类型。[4] 鉴定人专家责任主要属于高度注意义务违反型。

在我国,鉴定人是人民法院的辅助人,职责是以其专业知识帮助人民法院准确

[1] 参见王云海:《日本司法鉴定制度的现状与改革》,载《法律科学(西北政法学院学报)》2003年第6期。

[2] 王爱立、雷建斌主编:《〈中华人民共和国刑事诉讼法〉释解与适用》,人民法院出版社2018年版,第203页。

[3] 参见[日]能见善久:《论专家的民事责任——其理论架构的建议》,梁慧星译,载梁慧星主编:《民商法论丛》总第5卷,法律出版社1996年版,第504~505页。

[4] 同上书,第505页以下。

认定案件事实。鉴定人开展鉴定活动必须履行诚信义务，如有违反则应承担相应的法律责任。目前，民事法律中对鉴定人的专家责任尚欠缺明确的依据。笔者认为，可以参照适用《民法典》第1221条关于医疗机构专家责任的规定，鉴定人因故意或者有重大过失提出鉴定意见，导致人民法院错误认定案件事实或者没有采纳鉴定意见，造成诉讼当事人损害（主要指败诉损失）的，应当承担专家责任。例如，在“周某与盐城金威车物鉴定评估有限公司财产损害赔偿纠纷案”中，江苏省盐城市中级人民法院第二审认为，金威公司经委托需要对案涉车辆的停运损失进行鉴定，则其必然需要对到案涉车辆当地就同型号、同吨位营运车辆营运收入情况进行市场调查，理应在进行充分的调查基础上提供专业、详细的鉴定意见，但其实际未能履行该工作职责。因金威公司的鉴定程序存有瑕疵，进而导致法院判决驳回周某的诉讼请求，故可以认定金威公司在鉴定过程中的过错与周某的实际损失之间存在必然的因果关系。金威公司理应对周某的损失，即部分的鉴定费用和前案的案件受理费予以赔偿。[1]

在比较法上，德国民法对鉴定人专家责任作有专门规定。2002年修改的《德国民法典》增设第839a条“裁判上的鉴定人的责任”，第1款规定：“由法院任命的鉴定人故意或者有重大过失地作出不正确的鉴定的，对于因法院裁判而使程序参加人发生的损害，以此项损害基于此项鉴定为限，法院鉴定人有义务做出赔偿。”立法意图是，将来应当取消依照同法典第823条第2款与《德国刑法典》第154、163条规定的基于轻微过失的责任，以保证鉴定人的内部独立性，使其能在没有可能的赔偿压力的前提下提出鉴定意见，同时摆脱该项责任的构成受鉴定人是否进行了法庭宣誓影响的问题。如果案件非以裁判而系以当事人和解的方式终结的，则鉴定人免除该项责任。[2] 这里面需要对救济受害人的必要与保持鉴定人内部独立性进行调和。[3]

我国法上包括但不限于鉴定人专家责任的规定，有如下一些例子：(1)《环境保护法》第65条规定：“环境影响评价机构、环境监测机构以及从事环境监测设备和防

---

〔1〕 江苏省盐城市中级人民法院(2017)苏09民终5481号民事判决(2018年4月9日)；江苏省高级人民法院(2018)苏民申5114号民事裁定(2018年12月27日)；金龙飞：《周某诉盐城金威车物鉴定评估有限公司财产损害赔偿纠纷案——司法鉴定机构在鉴定过程中存在过错时的责任认定》，载最高人民法院中国应用法学研究所编：《人民法院案例选》(总第152辑)，人民法院出版社2021年版，第110～116页。

〔2〕 参见[德]汉斯—约阿希姆·穆泽拉克：《德国民事诉讼法基础教程》(原书第6版)，周翠译，中国政法大学出版社2005年版，第260页；[德]马克西米利安·福克斯：《侵权行为法》(原书第5版)，齐晓琨译，法律出版社2006年版，第216～217页。

〔3〕 [日]谷口安平：《诉讼观与鉴定人的责任》，载[日]谷口安平：《程序的正义与诉讼》，王亚新、刘荣军译，中国政法大学出版社1996年版，第259页。

治污染设施维护、运营的机构,在有关环境服务活动中弄虚作假,对造成的环境污染和生态破坏负有责任的,除依照有关法律法规规定予以处罚外,还应当与造成环境污染和生态破坏的其他责任者承担连带责任。”其中的“弄虚作假”,系环境影响评价机构等违反鉴定人诚信义务的表现形式,在主观状态上并未限定为“故意”。[1](2)《药品管理法》第138条后段规定:“药品检验机构出具的检验结果不实,造成损失的,应当承担相应的赔偿责任。”[2](3)《农产品质量安全法》第65条第1款规定:“农产品质量安全检测机构出具虚假检测报告……使消费者的合法权益受到损害的,农产品质量安全检测机构应当与农产品生产经营者承担连带责任。”上述第(2)(3)项均只规定鉴定机构的侵权责任,而非直接规定鉴定人的专家责任。[3]

如果当事人仅因人民法院采纳鉴定意见而起诉鉴定人或者鉴定机构的,因鉴定意见具有准司法行为的性质,故该起诉不属于人民法院的民事案件受理范围。[4]例如,在“舒某萍与广东南粤法医临床司法鉴定所侵权纠纷申请再审案”和“舒某萍与广东南粤法医临床司法鉴定所委托合同纠纷申请再审案”中,广东省高级人民法院均认为,舒某萍起诉认为南粤司法鉴定所在(2013)佛顺法良民初字第1066号案作出的(2013)临鉴字第1195号司法鉴定意见书结果超越约定范围,导致该另案作出错误判决,造成其损失,请求判令撤销该鉴定结果并予以赔偿。由于南粤司法鉴定所作出司法鉴定意见书的行为是在诉讼过程中受人民法院委托所为,作出的鉴定结论属于诉讼证据,是否采纳取决于人民法院,故南粤司法鉴定所与舒某萍之间并不存在民事法律关系。本案不属于人民法院受理民事诉讼的范围。[5]

---

〔1〕　我国《最高人民法院关于审理生态环境侵权责任纠纷案件适用法律若干问题的解释》(法释〔2023〕5号)第21条规定:“环境影响评价机构、环境监测机构以及从事环境监测设备和防治污染设施维护、运营的机构存在下列情形之一,被侵权人请求其与造成环境污染、生态破坏的其他责任人根据环境保护法第六十五条的规定承担连带责任的,人民法院应予支持:(一)故意出具失实评价文件的;(二)隐瞒委托人超过污染物排放标准或者超过重点污染物排放总量控制指标的事实的;(三)故意不运行或者不正常运行环境监测设备或者防治污染设施的;(四)其他根据法律规定应当承担连带责任的情形。”

〔2〕　我国《最高人民法院关于审理食品药品纠纷案件适用法律若干问题的规定》(法释〔2013〕28号,经法释〔2020〕17号、法释〔2021〕17号修正,以下简称《食品药品纠纷司法解释》)第12条规定:“食品检验机构故意出具虚假检验报告,造成消费者损害,消费者请求其承担连带责任的,人民法院应予支持。食品检验机构因过失出具不实检验报告,造成消费者损害,消费者请求其承担相应责任的,人民法院应予支持。”该条规定对鉴定机构区分故意抑或过失的主观状态,承担侵权责任的性质有所区别。

〔3〕　我国《农产品质量安全法》第65条第2款规定:“因农产品质量安全违法行为受到刑事处罚或者因出具虚假检测报告导致发生重大农产品质量安全事故的检测人员,终身不得从事农产品质量安全检测工作。农产品质量安全检测机构不得聘用上述人员。”

〔4〕　参见我国《民事诉讼法》第122条第4项。

〔5〕　广东省高级人民法院(2015)粤高法立民申字第79号民事裁定(2015年6月30日);广东省高级人民法院(2016)粤民申1021号民事裁定(2016年5月11日)。

## 二、鉴定人回避义务

鉴定人开展鉴定活动应保持客观、中立,否则将有失鉴定的公正性要求。为此,回避是鉴定人应负的法定义务。此系由鉴定人作为法院辅助人的性质所决定的,也是鉴定意见区别于证人证言的特征之一。同时,这只针对公鉴定而言,针对私鉴定并不实行鉴定人回避制度,盖因私鉴定意见的性质乃"视为当事人的陈述"。从司法实践来看,鉴定人回避是诉讼活动中一项重要却又容易被忽视的制度。

### (一)鉴定人回避的事由

我国《司法鉴定管理决定》第9条第3款规定:"鉴定人应当依照诉讼法律规定实行回避。"《刑事诉讼法》第32条、《民事诉讼法》第47条均对鉴定人的回避问题作出具体规定。鉴定人回避的事由,主要有如下6项:[1]

1. 是本案当事人或者当事人的近亲属的。其中的"近亲属",一般是指夫、妻、父母子女、同胞兄弟姊妹。此系依据《刑事诉讼法》第108条第6项规定。笔者认为,在回避问题上对近亲属范围的认定,原则上应照此规定执行,不宜将该范围过于扩大。[2]

2. 是本案诉讼代理人、辩护人的近亲属。对此,被《刑事诉讼法》第32条征引的同法第29条第1项规定并未涉及,此系依《刑事诉讼法司法解释》第27条第4项规定予以补充。

3. 本人或者其近亲属与本案有利害关系的。

4. 担任过本案的证人、翻译人员、鉴定人、勘验人、辩护人、诉讼代理人的。

5. 与本案当事人、诉讼代理人、辩护人有其他关系,可能影响案件公正审理的。对此,《民事诉讼法司法解释》第43条中增列规定:鉴定人"本人或者其近亲属持有本案非上市公司当事人的股份或者股权"的事由(第5项)。

6. 接受当事人、诉讼代理人请客送礼,或者违反规定会见当事人、诉讼代理人。对此,《民事诉讼法司法解释》第44条规定了下列6项具体事由:(1)接受本案当事

---

〔1〕 我国《刑事诉讼法》第29条、第30条第1款,《民事诉讼法》第44条第1、2款。立法部门的释义认为,《刑事诉讼法》第32条第1款规定中的"本章关于回避的规定"仅指同法第29条规定,参见王爱立、雷建斌主编:《〈中华人民共和国刑事诉讼法〉释解与适用》,人民法院出版社2018年版,第49页。笔者认为,还应包括同法第30条规定。

〔2〕 我国《最高人民法院关于审判人员在诉讼活动中执行回避制度若干问题的规定》(法释〔2011〕12号,以下简称《执行回避制度规定》)第1条第2款规定:"本规定所称近亲属,包括与审判人员有夫妻、直系血亲、三代以内旁系血亲及近姻亲关系的亲属。"与《刑事诉讼法》第108条第6项规定存在不小差距。除此以外,关于近亲属的其他界定,如《民法典》第1045条第2款规定:"配偶、父母、子女、兄弟姐妹、祖父母、外祖父母、孙子女、外孙子女为近亲属。"《民事诉讼法司法解释》第85条规定:"根据民事诉讼法第六十一条第二款第二项规定,与当事人有夫妻、直系血亲、三代以内旁系血亲、近姻亲关系以及其他有抚养、赡养关系的亲属,可以当事人近亲属的名义作为诉讼代理人。"

人及其受托人宴请,或者参加由其支付费用的活动的;(2)索取、接受本案当事人及其受托人财物或者其他利益的;(3)违反规定会见本案当事人、诉讼代理人的;(4)为本案当事人推荐、介绍诉讼代理人,或者为律师、其他人员介绍代理本案的;(5)向本案当事人及其受托人借用款物的;(6)有其他不正当行为,可能影响公正审理的。这些行为均属于严重违反鉴定程序的行为,对司法公正具有恶劣影响,“应当依法追究法律责任”。[1] 这里的法律责任,应包括刑事责任、民事责任和行政责任。

司法部《司法鉴定程序通则》第20条规定:“司法鉴定人本人或者其近亲属与诉讼当事人、鉴定事项涉及的案件有利害关系,可能影响其独立、客观、公正进行鉴定的,应当回避。”“司法鉴定人曾经参加过同一鉴定事项鉴定的,或者曾经作为专家提供过咨询意见的,或者曾被聘请为有专门知识的人参与过同一鉴定事项法庭质证的,应当回避。”其中,第1款规定的“应当回避”,应解释为主动回避,其条件似较《民事诉讼法》第47条规定为宽泛;第2款规定为2016年修订该部门规章时所新增,即禁止同一鉴定人2次参加同一鉴定事项鉴定,包括曾经作为专家提供过咨询意见的,或者曾被聘为专家辅助人(“有专门知识的人”)参与过同一鉴定事项的法庭质证等情形。对于该第2款规定,立法例上也有不同观点。[2] 实践中如无其他适当之人可以担任鉴定人,为免无从选任鉴定人之虞或经当事人合意指定,应不在此限。

(二)鉴定人回避的程序

鉴定人回避的程序原则上应与审判人员回避的程序相一致。我国《刑事诉讼法》中缺乏鉴定人回避的程序规定,司法实践中可以参照《民事诉讼法》的有关规定执行。

1. 鉴定人自行回避,或者当事人及其法定代理人申请鉴定人回避的,均应向委托鉴定的人民法院提出申请,由该人民法院决定该鉴定人是否回避。[3] 鉴定人具有应当回避事由的,应当主动回避(“自行回避”)。当事人及其法定代理人申请回避只是鉴定人自行回避的补充。

2. 有权申请鉴定人回避的人是当事人及其法定代理人。此系采取《刑事诉讼法》第29条第1款的规定,[4]《民事诉讼法》第47条第1款仅规定为当事人。“当事人提出回避申请,应当说明理由,在案件开始审理时提出;回避事由在案件开始审

---

〔1〕 我国《民事诉讼法》第47条第3款。参见《刑事诉讼法司法解释》第28条,《执行回避制度规定》第2条。

〔2〕 参见我国台湾地区“民事诉讼法”第330条第1项后段。《德国民事诉讼法》第406条第1款后段规定:“但鉴定人曾作为证人而受讯问,不得为回避原因。”

〔3〕 参见《德国民事诉讼法》第406条第2款,《日本民事诉讼法》第214条第2款。

〔4〕 参见我国《刑事诉讼法司法解释》第28条,《执行回避制度规定》第2条。

理后知道的,也可以在法庭辩论终结前提出。""被申请回避的人员在人民法院作出是否回避的决定前,应当暂停参与本案的工作,但案件需要采取紧急措施的除外。"〔1〕鉴定人的回避,由审判长决定。〔2〕

3. 委托鉴定的人民法院既可以依职权要求鉴定人回避,也可以对当事人提出的鉴定人回避申请依法作出决定。对当事人提出的鉴定人回避申请,委托鉴定的人民法院应当在申请提出的3日内,以口头或者书面形式作出决定;申请人对决定不服的,可以在接到决定时申请复议1次;复议期间,被申请回避的鉴定人,不停止参与鉴定工作;委托鉴定的人民法院对复议申请,应当在3日内作出复议决定,并通知复议申请人。〔3〕

司法部《司法鉴定程序通则》第21条规定:"司法鉴定人自行提出回避的,由其所属的司法鉴定机构决定;委托人要求司法鉴定人回避的,应当向该司法鉴定人所属的司法鉴定机构提出,由司法鉴定机构决定。""委托人对司法鉴定机构作出的司法鉴定人是否回避的决定有异议的,可以撤销鉴定委托。"此系将鉴定人的回避决定交由鉴定机构作出,似与鉴定人作为人民法院的辅助人角色不符,似有违反《民事诉讼法》的规定之嫌。同时,《司法鉴定程序通则》既设定了鉴定机构对鉴定业务的"首接"机制,却未规定鉴定机构须将鉴定人告知人民法院及当事人的义务。除鉴定人主动回避外,虽然人民法院可以要求鉴定人回避,但对于与鉴定具有重大利害关系的当事人而言,却未能申请鉴定人回避,亦似与《民事诉讼法》的规定相违背。

## 三、鉴定人出庭作证

鉴定人出庭作证是鉴定人的诉讼义务,包括出庭和陈述两个方面,其中出庭义务是陈述义务的先行义务。所谓陈述,是指鉴定人在法庭上围绕鉴定意见作出陈述,包括回答审判人员、当事人及其诉讼代理人、专家辅助人等提出的与鉴定事项有关的问题,又称为作证。〔4〕中国共产党第十八届中央委员会第四次全体会议通过的《中共中央关于全面推进依法治国若干重大问题的决定》(2014年10月23日)第四(三)中明确提出"完善证人、鉴定人出庭作证制度"。《司法鉴定管理决定》第11条规定:"在诉讼中,当事人对鉴定意见有异议的,经人民法院依法通知,鉴定人应当

〔1〕我国《民事诉讼法》第48条。

〔2〕参见我国《民事诉讼法》第49条后段。

〔3〕参见我国《民事诉讼法》第50条。

〔4〕参见我国司法部《司法鉴定程序通则》第43条。

出庭作证。”此系明确了当事人对鉴定意见的异议权,该异议是作为鉴定人出庭作证的充分条件。尽管表述上存在差异,但笔者仍然倾向于将《刑事诉讼法》第192条第3款、《民事诉讼法》第81条前段规定作与《司法鉴定管理决定》第11条规定基本一致的解释。[1] 司法部《司法鉴定程序通则》设专章规定“司法鉴定人出庭作证”(第5章),并专门制定《司法部关于进一步规范和完善司法鉴定人出庭作证活动的指导意见》(司规〔2020〕2号,以下简称司法部《鉴定人出庭指导意见》)。本节以民事诉讼鉴定人出庭作证为主线展开。

(一)鉴定人出庭作证的启动

根据我国《民事诉讼法》第81条前段规定:“当事人对鉴定意见有异议或者人民法院认为鉴定人有必要出庭的,鉴定人应当出庭作证。”鉴定人出庭作证的启动,包括依当事人异议和依职权两种情形。2019年修正的《民事诉讼证据规定》设置了鉴定意见的庭前开示程序,当事人可以在该程序中对鉴定意见提出异议。人民法院经审查,可以直接通知鉴定人出庭作证。人民法院依职权通知鉴定人出庭作证,一般是指当事人对鉴定意见虽未提出异议,而人民法院认为鉴定人有必要出庭对鉴定意见作出解释、说明。

鉴定意见的形式以书面为主,鉴定人出庭作证的对象一般是围绕书面鉴定意见作出口头说明或者解释,作为书面鉴定意见的补充形式。[2] 首先,鉴定意见涉及专门知识,包含着鉴定人依据科学原理、方法的推理、分析和判断,无论是当事人抑或人民法院都会不同程度地存在理解上的困难。要求鉴定人出庭作证,能够强化当事人对鉴定意见的理解,避免人民法院对鉴定意见的审查流于形式。为保证获得正确的证据调查结果,人民法院认为必要时,可以依当事人异议或者依职权命令鉴定人出庭对鉴定意见接受质证。[3] 其次,鉴定意见属于言词证据、意见证据,不能等同于案件事实本身,事实上不可能通过简单质证便获得唯一结论。无论是当事人抑或社会公众,一般不具备针对鉴定意见的质证能力,充其量只限于浅层次的感性认识层面,而难以进至深层次的理性认识层面。鉴定人出庭作证有利于人民法院和当事人深化对鉴定意见的认识。最后,为促进鉴定人出庭作证的实质化,强化鉴定的科

〔1〕 我国《刑事诉讼法》第192条第3款前段规定:“公诉人、当事人或者辩护人、诉讼代理人对鉴定意见有异议,人民法院认为鉴定人有必要出庭的,鉴定人应当出庭作证。”

〔2〕 参见我国《司法鉴定管理决定》第10条中段、第11条,《民事诉讼法》第80条第2款、第81条,《刑事诉讼法》第147条第1款、第192条第3款。

〔3〕 参见占善刚:《民事诉讼鉴定费用的定性分析》,载《法学》2015年第8期。学说上对此有不同观点,认为鉴定人以书面提出鉴定意见作为主要形式,故在提出鉴定书后,除在某些特殊情况下鉴定人须言词说明以外,基本上已完成任务,如无必要者则无须出庭接受询问,参见黄朝义:《刑事证据法研究》(第2版),台北,元照出版公司2000年版,第213页。

学性和可靠性,人民法院应当引导当事人聘请专家辅助人出庭,对鉴定意见提出专业方面的质证意见。从发展来看,鉴定人出庭作证应实行常态化,此为鉴定意见这一证据类型的题中之义,也是针对鉴定意见进行质证的主要方式。〔1〕即就鉴定意见这一证据类型的表现形式而言,应以"书面 + 口头"作为原则,而以"仅为书面"作为例外。必要时,人民法院可以通过组织庭前会议,对鉴定意见和鉴定的相关情况进行开示,允许当事人预先提出有针对性的质证意见。〔2〕

在比较法上,德国民事诉讼法上的鉴定意见本应在口头辩论中作出,但法院也可以命令作出书面鉴定意见,司法实践中以后者更为常见,因而在疑难案件中存在要求鉴定人口头解释其书面鉴定意见并回答问题的迫切需要。〔3〕日本民事诉讼法上的鉴定人原则上应当出庭陈述意见,但法院可以指定鉴定人陈述意见的形式(包括口头和书面)。〔4〕2003 年修改的《日本民事诉讼法》第 215 条第 2 款规定,在鉴定人书面陈述鉴定意见之场合,为明了该鉴定意见的内容或者确认其根据,法院于认为有必要时,可依当事人之申请或依职权让鉴定人再次陈述鉴定意见。我国台湾地区"民事诉讼法"第 335 条第 3 项规定,鉴定书须说明者,法院得命鉴定人到场说明。

(二)鉴定人不出庭作证的正当事由

对于鉴定人不出庭作证的正当事由,我国《民事诉讼法》未予规定。《民事诉讼证据规定》删除了《2001 年民事诉讼证据规定》第 59 条第 2 款的下述规定:"鉴定人确因特殊原因无法出庭的,经人民法院准许,可以书面答复当事人的质询。"实际上已经寓有鉴定人不得拒绝人民法院通知其出庭作证的意味。有法官认为,对鉴定人不出庭作证的正当事由可以参照适用《民事诉讼法》对证人确有困难不能出庭的规定。〔5〕笔者认为,鉴定人出庭作证是鉴定人的诉讼义务,只要符合法定条件,如当事人对鉴定意见有异议或者人民法院认为有必要,鉴定人均须出庭作证,不得参照适用证人因确有困难不能出庭的事由。《刑事诉讼法司法解释》并未将证人不出庭

---

〔1〕参见《广东省高级人民法院、广东省司法厅转发〈最高人民法院 司法部关于建立司法鉴定管理与使用衔接机制的意见〉的通知》(粤司〔2017〕209 号)第 4 条。

〔2〕参见我国《民事诉讼法》第 141 条第 4 项;《民事诉讼法司法解释》第 224～226 条,《刑事诉讼法》第 187 条第 2 款,《刑事诉讼法司法解释》第 226～228 条。

〔3〕参见[德]奥特马·尧厄尼希:《民事诉讼法》(原书第 27 版),周翠译,法律出版社 2003 年版,第 290 页。

〔4〕参见[日]三月章:《日本民事诉讼法》,汪一凡等译,台北,五南图书出版有限公司 1997 年版,第 466 页。

〔5〕刘高:《民事诉讼中的司法鉴定问题》,载最高人民法院民事审判第一庭:《民事审判前沿》,人民法院出版社 2014 年版,第 367 页。行政诉讼中即采此观点,参见我国《行政诉讼证据规定》第 47 条第 2 款、第 41 条。司法部《鉴定人出庭指导意见》第 3 条第 1 款亦采此规定。关于证人不出庭作证的正当事由规定,参见《民事诉讼法》第 76 条,《刑事诉讼法司法解释》第 253 条。《刑事诉讼法》中还设有强制证人到庭作证的规定(第 193 条第 1 款)。

作证的正当事由规定征引适用于鉴定人,[1]亦为佐证。

鉴定人不出庭作证的正当事由,主要有如下 2 项:

1. “双方当事人同意鉴定人通过书面说明、视听传输技术或者视听资料等方式作证的,可以准许。”[2]司法部《鉴定人出庭指导意见》第 3 条第 2 款规定:“经人民法院同意,未到庭的鉴定人可以提交书面答复或者说明,或者使用视频传输等技术作证。”但是,如非经双方当事人同意,人民法院应不得准许鉴定人通过提交书面答复或者说明来代替出庭作证。

2. “鉴定人因健康原因、自然灾害等不可抗力或者其他正当理由不能按期出庭的,可以延期开庭;经人民法院许可,也可以通过书面说明、视听传输技术或者视听资料等方式作证”。[3] 其中,所谓不可抗力等原因,必须是对鉴定出庭作证造成必然影响的重要因素。与鉴定人出庭作证不发生必然影响的因素,如一般的风雨天气不属于不可抗力,不得作为鉴定人拒绝出庭作证的事由。

鉴定人具有上述正当事由的,人民法院才以例外的方式允许其以其他方式作证,但并非可以无须作证。如果允许鉴定人可以随意不出庭作证甚至不作证,任由当事人或者人民法院对鉴定意见有疑问却无从获得回答,鉴定作为证据方法的本来意义将会丧失,其所提出的“鉴定意见不能作为证据使用”。[4] 这客观上将会加大司法成本和当事人的负担,也容易引起当事人及社会公众对司法鉴定乃至司法公正的质疑。

(三)鉴定人出庭作证的保护

民事诉讼中对出庭作证的鉴定人,一般没有作特别保护的要求。如果民事诉讼当事人针对鉴定意见表现出情绪异常激烈,如果鉴定人出庭作证将有可能遭受人身危险的,人民法院可以视具体情况参照刑事诉讼的相关规定,对出庭作证的鉴定人予以特别保护。[5] 相对而言,刑事诉讼中对出庭作证的鉴定人的保护,是我国于 2012 年修正《刑事诉讼法》增加规定的内容,分为如下两种方式:

---

[1] 我国《刑事诉讼法司法解释》第 260 条规定:“鉴定人、有专门知识的人、调查人员、侦查人员或者其他人员出庭的,参照适用前两条规定。”其中的“前两条规定”,不包括同一司法解释第 253 条第 1 款关于准许证人不出庭作证的事由规定。

[2] 我国《医疗损害责任司法解释》第 13 条第 2 款后段。

[3] 我国《医疗损害责任司法解释》第 13 条第 3 款。

[4] 参见我国《民事诉讼证据规定》第 40 条第 1 款第 4 项。

[5] 我国《行政诉讼证据规定》第 74 条规定:“……鉴定人及其近亲属的人身和财产安全受法律保护。人民法院应当对……鉴定人的住址和联系方式予以保密。”司法部《鉴定人出庭指导意见》第 7 条规定:“在出庭过程中,鉴定人遇有下列情形的,可以及时向人民法院提出请求:(一)认为本人或者其近亲属的人身安全面临危险,需要请求保护的;(二)受到诉讼参与人或者其他人以言语或者行为进行侮辱、诽谤,需要予以制止的。”

1. 依职权保护。对于危害国家安全犯罪、恐怖活动犯罪、黑社会性质的组织犯罪、毒品犯罪等案件，鉴定人因在诉讼中作证，本人或者其近亲属的人身安全面临危险的，人民法院应当采取以下一项或者多项保护措施：不公开真实姓名、住址和工作单位等个人信息；采取不暴露外貌、真实声音等出庭作证措施；禁止特定的人员接触鉴定人；对人身和住宅采取专门性保护措施；其他必要的保护措施（现行该法第 64 条第 1 款）。

2. 依申请保护。鉴定人认为因在诉讼中作证，本人或者其近亲属的人身安全面临危险的，可以向人民法院请求予以保护（现行该法第 64 条第 2 款）。人民法院决定对出庭作证的鉴定人采取不公开个人信息的保护措施的，对其如实作证的保证书不得公开，在判决书、裁定书等法律文书中可以使用化名等代替其个人信息。[1]

在民事诉讼中，人民法院有必要的情况下，可以参照刑事诉讼的上述方式，采取不公开个人信息，不暴露外貌、真实声音，使用视听传输技术或者同步视频作证室等措施，对出庭作证的鉴定人予以保护。[2]

（四）鉴定人出庭作证的程式

1. 鉴定人出庭作证的启动。(1) 鉴定人出庭作证系依当事人异议的，人民法院可以通知有异议的当事人预交鉴定人出庭费用，有异议的当事人不预交鉴定人出庭费用的，视为放弃异议。[3] (2) 人民法院通知鉴定人。人民法院决定鉴定人出庭作证的，应于开庭前 3 日将出庭通知书送达鉴定人，并告知各方当事人；如果鉴定人是在外地的，应当留有必要的在途时间。[4] 出庭通知书应当载明案号、当事人姓名、案由、开庭时间、地点，并附权利义务告知书。(3) 鉴定人由于健康原因、自然灾害等不可抗力或者其他正当理由不能按期出庭的，可以向人民法院申请延期开庭；经人民法院许可，也可以通过使用视听传输技术或者同步视频作证室等措施出庭作证。(4) 鉴定人可以申请人民法院保护其人身。

2. 鉴定人到庭。(1) 鉴定人报到。鉴定人到庭后，应向书记员报到，由书记员引导到专门的作证等候区等候。鉴定人不得旁听庭审。[5] 涉及多名鉴定人的，由法

---

〔1〕 参见我国《刑事诉讼法司法解释》第 257 条。

〔2〕 我国《鉴定管理与使用衔接意见》第三中规定："人民法院要为鉴定人出庭提供席位、通道等，依法保障鉴定人出庭作证时的人身安全及其他合法权益。经人民法院同意，鉴定人可以使用视听传输技术或者同步视频作证室等作证。"

〔3〕 参见我国《民事诉讼证据规定》第 38 条。

〔4〕 参见我国《民事诉讼法司法解释》第 227 条，《民事诉讼证据规定》第 79 条第 2 款。

〔5〕 参见我国《刑事诉讼法司法解释》第 265 条，《人民法院法庭规则》（法释〔2016〕7 号）第 9 条第 3 款第 1 项。

庭安排依次出庭作证,并在作证前采取必要的隔离措施。(2)确认鉴定人的身份。由书记员对到庭鉴定人的身份、与当事人以及本案的关系进行核实,并告知其有关作证的权利义务和法律责任。[1] 对决定采取不公开个人信息或者不暴露外貌、真实声音等保护措施的鉴定人,法庭应当在开庭前提前核实其身份。(3)鉴定人的作证席位。法庭应设专门的作证席,位于控、辩双方席位的中间,正对法官席位。鉴定人由书记员或法警引导进入法庭,并在作证席落座。(4)鉴定人作证保证。作证前,鉴定人应当当庭宣读向法庭如实说明鉴定意见的保证书,并在保证书上签名。鉴定人确有正当理由不能宣读保证书的,由书记员代为宣读并进行说明。保证书应当载明保证据实陈述,绝无隐瞒、歪曲、增减,如有虚假陈述应当接受处罚等内容。鉴定人拒绝签署或者宣读保证书的,不得作证,并自行承担相关费用。[2] 对决定采取不公开个人信息等保护措施的鉴定人,应当在出庭前单独向合议庭宣读并在保证书上签名。

3. 鉴定人出庭陈述。在法庭上,鉴定人一般先向法庭陈述鉴定意见的主要内容,后依次接受异议人、其他诉讼参与人以及法庭的询问。鉴定人所陈述的内容,可以视作鉴定意见的口头形式。(1)鉴定人陈述的主要内容包括:专业技术职称、鉴定资格;鉴定的程序事项,如委托鉴定的启动原因、有无应当回避的情形、鉴定材料的提取、收集过程等;鉴定意见所依据的科学技术原理、方法以及所使用的标准等;鉴定意见的最终结论等。(2)鉴定人应当就其作证的事项进行连续陈述,诉讼参与人或者旁听人员干扰证人陈述的,人民法院应当及时制止,必要时可以依法进行处罚。[3] (3)鉴定意见由多名鉴定人共同作出的,应当先由对鉴定意见持赞成意见的鉴定人代表出庭作证;以此为前提,当事人也可以申请对鉴定意见持否定意见的鉴定人代表出庭作证。通过鉴定人出庭陈述鉴定意见,可以促使各方当事人更加准确地掌握鉴定意见的内容,以及鉴定所依据的原理、方法以及鉴定过程等,更有针对性地围绕鉴定意见发表质证意见,同时促使人民法院发现案件真实。

4. 鉴定人接受询问。对于是否对出庭作证的鉴定人采取交叉询问制,与德国民事诉讼法采取的禁止态度不同,我国民事诉讼法上予以允许。从积极意义上来说,对抗辩论是民主社会产生司法信赖的基础,交叉询问制系以重视当事人在法庭上利用专业知识展开对抗辩论为理念。法庭上的交叉询问能使鉴定人感到紧张感,有助

---

〔1〕 参见我国《刑事诉讼法司法解释》第258条前段、第260条。

〔2〕 参见我国《民事诉讼证据规定》第71条、第65条第2款前段、第99条第2款前段,《刑事诉讼法司法解释》第258条后段、第260条。其中,《刑事诉讼法司法解释》第258条后段规定中未设置证人(/鉴定人)当庭宣读保证书的内容。

〔3〕 参见我国《民事诉讼证据规定》第73条、第99条第2款前段。

于提高鉴定意见的质量,并预防出现缺乏充分依据的鉴定意见。反询问过程中发生的冲突,具有加强裁判过程紧张感的效果。同时,这也为专家辅助人乃至私鉴定正当地进入民事诉讼进程打开一条通道。应当承认,私鉴定能对公鉴定发挥补充作用,二者协力能使案件事实得到澄清,也有助于增强当事人和社会公众对司法裁判的信赖。[1] 询问鉴定人,一般应围绕鉴定事项和鉴定意见进行,内容包括人民法院审查鉴定意见的各个项目。以此为基点,询问鉴定人分为主询问和反询问。

询问鉴定人系在法庭的组织下进行,鉴定人必须如实回答。(1)经法庭许可,申请鉴定人出庭作证的一方当事人及其诉讼代理人可以先向鉴定人发问(主询问);其发问完毕后,对方也可以发问(反询问)。[2] 当事人及其诉讼代理人向鉴定人发问,仅为法庭实施证据调查的一个环节,目的在于落实当事人的诉讼参与权,保障当事人享有证据法上的利益,并帮助法庭作出正确的事实认定,发问不属于能产生诉讼法上效果的独立诉讼行为。[3] 当事人及其诉讼代理人向鉴定人发问,应当与鉴定意见所指向的案件事实有关,不得使用威胁、侮辱或者诱导鉴定人的言语和方式,不得损害鉴定人的人格尊严。[4] 发问方式不当或者内容与本案无关的,对方可以提出异议,要求法庭予以制止;法庭对此情况应予以制止。[5] (2)经法庭许可,专家辅助人可以向鉴定人发问。[6] (3)法庭可以自行决定向鉴定人发问。在比较法上,有采取法庭仅在认为鉴定意见虽经当事人质证但仍不足以说明情况的情形下,才向鉴定人发问的做法。[7] (4)有多名鉴定人出庭作证的,经双方当事人发问或者法庭询问后,审判人员应当告知其退庭。[8]

主询问的内容,一般是围绕鉴定人的资质、中立性、可信性,以及鉴定意见与其所指向的案件事实的关联性、证据效力等问题展开。具体包括:(1)鉴定人(/鉴定机构)是否具有开展鉴定活动的资质,如鉴定人(/鉴定机构)是否具有与鉴定事项相应的鉴定执业资格;鉴定人(/鉴定机构)是否具有应当回避的情形等。(2)鉴定人(/鉴定机构)是否具有与鉴定事项相适应的、可信任的鉴定专业能力,这主要是针

---

[1] 参见[日]小岛武司:《民事审理中的公鉴定与私鉴定——第三种证明模式之提倡》,陈刚译,载小岛武司著,陈刚主编:《自律型社会与正义的综合体系——小岛武司先生七十华诞纪念文集》,中国法制出版社2006年版,第310~312页。

[2] 参见我国《刑事诉讼法司法解释》第259条。

[3] 参见占善刚:《民事诉讼鉴定费用的定性分析》,载《法学》2015年第8期。

[4] 参见我国《刑事诉讼法司法解释》第261条,《民事诉讼证据规定》第82条。

[5] 参见我国《刑事诉讼法司法解释》第262条。

[6] 参见我国《民事诉讼法司法解释》第122条第1款,《医疗损害责任司法解释》第14条第1款。

[7] 参见《法国新民事诉讼法》第283条。

[8] 参见我国《刑事诉讼法司法解释》第264条。

对鉴定人的资质、学历和经验等。(3)鉴定所依据的原理、方法和鉴定过程是否符合相关专业的规范要求,即鉴定意见是否具有科学性、可靠性和合理性。在回答主询问时,鉴定人应清楚叙述提出意见、推论或者结论的背景知识,对自己提出的意见、推论或者结论作出合理程度的肯定或可能的陈述。

反询问的实质,是通过揭示鉴定意见中存在的矛盾、错误或不真实的因素,否定或者降低该鉴定意见的证据效力,获得对己方有利的信息。具体包括:(1)对鉴定人(/鉴定机构)开展鉴定活动的合法性的质疑,如不具有与鉴定事项相应的鉴定执业资格;缺乏与鉴定事项相应的专业能力;具有应当回避的情形等。(2)对鉴定所依据的原理、方法和鉴定过程的质疑,如鉴定意见欠缺科学性,违反相关权威理论;鉴定实验室的条件、仪器的状态等设备不具有先进性或不处于可适性状态;提出鉴定意见的推理过程不符合论证规则和经验法则,违背社会生活常理以及事物变化发展规律等。(3)对鉴定材料的质疑。如果鉴定材料的收集、保管、提供的具体环节、操作方法存在瑕疵,则鉴定意见的可靠性、真实性就会大打折扣。[1]

(五)鉴定人拒不出庭作证的后果

鉴定人没有正当理由拒不出庭作证的,属于对其法定义务的违反。对此,我国《司法鉴定管理决定》《刑事诉讼法》《民事诉讼法》均作有规定,包括下列法律后果:

1.鉴定意见不得作为证据使用。《民事诉讼法》第81条后段中规定:“经人民法院通知,鉴定人拒不出庭作证的,鉴定意见不得作为认定事实的根据。”[2]

2.向支付鉴定费用的当事人返还鉴定费用。《民事诉讼法》第81条后段中规定:“支付鉴定费用的当事人可以要求返还鉴定费用”。有学者对此提出质疑,认为鉴定意见不得作为认定事实的根据系严格证明的必然要求,作为鉴定人不出庭作证的制裁规范失之允当;况且,将此二者相挂钩,有违比例原则;将鉴定人返还鉴定费用作为鉴定人不出庭作证的后果,既不符合鉴定的证据法构造,也不合乎内在逻辑。为此,应径使拒不出庭作证的鉴定人负妨害民事诉讼的责任,即所谓秩序罚。[3] 这是有一定道理的。

3.诉讼责任。《民事诉讼法》第117条规定:“有义务协助调查、执行的单位有下

[1] 参见马秀娟:《鉴定人出庭交叉询问规则的思考与完善》,载《中国司法鉴定》2013年第6期。

[2] 我国《刑事诉讼法》第192条第3款后段规定:“经人民法院通知,鉴定人拒不出庭作证的,鉴定意见不得作为定案的根据。”《医疗损害责任司法解释》第13条第4款规定:“无前款规定理由,鉴定人拒绝出庭作证,当事人对鉴定意见又不认可的,对该鉴定意见不予采信。”

[3] 占善刚:《论我国民事诉讼中鉴定人不出庭作证之应有后果——〈民事诉讼法〉第78条评析》,载《法学家》2014年第2期。但是,占教授同时认为,对鉴定人不出庭的正当事由,应类推适用证人不出庭的正当事由。笔者不予赞同。

列行为之一的，人民法院除责令其履行协助义务外，并可以予以罚款……”“人民法院对有前款规定的行为之一的单位，可以对其主要负责人或者直接责任人员予以罚款；对仍不履行协助义务的，可以予以拘留；并可以向监察机关或者有关机关提出予以纪律处分的司法建议。”第118条第1款规定：“对个人的罚款金额，为人民币十万元以下。对单位的罚款金额，为人民币五万元以上一百万元以下。”除此以外，人民法院还可以对鉴定机构、鉴定人采取暂停委托，从人民法院委托鉴定专业机构、专业人员备选名单中除名等处罚措施。[1]

4. 行政责任。《司法鉴定管理决定》第13条第1、2款规定：“鉴定人或者鉴定机构有违反本决定规定行为的，由省级人民政府司法行政部门予以警告，责令改正。”“鉴定人或者鉴定机构有下列情形之一的，由省级人民政府司法行政部门给予停止从事司法鉴定业务三个月以上一年以下的处罚；情节严重的，撤销登记：(一)因严重不负责任给当事人合法权益造成重大损失的；……(三)经人民法院依法通知，拒绝出庭作证的；……”

### 四、鉴定费用

鉴定费用是指人民法院委托鉴定人开展鉴定活动(即公鉴定)所支出的费用，性质上应为诉讼费用中的当事人费用(“其他诉讼费用”，我国《民事诉讼法》第121条第1款)。《民事诉讼法》中对鉴定费用的直接规定，是第81条后段关于因鉴定人拒不出庭作证，支付鉴定费用的当事人可以要求返还鉴定费用的规定。有关鉴定费用的具体构成、标准以及负担等问题，一般只出现在民事诉讼之中。《刑事诉讼法》及其司法解释都没有涉及刑事诉讼鉴定费用的规定，刑事诉讼鉴定费用一般由司法机关直接向鉴定人或者鉴定机构支付。但是，司法实践中对于人民法院依当事人申请而委托鉴定，所产生的鉴定费用是否应由申请人自行负担，存在一定争议。本节仅就民事诉讼鉴定费用的问题展开。

(一)鉴定费用的构成

鉴定费用由鉴定人报酬、鉴定活动实际支出的费用和鉴定人出庭作证的费用等三个部分构成。我国《诉讼费用交纳办法》将鉴定人出庭作证的费用明确列为诉讼费用，而将鉴定人报酬、鉴定活动实际支出的费用(一般将此二项统称为鉴定费用，系从狭义)不作为诉讼费用，由当事人自行直接负担。关于鉴定人出庭作证的费用，包括鉴定人为出庭作证所支付的交通费、住宿费、生活费和误工补贴，[2]可由人民

[1] 参见我国《委托鉴定审查规定》第14条第1款。
[2] 参见我国《诉讼费用交纳办法》第6条第3项。

法院在鉴定人出庭前按照国家规定标准代为收取。[1] 具体的负担规则应参照《民事诉讼法》第 77 条关于证人出庭作证费用的规定,由败诉方当事人负担。依当事人异议的鉴定人出庭作证的,该项费用由该当事人先行垫付;当事人没有对鉴定意见提出异议,人民法院通知鉴定人作证的,该项费用由人民法院先行垫付。对于《诉讼费用交纳办法》第 6 条第 3 项规定的"生活费",似乎没有法律依据,实践中也难以执行。

《民事诉讼法》第 81 条后段规定的鉴定费用是狭义的鉴定费用。对此,《诉讼费用交纳办法》明确规定为当事人自行交纳的费用,人民法院不得代收代付。第 12 条第 1 款规定:"诉讼过程中因鉴定……发生的依法应当由当事人负担的费用,人民法院根据谁主张、谁负担的原则,决定由当事人直接支付给有关机构或者单位,人民法院不得代收代付。"但是,考虑到鉴定人是接受人民法院的委托而非当事人的委托进行鉴定活动,由此而产生的费用应与鉴定人的出庭作证费用的性质相当,均属于诉讼费用。因此,鉴定费用似不宜"由当事人直接支付给有关机构或者单位,人民法院不得代收代付",而应由异议方当事人先向人民法院预缴,由人民法院向鉴定机构支付。异议方当事人胜诉后,由人民法院判令败诉方当事人直接向其支付即可。[2] 因此,《民事诉讼法》第 81 条后段规定的"当事人可以要求返还鉴定费用"中的"返还",并不正确。

在司法实践中,由当事人直接向鉴定机构支付鉴定费用(狭义),已经成为掣肘人民法院委托鉴定活动正常开展的障碍之一。[3] 笔者认为,应确立鉴定费用(诉讼费用)一体性的原则,而不宜人为割裂本来一体发生的鉴定费用。《民事诉讼法》第 81 条后段规定的"当事人可以要求返还鉴定费用",实际上是将当事人支付鉴定费用的义务与鉴定人出庭作证的义务作为对待给付的民事法律关系来看待,与鉴定系人民法院与鉴定人之间的诉讼法律关系性质背道而驰。基于鉴定乃鉴定人的诉讼义务这一性质,全部因鉴定而产生的费用均应属于诉讼费用,应采取相同的性质认定和负担方式,而不宜针对其不同部分而采取不同的性质认定和负担方式。不将鉴定必要费用及鉴定人的报酬纳入诉讼费用的范畴,将导致人民法院无法对这些费用的具体数额和交纳方式等进行监管,容易滋生乱收、滥收鉴定费用的流弊。[4]

---

〔1〕 参见我国《诉讼费用交纳办法》第 11 条第 1 款。

〔2〕 我国原来的做法即是如此,参见已被废止的《人民法院诉讼收费办法》[法(司)发〔1989〕14 号]第 2 条第 1 项、第 12 条第 3 款后段、第 19 条;《日本关于民事诉讼费用的法律》第 11 条,我国台湾地区"民事诉讼法"第 94 条之 1 第 1 项。

〔3〕 参见我国《司法鉴定程序通则》第 29 条第 4 项。

〔4〕 参见占善刚:《民事诉讼鉴定费用的定性分析》,载《法学》2015 年第 8 期。

在交纳方式上,基于鉴定系人民法院与鉴定人之间的诉讼法律关系,鉴定费用(广义)均应由当事人直接向人民法院预先交纳,再由人民法院向鉴定人予以支付。一方面,当事人预先向人民法院交纳鉴定费用,是其诉讼义务。无论鉴定程序是依当事人申请,还是人民法院依职权启动,当事人若不向人民法院预先交纳鉴定费用,人民法院因此不能委托鉴定而导致鉴定事项不能认定的,其不利后果应由负证明责任的一方当事人承担。另一方面,鉴定人具有要求人民法院支付该诉讼费用的请求权。[1]《民事诉讼证据规定》第39条第2款规定:“人民法院委托鉴定时已经确定鉴定人出庭费用包含在鉴定费用中的,不再通知当事人预交。”亦寓有肯定鉴定费用一体性,以及维持鉴定人与人民法院之间的诉讼法律关系的意味。

(二)鉴定费用的标准

关于狭义的鉴定费用,我国2005年《司法鉴定管理决定》第15条规定:“司法鉴定的收费项目和收费标准由国务院司法行政部门商国务院价格主管部门确定。”据此,国家发展改革委、司法部《司法鉴定收费管理办法》(发改价格〔2009〕2264号)规定,法医、物证、声像资料类司法鉴定收费实行政府指导价或政府定价管理(第5条);涉及财产案件的司法鉴定收费,根据诉讼标的和鉴定标的两者中的较小值,按照标的额比例分段累计收取(第8条)。2015年修正的《司法鉴定管理决定》第15条规定:“司法鉴定的收费标准由省、自治区、直辖市人民政府价格主管部门会同同级司法行政部门制定。”据此,上述《司法鉴定收费管理办法》于2016年被废止。[2]关于鉴定人出庭作证费用,《民事诉讼证据规定》第39条第1款前段规定:“鉴定人出庭费用按照证人出庭作证费用的标准计算。”在原理上,鉴定费用的标准应依鉴定活动所针对的事项性质,而非其所涉及的财产案件的标的金额来确定,鉴定费用的畸高将使鉴定活动远离其准司法行为的性质。但即使改由各省级人民政府价格主管部门会同同级司法行政部门制定的方法,能否使鉴定费用的交纳恢复于鉴定活动作为准司法行为的性质,尚需拭目以待。

在比较法上,关于鉴定人的报酬,《德国司法补偿与赔偿法》第9条规定鉴定人

---

〔1〕 参见《德国司法补偿与赔偿法》第1条,《日本关于民事诉讼费用的法律》第18条,我国台湾地区“民事诉讼法”第338条。依上述立法例,鉴定人该项公法上请求权须受短期时效期间的限制。如《德国司法补偿与赔偿法》规定鉴定人应在3个月内请求法院给付鉴定费用,否则,请求权消灭,该期间自鉴定人受法院询问之日起计算。《日本关于民事诉讼费用的法律》第27条规定,鉴定人请求法院给付鉴定费用应自判决作出之日(未经判决之案件,自案件完结之日)起2个月内为之,超过此期间即不能为此请求。依我国台湾地区“民事诉讼法”第324条准用第323条第2款的规定,鉴定人请求法院给付鉴定费用,应于被法院询问完毕之日起10日内为之,鉴定人在此期间内若未请求给付,则丧失请求权。参见占善刚:《民事诉讼鉴定费用的定性分析》,载《法学》2015年第8期。

〔2〕 参见我国《国家发展改革委员会关于废止教材价格和部分服务收费政策文件有关问题的通知》(发改价格〔2016〕703号)。

按小时收取报酬,并且对鉴定人报酬根据鉴定人服务的类别规定了从50欧元到95欧元的不同等次。《日本关于民事诉讼费用的法律》对鉴定人报酬的支付标准虽未作出规定,但在实务上,法官在确定鉴定人的报酬之际,往往首先征求申请鉴定的当事人与鉴定人的意见,由法官根据鉴定的事项,以过去所进行的同种类的鉴定实际支付的报酬为参考标准,确定一个适当的数额。例如,关于不动产租赁额的鉴定人报酬往往为30万日元左右,医疗关系诉讼中的鉴定人报酬通常为50万日元左右,建筑关系诉讼中的鉴定人报酬通常为40万日元左右。

关于鉴定人出庭作证费用,《德国司法赔偿与补偿法》规定,除特别之必要情形外,鉴定人出庭的交通费用依照其乘坐通常的公共交通工具所产生的费用据实支付(第5条);食宿费依所得税法所规定的标准确定数额(第6条);滞留费依每小时3欧元之标准计算(第20条;依该法第19条第2款之规定,每日按10小时计算,包含必要的旅行费用及等待时间);误工损失按每小时最高17欧元的标准计算(第22条)。《日本关于民事诉讼费用的法律》规定,鉴定人出庭的旅费以按最经济的、最通常的路径及方法旅行为标准据实计算,但是在因天灾或其他不可抗拒之事由依前者难以旅行的场合,根据实际选择的路径及方法计算(第25条);鉴定人的滞留费依据鉴定人出庭及法院进行证据调查以及为此旅行所必要的日数支给,其数额由法院在最高法院所确定的数额范围内确定(第22条);鉴定人出庭的食宿费根据证人出庭必要的夜数支给,其数额由法院在最高法院区分宿泊地而确定的数额范围内确定(第23条)。[1]

(三)鉴定费用的负担

对于鉴定费用的负担,实践中时常成为当事人争执的焦点。究其原因,鉴定虽然原则上系依当事人申请而启动,但本质上却是针对案件事实查明、具有科学性质的证明活动。对于启动鉴定是否必要,双方当事人的意愿如何,启动鉴定后能否达成事实查明的目标,鉴定意见能否与证明目标相联结等,都时刻叩问着每一项鉴定活动,乃至整个司法鉴定制度的正当性和合理性。关于鉴定人出庭作证费用的负担,我国《民事诉讼证据规定》第39条第1款规定:“鉴定人出庭费用按照证人出庭作证费用的标准计算,由败诉的当事人负担。因鉴定意见不明确或者有瑕疵需要鉴定人出庭的,出庭费用由其自行负担。”此系区分鉴定人出庭作证的原因,将该项费用的负担规则分为两种情形:一是一般情况下,由败诉的当事人负担;二是鉴定人出庭系因为书面鉴定意见不明确或者有瑕疵的,由鉴定人自行负担。其中的第二种情

〔1〕 参见占善刚:《民事诉讼鉴定费用的定性分析》,载《法学》2015年第8期。

况，似有所不宜。盖一方面，未将鉴定人出庭作证作为鉴定人的诉讼义务来看待，将出庭作证内含于鉴定活动之中；另一方面，要求人民法院对鉴定意见是否存在不明确或者有瑕疵作出认定，将会增加当事人的主张负担和人民法院的审判负担。

在司法实践中，由于鉴定人、鉴定机构的能力水平参差不齐、当事人提供的材料不齐全、鉴定机构的收费标准不透明等原因，有的鉴定活动长期拖延甚至客观上无法形成鉴定意见，有的鉴定意见由于鉴定程序中存在瑕疵而无法被人民法院采纳等。对于人民法院而言，尽管依当事人申请而启动鉴定程序，但往往由于受制于现有的司法条件和环境，对申请审查不严，启动鉴定程序的随意性较大，客观上也存在一些鉴定活动并非必要的情况。这些都使当事人如何合理分担鉴定费用成为争执的焦点。笔者认为，人民法院对鉴定费用的负担分配，应考虑其支付的必要性和合理性，以及双方当事人在鉴定程序中的过错情况进行综合判定，此与当事人的胜诉、败诉不具有必然的联系。对相关的负担分配理由，人民法院应当在裁判文书中予以说明；对各方负担的数额，应当与诉讼费用一同在裁判文书的尾部中进行表述。〔1〕

此外，近年有个别司法解释中明确规定“鉴定费用”的支付问题，多系将之作为赔偿项目，似与《诉讼费用交纳办法》的上述规定有所重复。唯究其实质，应系指特定场合中的私鉴定费用，即当事人自行委托鉴定人开展鉴定活动所支出的费用，不同于作为诉讼费用项目的（公）鉴定费用，如民事公益诉讼中原告为提起民事公益诉讼，自行委托鉴定所产生的鉴定费用。〔2〕

（四）鉴定费用的退还

退还鉴定费用是我国 2012 年修正《民事诉讼法》、2019 年修正《民事诉讼证据规定》的重要内容。主要有如下五项事由：

1. 鉴定人拒不出庭作证。《民事诉讼法》第 81 条规定：“当事人对鉴定意见有异议或者人民法院认为鉴定人有必要出庭的，鉴定人应当出庭作证。经人民法院通知，鉴定人拒不出庭作证的，鉴定意见不得作为认定事实的根据；支付鉴定费用的当事人可以要求返还鉴定费用。”

2. 鉴定人故意作虚假鉴定。《民事诉讼证据规定》第 33 条第 2 款规定：“鉴定人故意作虚假鉴定的，人民法院应当责令其退还鉴定费用，并根据情节，依照民事诉讼法第一百一十一条的规定进行处罚。”其中的“民事诉讼法第一百一十一条”，对应

〔1〕 参见范少恒：《民事诉讼中司法鉴定费负担问题探讨》，载《山东法官培训学院学报（山东审判）》2016 年第 3 期；熊晓震：《因定损产生的鉴定费用并非一律由侵权方承担》，载《人民法院报》2013 年 2 月 21 日，第 7 版。

〔2〕 参见我国《环境民事公益诉讼解释》第 22 条第 1 项，《消费民事公益诉讼解释》第 18 条，《生态环境损害赔偿规定》第 14 条第 2 项。

现行该法第 114 条。

3. 鉴定人无正当理由未按期提交鉴定书。《民事诉讼证据规定》第 35 条第 2 款规定:“鉴定人无正当理由未按期提交鉴定书的,当事人可以申请人民法院另行委托鉴定人进行鉴定。人民法院准许的,原鉴定人已经收取的鉴定费用应当退还;拒不退还的,依照本规定第八十一条第二款的规定处理。”

4. 鉴定意见因法定原因而被废弃(重新鉴定)。《民事诉讼证据规定》第 40 条第 1、2 款规定:“当事人申请重新鉴定,存在下列情形之一的,人民法院应当准许:(一)鉴定人不具备相应资格的;(二)鉴定程序严重违法的;(三)鉴定意见明显依据不足的;(四)鉴定意见不能作为证据使用的其他情形。”“存在前款第一项至第三项情形的,鉴定人已经收取的鉴定费用应当退还。拒不退还的,依照本规定第八十一条第二款的规定处理。”

5. 鉴定意见在被采信后又被鉴定人撤销。《民事诉讼证据规定》第 42 条规定:“鉴定意见被采信后,鉴定人无正当理由撤销鉴定意见的,人民法院应当责令其退还鉴定费用,并可以根据情节,依照民事诉讼法第一百一十一条的规定对鉴定人进行处罚。当事人主张鉴定人负担由此增加的合理费用的,人民法院应予支持。”“人民法院采信鉴定意见后准许鉴定人撤销的,应当责令其退还鉴定费用。”其中的“民事诉讼法第一百一十一条”,对应现行该法第 114 条。

当事人要求退还鉴定费用的,人民法院应当在 3 日内作出裁定,责令鉴定人退还;拒不退还的,由人民法院依法执行。[1]

---

〔1〕 我国《民事诉讼证据规定》第 81 条第 2 款。

# 第七章　刑事涉案财产的保全与处理

刑事涉案财产的保全，是指有权机关在办理刑事案件的过程中，对涉案财产采取查封、扣押、冻结等刑事诉讼保全措施；刑事涉案财产的处理，是指有权机关对涉案财产进行终局处理，范围不限于已被采取保全措施的涉案财产。对财产进行保全和处理，本质上属于对财产权利的限制甚至剥夺，对民事权益影响至巨，故为刑民交叉的又一重要领域。我国《刑事诉讼法》第141、144、245条是本法关于刑事涉案财产的保全和处理的基本规定，但未成系统，对被告人、被害人、案外人和其他利害关系人的合法权益保护亦不周详，亟待完善。由于立法上对涉案财产的保全和处理的程序机制尚欠完整、规范，司法实践中尚存不少“真空”地带，尤其缺乏对被告人、被害人、案外人和其他利害关系人参与相关程序运行的具体设计，从而导致既无制约，亦无救济的程序失控局面。

## 一、刑事涉案财产保全、处理的法律政策背景

（一）刑事诉讼法的修正背景

作为关于刑事涉案财产的保全和处理的基本规定之一，我国《刑事诉讼法》第245条规定为1996年第一次修正该法时所新增（1996年该法第198条），2012年第二次修正该法时又予修改（2012年该法第234条）。关于这两次修正的背景，立法部门的释义指出：

> 第一次修正：被扣押、冻结的犯罪嫌疑人、被告人的财物、赃款赃物及其孳息如何处理的问题，是目前办案

中的一个突出问题。由于刑事诉讼法对这些财物的返还、移送、没收等问题没有具体规定,实践中经常出现一些扯皮等情况。如应当即时返还被害人的财产没有即时返还,使被害人的合法权益得不到及时的保障;由于对应当移送的扣押、冻结的财物、赃款赃物认识不一致,有些人民法院对未移送赃款赃物的案件不予受理,对犯罪分子不能及时予以应有的惩罚;一些被扣押、冻结的财物、赃款赃物丢失、损坏或非法挪用,损害了被害人的利益并使一些证据灭失,影响打击犯罪分子等。在修改刑事诉讼法的过程中,公安机关、人民检察院和人民法院一致要求对被扣押、冻结的财物、赃款赃物的处理作出原则规定,明确哪些应当随案移送,如何移送,哪些应当即时返还,哪些应当及时处理以及相应的法律责任。[1]

第二次修正:1996 年刑事诉讼法修改后,虽然对扣押、冻结的财物及其孳息的移送、返还以及赃款赃物及其孳息的处理作了规定,但对于由哪个机关作出决定,依据什么法律文书处理,没有明确规定,实践中仍然存在由于查封、扣押、冻结的财产权属不明确而无法处理的问题。有些既不能判断属于赃款赃物,无法予以没收上缴国库,也不能判断属于被害人的财产予以返还;有些财产如何处理,各机关认识不一致,相互争执扯皮;公安机关、人民检察院无法妥善处理查封、扣押、冻结的财产,而法院在判决中也没有对该财产作出处理决定,导致大量的涉案财产搁置,无人问津,社会对此反映强烈。公安机关、人民检察院和人民法院也提出应当在法律中对涉案财产的处理依据作出进一步明确的规定。[2]

《反有组织犯罪法》是一部特别刑事诉讼法,该法第 4 章专门规定“涉案财产认定和处置”。该章内容主要参照《最高人民法院、最高人民检察院、公安部、司法部关于办理黑恶势力刑事案件中财产处置若干问题的意见》(2019 年 4 月 9 日,以下简称《黑恶财产处置意见》),与《刑事诉讼法》的上述规定相比较,更见系统。主要包括下列 4 项原则和 1 项规则:(1)全面调查原则。“公安机关、人民检察院、人民法院根据办理有组织犯罪案件的需要,可以全面调查涉嫌有组织犯罪的组织及其成员的财产状况。”(第 40 条)(2)全面保全原则。“查封、扣押、冻结、处置涉案财物,应当严格依照法定条件和程序进行,依法保护公民和组织的合法财产权益,严格区分违法所得与合法财产、本人财产与其家属的财产,减少对企业正常经营活动的不利影

〔1〕 胡康生、李福成主编:《中华人民共和国刑事诉讼法释义》,法律出版社 1996 年版,第 233 页。

〔2〕 王爱立、雷建斌主编:《〈中华人民共和国刑事诉讼法〉释解与适用》,人民法院出版社 2018 年版,第 462 页。

响。不得查封、扣押、冻结与案件无关的财物。"(第41条第1款第1、2句)(3)法院最终处理原则。"公安机关、人民检察院应当对涉案财产审查甄别。在移送审查起诉、提起公诉时,应当对涉案财产提出处理意见。""在审理有组织犯罪案件过程中,应当对与涉案财产的性质、权属有关的事实、证据进行法庭调查、辩论。人民法院应当依法作出判决,对涉案财产作出处理。"(第44条)此为对涉案财产处理的法庭调查相对独立原则的专门规定。(4)全面追缴原则。追缴、没收或者责令退赔的财产范围,及于与黑恶势力组织及其成员从事违法犯罪活动有关的一切财产(第45、46条)。(5)预处理规则。"对下列财产,经县级以上公安机关、人民检察院或者人民法院主要负责人批准,可以依法先行出售、变现或者变卖、拍卖,所得价款由扣押、冻结机关保管,并及时告知犯罪嫌疑人、被告人或者其近亲属:(一)易损毁、灭失、变质等不宜长期保存的物品;(二)有效期即将届满的汇票、本票、支票等;(三)债券、股票、基金份额等财产,经权利人申请,出售不损害国家利益、被害人利益,不影响诉讼正常进行的。"(第43条)

(二)近年有关政策文件整理

中国共产党第十八届中央委员会第三次全体会议通过的《中共中央关于全面深化改革若干重大问题的决定》第34条"完善人权司法保障制度"中指出:"进一步规范查封、扣押、冻结、处理涉案财物的司法程序。"有论者指出:"严格依法查封、扣押、冻结、处理涉案财物,对于保障当事人合法权利、保证案件顺利办理具有重要作用。但是,长期以来一些司法机关在查封、扣押、冻结、处理涉案财物时,具有一定的随意性,对涉案财物的范围认定不严格,解除强制性措施、返还涉案财物不及时等情况还时有发生。规范查封、扣押、冻结、处理涉案财物的司法程序,确保涉案财物处理的法治化、规范化、公开化,一要严格遵守法律法规,切实执行法律关于处理涉案财物规定;二要规范司法程序,完善查封、扣押、冻结、处理涉案财物的决定、执行、解除程序,细化涉案财物认定标准、明确执行主体、健全当事人复议申诉投诉机制、建立对相关违法行为的责任追究机制;三要加强对涉案财物处置的法庭调查,完善涉案财物处理的司法程序;四要强化对涉案财物的管理,妥善保管涉案财物,探索建立涉案财物集中管理平台,完善涉案财物处理信息公开机制。"[1]

中国共产党第十八届中央委员会第四次全体会议通过的《中共中央关于全面推进依法治国若干重大问题的决定》第四"保证公正司法,提高司法公信力"中"(五)加强人权司法保障"中指出:"规范查封、扣押、冻结、处理涉案财物的司法程序。"《中

〔1〕 姜伟:《完善人权司法保障制度》,载《光明日报》2013年11月19日,第2版。

共中央办公厅、国务院办公厅关于进一步规范刑事诉讼涉案财物处置工作的意见》(2015年1月24日,以下简称《涉案财物处置工作意见》)第2条第1款中规定:“规范涉案财物查封、扣押、冻结程序。查封、扣押、冻结涉案财物,应当严格依照法定条件和程序进行。严禁在立案之前查封、扣押、冻结财物。不得查封、扣押、冻结与案件无关的财物。凡查封、扣押、冻结的财物,都应当及时进行审查;经查明确实与案件无关的,应当在三日内予以解除、退还,并通知有关当事人。”

《中共中央、国务院关于完善产权保护制度依法保护产权的意见》(2016年11月4日)针对利用公权力侵害私有产权、违法查封扣押冻结民营企业财产等产权保护薄弱环节,明确提出严格规范涉案财产处置的法律程序。“进一步细化涉嫌违法的企业和人员财产处置规则,依法慎重决定是否采取相关强制措施。确需采取查封、扣押、冻结等措施的,要严格按照法定程序进行,除依法需责令关闭企业的情形外,在条件允许情况下可以为企业预留必要的流动资金和往来账户,最大限度降低对企业正常生产经营活动的不利影响。采取查封、扣押、冻结措施和处置涉案财物时,要依法严格区分个人财产和企业法人财产。对股东、企业经营管理者等自然人违法,在处置其个人财产时不任意牵连企业法人财产;对企业违法,在处置企业法人财产时不任意牵连股东、企业经营管理者个人合法财产。严格区分违法所得和合法财产,区分涉案人员个人财产和家庭成员财产,在处置违法所得时不牵连合法财产。完善涉案财物保管、鉴定、估价、拍卖、变卖制度,做到公开公正和规范高效,充分尊重和依法保护当事人及其近亲属、股东、债权人等相关方的合法权益。”其中提出了“三个区分”:区分财产来源违法还是合法,区分财产属于个人还是企业,区分财产属于个人还是家庭成员。

《最高人民法院关于充分发挥审判职能作用切实加强产权司法保护的意见》(法发〔2016〕27号)第6条规定:“严格区分经济纠纷与刑事犯罪,坚决防止把经济纠纷当作犯罪处理。充分考虑非公有制经济特点,严格把握刑事犯罪的认定标准,严格区分正当融资与非法集资、合同纠纷与合同诈骗、民营企业参与国有企业兼并重组中涉及的经济纠纷与恶意侵占国有资产等的界限,坚决防止把经济纠纷认定为刑事犯罪,坚决防止利用刑事手段干预经济纠纷。对于各类经济纠纷,特别是民营企业与国有企业之间的纠纷,不论实际损失多大,都要始终坚持依法办案,排除各种干扰,确保公正审判。”第7条规定:“依法慎用强制措施和查封、扣押、冻结措施,最大限度降低对企业正常生产经营活动的不利影响。对涉案企业和人员,应当综合考虑行为性质、危害程度以及配合诉讼的态度等情况,依法慎重决定是否适用强制措施和查封、扣押、冻结措施。在刑事审判中,对已被逮捕的被告人,符合取保候审、监视居住条件的,应当变更强制措施。在刑事、民事、行政审判中,确需采取查封、扣押、冻结措施的,除依法需责令关闭的企业外,在条件允许的情况下可以为企业预留必要的流动资金和往来账户。不得查封、扣押、冻结与案件无关的财产。”第 8 条规定:“严格规范涉案财产的处置,依法维护涉案企业和人员的合法权益。严格区分违法所得和合法财产,对于经过审理不能确认为违法所得的,不得判决追缴或者责令退赔。严格区分个人财产和企业法人财产,处理股东、企业经营管理者等自然人犯罪不得任意牵连企业法人财产,处理企业犯罪不得任意牵连股东、企业经营管理者个人合法财产。严格区分涉案人员个人财产和家庭成员财产,处理涉案人员犯罪不得牵连其家庭成员合法财产。按照公开公正和规范高效的要求,严格执行、不断完善涉案财物保管、鉴定、估价、拍卖、变卖制度。”在上述“三个区分”的基础上,增加了一项最为重要的区分:即案件性质是刑事(“刑事犯罪”)还是民事(“经济纠纷”)。

《最高人民法院关于依法妥善处理历史形成的产权案件工作实施意见》(法发〔2016〕28 号)第 13 条规定:“准确把握罪与非罪的法律政策界限。严格区分经济纠纷与经济犯罪特别是合同纠纷与合同诈骗的界限、企业正当融资与非法集资的界限、民营企业参与国有企业兼并重组中涉及的经济纠纷与恶意侵占国有资产的界限。准确把握经济违法行为入刑标准,准确认定经济纠纷和经济犯罪的性质,坚决纠正将经济纠纷当作犯罪处理的错误生效裁判。对于在生产、经营、融资等活动中的经济行为,当时法律、行政法规没有明确禁止而以犯罪论处的,或者虽属违法违规但不构成犯罪而以犯罪论处的,均应依法纠正。”第 14 条规定:“坚决纠正以刑事执法介入民事纠纷而导致的错案。对于以刑事手段迫使当事人作出意思表示,导致生效民事裁判错误的,要坚决予以纠正。对于涉及犯罪的民营企业投资人,在当事人被采取强制措施或服刑期间,依法保障其行使财产权利等民事权利。对于民营企业投资人因被限制人身自由而严重影响行使民事诉讼权利,被解除人身自由限制后,针对民事案件事实提供了新的证据,可能推翻生效裁判的,人民法院应当依职权调查核实;符合再审条件的,应当依法启动再审。”第 15 条规定:“依法妥善处理因产权混同引发的申诉案件。在甄别和再审产权案件时,要严格区分个人财产和企业法人财产,对股东、企业经营管理者等自然人违法的案件,要注意审查在处置其个人财产时是否存在随意牵连企业法人财产的问题;对企业违法的案件,在处置企业法人财产时是否存在随意牵连股东、企业经营管理者个人合法财产的问题。要严格区分违法所得和合法财产、涉案人员个人财产和家庭成员财产,要注意审查在处置违法所得时是否存在牵连合法财产和涉案人员家庭成员合法财产的问题,以及是否存在违法处理涉案财物的问题,尤其要注意审查是否侵害了当事人及其近亲属、股东、债权人等相关方的合法权益。对确属因生效裁判错误而损害当事人财产权的,要依法纠正并赔偿当事人损失。"第17条规定:"依法妥善处理涉案财产处置申诉案件。对于因错误实施保全措施、错误采取执行措施、错误处置执行标的物,致使当事人或利害关系人、案外人等财产权利受到侵害的,应当及时解除或变更强制措施、执行回转、返还财产。执行过程中,对执行标的异议所作裁定不服的,当事人、案外人可以通过执行异议之诉或者审判监督程序等法定途径予以救济;造成损害的,受害人有权依照法律规定申请国家赔偿。"

《办理经济犯罪案件规定》第46条第1款规定:"查封、扣押、冻结以及处置涉案财物,应当依照法律规定的条件和程序进行。除法律法规和规范性文件另有规定以外,公安机关不得在诉讼程序终结之前处置涉案财物。严格区分违法所得、其他涉案财产与合法财产,严格区分企业法人财产与股东个人财产,严格区分犯罪嫌疑人个人财产与家庭成员财产,不得超权限、超范围、超数额、超时限查封、扣押、冻结,并注意保护利害关系人的合法权益。"

《最高人民法院关于充分发挥审判职能作用为企业家创新创业营造良好法治环境的通知》(法〔2018〕1号,以下简称《营造良好法治环境通知》)第2条规定:"依法保护企业家的人身自由和财产权利。严格执行刑事法律和司法解释,坚决防止利用刑事手段干预经济纠纷。坚持罪刑法定原则,对企业家在生产、经营、融资活动中的创新创业行为,只要不违反刑事法律的规定,不得以犯罪论处。严格非法经营罪、合同诈骗罪的构成要件,防止随意扩大适用。对于在合同签订、履行过程中产生的民事争议,如无确实充分的证据证明符合犯罪构成的,不得作为刑事案件处理。严格区分企业家违法所得和合法财产,没有充分证据证明为违法所得的,不得判决追缴或者责令退赔。严格区分企业家个人财产和企业法人财产,在处理企业犯罪时不得牵连企业家个人合法财产和家庭成员财产。"

《黑恶财产处置意见》针对涉黑恶势力犯罪的保全和处理,明确提出下列3项原则和1项规则:(1)全面调查原则。"要全面调查黑恶势力组织及其成员的财产状况,依法对涉案财产采取查询、查封、扣押、冻结等措施,并根据查明的情况,依法作出处理。"(第1条)(2)全面保全原则。公安机关原则上可以对全部涉黑恶犯罪财产采取保全措施(第6条),并负责对涉黑恶势力犯罪财产的查证工作。"公安机关对于采取措施的涉案财产,应当全面收集证明其来源、性质、用途、权属及价值的有关证据,审查判断是否应当依法追缴、没收。"(第8条)"人民检察院、人民法院根据案件诉讼的需要,可以依法采取上述相关措施。"(第10条)(3)全面追缴原则("断血"原则)。"要彻底摧毁黑社会性质组织的经济基础,防止其死灰复燃。"(第4条)

“人民检察院经审查，除对随案移送的涉案财产提出处理意见外，还需要对继续追缴的尚未被足额查封、扣押的其他违法所得提出处理意见建议。”（第 11 条第 2 款）“人民法院作出的判决，除应当对随案移送的涉案财产作出处理外，还应当在判决书中写明需要继续追缴尚未被足额查封、扣押的其他违法所得。”（第 14 条前段）追缴、没收的财产范围，及于与黑恶势力组织及其成员从事违法犯罪活动有关的一切财产（第 15、16、19 条）。(4)预处理规则。“对于不宜查封、扣押、冻结的经营性财产，公安机关、人民检察院、人民法院可以申请当地政府指定有关部门或者委托有关机构代管或者托管。”“对易损毁、灭失、变质等不宜长期保存的物品，易贬值的汽车、船艇等物品，或者市场价格波动大的债券、股票、基金等财产，有效期即将届满的汇票、本票、支票等，经权利人同意或者申请，并经县级以上公安机关、人民检察院或者人民法院主要负责人批准，可以依法出售、变现或者先行变卖、拍卖，所得价款由扣押、冻结机关保管，并及时告知当事人或者其近亲属。”（第 12 条）

（三）刑事诉讼法司法解释的修改

我国于 2021 年修正《刑事诉讼法司法解释》，全面增订有关涉案财产的规定。包括：应当运用证据证明的案件事实包括“有关涉案财物处理的事实”（第 72 条第 1 款第 8 项）。人民法院审查公诉案件，须审查“是否查封、扣押、冻结被告人的违法所得或者其他涉案财物，查封、扣押、冻结是否逾期；是否随案移送涉案财物、附涉案财物清单；是否列明涉案财物权属情况；是否就涉案财物处理提供相关证据材料（第 218 条第 4 项）。庭前会议的事项包括“是否对涉案财物的权属情况和人民检察院的处理建议有异议”（第 228 条第 1 款第 9 项）。法庭调查的事项包括“查封、扣押、冻结财物及其孳息的权属、来源等情况，是否属于违法所得或者依法应当追缴的其他涉案财物”，具体程序是“由公诉人说明情况、出示证据、提出处理建议，并听取被告人、辩护人等诉讼参与人的意见”（第 279 条第 1 款，从《2012 年刑事诉讼法司法解释》第 16 章中第 364 条第 1 款移入）。案外人对查封、扣押、冻结的财物及其孳息提出权属异议的，人民法院应当听取案外人的意见；“必要时，可以通知案外人出庭”（第 279 条第 2 款，从《2012 年刑事诉讼法司法解释》第 364 条第 2 款移入）。法庭辩论的事项包括“涉案财物处理的事实、证据、适用法律等问题”（第 280 条）。第二审人民法院应当着重审查第一审判决“对涉案财物的处理是否正确”（第 391 条第 8 项）。第 18 章“涉案财物处理”（第 437～450 条）是对《2012 年刑事诉讼法司法解释》第 16 章“查封、扣押、冻结财物及其处理”的修改和完善。“对违法所得或者其他涉案财物的处理确有明显错误的”属于依申诉再审重审的事由之一（第 457 条第 2 款第 7 项）。

## 二、刑事诉讼法关于涉案财产保全、处理规定

我国《刑事诉讼法》第141条规定："在侦查活动中发现的可用以证明犯罪嫌疑人有罪或者无罪的各种财物、文件，应当查封、扣押；与案件无关的财物、文件，不得查封、扣押。对查封、扣押的财物、文件，要妥善保管或者封存，不得使用、调换或者损毁。"第144条规定："人民检察院、公安机关根据侦查犯罪的需要，可以依照规定查询、冻结犯罪嫌疑人的存款、汇款、债券、股票、基金份额等财产。有关单位和个人应当配合。犯罪嫌疑人的存款、汇款、债券、股票、基金份额等财产已被冻结的，不得重复冻结。"第245条第1～4款规定："公安机关、人民检察院和人民法院对查封、扣押、冻结的犯罪嫌疑人、被告人的财物及其孳息，应当妥善保管，以供核查，并制作清单，随案移送。任何单位和个人不得挪用或者自行处理。对被害人的合法财产，应当及时返还。对违禁品或者不宜长期保存的物品，应当依照国家有关规定处理。对作为证据使用的实物应当随案移送，对不宜移送的，应当将其清单、照片或者其他证明文件随案移送。人民法院作出的判决，应当对查封、扣押、冻结的财物及其孳息作出处理。人民法院作出的判决生效以后，有关机关应当根据判决对查封、扣押、冻结的财物及其孳息进行处理。对查封、扣押、冻结的赃款赃物及其孳息，除依法返还被害人的以外，一律上缴国库。"这些规定是《刑事诉讼法》关于保全和处理涉案财产的基本规定。所谓刑事保全措施，一般包括查封、扣押、冻结三种。

（一）涉案财产的保全和处理机关

尽管在我国现行刑事诉讼体制中，人民法院、人民检察院、公安机关均有权对涉案财产进行保全和处理，但有权对涉案财产作出最终处理的机关，仅应为人民法院，此即法院最终处理原则。《刑事诉讼法》第245条第3款规定即寓有此旨，[1]"有关机关"系根据人民法院作出的生效刑事判决"对查封、扣押、冻结的财物及其孳息进行处理"（同条第4款前段）。上述《刑事诉讼法》的规定，均为2012年修正该法时所增设。其中的"有关机关"，既包括对涉案财产采取保全措施的人民检察院、公安机关等其他办案机关，也包括金融机构和特定非金融机构等。[2] 事实上，这里的

---

〔1〕参见我国《反有组织犯罪法》第44条第2款后段。

〔2〕参见王爱立、雷建斌主编：《〈中华人民共和国刑事诉讼法〉释解与适用》，人民法院出版社2018年版，第464页。我国《最高人民法院、最高人民检察院、公安部、国家安全部、司法部、全国人大常委会法制工作委员会关于实施刑事诉讼法若干问题的规定》（2012年12月26日，以下简称《实施刑事诉讼法规定》）第36条第1款规定："对于依照刑法规定应当追缴的违法所得及其他涉案财产，除依法返还被害人的财物以及依法销毁的违禁品外，必须一律上缴国库。查封、扣押的涉案财产，依法不移送的，待人民法院作出生效判决、裁定后，由人民法院通知查封、扣押机关上缴国库，查封、扣押机关应当向人民法院送交执行回单；冻结在金融机构的违法所得及其他涉案财产，待人民法院作出生效判决、裁定后，由人民法院通知有关金融机构上缴国库，有关金融机构应当向人民法院送交执行回单。"

“有关机关”在性质上应均为生效刑事判决的协助执行义务主体。尽管2012年修正该法时，于该条第1款前段规定中增加“并制作清单，随案移送”的表述，但“随案移送”的对象仅为清单，而非涉案财产。[1] 在案件进入审判阶段后，人民检察院、公安机关对此前由其采取保全措施的涉案财产并不当然移送人民法院，而是采取便宜原则(参照同条第2款，即使作为证据使用的实物，也存在“未随案移送”的情形[2])，即原则上不予移送，由此为上述立法背景中处理涉案财产出现扯皮现象埋下了伏笔。

这里面存在矛盾之处：一方面，依《刑事诉讼法》第141、144条规定，查封、扣押、冻结等保全措施原则上系为保全证据而使用，该两项规定均见于该法第2编第2章第6节“查封、扣押物证、书证”之中。另一方面，同法第245条第2款规定需要随案移送的是作为证据使用的实物，而不是全部被保全的涉案财产。但如依前一逻辑，则应将全部被保全的涉案财产予以移送方可，而不应限于实物。此外，在司法实践中，包括人民法院在内的各办案机关在一定范围内是可以对“与本案无关”的财物采取保全措施的。尽管依同法第117条第1款第3、4项规定，当事人和利害关系人可以对各办案机关保全与案件无关的财物提出申诉或者控告，受理申诉或者控告的机关应当及时处理，[3]但由于缺乏与此相应的监督落实机制，终究难以实行。人民法院在审理刑事案件时，既无法对其他办案机关的保全行为进行评价，也无法对他们后续处理被保全涉案财产进行监督，由此而形成制度漏洞。

在案件最终处理结果生效前，办案机关原则上不得处理被保全的涉案财产。例如，在“彭某勇等申请广东省揭阳市公安局刑事违法扣押财产国家赔偿案”中，1997年10月12日，广东省揭阳市公安局以涉嫌走私为由，决定对菲利浦海运公司的VOSA · CARRIER号(以下简称务萨号)集装箱货船立案侦查，同月15日上船搜查，扣押船上装载的38个集装箱物品，包括小汽车、香烟和自控机械及附件等，船长高某在扣押清单上“物品持有人”栏签名。同年11月6日，揭阳市公安局向高某发出《通知》，称经报上级部门批准，决定对该船所运载的物品依法予以没收。1997年11月、1998年3月、2003年5月，上述物品中的小汽车、香烟先后被拍卖。在此期间，1997年12月，上述物品的所有权人彭某勇等以揭阳市公安局出具的《通知》违法为由提起行政诉讼，请求返还货物或偿还等值损失，2002年7月获得广东省高级

---

〔1〕 参见王爱立、雷建斌主编：《〈中华人民共和国刑事诉讼法〉释解与适用》，人民法院出版社2018年版，第463页。

〔2〕 参见我国《刑事诉讼法司法解释》第441条。

〔3〕 参见我国《最高人民法院、最高人民检察院、公安部等公安机关办理刑事案件适用查封、冻结措施有关规定》(公通字〔2013〕30号，以下简称《公安机关查封、冻结规定》)第51条。

人民法院终审支持所诉请求。后彭某勇等向揭阳市公安局申请国家赔偿未果,又向广东省高级人民法院申请国家赔偿。该院赔偿委员会认为:“揭阳市公安局已对务萨号货船涉嫌走私一案撤销侦查,但当时扣押的货物已拍卖或无法返还原物。故应对 7 个请求人的货物和报关费等费用损失承担赔偿责任。……请求人对已拍卖的货物价格未提出异议,故依法按照拍卖所得价款予以赔偿。未拍卖的货物,以请求人提交的《公证书》中的货物价格予以赔偿。另揭阳市公安局 1997 年 10 月已扣押货物,至今 7 个请求人才得到赔偿,造成了一定的经济损失,应依法支付相应的赔偿金。”〔1〕

(二)保全涉案财产的范围与证明

对于涉案财产的保全范围,我国《刑事诉讼法》第 245 条规定没有作出限定,该条第 1 款只是一般性地规定为“犯罪嫌疑人、被告人的财物及其孳息”。立法部门的释义认为,“犯罪嫌疑人、被告人的财物及其孳息”主要属于证据,包括可用以证明犯罪嫌疑人、被告人有罪或者无罪的各种财物、文件(同法第 141 条第 1 款、第 196 条第 2 款),以及犯罪嫌疑人、被告人的存款、汇款、债券、股票、基金份额等财产(同法第 144 条第 1 款前段、第 196 条第 2 款)。〔2〕 事实上,这两项涉案财产的性质并不相同,前项系作为证据使用;后项则除作为证据使用以外,也作为日后采取追缴、没收措施或者执行罚金刑、没收财产刑的预备。〔3〕 如依《刑法》第 64 条前段规定,对于违禁品(如毒品),公安机关可直接予以没收。司法解释则将保全涉案财产的范围转换为“违法所得及其孳息”〔4〕或者“违法所得或者依法应当追缴的其他涉案财物”。〔5〕

保全涉案财产在性质上属于对行为人财产权利的“侵犯”,〔6〕学说上称为基本权干预,须遵循公法上的比例原则(德 Grundsatz der Verhältnismäβigkeit)。所谓比例原则,包括三个阶层:一是妥当性原则(德 Geeignetheit),是指限制基本权利之措施须能达到目的;二是必要性原则(德 Erforderlichkeit),又称为尽可能最小侵害原则,是指在能达到目的的诸项措施之中,须选择对人民侵害最小者;三是狭义比例原则,又称为均衡原则,是指一项措施虽然是达到目的所必要,但仍不可予人民过度的

〔1〕 广东省高级人民法院赔偿委员会(2015)粤高法委赔字第 7 号国家赔偿决定书(2015 年 12 月 16 日)。

〔2〕 参见王爱立、雷建斌主编:《〈中华人民共和国刑事诉讼法〉释解与适用》,人民法院出版社 2018 年版,第 463 页。

〔3〕 参见我国《刑事诉讼法司法解释》第 341、342 条,《适用财产刑规定》第 9 条。

〔4〕 参见我国《刑事诉讼法司法解释》第 341 条。

〔5〕 参见我国《刑事诉讼法司法解释》第 445 条第 1 款。

〔6〕 参见[德]克劳斯·罗克辛:《刑事诉讼法》(原书第 24 版),吴丽琪译,法律出版社 2003 年版,第 273 页。

负担。[1] 强制措施的正当与否，须接受两个方面的检验：一是有效性检验，即采取该项强制措施是否有效服务于追诉目的的实现；二是侵害性检验，即该项强制措施对基本权利的侵害是否已控制在合理范围之内。[2] 依此，保全涉案财产必须考虑涉案财产的利用方式、使用频度及其与犯罪行为的关联程度，同时考虑涉案财产的价值大小、没收结果与犯罪后果的对比程度等。保全措施的采取尽管不以行为人构成犯罪作为前提条件，但仍须以行为人的主观恶性和人身危险性为基础，全面、充分考虑行为的性质、情节、损害后果，以及涉案财产在行为中所起作用、保全后可能造成的影响等，以切实体现刑事司法的公正性。例如，对于主观恶性和人身危险性相对较小的轻微犯罪，不宜对行为人的大宗财产采取保全措施。[3]

对于保全涉案财产的范围，应严格依据刑事诉讼法和刑法的规定作出限定。其中，刑事诉讼法系定位为证据行为，刑法系定位为财产处理。无论是保全证据还是保全涉案财产，均须达到一定的证明标准。笔者认为，无论是证据保全还是涉案财产保全，均无须达到案件事实清楚、证据确实充分且排除合理怀疑的刑事诉讼普通证明标准，[4] 而只需达到高度盖然性的特别证明标准即为已足，只要是具有高度可能属于本案证据或者违法所得和其他涉案财产的，均可予以纳入。[5] 对于该证明标准，《刑事诉讼法》第 144 条第 1 款前段规定为“根据侦查犯罪的需要”，仅只着眼于证据保全，因而有所不足。宜参照同法第 81 条第 1 款关于常规逮捕的证明标准规定，即“有证据证明有犯罪事实”，遵循高度盖然性的特别证明标准，[6] 将对违法所得和其他涉案财产的初步证明也予以纳入。对此，《黑恶财产处置意见》第 8 条第 1 款规定：“公安机关对于采取措施的涉案财产，应当全面收集证明其来源、性质、用途、权属及价值的有关证据，审查判断是否应当依法追缴、没收。”

在比较法上，《德国刑事诉讼法》第 111b 条第 1、2 款规定：“如果有理由认为，追缴或没收的前提条件存在，可以通过第 111c 条的扣押对标的保全。第 94 条第 3 款的规定不受影响。”“如果有理由认为，追缴或没收价值补偿的前提条件存在，为保全

---

〔1〕 参见陈新民：《德国公法学基础理论》（下册），山东人民出版社 2001 年版，第 368 ~ 370 页。

〔2〕 参见秦策：《刑事程序比例构造方法论探析》，载《法学研究》2016 年第 5 期。

〔3〕 参见南英、高憬宏主编：《刑事审判方法》（第 2 版），法律出版社 2015 年版，第 530 页。

〔4〕 参见我国《刑事诉讼法》第 55 条、第 200 条第 1 项、第 214 条第 1 款第 1 项、第 222 条第 1 款。

〔5〕 参见我国《最高人民法院、最高人民检察院关于适用犯罪嫌疑人、被告人逃匿、死亡案件违法所得没收程序若干问题的规定》（法释〔2017〕1 号，以下简称《违法所得没收程序规定》）第 9 条第 3 项、第 10 条、第 17 条第 1 款。

〔6〕 参见李训虎：《逮捕制度再改革的法释义学解读》，载《法学研究》2018 年第 3 期。参见我国《人民检察院刑事诉讼规则》第 128 条第 2 款，《最高人民检察院、公安部关于依法适用逮捕措施有关问题的规定》（高检会〔2001〕10 号）第一（一）。此外，《刑事诉讼法》第 81 条第 3 款规定的径行逮捕的证明标准高于同条第 1 款规定的常规逮捕的证明标准。“有证据证明”的证明标准还见于同法第 210 条第 2、3 项关于自诉案件范围的规定。

可以依照第111d条命令物的假扣押。”其中的“理由”，在程度上似低于同条第3款规定的“重大理由”（德 dringende Gründe）。“重大理由”是指极有可能就该措施作出最终的追缴或没收命令，并以此为由维持扣押或假扣押超过6个月，与同法第112条第1款前段规定的作为羁押理由的“重大嫌疑”（德 dringende erdacht）相等同。[1]在美国法上，侦查阶段系适用“可能理由”（英 probable cause）的证明标准，《美国宪法第四修正案》规定：“公民的人身、住宅、文件和财产不受不合理的搜查和扣押。除非基于可能理由……否则，不得签发搜查和逮捕令状。”所谓可能理由，不仅仅是单纯的怀疑，当警察在其知识范围内并且相关的事实和情况本身足以使得一个合理审慎的人有理由相信犯罪已经发生或者正在实施，即表明存在可能理由。[2]

（三）被保全涉案财产的处理方法

人民法院、人民检察院、公安机关处理被保全的涉案财产，除适用我国《刑事诉讼法》第245条等规定以外，更重要的是适用《刑法》第64条前段规定。《刑法》第64条前段分别规定了4种处理方法，其中追缴、没收属于准刑罚措施，责令退赔、返还被害人财产属于民事责任方式。对于刑事/行政制裁措施，《刑事诉讼法》第245条第4款后段仅规定为“一律上缴国库”，实际上包括《刑法》第64条前段规定的追缴、没收。对于民事责任方式，《刑事诉讼法》第245条第1、4款规定仅涉及返还被害人财产，而不涉及责令退赔，与《刑法》第64条前段规定不相一致，宜予修正。[3]事实上，对被保全涉案财产的返还，除返还被害人以外，还包括向案外人、被告人（罪犯）返还。[4] 同时，参照民事诉讼法上关于财产保全的有关规定，[5]对于案外人已

〔1〕 参见《德国刑事诉讼法典》，宗玉琨译注，知识产权出版社2013年版，第87页和第86页注释1、第87页注释3。引文中“追缴”（德 Verafll），原译文为收缴；此系为与上下文统一而酌改。

〔2〕 参见袁超：《刑事诉讼证明标准的一元化与多元化》，载郑鄂主编：《刑事审判中的社会矛盾化解与机制构建研究》，法律出版社2011年版，第325～326页。

〔3〕 这一瑕疵也被延续到我国《刑事诉讼法》第300条第1款关于违法所得没收特别程序中处理涉案财产的规定之中。

〔4〕 参见我国《刑事诉讼法》第295条第3款、第301条第2款。此二规定中的“返还”被告人（罪犯），均系以“处理确有错误”为前提。

〔5〕 参见我国已被废止的《最高人民法院关于在经济审判工作中严格执行〈中华人民共和国民事诉讼法〉的若干规定》（法发〔1994〕29号）第14条规定：“人民法院采取财产保全措施时，保全的范围应当限于当事人争议的财产，或者被告的财产。对案外人的财产不得采取保全措施，对案外人善意取得的与案件有关的财产，一般也不得采取财产保全措施；被申请人提供相应数额并有可供执行的财产作担保的，采取措施的人民法院应当及时解除财产保全。”对于案外人已经善意取得的涉案财产，我国刑事诉讼法上原系采取“结案后予以退还”的做法。参见《最高人民法院、最高人民检察院、公安部、国家工商行政管理局关于依法查处盗窃、抢劫机动车案件的规定》（公通字〔1998〕31号）第12条后段。唯如此似对买受人一方的利益影响较巨，故不宜继续采取。

经善意取得的涉案财产，一般不宜采取保全措施；[1]被害人、案外人对已被保全的涉案财产主张权利的，可以通过加入刑事诉讼程序中进行处理；案外人对已被保全的涉案财产主张权利，且提供相应数额并有可供执行的财产作担保的，办案机关应当及时解除保全措施。判处被告人(/罪犯)财产刑的，还应根据《刑法》相关规定(第53、59条)对被告人本人的合法财产予以执行。因此，返还被告人财产尚须先行抵扣执行财产刑的数额。

《刑事财产执行规定》第1条第1款规定："本规定所称刑事裁判涉财产部分的执行，是指发生法律效力的刑事裁判主文确定的下列事项的执行：(一)罚金、没收财产；(二)责令退赔；(三)处置随案移送的赃款赃物；(四)没收随案移送的供犯罪所用本人财物；(五)其他应当由人民法院执行的相关事项。"其中，前四项规定均与《刑法》第64条规定具有对应关系。但从《刑事诉讼法》第245条第3款以"处理"涵盖人民法院刑事判决对涉案财产的处理规定来看，其内容即包含了《刑事财产执行规定》第1条第1款第2项规定"责令退赔"和第4项规定"没收随案移送的供犯罪所用本人财物"。因此，《刑事财产执行规定》第1条第1款第3项规定宜限缩解释为《刑法》第64条前段规定的返还被害人财产。

《刑事诉讼法司法解释》第449条规定："查封、扣押、冻结的财物与本案无关但已列入清单的，应当由查封、扣押、冻结机关依法处理。查封、扣押、冻结的财物属于被告人合法所有的，应当在赔偿被害人损失、执行财产刑后及时返还被告人。"[2]这是人民法院处理涉案财产基本规定。在司法实践中，由于被其他办案机关保全涉案财产并不当然移送于人民法院，因而形成各办案机关对被保全涉案财产进行"分灶"处理、各自为政的处理模式。这一模式不利于人民法院针对人民检察院、公安机关采取的保全措施进行全面的审查，同时也给人民法院对涉案财产作出终局处理造成了很大的隐患。

例如，《最高人民法院关于三亚市城乡建设土地开发总公司将有关款项缴付给

---

〔1〕 参见我国已被废止的《最高人民法院关于在审理经济合同纠纷案件中发现一方当事人利用签订经济合同进行诈骗的，人民法院可否直接追缴被骗钱物问题的复函》(法函〔1994〕16号)规定："人民法院在审理经济合同纠纷案件的过程中，发现一方当事人利用签订经济合同进行诈骗的案件，应将有关材料移送有管辖权的公安机关处理，不宜直接追缴该笔财物。但为了防止财物流失，避免造成难以挽回的损失，人民法院可同时对犯罪嫌疑人占有的所骗财物先行采取财产保全措施。对犯罪嫌疑人已将所骗财物转让给第三人，且第三人是善意有偿取得该财物的，人民法院则不宜对第三人采取财产保全措施。"

〔2〕 与此相对应，我国《2012年刑事诉讼法司法解释》第369条第2款中还规定："财物未随案移送的，应当通知查封、扣押、冻结机关将赔偿被害人损失、执行财产刑的部分移送人民法院"。此外，同一司法解释第365条第2款规定："涉案财物未随案移送的，应当在判决书中写明，并写明由查封、扣押、冻结机关负责处理。"上述规定均被《刑事诉讼法司法解释》所删除。

公安机关其是否对债权人承担民事赔偿责任问题的复函》(法函〔1995〕156号)指出:"上海市闵行区人民法院在审理上海南和工业公司(以下简称南和公司)诉天津万行企业总公司(以下简称万行公司)购销合同纠纷案时,以万行公司在海南省三亚市城乡建设土地开发总公司(以下简称三亚开发公司)存有用于房地产开发的900万元款项为由,作出了财产保全的民事裁定,并向三亚开发公司送达了裁定书和协助执行通知书,三亚开发公司亦在送达回证上签字并盖章。但是,闵行区人民法院并未冻结三亚开发公司相应的银行账户存款,也未向有关金融机构送达法律文书。1994年2月26日,山西省太原市公安局经济案件侦查处以'此款为万行公司诈骗款'为由,将万行公司存于三亚开发公司的900万元款项支付给山西铁路局875万元,支付给海南省国际经济与法律事务总公司25万元。1994年5月11日,闵行区人民法院向三亚市河西信用社出具了民事裁定书和协助执行通知书,通知其办理扣划三亚开发公司账户存款400万元并冻结人民币500万元。我们认为,闵行区人民法院在万行公司存于三亚开发公司的900万元款项已被公安机关追缴并支付给其他债权人的情况下,再次扣划并冻结三亚开发公司的款项明显不当,应当依法予以纠正。三亚开发公司对南和公司不应承担民事赔偿责任。"

在该案中,作为民事案件审理人民法院的上海市闵行区人民法院在作出财产保全民事裁定后,只是向第三人三亚开发公司送达了该民事裁定,而未冻结其相应的银行账户存款,也未向有关金融机构送达法律文书,财产保全行为存在明显瑕疵。但是,公安机关在刑事案件侦查活动中,将该900万元以"此款为万行公司诈骗款"为由直接支付给他人(山西铁路局和海南省国际经济与法律事务总公司)。尽管复函中对山西铁路局和海南省国际经济与法律事务总公司是否山西省太原市公安局经济案件侦查处侦查诈骗犯罪案件中的被害人未予明言,对该款项是否山西铁路局和海南省国际经济与法律事务总公司的受骗款项也未予明言,在程序上存在较大的不足。而对于民事案件原告南和公司来说,由于审理人民法院财产保全行为的瑕疵,其债权可能最终得不到实现。就本案而言,南和公司可以向上海市闵行区人民法院申请国家赔偿。

又如,在"陈某军申请广东省广州市公安局从化区分局刑事违法查封、扣押、冻结、追缴财产国家赔偿案"中,从化区公安分局在侦查从化区农业局移送的陈某军等人涉嫌生产、销售有毒、有害食品一案时,以陈某军养猪场生猪共494头含有违禁药物莱克多巴胺为由,委托从化区农业局进行无害化处理(销毁)。广东省广州市中级人民法院赔偿委员会认为,从化区农业局此前只对陈某军养猪场抽样的27份猪尿样品进行检测,其中只有13份莱克多巴胺呈阳性。从化区公安分局在对涉案猪只进行销毁之前，应对涉案猪只是否含有瘦肉精进行重新鉴定。猪只的销毁不同于证据保存等是不可逆，公安机关应持更为审慎严谨的态度，但该分局在不存在无法重新鉴定的情形，对涉案猪只是否全部含有莱克多巴胺没有进行复检，违反法律规定。"对于进入流通市场的生猪，行政主管部门要求生猪交易市场和生猪屠宰厂对于抽样生猪经快速检测卡检测部分为阳性的，立即对整批生猪进行100%比例提取尿样，对经快速筛选检测（试纸条检测）呈阳性的必须采用酶联免疫吸附测定法作进一步检测。生猪交易市场和生猪屠宰厂的自检尚且如此之严格，本案已经进入刑事程序，可能要追究当事人的刑事责任，也可能销毁当事人的巨额财产，更应遵循严谨、严格的程序。"因此，从化区公安分局应当赔偿陈某军除经检测确定含有莱克多巴胺猪只以外的其他被销毁和灭失猪只的损失。[1]

## 三、刑事涉案财产的保全、处理原则

从上述山西省太原市公安局经济案件侦查处的转款行为，以及广东省广州市从化区公安分局销毁猪只的行为可以看出，如果对各办案机关处理涉案财产缺乏监督和制约，在保护相关当事人的合法权益方面会产生很大的漏洞。笔者认为，刑事诉讼中对涉案财产的处理具有刑事对物之诉的性质，应依以审判为中心和庭审实质化的要求，建立起一套能够实现权力制约的、相对独立的程序机制。改革和完善保全、处理涉案财产的相关程序，应当遵循如下三项原则。

### （一）一律移送与一体处理原则

目前，人民检察院、公安机关对被其保全的涉案财产，在案件进入审判阶段后并不当然移送于人民法院。依我国《刑事诉讼法司法解释》第437条第1款前段规定，只是允许人民法院被动地接收人民检察院随案移送的被保全涉案财产，但对人民检察院未随案移送的被保全涉案财产则无权过问。这种对被保全涉案财产进行"分灶"处理、各自为政的处理模式，应予以彻底改变。按照以审判为中心的诉讼制度改革要求，人民检察院、公安机关对被其采取保全措施的涉案财产，除依法在审前返还被害人或者依其性质必须先行处理的以外，[2]应当在人民检察院提起公诉时一律移送人民法院。此为一律移送原则。从人民法院受理公诉时起，原由人民检察院、公安机关对涉案财产采取的查封、扣押、冻结手续，应当自动转换为人民法院的查

〔1〕 广东省广州市中级人民法院赔偿委员会（2018）粤01委赔1号国家赔偿决定书（2018年5月31日）。参见肖晓丽、翟欣麟：《陈某军诉赔偿义务机关违法查封、扣押、冻结、追缴赔偿案》，载广州市法学会编：《法治论坛》（总第53辑），中国法制出版社2019年版，第378页以下。

〔2〕 参见我国《涉案财物处置工作意见》第6、7条，《办理经济犯罪案件规定》第52条第1款，《公安机关涉案财物管理若干规定》（公通字〔2015〕21号）第19条第1款。

封、扣押、冻结手续。连同人民法院在审理阶段自行查封、扣押、冻结的涉案财产，全部作为被保全涉案财产，一体属于人民法院作出刑事判决的处理对象。人民检察院、公安机关对涉案财产的处理应视为例外，如先行处理以及对未提起公诉或者未移送起诉的刑事案件中的涉案财产进行处理。此为一体处理原则。

关于被保全涉案财产的一体移送和一体处理原则，早在2000年修正的《海关法》（最新为2021年修正）中便已明确。现行该法第92条第1款前段规定："海关依法扣留的货物、物品、运输工具，在人民法院判决或者海关处罚决定作出之前，不得处理。"司法解释和司法解释性质文件中一定程度上体现一体移送和一体处理原则的，主要有如下7件：

（1）已被废止的《最高人民法院、最高人民检察院、公安部关于没收和处理赃款赃物的规定》（1962年7月23日）中规定："……第二，各级人民法院、检察院和公安机关对查缴的赃款赃物，应积极寻找失主，退还失主个人或者丢失单位，不得借故不退。退还后应当把领取人或领取单位的收据归入案犯档案，并在案犯档案中注明。第三，凡是没有找到失主的赃款赃物，应予没收时，必须由人民法院正式判决，并将没收的财物在判决书上写清楚。检察院免予起诉的案件，依法应当没收财物时，由检察院在免予起诉决定书中裁决没收，可不经法院判决。但没收的财物，在案件处理完毕后，应全部移交法院统一处理。公安机关无权决定没收犯人的任何东西。第四，凡是依法没收的赃款赃物，法院应将现款及时解交国库；赃物移交同级财政部门处理。"〔1〕

（2）原《处理赃款赃物暂行规定》第一"没收"中"（三）检察院"前段规定："检察院、公安机关依法移送人民法院判处的案件的赃款赃物，应该随案移交，由人民法院在判决时一并作出决定。"〔2〕

（3）《刑事诉讼法司法解释》第444条规定："对查封、扣押、冻结的财物及其孳息，应当在判决书中写明名称、金额、数量、存放地点及其处理方式等。涉案财物较多，不宜在判决主文中详细列明的，可以附清单。""判决追缴违法所得或者责令退赔的，应当写明追缴、退赔的金额或者财物的名称、数量等情况；已经发还的，应当在判决书中写明。"其中第2款规定是对《2012年刑事诉讼法司法解释》第365条第2款

〔1〕　该司法解释已根据我国已废止的《最高人民法院、最高人民检察院、公安部、财政部关于没收和处理赃款赃物若干问题的暂行规定》（〔1965〕法研字第40号、〔1965〕高检法13号、〔1965〕公发（审）691号、〔1965〕财预168号，以下简称原《处理赃款赃物暂行规定》）而废止。

〔2〕　该司法解释已根据我国《最高人民法院、最高人民检察院关于废止部分司法解释和规范性文件的决定》（法释〔2010〕17号）而废止，废止理由是《刑法》《刑事诉讼法》及相关司法解释、规范性文件对没收和处理赃款赃物的问题已作出明确规定。

“涉案财物未随案移送的，应当在判决书中写明，并写明由查封、扣押、冻结机关负责处理”规定的取代，这是否意味着涉案财产不得“未随案移送”？

（4）《刑事财产执行规定》第5条规定：“刑事审判或者执行中，对于侦查机关已经采取的查封、扣押、冻结，人民法院应当在期限届满前及时续行查封、扣押、冻结。人民法院续行查封、扣押、冻结的顺位与侦查机关查封、扣押、冻结的顺位相同。对侦查机关查封、扣押、冻结的财产，人民法院执行中可以直接裁定处置，无需侦查机关出具解除手续，但裁定中应当指明侦查机关查封、扣押、冻结的事实。”

（5）《最高人民法院、最高人民检察院、公安部关于办理电信网络诈骗等刑事案件适用法律若干问题的意见》（法发〔2016〕32号）第七“涉案财物的处理”中第（一）规定：“公安机关侦办电信网络诈骗案件，应当随案移送涉案赃款赃物，并附清单。人民检察院提起公诉时，应一并移交受理案件的人民法院，同时就涉案赃款赃物的处理提出意见。”

（6）《办理经济犯罪案件规定》第46条第2款规定：“对涉众型经济犯罪案件，需要追缴、返还涉案财物的，应当坚持统一资产处置原则。公安机关移送审查起诉时，应当将有关涉案财物及其清单随案移送人民检察院。人民检察院提起公诉时，应当将有关涉案财物及其清单一并移送受理案件的人民法院，并提出处理意见。”

（7）《黑恶财产处置意见》第三“准确处置涉案财产”中第11条第1款规定：“公安机关、人民检察院应当加强对在案财产审查甄别。在移送审查起诉、提起公诉时，一般应当对采取措施的涉案财产提出处理意见建议，并将采取措施的涉案财产及其清单随案移送。”

《刑事诉讼法》第245条第3款、《反有组织犯罪法》第44条规定均明确采取法院最终处理原则。人民法院作出的生效刑事判决是处理涉案财产（不限于被保全的涉案财产）的法律文书依据，[1]刑事判决主文应对处理涉案财产的裁判内容予以详细列明，做到明确、完整、具体和便于执行，[2]写明涉案财产的名称或者数额、权属情况、数量、存放地点及处理方式等，属于赃款赃物的还应写明为赃款赃物，不得笼统地叙述为“依法处理”。涉案财产类型较多或者被害人人数较多，不宜在判决主文中详细列明的，可以概括叙明并另附清单。判处没收部分财产的，应当明确没收被告人的具体财物或者金额；判处追缴或者责令退赔的，应当明确追缴或者退赔的金

〔1〕参见我国《刑事诉讼法》第245条第3款。

〔2〕参见我国《人民法院民事裁判文书制作规范》（法〔2016〕221号）第三“正文”中“（八）裁判主文”2。

额或者财物名称、数量等相关情况;[1]判处返还被害人、案外人合法财产的,应当明确返还的具体财物或者金额;判处返还被告人合法财产的,应当明确在赔偿被害人损失、执行财产刑的前提下确定予以返还的具体财物或者金额。[2] 其他办案机关对人民法院的生效刑事判决具有协助执行义务,亦应据此对被保全涉案财产进行处理。[3] 对判处没收的涉案财产,从一体处理的原则出发,应由作为"最后结案的单位"的人民法院统一处理或者上缴国库。

涉财产部分的刑事裁判生效需予执行的,由人民法院刑事审判部门及时移送立案部门审查立案。刑事审判部门移送立案时,应当提交生效裁判文书及其附件和其他相关材料,并填写《移送执行表》。《移送执行表》应当载明以下内容:被执行人、被害人的基本信息;已查明的财产状况或者财产线索;随案移送的财产和已经处置财产的情况;查封、扣押、冻结财产的情况;移送执行的时间;其他需要说明的情况。立案部门经审查,认为属于移送范围且移送材料齐全的,应当在7日内立案,并移送执行机构。[4] 立案部门应着重对涉财产部分的刑事判决主文是否明确、完整、具体和便于执行进行审查;对于判项不明的,可以退回刑事审判部门,由后者补充材料或者裁定补正或者纠正后重新移送执行。[5] 执行机构认为判项不明的,应书面征询刑事审判部门的意见,后者应在15日内作出书面答复或者裁定予以补正。[6] 对于跨区域的涉众型刑事案件(如非法集资案件),在查清犯罪事实的基础上,可以由不同地区的公安机关、人民检察院、人民法院分别处理;分别处理的,应当按照统一制定的方案处理涉案财产。[7] 对于涉众型刑事案件涉财产部分的执行,应当探索建立跨区域的人民法院执行协作机制,由主要承办案件的人民法院作为执行人民法院

---

〔1〕 参见我国《刑事诉讼法司法解释》第444条,《刑事财产执行规定》第6条;《最高人民法院关于适用刑法第六十四条有关问题的批复》(法〔2013〕229号,以下简称《刑法第六十四条批复》)。有法官反对此一判决责令被告人退赔的做法。参见江必新主编:《最高人民法院刑事诉讼法司法解释理解与适用》(上册),人民法院出版社2015年版,第433~434页。

〔2〕 参见我国《刑事诉讼法司法解释》第449条第2款。

〔3〕 参见我国《刑事诉讼法》第245条第4款前段。

〔4〕 参见我国《刑事财产执行规定》第7条。

〔5〕 我国《最高人民法院关于人民法院执行工作若干问题的规定(试行)》(法释〔1998〕15号,经法释〔2008〕18号、法释〔2020〕21号修正)第16条第2款规定:"人民法院对符合上述条件的申请,应当在七日内予以立案;不符合上述条件之一的,应当在七日内裁定不予受理。"但是,人民法院不予受理执行案件的法律文书,解释上应不包括人民法院作出的生效裁判文书。

〔6〕 参见我国《最高人民法院关于人民法院立案、审判与执行工作协调运行的意见》(法发〔2018〕9号)第15条第1款。

〔7〕 参见我国《非法集资适用法律意见》第8条第1、2款。

牵头,制订统一的财产处理和案款分配方案,统一实施执行。[1]

对人民检察院、公安机关未予移送但应当依法解除保全措施而未予解除的涉案财产,人民法院具有依法解除保全措施的权力。例如,在"上海晶扬国际物流有限公司申请鹿城公安分局刑事违法扣押财产国家赔偿案"中,浙江省温州市中级人民法院赔偿委员会认为:有关生效刑事裁判"并无认定涉案被查封的房地产系赃款赃物并作出没收等相应处理,故鹿城公安分局在原刑事诉讼程序中采取的扣押行为已无依据,应当在案件终结后及时对扣押物品作出处理并予以返还。鹿城公安分局未予返还,已构成侵害公民财产权的行为。因此,赔偿请求人晶扬物流据以申请赔偿的侵权事实存在,其要求鹿城公安分局依法解除对上海市金山区漕泾镇0004街17丘房地产的刑事查封、冻结措施,使该房地产恢复无刑事查封、冻结的状态,理由成立,依法应予支持"。[2] 又如,在"天新公司、魏某申请某某省某某市人民检察院刑事违法扣押资金国家赔偿案"中,四川省高级人民法院赔偿委员会认为,某某省某某市人民检察院扣押天新公司的资金161.20万元,虽然包含魏某个人保管的账外账资金,可能带来违规违法管理资金的相应法律责任,但所保管资金所有权并未转移,仍然属于天新公司所有,故某某省某某市人民检察院扣押该161.20万元资金系错误扣押案外人财产,应当在3日以内解除扣押、冻结,退还原主。某某省某某市人民检察院没有依照上述法律规定及时将扣押的上述资金退还天新公司,而是将181.20万元扣押资金按罚没款处理,全部缴纳至财政部门,处理不当。某某省某某市人民检察院应将扣押、处分的181.20万元返还给天新公司,并支付相应的利息18.03万元。[3]

(二)法庭调查相对独立的原则

在司法实践中,不仅人民法院缺乏针对涉案财产的处理开展专门的法庭调查活动,而且人民检察院在提起公诉时也鲜少涉及对涉案财产的处理问题。正是由于刑事诉讼活动完全依赖于各办案机关的主动作为,被害人和其他利害关系人更是难以加入刑事诉讼程序中对涉案财产的处理提出意见。由于没有从法庭调查程序的设置上予以重视,即使在规范层面允许利害关系人在刑事诉讼活动中提出权属异议,但实践中难于操作。笔者认为,应当根据以审判为中心和庭审实质化的改革要求,

〔1〕 参见郝庆进、李亚辉:《集资类犯罪涉财产部分执行的困境与破解——基于对B市C法院的办案为研究样本的实证分析》,载最高人民法院执行局编:《执行工作指导》(总第66辑),中国民主法制出版社2019年版,第152~153页。该文主张由主要财产所在地的执行人民法院负责牵头。

〔2〕 浙江省温州市中级人民法院赔偿委员会(2015)浙温法委赔字第6号国家赔偿决定书(2016年6月13日)。

〔3〕 参见四川省高级人民法院赔偿委员会(2016)川委赔32号国家赔偿决定书(2017年2月27日);《人民法院充分发挥审判职能作用保护产权和企业家合法权益典型案例(第二批)》,载《人民法院报》2018年12月5日,第3版。

从构建刑事对物之诉的角度,对处理涉案财产设置相对独立的法庭调查程序。按照一体处理的原则,人民检察院在提起公诉时应一并对相关涉案财产提出指控,而不得擅自处理。对被保全涉案财产的处理,不仅被告人和提起公诉的人民检察院有权提出意见,而且对涉案财产享有合法权益的被害人和其他利害关系人也应有权提出意见。尽管依《刑事财产执行规定》第15条规定,在执行阶段允许利害关系人(案外人)对执行标的主张足以阻止执行的实体权利提出书面异议,但毕竟为时已晚。事实上,此种异议与《民事诉讼法》第236、238条所规定的执行异议和执行异议之诉的性质并不相同,前者归根结底是对生效刑事裁判本身的异议,因而不宜在执行程序中才提出,更不宜由执行机构审查该异议是否“可以通过裁定补正”。于此场合,执行机构可谓多此一举,客观上也延缓了执行进度。

依《刑事诉讼法》第198条第1款规定:“法庭审理过程中,对与定罪、量刑有关的事实、证据都应当进行调查、辩论。”人民法院在审理有被保全涉案财产以及可能判处被告人财产刑、责令退赔或者返还被害人的案件时,应对该涉案财产的性质以及被告人的财产状况进行调查;发现可能隐匿、转移财产的,应当及时查封、扣押、冻结其相应财产。[1] 这可以为人民法院对被告人正确判处财产刑以及确定其应当或可能履行的民事义务奠定基础。依《刑事诉讼法司法解释》,法庭调查和法庭辩论均须专门纳入对涉案财物的处理问题(第279条第1款、第280条),尤其是在法庭调查环节,“由公诉人说明情况、出示证据、提出处理建议,并听取被告人、辩护人等诉讼参与人的意见”(第279条第1款)。

利害关系人有权对公安机关、人民检察院、人民法院对涉案财物作出的处理提出异议。在刑事诉讼特别法的层面,《反有组织犯罪法》第49条规定:“利害关系人对查封、扣押、冻结、处置涉案财物提出异议的,公安机关、人民检察院、人民法院应当及时予以核实,听取其意见,依法作出处理。”“公安机关、人民检察院、人民法院对涉案财物作出处理后,利害关系人对处理不服的,可以提出申诉或者控告。”利害关系人对涉案财物的处理,既可以在处理过程中提出异议,又可以在处理后提出申诉或者控告。《刑事诉讼法司法解释》第279条第2款规定:“案外人对查封、扣押、冻结的财物及其孳息提出权属异议的,人民法院应当听取案外人的意见;必要时,可以通知案外人出庭。”尽管相较于《2012年刑事诉讼法司法解释》第364条第2款规定,前者增加了通知案外人出庭的程序设置。但是,对于案外人通过何种途径加入

[1] 参见我国《刑事财产执行规定》第4条。

到刑事诉讼处理涉案财产的程序中来,尚不明确。[1] 如同条第 3 款规定:"经审查,不能确认查封、扣押、冻结的财物及其孳息属于违法所得或者依法应当追缴的其他涉案财物的,不得没收。"其中,追缴"其他涉案财物",应指《刑法》第 64 条前段规定的没收"违禁品和供犯罪所用的本人财物",即特别没收。

人民法院就处理涉案财产展开调查,应当设置专门的处理涉案财产听证程序,参与主体包括公诉机关和被告人、被害人乃至其他利害关系人。其中的核心问题是,刑事判决处理涉案财产的证明标准。无论被告人是否构成犯罪或者是否在案,追缴、没收和责令退赔应一律采取高度盖然性的特别证明标准,[2] 此与保全涉案财产所采取的特别证明标准相一致。具体操作如下:(1)参照《刑事诉讼法》第 298 条关于违法所得没收特别程序的类似规定,公安机关认为有被保全涉案财产需要处理的,应当写出处理涉案财产意见书,移送人民检察院;人民检察院在提起公诉时认为有涉案财产需要处理的,应当向人民法院提出处理涉案财产的申请,同时提供与犯罪事实、涉案财产相关的证据材料,并列明财产的种类、数量、所在地及查封、扣押、冻结的情况。对与涉案财产处理存在利害关系的被害人和其他利害关系人,公安机关、人民检察院应当告知其相关诉讼权利,人民法院应当通知其参加诉讼并听取其意见。[3] (2)在法庭的主持下,人民检察院举证证明涉案财产与犯罪行为之间具有实质关联(如属于违法所得等)、达到高度盖然性的特别证明标准,[4] 被告人、被害人和其他利害关系人对此可以举证反驳;被告人、被害人和其他利害关系人举证证明其就涉案财产享有合法权益,人民检察院、被告人对此可以举证反驳。(3)听证结束后,人民法院应就涉案财产与犯罪行为之间是否具有实质关联、是否达到高度盖

[1] 司法实践中对案外人参加刑事诉讼活动的态度,原来并不在意。如我国《最高人民法院研究室关于对诈骗后抵债的赃款能否判决追缴问题的电话答复》(1992 年 8 月 26 日,以下简称《诈骗赃款追缴答复》)中规定:"刑法并不要求善意取得赃款的债权人一定要参加刑事诉讼,不参加诉讼不影响判令其退出取得的赃款。"

[2] 参见我国《违法所得没收程序规定》第 17 条第 1 款规定:"申请没收的财产具有高度可能属于违法所得及其他涉案财产的,应当认定为本规定第十六条规定的'申请没收的财产属于违法所得及其他涉案财产'。"《营造良好法治环境通知》第二"依法保护企业家的人身自由和财产权利"中规定:"严格区分企业家违法所得和合法财产,没有充分证据证明为违法所得的,不得判决追缴或者责令退赔。"其中的"充分证据证明",即指高度盖然性的特别证明标准。

[3] 参见我国《涉案财物处置工作意见》第 12 条,《黑恶财产处置意见》第 11 条。

[4] 我国《黑恶财产处置意见》第 13 条只是规定:"人民检察院在法庭审理时应当对证明黑恶势力犯罪涉案财产情况进行举证质证,对于既能证明具体个罪又能证明经济特征的涉案财产情况相关证据在具体个罪中出示后,在经济特征中可以简要说明,不再重复出示。"

然性的特别证明标准作出判定，并在刑事判决中予以明确。[1] 人民法院须对人民检察院所主张的违法所得进行审查，对有争议的涉案财产的权属关系进行厘清，对利害关系人是否属于善意第三人等进行具体考量等。如果涉案财产的处理较为复杂的，人民法院可以将定罪量刑判决与处理涉案财产的判决作适当分离，先作出定罪量刑判决，后作出处理涉案财产的判决。

（三）有限保全与在案退赔原则

考虑到在刑事诉讼程序中对全部涉案财产进行周延处理的诉讼成本过高，人民法院、人民检察院、公安机关在对涉案财产采取保全措施时，应以有限保全为原则。根据公法上的比例原则，人民法院、人民检察院、公安机关遵循高度盖然性的特别证明标准，对认为涉案的有关财产采取保全措施，对与案件无关的财产不得采取保全措施。所谓在案退赔原则，是指人民法院仅就在案涉案财产和与此相关当事人的民事权益进行处理，除依法返还被害人的合法财产以外，也对其民事权益予以退赔，而对不在案的涉案财产和其他当事人的民事权益原则上不予处理。此所谓在案涉案财产，一般是指已被人民法院、人民检察院、公安机关掌握或者采取保全措施的涉案财产；在案的与此相关当事人，是指因对已被掌握或者采取保全措施的涉案财产主张享有民事权益而参加刑事审判活动的被告人、被害人和其他利害关系人。

在一体移送和一体处理的框架之下，具体规则如下：

1. 人民法院应当在生效刑事判决中对全部在案涉案财产予以处理。人民法院认为在案的涉案财产属于被害人和其他利害关系人合法所有的，判决予以返还被害人和其他利害关系人；属于违禁品和供犯罪所用的本人财物的，判决予以没收；属于违法所得或者认定为犯罪所得的，判决在赔偿被害人损失后予以追缴；属于被告人与案件无关且合法所有的，判决在赔偿被害人损失、执行财产刑后及时返还给被告人。判决时，应当告知被告人、被害人和其他利害关系人对处理涉案财产的刑事判决不服的，可以就财产处理部分依法提出上诉，或者请求人民检察院抗诉。[2] 对于此前人民检察院、公安机关先行返还给被害人和其他利害关系人的涉外财产，人民法院应当审查该返还是否合理合法，并在判决主文中予以反映。如表述为："责令被

---

〔1〕 参见我国《刑事诉讼法》第 245 条第 3 款。在立法例上，按照《德国刑事诉讼法》第 431 条以下规定，如果刑事诉讼程序中就没收标的作裁判，且看来可相信下列情形：标的属于或者应当属于被诉人以外的其他人员所有，或者其他人对标的享有权利；或者其他人对标的享有其他权利，该权利在没收情形中可被命令消灭，则法院命令其他人参与涉及没收的程序（称为没收当事人）。如果根据一定的事实认为参与没收程度不可行，法院可以免予命令。侦查程序中有依据表明，某人可能为没收当事人时，如果看来能够实施，应当对其进行听询。除本法另有规定外，自开启审判程序起没收当事人享有被告人享有的权利。为查清案情，法院可以命令没收当事人亲自到场。参见《德国刑事诉讼法典》，宗玉琨译注，知识产权出版社 2013 年版，第 293～295 页。

〔2〕 参见我国《涉案财物处置工作意见》第 12 条。

告人甲退赔被害人乙经济损失50万元人民币(其中20万元已发还)。”除返还的财产以外,对于被害人和其他利害关系人能在本案中确认的损失,并能以在案涉案财产予以退赔的,人民法院可以判决责令退赔;对于人民法院未予确认或者认为在本案中无法确认的被害人和其他利害关系人损失,应当告知被害人和其他利害关系人可以单独提起民事诉讼予以主张。判决退赔但在案涉案财产的价值难以确定的,主文可以表述为:“责令被告人甲退赔被害人乙的经济损失,对……(涉案财产)予以执行”,对在案涉案财产的退赔数额按照执行时的实际价值计算。

2. 生效刑事判决中对在案涉案财产未依法处理的,执行人民法院不得在执行程序中将该在案涉案财产直接予以追缴,盖因该财产尚未经生效刑事判决确认为犯罪所得财产。于此场合,应允许被告人选择执行方式,要么执行该在案涉案财产,要么执行其他财产。如果生效刑事判决没有判处追缴或者责令退赔的,被告人和其他利害关系人可以依审判监督程序提出申诉,但是不能停止生效刑事判决的执行。[1] 在生效刑事判决的执行过程中,在案的被害人、案外人认为该刑事判决对赃款赃物认定错误,或者应予认定而未认定的,可以向执行人民法院提出书面异议。对此,执行人民法院可以通过裁定补正的,应当将异议材料移送作出该生效刑事判决的人民法院(刑事审判部门)处理;执行人民法院无法通过裁定补正的,应当告知异议人通过审判监督程序处理。[2] 例如,在“山东省莱芜市庚辰经贸有限公司与尹某新、王某香执行异议之诉纠纷案”中,最高人民法院认为,生效刑事判决主文明确判定对已查封、扣押、冻结的涉案财物依照法律规定予以追缴和处理,利害关系人在执行程序中对该查封、扣押、冻结的涉案财物主张财产权利,请求排除追缴的,属于对作为执行依据的刑事判决相关判定提出异议,不属于执行程序处理范围,应根据法律、司法解释规定通过审判监督程序解决。[3] 被告人不得对该部分生效刑事判决的执行提出异议,盖因其在该案的审判阶段已经享有提出异议的机会,而不得在执行程序中再提异议,更不得就此另行提起所谓民事诉讼。

3. 对被告人未经刑事判决确认为犯罪所得或者违法所得的财产,不得在执行程序中直接认定为犯罪所得或者违法所得,否则将违反无罪推定的原则。对被告人不在案的其他财产,人民法院确认属于犯罪所得的,应当依法判决予以追缴,明确追缴的金额或者财物名称、数量等相关情况,刑事判决主文表述为:“继续追缴被告人甲犯罪所得财产……”对不宜在判决主文中详细列明的财产,可以附清单。对被告人

---

〔1〕 参见我国《刑事诉讼法》第252条;《刑事诉讼法司法解释》第451条。

〔2〕 参见我国《刑事财产执行规定》第15条。

〔3〕 最高人民法院(2016)最高法执监401号执行裁定(2016年12月25日)。

依法应返还被害人但尚不在案的财产，应先采取保全措施后才能判决予以返还。对被告人在判决后被追缴的其他财产依法应返还被害人的，被害人可以向执行该刑事判决的人民法院提出返还请求，一般无须另外提出民事诉讼。对尚未采取保全措施的不在案财产，人民法院不宜判决予以退赔或者返还，如表述为："继续追缴被告人甲犯罪所得财产……发还被害人乙。"[1] 对于被告人、被害人和其他利害关系人因同一事实而发生民事纠纷的，可以通过他们之间单独提起民事诉讼的方式予以解决。如果经过刑事追赃，被害人的损失未获得完全填补的，被害人有权就未获得填补的部分损失另行提起民事诉讼。例如，在"中国工商银行股份有限公司玉溪分行与李某艳、武钢集团昆明钢铁股份有限公司等合同纠纷案"中，最高人民法院再审认为："本案中刑事程序已经终结，且从刑事判决查明的事实看，白某辉将借款 3000 万元中的 248.5 万元用于赌博，2500 万元用于偿还巨额债务。仅归还银行利息 77.520457 万元，使银行遭受 2922.479543 万元的损失……对上述赃款继续追缴。生效刑事法律文书已经认定该公司没有经济偿还能力。在此情况下，应允许被害人(债权人)工行玉溪分行通过民事诉讼程序寻求救济，即工行玉溪分行可以作为有独立请求权第三人申请参加本案诉讼。"[2] 对于刑事判决和民事判决中涉财产部分内容重叠的部分，可以在执行程序中一并解决。

4. 在生效刑事判决的执行过程中，不在案的被害人和其他利害关系人对经生效刑事判决所处理的涉案财产主张足以阻止执行的实体权利的，可以向执行人民法院提出书面异议。对此，执行人民法院应当依照《民事诉讼法》第 236 条关于执行异议的程序规定进行处理。[3] 此系对《民事诉讼法》第 236 条规定的扩张适用。盖因该执行异议的内容之一为"案外人对执行标的主张足以阻止执行的实体权利"，本应适用《民事诉讼法》第 238 条关于执行异议之诉的规定，但由于在刑事财产执行案件中并无申请执行人，即使允许利害关系人提起执行异议之诉，也会因欠缺对方当事人而无法成立，因而只能适用《民事诉讼法》第 236 条关于执行异议的程序规定。[4] 但是，这并不意味着执行人民法院只能对利害关系人的异议进行程序性审查，而不得进行实体性审查。例如，在"刘某明、黄某环刑事罚金、追缴违法所得执行复议案"

---

〔1〕 参见我国《涉案财物处置工作意见》第 9 条，《非法集资刑事案件意见》第 9 条第 2 款。此种做法见于许俊伟、张建英合同诈骗案(刑事指导案例第 827 号)，载最高人民法院刑事审判第一至五庭主办：《刑事审判参考》(总第 90 集)，法律出版社 2013 年版，第 19 页以下(渠帆、余旭东执笔)。

〔2〕 最高人民法院(2017)最高法民再 409 号民事判决(2018 年 4 月 21 日)。

〔3〕 参见我国《刑事财产执行规定》第 14 条。

〔4〕 参见刘贵祥、闫燕：《〈关于刑事裁判涉财产部分执行的若干规定〉的理解与适用》，载《人民司法·应用》2015 年第 1 期。

中,广东省高级人民法院认为:“由于财产刑执行程序中并无执行异议诉讼的后置救济,为防止错误执行案外人合法财产、切实保障异议案外人的合法权益,在财产刑执行的案外人执行异议、复议程序中,不能仅对执行标的物的权利外观进行形式性审查,还应进一步进行实质性的审查,即应当依据有关实体法律规定,进一步审查判断案外人对执行标的是否享有真实合法的实体权利、能否排除执行。执行法院直接依据前述司法解释的规定驳回案外人的执行异议请求,审查方法和标准确有不当,应予纠正。”〔1〕

**四、涉刑事轮候查封财产的执行规则**

在司法实践中,经常出现由于人民检察院、公安机关是轮候查封机关之一,执行人民法院无法处分查封财产的问题。特别是在查封财产为不动产的情形下,即使执行人民法院已经拍卖该不动产,但不动产登记机构往往以有人民检察院、公安机关轮候查封为由,拒绝协助办理过户手续,要求执行人民法院与人民检察院、公安机关协商一致并出具书面意见才配合办理,这直接导致对涉刑事轮候查封不动产事实上无法执行。〔2〕 在适用法律方面,对涉刑事轮候查封财产的执行,如我国《刑法》、《刑事诉讼法》及有关司法解释没有规定的,应当参照适用民事执行的有关规定。〔3〕

(一)首先查封人民法院有权处分查封财产

对于同一财产的查封机关,有首先查封机关与轮候查封机关之分,前者一般是指对该财产以其后还有轮候查封措施为前提,第一次采取查封措施的机关;后者是指在该财产被首先查封之后又采取轮候查封措施的机关。由于我国不承认重复查封,〔4〕因而轮候查封并不是真正意义的查封,即不具有查封的真实效力。在实践中,首先查封机关是指在处分该财产时,其查封措施处于第一顺位的机关。《最高人民法院关于人民法院民事执行中查封、扣押、冻结财产的规定》(法释〔2004〕15号,经法释〔2020〕21号修正)第26条第1款规定:“对已被人民法院查封、扣押、冻结的财产,其他人民法院可以进行轮候查封、扣押、冻结。查封、扣押、冻结解除的,登记在先的轮候查封、扣押、冻结即自动生效。”《最高人民法院、国土资源部、建设部关于依法规范人民法院执行和国土资源房地产管理部门协助执行若干问题的通知》(法〔2004〕5号)第19条规定:“两个以上人民法院对同一宗土地使用权、房屋进行查封

〔1〕 广东省高级人民法院(2018)粤执复408号执行裁定(2018年12月24日)。
〔2〕 参见赵光强、张绍忠:《涉刑事轮候查封不动产的执行》,载《法律适用》2018年第23期。
〔3〕 参见我国《刑事诉讼法司法解释》第450条,《刑事财产执行规定》第16条。
〔4〕 参见我国《民事诉讼法》第106条第2款。

的，国土资源、房地产管理部门为首先送达协助执行通知书的人民法院办理查封登记手续后，对后来办理查封登记的人民法院作轮候查封登记，并书面告知该土地使用权、房屋已被其他人民法院查封的事实及查封的有关情况。”

目前，对存在轮候查封情形财产的执行，司法解释上比较明确的只有首先查封机关和轮候查封机关均为人民法院的情形。《最高人民法院关于首先查封法院与优先债权执行法院处分查封财产有关问题的批复》（法释〔2016〕6 号，以下简称《处分查封财产批复》）第 1 条前段规定：“执行过程中，应当由首先查封、扣押、冻结（以下简称查封）法院负责处分查封财产。”这就确立了首先查封人民法院有权处分查封财产的规则。但是，对于首先查封机关和轮候查封机关中有人民检察院、公安机关的情形，法律和司法解释中则未予明确。质言之，民事诉讼查封措施的效力与刑事诉讼查封措施的效力层级是否相同、效力是否一致，能否将人民检察院、公安机关作为轮候查封机关，在实践中均不无疑问。《公安机关查封、冻结规定》第 43、44 条规定，公安机关在办理刑事案件过程中，可以与其他机关对同一涉案财物进行轮候查封。[1] 第 48 条规定：“需要查封、冻结的或者已被查封、冻结的涉案财物，涉及扣押或者民事诉讼中的抵押、质押或者民事执行等特殊情况的，公安机关应当根据查封、冻结财物的权属状态和争议问题，与相关国家机关协商解决。协商不成的，各自报请上级机关协商解决。协助执行的部门和单位按照有关争议机关协商一致后达成的书面意见办理。”

在司法实践中，要求人民法院、人民检察院、公安机关就查封财产的处分进行协商，难以操作。究其实质，是对查封财产的处分应否实行先刑后民的问题。如果实行先刑后民，则无论执行人民法院是否首先查封机关，均无权处分该财产，而只能等到人民检察院、公安机关解除查封之后才能处分。笔者认为，民事诉讼查封措施的效力与刑事诉讼查封措施的效力层级是相同的，效力也是一致的，可以将人民检察院、公安机关作为轮候查封机关。对查封财产进行处分，应首先区分执行人民法院是否为首先查封机关。执行人民法院为首先查封机关的，即使有人民检察院、公安机关在其后轮候查封，首先查封人民法院仍然有权对查封财产进行处分，而无须等待人民检察院、公安机关解除查封。这是因为，首先查封人民法院作为对查封财产的法定执行人民法院，除非有影响执行实施的特别事由，否则原则上应有权处分查封财产，以确保申请执行人的民事权益得到及时实现。具体规则如下：

1. 首先查封人民法院在处分查封财产之前，应提前通知其他查封机关。人民检

〔1〕 参见我国《办理经济犯罪案件规定》第 49 条。

察院、公安机关认为该处分将会严重影响侦查或者提起公诉工作的，可以提出异议。[1] 首先查封人民法院执行部门应当对该异议予以审查，必要时可以咨询刑事审判部门的意见，重点审查该处分会否对侦查或者提起公诉工作产生严重影响。经审查异议成立的，首先查封人民法院应当裁定中止执行，并告知提出异议的机关，待中止的情形消失后恢复执行；[2] 异议不成立的，亦应将审查结果及时告知提出异议的机关。这与以审判为中心的诉讼制度改革要求是相一致的。

2. 首先查封人民法院处分查封财产可以直接进行，而无须轮候查封的人民检察院、公安机关先行解除查封。但是，首先查封人民法院在分配有关款项中涉及人民检察院、公安机关的轮候查封顺位时，应根据他们的查封数额预留相应份额。查封财产为不动产的，首先查封人民法院进行拍卖、变卖或者抵债后，应当向不动产登记机构发出协助执行通知书，要求其协助办理过户手续。对此，不动产登记机构必须办理，[3] 而不得以有人民检察院、公安机关轮候查封为由拒绝办理；不动产登记机构拒不办理的，首先查封人民法院可以依法责令其履行协助义务，并对其采取民事诉讼制裁措施。[4]

3. 优先债权执行人民法院从首先查封人民法院处取得对查封财产的移送执行的，参照适用上述规则处分该财产。《处分查封财产批复》第 1 条后段规定："但已进入其他法院执行程序的债权对查封财产有顺位在先的担保物权、优先权（该债权以下简称优先债权），自首先查封之日起已超过 60 日，且首先查封法院就该查封财产尚未发布拍卖公告或者进入变卖程序的，优先债权执行法院可以要求将该查封财产移送执行。"第 3 条规定："财产移送执行后，优先债权执行法院在处分或继续查封该财产时，可以持首先查封法院移送执行函办理相关手续。优先债权执行法院对移送的财产变价后，应当按照法律规定的清偿顺序分配，并将相关情况告知首先查封法院。首先查封债权尚未经生效法律文书确认的，应当按照首先查封债权的清偿顺位，预留相应份额。"

（二）其他机关作为首先查封机关情形的处理

人民检察院、公安机关为首先查封机关的，按照上述刑事涉案财产保全、处理中一律移送和一体处理的原则，在公诉机关侦查完毕、移送起诉时，由人民检察院承接

[1] 我国《最高人民法院关于如何处理人民检察院提出的暂缓执行建议问题的批复》（法释〔2000〕16 号）规定："根据《民事诉讼法》的规定，人民检察院对人民法院生效民事判决提出暂缓执行的建议没有法律依据。"该规定不适用于人民检察院作为轮候查封机关的场合，人民检察院提出的执行异议也不同于暂缓执行建议。

[2] 参见我国《民事诉讼法》第 263 条第 1 款第 5 项、第 2 款。

[3] 参见我国《民事诉讼法》第 258 条。

[4] 参见我国《民事诉讼法》第 117 条第 1 款第 3 项、第 2 款。

其查封手续;在公诉机关提起公诉时,由审理人民法院承接其查封手续。于此情形,可以由该审理人民法院作为首先查封人民法院处分查封财产。在审理人民法院承接查封手续之前,轮候查封人民法院不得向人民检察院、公安机关提出对处分查封财产的移送请求。在审理人民法院承接查封手续之后,轮候查封人民法院可以依法向审理人民法院提出对处分查封财产的移送请求。于此情形,应适用上述《处分查封财产批复》第1条后段等规定。

# 第八章　刑事追缴与民事赔偿、善意取得*

我国《刑法》第 64 条规定："犯罪分子违法所得的一切财物，应当予以追缴或者责令退赔；对被害人的合法财产，应当及时返还；违禁品和供犯罪所用的本人财物，应当予以没收。没收的财物和罚金，一律上缴国库，不得挪用和自行处理。"此为本法关于因犯罪事实而须追究行为人的财产责任的基本规定。其中，对于追缴、没收和责令退赔、返还财产等措施的性质以及它们之间的逻辑关系难谓清晰，且在其内部以及与《刑事诉讼法》中的相关措施等均缺乏应有的协调，亟待厘清。立法部门的释义指出：《刑法》第 64 条规定"是对犯罪分子违法所得、供犯罪所用的本人财物以及违禁品的处理方法，而不是一种刑罚"。[1] 笔者认为，《刑法》第 64 条前段规定的追缴、没收属于准刑罚措施，责令退赔、返还财产属于刑事附带处理的民事责任方式。刑事案件如涉及这些内容的，人民法院一般应在判决主文中予以判定。[2]

## 一、追缴与没收

在我国刑事法中，追缴与没收在刑法和刑事诉讼法上的意义存在一定的差异。

### （一）刑法上的追缴与没收

我国《刑法》第 64 条规定中有 1 个"追缴"和 2 个"没收"，三

---

* 本章原以《论追缴》为题，载江溯主编：《刑事法评论·刑法的多元化》（第 44 卷），北京大学出版社 2021 年版，第 510～541 页。

〔1〕 郎胜主编：《中华人民共和国刑法释义》（第 6 版），法律出版社 2015 年版，第 60 页。

〔2〕 参见我国《刑事财产执行规定》第 1 条第 1 款。

者在对象范围上有所交叉,含义也不尽相同。

1. 追缴。依立法部门的释义,“所谓追缴,是指将犯罪分子的违法所得强制收归国有。如在刑事诉讼过程中,对犯罪分子的违法所得进行追查、收缴;对于在办案过程中发现的犯罪分子已转移、隐藏的赃物追查下落,予以收缴”。[1] 追缴是将犯罪分子违法所得的一切财物(以下简称违法所得)收归国有的准刑罚措施。在德国刑法上,追缴(德 Verafll)是指剥夺行为人因其犯罪行为所得之物。对于追缴的范围,原采纯利原则,称为“准不当得利返还请求的清偿措施”,是指在没有个体的返还请求权人的情况下,剥夺行为人公法上的不当得利,但扣除其在取得或者保有不当得利过程中付出的费用;后来改采毛利原则,不考虑行为人可能的花费或者支出,而剥夺其全部的违法所得,就其中行为人付出的部分具有附加刑的性质。在满足特定的先决条件下,追缴的对象还可以扩展至非本罪的犯罪所得。[2]

有学者认为,我国《刑法》上追缴的性质应为程序性措施,强调有权机关对涉案财产的收集和实际控制,其后果既可能是返还被害人,也可能是没收上缴国库。[3] 笔者认为,追缴违法所得是一项实体性的准刑罚措施,原则上须由人民法院最终判定,该判定权不宜与人民检察院、公安机关等其他办案机关分享,否则将与以审判为中心的诉讼制度改革的要求不符。人民法院追缴违法所得,一般须以刑事判决的方式作出。行为人被人民法院判定为有罪的,违法所得遂转换为“犯罪所得及其产生的收益”。[4] 所谓犯罪所得,是指通过犯罪直接得到的赃款、赃物;犯罪所得所产生的收益,是指行为人对犯罪所得进行处理后得到的孳息、租金等,[5] 包括将赃款、赃物投资或者置业而形成的财产,将赃款、赃物与其他合法财产共同投资或者置业而形成的财产中与赃款、赃物对应的份额及其收益,以及第三人恶意取得的涉案财产。[6] 对于不能追缴的赃款、赃物,可以责令行为人交纳一定的金钱或者相应的财

---

〔1〕 郎胜主编:《中华人民共和国刑法释义》(第6版),法律出版社2015年版,第66页。

〔2〕 参见[德]汉斯·海因里希·耶赛克、托马斯·魏根特:《德国刑法教科书·总论》(原书第5版),徐久生译,中国法制出版社2001年版,第952页以下;樊文:《德国刑法上的追缴与没收:规范的基础、结构及其适用》,载中国法学网,http://www.iolaw.org.cn/showarticle.asp? id = 1544,2023年4月20日最后访问。

〔3〕 参见曲升霞、袁江华:《论我国〈刑法〉第64条的理解与适用——兼议我国〈刑法〉第64条的完善》,载《法律适用》2007年第4期;刘振会:《刑事诉讼中涉案财物处理之我见——刍议对〈刑法〉第64条的理解与适用》,载《山东法官培训学院学报(山东审判)》2008年第3期;张磊:《〈刑法〉第64条财物处理措施的反思与完善》,载《现代法学》2016年第6期;刘贵祥、闫燕:《〈关于刑事裁判涉财产部分执行的若干规定〉的理解与适用》,载《人民司法·应用》2015年第1期。

〔4〕 参见我国《刑法》第312条第1款。

〔5〕 参见我国《最高人民法院关于审理掩饰、隐瞒犯罪所得、犯罪所得收益刑事案件适用法律若干问题的解释》(法释〔2015〕11号)第10条第1款。《刑事诉讼法》第245条第4款后段规定的“赃款赃物”应依此解释。

〔6〕 参见我国《刑事财产执行规定》第10条第2、3款,第11条第1款;《办理经济犯罪案件规定》第54条第2款。

物。不能追缴包括事实上不能追缴和法律上不能追缴。前者是指原物被行为人消费、毁坏、丢失等,客观上已经不存在,如受贿收受的虫草已被食用;后者是指原物虽然客观上存在,但由于法律上的原因不能予以追缴,如第三人已经善意取得的财物。〔1〕 在司法实践中,对于违法所得不能追缴情形下如何续追的问题多予忽略,目前有明确规定的似仅见于对黑社会性质组织犯罪相关财产予以追缴、没收的场合。〔2〕

追缴违法所得的性质是刑事对物之诉,不以行为人被判定为犯罪作为前提条件,而以该所得被确认为违法即为已足。〔3〕 违法所得是指犯罪分子通过实施犯罪直接或者间接产生、获得的任何财产,包括已经部分或者全部转变、转化为其他财产的财产,来自违法所得转变、转化后的财产收益,来自已经与违法所得相混合财产中违法所得相应部分的收益。〔4〕 只要该行为客观上符合一定的犯罪事实构成,人民法院即可追缴行为人的违法所得,而无须行为人有责地构成犯罪,也与行为的种类和严重程度无关,但不能简单扩及于一般的违法行为所得。〔5〕 行为人因不具有刑事责任能力,或者具有如正当防卫、紧急避险等违法阻却事由而不构成犯罪的,仍应追缴其违法所得。基于此,人民法院在追缴犯罪所得时,可以采取毛利原则;而在追缴非犯罪的违法所得时,则宜采取纯利原则。〔6〕 例如,在非法集资刑事案件中,"向社会公众非法吸收的资金属于违法所得。以吸收的资金向集资参与人支付的利息、分红等回报,以及向帮助吸收资金人员支付的代理费、好处费、返点费、佣金、提成等费用,应当依法追缴。集资参与人本金尚未归还的,所支付的回报可予折抵本金"。〔7〕 又如,甲借乙的汽车去贩毒,乙因此得到500元,而此行该车磨损折旧价值

---

〔1〕 参见张明楷:《论刑法中的没收》,载《法学家》2012年第3期。

〔2〕 此点详见后文。此外,我国《全国部分法院审理毒品犯罪案件工作座谈会纪要》(法〔2008〕324号)第13条第2款中规定:"对毒品犯罪分子来源不明的巨额财产,依法及时采取查封、扣押、冻结等措施,防止犯罪分子及其亲属转移、隐匿、变卖或者洗钱,逃避依法追缴。"似亦寓有此意。

〔3〕 在有的情况下,违法所得本身就是犯罪事实构成的内容。如我国《环境污染刑事解释》第1条规定:"实施刑法第三百三十八条规定的行为,具有下列情形之一的,应当认定为'严重污染环境':……(九)违法所得或者致使公私财产损失三十万元以上的……"第17条第3款规定:"本解释所称'违法所得',是指实施刑法第三百三十八条、第三百三十九条规定的行为所得和可得的全部违法收入。"

〔4〕 参见我国《违法所得没收程序规定》第6条。

〔5〕 参见[德]汉斯·海因里希·耶赛克、托马斯·魏根特:《德国刑法教科书·总论》(原书第5版),徐久生译,中国法制出版社2001年版,第953页。

〔6〕 我国司法解释中有采纯利原则的,如《最高人民法院关于审理非法出版物刑事案件具体应用法律若干问题的解释》(法释〔1998〕30号)第17条第2款规定:"本解释所称'违法所得数额',是指获利数额。"已被废止的《最高人民法院关于审理生产、销售伪劣产品刑事案件如何认定"违法所得数额"的批复》(法复〔1995〕3号)规定:"全国人民代表大会常务委员会《关于惩治生产、销售伪劣商品犯罪的决定》规定的'违法所得数额',是指生产、销售伪劣产品获利的数额。"

〔7〕 我国《非法集资适用法律意见》第5条第1款。

50 元，人民法院须追缴乙的违法所得 500 元，而不能因其汽车折旧了 50 元而只追缴 450 元。[1] 此外，对于本案中被害人非法所得或者基于非法目的而提供给行为人的财产，也可以一并追缴。

追缴违法所得的刑事诉讼证明标准，不应适用案件事实清楚、证据确实充分且排除合理怀疑的普通证明标准，[2] 而应适用高度盖然性的特别证明标准。例如，《违法所得没收程序规定》第 17 条第 1 款规定："申请没收的财产具有高度可能属于违法所得及其他涉案财产的，应当认定为本规定第十六条规定的'申请没收的财产属于违法所得及其他涉案财产'。"[3] 在法律有特别规定时，可以推定相关所得为违法所得，而由行为人提出反证予以推翻。例如，《刑法》第 395 条第 1 款规定："国家工作人员的财产、支出明显超过合法收入，差额巨大的，可以责令该国家工作人员说明来源，不能说明来源的，差额部分以非法所得论……财产的差额部分予以追缴。"[4]《最高人民法院、最高人民检察院、公安部关于办理电信网络诈骗等刑事案件适用法律若干问题的意见》第七"涉案财物的处理"中第（二）规定："涉案银行账户或者涉案第三方支付账户内的款项，对权属明确的被害人的合法财产，应当及时返还。确因客观原因无法查实全部被害人，但有证据证明该账户系用于电信网络诈骗犯罪，且被告人无法说明款项合法来源的，根据刑法第六十四条的规定，应认定为违法所得，予以追缴。"

关于违法所得的判断时点，学说上主要有取得时说和裁判时说两种观点，其中前者为通说。有学者认为，为达成追缴违法所得系为取消行为人因犯罪而获得不当利益的目的，应依对象物品在此期间的价格波动是否对行为人产生利益而确定；对象物品在此期间的价格下跌的，宜采取取得时说；价格上涨的，则宜采取裁判时说。尤其是在价格上涨的情形下，如果将取得时说贯彻到底的话，其结局很可能就是所追缴的从额只占该对象物品很小的部分，行为人仍然获得巨额的不正当利益。可见，对于违法所得的判断时点似乎没有必要设定一元化的标准。由于剥夺取得时的

[1] 参见樊文：《德国刑法上的追缴与没收：规范的基础、结构及其适用》，载中国法学网，http://www.iolaw.org.cn/showarticle.asp? id = 1544，2023 年 4 月 20 日最后访问。张明楷教授主张追缴违法所得一律采取纯利原则，参见张明楷：《论刑法中的没收》，载《法学家》2012 年第 3 期。

[2] 参见我国《刑事诉讼法》第 55 条、第 200 条第 1 项、第 214 条第 1 款第 1 项、第 222 条第 1 款。

[3] 参与起草该司法解释的法官称该项证明标准为优势证据证明标准，参见裴显鼎、王晓东、刘晓虎：《违法所得没收程序三类证明标准的把握和适用》，载《人民法院报》2018 年 3 月 21 日，第 5 版。另如，我国《营造良好法治环境通知》第 2 条规定："严格区分企业家违法所得和合法财产，没有充分证据证明为违法所得的，不得判决追缴或者责令退赔。"其中的"充分证据"，即指高度盖然性的特别证明标准。

[4] 我国《违法所得没收程序规定》第 17 条第 2 款规定："巨额财产来源不明犯罪案件中，没有利害关系人对违法所得及其他涉案财产主张权利，或者利害关系人对违法所得及其他涉案财产虽然主张权利但提供的相关证据没有达到相应证明标准的，应当视为本规定第十六条规定的'申请没收的财产属于违法所得及其他涉案财产'。"

利益是最起码的要求，所以当对象物品的价值因消费等而贬值时，按照取得时的价格追缴也就理所当然。同时，行为人基于取得财产而获得的利益也没有理由置于行为人手中，所以当对象物品的价格上涨时，应当按照处分时或裁判时的价格没收或追缴包含价格上涨在内的全部利益。[1]

我国《刑法》设置了包括罚金刑和没收财产刑（一般没收）在内的财产刑，在处刑内容上具有涵盖追缴违法所得的意义，[2]因而在对行为人定罪的情况下，判处罚金刑和没收财产刑之外再判处追缴违法所得一般尚需特别的理由。但在涉及被害人和第三人利益保护时，追缴违法所得与责令退赔、返还财产具有并行的作用，因而即使在判处罚金刑和没收财产刑之外不再判处追缴违法所得，仍应优先保护被害人和第三人的民事法益，并在诉讼程序上给予充分的保障。此外，同法第53条第1款后段关于罚金刑执行规定中的“追缴”，是指人民法院对没有缴纳或者没有全部缴纳罚金的被执行人，在发现其有可供执行的财产时，予以追回上缴国库，[3]属于行刑措施；同法第201条第4款、第203条关于追缴税款规定中的“追缴”，是指税务机关依职权对欠缴税款的追缴，属于行政处罚措施；均不同于同法第64条前段规定的“追缴”。

2. 没收。没收是指将不属于国家所有的财产强制、无偿地收归国有；对于违禁品等，还应在收归国有后依法处理，如销毁等。我国《刑法》第64条前、后段各规定了一个“没收”，含义略有差别。前段规定的“没收”，对象为违禁品和供犯罪所用的本人财物，称为特别没收；后段规定的“没收”包含两种意义，除前一种意义外，又指附加刑。作为附加刑的没收称为“没收财产”（又称为“一般没收”），对象为“犯罪分子个人所有财产的一部或者全部”（同法第34条第1款第3项，第59、60条等）。一般没收的刑罚意涵颇受质疑。[4] 此外，同法第191条第1款规定的“没收实施以上

---

〔1〕 参见［日］金光旭：《日本刑法中的不法收益之剥夺——以没收、追缴制度为中心》，钱叶六译，载《中外法学》2009年第5期。

〔2〕 参见我国《适用财产刑规定》第2条第1款前段规定：“人民法院应当根据犯罪情节，如违法所得数额、造成损失的大小等，并综合考虑犯罪分子缴纳罚金的能力，依法判处罚金。”《最高人民法院、最高人民检察院关于办理侵犯知识产权刑事案件具体应用法律若干问题的解释（二）》（法释〔2007〕6号）第4条规定：“对于侵犯知识产权犯罪的，人民法院应当综合考虑犯罪的违法所得、非法经营数额、给权利人造成的损失、社会危害性等情节，依法判处罚金。罚金数额一般在违法所得的一倍以上五倍以下，或者按照非法经营数额的50%以上一倍以下确定。”《最高人民法院、最高人民检察院关于办理侵犯公民个人信息刑事案件适用法律若干问题的解释》（法释〔2017〕10号）第12条规定：“对于侵犯公民个人信息犯罪，应当综合考虑犯罪的危害程度、犯罪的违法所得数额以及被告人的前科情况、认罪悔罪态度等，依法判处罚金。罚金数额一般在违法所得的一倍以上五倍以下。”

〔3〕 参见郎胜主编：《中华人民共和国刑法释义》（第6版），法律出版社2015年版，第54页。

〔4〕 参见张明楷：《外国刑法纲要》，清华大学出版社1999年版，第401页；谢望原、肖怡：《中国刑法中的“没收”及其缺憾与完善》，载《法学论坛》2006年第4期。

犯罪的所得及其产生的收益”中的“没收”，实与同法第64条前段规定的“追缴”同义，似应修改为“追缴”。在比较法上，德国刑法上的“追缴”“没收”（德Einziehung）与我国刑法上的“追缴”“特别没收”基本相当（在对象方面略有区别），前者的性质既不是刑罚，也不是矫正及保安处分，而是独立的制裁措施。[1] 我国刑法上的“追缴”“特别没收”合起来，与日本刑法上的“没收”大致相当，后者虽被列为附加刑，但不具有刑罚的性质，而是作为刑罚以外的特别处分，其对象原则上限于有体物。[2]

一般没收与特别没收具有如下区别：首先，一般没收属于刑罚，系与犯罪相对应。一般没收的适用前提为行为人有责地构成犯罪，适用对象为罪犯。如行为人不构成犯罪或者不承担刑事责任，则不能适用一般没收。特别没收属于准刑罚措施，本质上为对物的强制处分。特别没收的适用前提为客观上须符合一定的犯罪事实构成，而无须行为人有责地构成犯罪；适用对象为具体的行为事实（包括违禁品和供犯罪所用的本人财物），且对于该行为事实并不涉及任何评价的作用，与行为人的刑事责任和人格素行无关。[3] 在量处方面，一般没收须在责任之下考虑预防犯罪的需要，量处须与责任相适应；特别没收不存在与责任相适应的裁量问题，而只需遵循比例原则。有学者将特别没收大致归属于保安处分。[4] 唯保安处分的本旨在于犯罪预防，包含一般预防与特殊预防。在没收违禁品的场合，因具有一般预防的性质而可以归属于保安处分；在没收供犯罪所用的本人财物的场合，则与特殊预防并不完全对应。这是因为，不能由于行为人人身危险性的降低就免予没收供犯罪所用的本人财物。

其次，一般没收的财产范围是无限制的，只要是罪犯合法所有的财产均可予执行，而不问该财产与犯罪行为是否具有密切联系。特别没收的对象一般为违禁品和供犯罪所用的本人财物。依立法部门的释义，违禁品是指依照国家规定，公民不得私自留存、使用的物品，如枪支、弹药、毒品以及淫秽物品等；供犯罪所用的本人财物是指供犯罪分子进行犯罪活动而使用的属于他本人所有的钱款和物品，如用于走私

---

〔1〕 参见［德］汉斯·海因里希·耶赛克、托马斯·魏根特：《德国刑法教科书·总论》（原书第5版），徐久生译，中国法制出版社2001年版，第952页。

〔2〕 依《日本刑法典》，没收是指剥夺犯罪的构成物品、供用物品、生成物品、取得物品、报酬物品和代价物品（第19条第1款）；追缴是指对不能没收之对象物（限于犯罪的生成物品、取得物品、报酬物品和代价物品），剥夺行为人相当于其价额的金钱（第19条之2）。没收和追缴的对象，原系限于有体物，后来逐渐扩及于包括金钱债权在内的无形财产；追缴之条件也不限于不能没收的情形，而扩及于不宜没收的情形。参见［日］金光旭：《日本刑法中的不法收益之剥夺——以没收、追缴制度为中心》，钱叶六译，载《中外法学》2009年第5期。

〔3〕 参见柯耀程：《犯罪不法利益剥夺手段的检讨与重建》，台北，一品文化出版社2015年版，第56页。

〔4〕 参见张明楷：《论刑法中的没收》，载《法学家》2012年第3期。

的运输工具等。[1] 有学者主张，供犯罪所用的本人财物应限制解释为供犯罪使用并与违禁品相当的本人财物，包括犯罪工具与组成犯罪行为之物，其中即寓有依比例原则的考量。[2] 在比较法上，德国刑法中没收的对象须该财产与犯罪行为具有密切联系，要么其形成或者目前的性能源自犯罪行为之物，要么系行为人为实施犯罪行为而工具性地投入使用之物。只要行为产物和行为工具存在危险性，便可予以没收，而与该财产是否为犯罪分子本人所有无关。[3] 此系从特别没收的对象范围仅仅源自犯罪事实本身作出的考量，值得借鉴。

唯特别没收之适用，具有一定的裁量性质。例如，在"王某某、刘某盗窃案"中，刘某在盗窃作案过程中使用本人所有的汽车作为运输工具，将盗窃所得赃物消防水带予以转移。北京市通州区人民法院第一审认为，由于该汽车系刘某用于日常生活，此次系受王某某邀约，偶尔用于盗窃，该汽车与盗窃犯罪之间不存在经常性的联系，而且刘某参与盗窃的赃物价值仅仅数千元，与该汽车的实际价值悬殊甚大，在赃物已经全部起获发还被害人、被害人没有遭受实际损失的情况下，对该汽车不予没收。因此，判决已扣押红色轿车1辆，退回公诉机关处理。[4] 又如，在"康某生非法拘禁案"中，广东省潮州市中级人民法院第二审认为，"首先，康某生平时主要将该车用于日常生产生活，本次作案只是应同案人之邀，偶尔将该车用于非法拘禁犯罪，没有证据证明该车是专门或主要用于非法拘禁犯罪的工具，也没有证据证明该车长期或多次被用于实施非法拘禁犯罪，即该车不是专门为犯罪而准备和使用的，该车与非法拘禁犯罪间不存在经常性联系或密切联系；其次，本案是轻罪案件，没有造成被害人的实际财产损失，社会危害程度相对较小，如果对康某生所有的价值巨大、偶尔用于非法拘禁的汽车予以没收，有违立法本意，也显失公平、公正。因此，从相当性原则考虑，原审判决将随案移送的粤USU335(号牌——引者注)日产天籁小汽车予以没收不当，应予纠正"。[5]

---

〔1〕 郎胜主编：《中华人民共和国刑法释义》(第6版)，法律出版社2015年版，第66页。

〔2〕 张明楷：《论刑法中的没收》，载《法学家》2012年第3期。

〔3〕 2017年修改的《德国刑法典》第74a条规定："某物品虽不符合第74条第3款的条件，而在判决时属于具有下列情形的人所有或者其享有处分权的，当法律规定适用本条时，也可没收：(1)至少是由于轻率而致使该物被作为犯罪的工具，或成为犯罪客体的，或(2)明知该物可能被没收而不当取得的。"参见《德国刑法典》，徐久生译，北京大学出版社2019年版，第56页；樊文：《德国刑法上的追缴与没收：规范的基础、结构及其适用》，载中国法学网，http://www.iolaw.org.cn/showarticle.asp?id=1544，2023年4月20日最后访问。

〔4〕 参见北京市通州区人民法院(2014)通刑初字第59号刑事判决(2014年2月17日)；蒋为杰：《相当性原则在刑事涉案财物没收中的运用——王某某、刘某盗窃案》，载国家法官学院案例开发研究中心编：《中国法院2016年度案例·刑法总则案例》，中国法制出版社2016年版，第120~122页。

〔5〕 广东省潮州市中级人民法院(2019)粤51刑终75号刑事判决(2019年6月3日)；江瑾：《"供犯罪所用的本人财物"的司法界定——康某生非法拘禁案》，载广东省高级人民法院编：《法庭》2019年第9期。

针对一般没收，我国《刑法》规定了民事责任优先原则。[1] 该法第36条第2款规定：“承担民事赔偿责任的犯罪分子，同时……被判处没收财产的，应当先承担对被害人的民事赔偿责任。”第60条规定：“没收财产以前犯罪分子所负的正当债务，需要以没收的财产偿还的，经债权人请求，应当偿还。”所谓优先，是指犯罪分子须以其财产先承担对被害人的民事赔偿责任和其他正当债务，剩余的财产才承担没收财产刑。其中，“没收财产以前犯罪分子所负的正当债务”，是指犯罪分子在判决生效前所负他人的合法债务，[2]不包括本次犯罪对被害人形成的赔偿债务，盖因该项情形应优先适用同法第36条第2款规定。[3] 即使在没收财产刑执行完毕后，债权人向人民法院主张以犯罪分子须以被没收的财产偿还其债务的，人民法院仍应依同法第60条规定从上缴国库的被没收财产中回转出来予以偿还。《刑事财产执行规定》第13条第1款规定：“被执行人在执行中同时承担刑事责任、民事责任，其财产不足以支付的，按照下列顺序执行：（一）人身损害赔偿中的医疗费用；（二）退赔被害人的损失；（三）其他民事债务；（四）罚金；（五）没收财产。”其中的“没收财产”，是指没收财产刑，不涉及特别没收。依上述法理，国家对被特别没收的财产系直接收缴，这不构成支付关系，故不宜纳入承担民事责任和财产刑的财产范围之中。

至于追缴与特别没收的区别，追缴的对象是违法所得，如盗窃、诈骗、赌博获得的金钱；特别没收的对象一般须与犯罪行为本身具有密切联系，如假币、伪造的文件等。行为自身的必要对象或者仅仅与行为有关的中性对象不得没收，如交通肇事的车辆、搭乘飞机走私毒品时的机票等。在不同的犯罪阶段如何确定特别没收的对象，是司法实务中常见的问题。例如，借助电讯监听手段侦听到的谈话显示：甲和乙谈好了一笔毒品交易，甲提及其用于购买海洛因所需的10万元已经在某账户中准备好了，这笔资金应作为毒资而予以没收。又如，毒贩丙准备以2000元向另一毒贩丁购买10克海洛因，交易时两人被抓获。对于当场缴获的毒品，无论系由丙还是丁持有，均应作为没收的对象。但对于当场缴获的2000元，如果仍在丙身上的，应作为毒资予以没收；如果丙已交给了丁，应予没收还是作为违法所得予以追缴，则存在

[1] 参见我国《民法典》第187条。

[2] 参见我国《适用财产刑规定》第7条。此前学说系将《刑法》第60条规定的“没收财产以前”解释为判决执行前，参见高铭暄主编：《新编中国刑法学》（上册），中国人民大学出版社1998年版，第349页（赵炳寿执笔）。《2012年刑事诉讼法司法解释》第441条第2款规定系解释为“判决作出前”，参见原《财产刑执行规定》第6条第2款。

[3] 参见张明楷：《论刑法中的没收》，载《法学家》2012年第3期。此外，我国《刑法》第60条规定的“需要以没收的财产偿还”，是指债权人在没收财产判决作出后、执行前，向人民法院提出以被判决没收的财产偿还的请求。

争议。[1] 除上述区别外，追缴与特别没收在结果上是相同的，均为收归国有（含依法处理）。

例如，《最高人民法院、最高人民检察院关于办理赌博刑事案件具体应用法律若干问题的解释》（法释〔2005〕3号）第8条规定："赌博犯罪中用作赌注的款物、换取筹码的款物和通过赌博赢取的款物属于赌资。通过计算机网络实施赌博犯罪的，赌资数额可以按照在计算机网络上投注或者赢取的点数乘以每一点实际代表的金额认定。赌资应当依法予以追缴；赌博用具、赌博违法所得以及赌博犯罪分子所有的专门用于赌博的资金、交通工具、通讯工具等，应当依法予以没收。"其中混淆了"赌资"与"赌博违法所得"，"追缴"与"没收"。事实上，"赌资"属于"供犯罪所用的本人财物"，包括当场查获的用于赌博的款物和代币、有价证券、赌博积分以及在赌博机上投注或赢取的点数等实际代表的金额，[2] 应适用特别没收，而不是追缴。"赌博违法所得"是指通过赌博赢取的款物，应适用追缴，而不是没收。对于行为人已经输掉的财物，不在本案中予以追缴或者特别没收。对于行为人随身携带的尚未直接用于赌博的金钱，一般不予以追缴或者特别没收，因为通常情况下金钱并不是主要或者通常用于犯罪的。对于行为人将贪污、挪用、职务侵占的公款作为赌资的，应当依法返还被害人。[3]

（二）刑事诉讼法上的追缴与没收

我国于2012年修正《刑事诉讼法》，新增第5编"特别程序"第3章"犯罪嫌疑人、被告人逃匿、死亡案件违法所得的没收程序"。2018年修正该法，将该章移为同编第4章，条文除序号外，具体内容未变。该章首条第298条第1款规定："对于贪污贿赂犯罪、恐怖活动犯罪等重大犯罪案件，犯罪嫌疑人、被告人逃匿，在通缉一年后不能到案，或者犯罪嫌疑人、被告人死亡，依照刑法规定应当追缴其违法所得及其他涉案财产的，人民检察院可以向人民法院提出没收违法所得的申请。"对照《刑法》第64条前段规定，其中的"违法所得"属于追缴的对象；"其他涉案财产"是指行为人非法持有的违禁品、供犯罪所用的本人财物，[4] 属于特别没收的对象。违法所得特别程序的性质是刑事对物之诉，而非对人之诉，即无须对行为人定罪而追缴其

〔1〕 参见樊文：《德国刑法上的追缴与没收：规范的基础、结构及其适用》，载中国法学网，http://www.iolaw.org.cn/showarticle.asp?id=1544，2023年4月20日最后访问。对于后一例，樊教授主张如果丙已将2000元交给了丁，则应作为违法所得予以追缴，而非作为毒资予以没收。

〔2〕 参见我国《最高人民法院、最高人民检察院、公安部关于办理利用赌博机开设赌场案件适用法律若干问题的意见》（公通字〔2014〕17号）第5条。

〔3〕 参见张明楷：《论刑法中的没收》，载《法学家》2012年第3期。在该文中，张教授欲围绕"没收"构建非刑罚处分的统一体系，即以"没收"包纳"追缴"。笔者对此不予赞同。

〔4〕 参见我国《2012年刑事诉讼法司法解释》第509条。

违法所得。依此，违法所得没收程序本可独立于刑事追诉，即不管行为人是否会被定罪，仍须对其违法所得予以追缴。可能是考虑到如此将会对以定罪量刑为主要目标的刑法及刑罚体系造成冲击，《刑事诉讼法》将本项特别程序的适用局限在对人之诉无法进行的前提下，如果对人之诉可以进行，则终止违法所得没收程序。[1]

在术语使用上，《刑事诉讼法》中的下列规定值得注意：(1)该法规定的违法所得没收程序中的“追缴”“没收”，系作为两个指示实体性措施且可以相互换用的术语，与《刑法》第64条前段规定中的“追缴”“没收”稍异其趣。笔者认为，考虑到追缴违法所得隐含有返还被害人财产、赔偿被害人损失的另一层意义，故宜依《刑法》第64条前段规定，以“追缴”统辖“特别没收”，而非以“没收”统辖“追缴”。应将《刑事诉讼法》第5编第4章章名中的“没收”修改为“追缴”，同时恢复追缴和特别没收各自的对象，其下条文亦同。(2)依该法第177条第3款中、后段规定，人民检察院对于决定不起诉的刑事案件中的违法所得，不得径自予以追缴，而应移送有关主管机关处理(该款中段规定的“没收其违法所得”，性质为行政处罚措施[2])；有关主管机关应当将处理结果及时通知人民检察院。[3]（3)2012年修正该法，将1996年该法第198条第3款规定中的人民法院对赃款赃物及其孳息“一律没收，上缴国库”，修改为“一律上缴国库”(现行该法第245条第4款后段)，删除“没收”的措辞，无疑是十分正确的。[4]

《刑事诉讼法司法解释》中也有2处规定值得注意：(1)第176条后段规定：“追缴、退赔的情况，可以作为量刑情节考虑。”该段规定的“追缴”与《刑法》第64条前段规定的“追缴”意义相同。但是，作为量刑中须予考虑的追缴，只可能是针对在案(即已采取查封、扣押、冻结等保全措施；下同)涉案财产的追缴，即所谓现实追缴；对

---

[1] 参见我国《刑事诉讼法》第301条。

[2] 参见我国《行政处罚法》第9条规定：“行政处罚的种类：……(二)罚款、没收违法所得、没收非法财物……”有学者认为，没收违法所得应属于一种新的具体行政行为模式，而非行政处罚，参见王青斌：《行政法中的没收违法所得》，载《法学评论》2019年第6期。

[3] 有法官主张，人民检察院因犯罪已过追诉期限而不起诉的，仍应对违法所得予以追缴。参见裴显鼎、王晓东、刘晓虎：《〈关于适用犯罪嫌疑人、被告人逃匿、死亡案件违法所得没收程序若干问题的规定〉的理解与适用》，载《人民司法·应用》2017年第16期。我国已被废止的《最高人民检察院关于检察机关受理后被告人死亡的经济犯罪案件赃款赃物如何处理问题的批复》(高检研发字〔1990〕5号)规定：“人民检察院直接受理侦查的贪污、贿赂等经济犯罪案件，受理后，被告人死亡的，按照刑事诉讼法第十一条第五项的规定，不予立案，已经立案的，应当撤销案件。但应按照刑法第六十条和全国人大常委会《关于惩治贪污罪贿赂罪的补充规定》第十二条规定，对已经死亡的被告人贪污、挪用的公共财物一律追缴；贿赂财物及其他违法所得一律没收。追缴的贪污、挪用财物，退回原单位；依法不应退回原单位的和没收的财物收入，一律上缴国库，并在不立案或者撤销案件决定书中载明。”其中的“刑法第六十条”，对应于现行该法第64条。该观点似与《刑事诉讼法》第177条第3款规定相违背。

[4] 但是，此项修改未被立法部门的释义所注意。参见王爱立、雷建斌主编：《〈中华人民共和国刑事诉讼法〉释解与适用》，人民法院出版社2018年版，第464页。

不在案的涉案财产,即使经查明须予追缴,但仍不宜在量刑中予以考虑。至于退赔,由于实行在案退赔,故在效果上与现实追缴相一致。(2)第445条第1款规定系与《刑事诉讼法》第245条第4款规定相对应,前者对已被后者删除的“没收”措辞仍予保留,是不妥当的。除此以外,《2012年刑事诉讼法司法解释》第364条第3款规定:人民法院“经审查,不能确认查封、扣押、冻结的财物及其孳息属于违法所得或者依法应当追缴的其他涉案财物的,不得没收”。该款规定将“没收”视为“追缴”的后果,与《刑事诉讼法》第298条第1款规定同其误解,也与《刑法》第64条前段规定不相符合。所谓追缴“其他涉案财物”,应指《刑法》第64条前段规定的没收“违禁品和供犯罪所用的本人财物”,即特别没收。《2012年刑事诉讼法司法解释》上述规定现已删除。

(三)涉黑恶犯罪财产的追缴与没收

我国1997年修订《刑法》,增设黑社会性质组织犯罪的规定。《最高人民法院关于审理黑社会性质组织犯罪的案件具体应用法律若干问题的解释》(法释〔2000〕42号)第7条规定:“对黑社会性质组织和组织、领导、参加黑社会性质组织的犯罪分子聚敛的财物及其收益,以及用于犯罪的工具等,应当依法追缴、没收。”所谓黑社会性质组织及其成员通过犯罪活动“聚敛的财物及其收益”,“是指在黑社会性质组织的形成、发展过程中,该组织及组织成员通过违法犯罪活动或其他不正当手段聚敛的全部财物、财产性收益及其孳息、收益”。〔1〕 2012年修正《刑事诉讼法》增设的违法所得没收程序,其适用范围除包括贪污贿赂犯罪、恐怖活动犯罪外,还包括危害国家安全、走私、洗钱、金融诈骗、黑社会性质的组织、毒品犯罪和电信诈骗、网络诈骗犯罪等重大犯罪。〔2〕

2018年年初,针对黑恶势力犯罪开展扫黑除恶专项斗争。《最高人民法院、最

---

〔1〕 我国《最高人民法院、最高人民检察院、公安部办理黑社会性质组织犯罪案件座谈会纪要》(法〔2009〕382号)第二中“(二)关于办理黑社会性质组织犯罪案件的其他问题”的“3.关于涉黑犯罪财物及其收益的认定和处置”。《最高人民法院、最高人民检察院、公安部、司法部关于办理黑社会性质组织犯罪案件若干问题的规定》(公通字〔2012〕45号)第17条第1款规定:“根据黑社会性质组织犯罪案件的诉讼需要,公安机关、人民检察院、人民法院可以依法查询、查封、扣押、冻结与案件有关的下列财产:(一)黑社会性质组织的财产;(二)犯罪嫌疑人、被告人个人所有的财产;(三)犯罪嫌疑人、被告人实际控制的财产;(四)犯罪嫌疑人、被告人出资购买的财产;(五)犯罪嫌疑人、被告人转移至他人的财产;(六)其他与黑社会性质组织及其违法犯罪活动有关的财产。”

〔2〕 参见我国《违法所得没收程序规定》第1条。但是,《实施刑事诉讼法规定》第37条后段规定:“对于犯罪嫌疑人、被告人死亡,依照刑法规定应当追缴其违法所得及其他涉案财产的,适用刑事诉讼法第五编第三章规定的程序,由人民检察院向人民法院提出没收违法所得的申请。”对上述范围又似有所放宽。立法部门的释义原来认为:违法所得没收程序“不宜扩大适用到其他的重大犯罪案件,这是考虑到贪污贿赂犯罪、恐怖活动犯罪对社会稳定与安全、经济发展危害严重,且又是我国参加的国际公约和相关义务要求的……目前适用的范围不宜过大”。参见王尚新、李寿伟主编:《〈关于修改刑事诉讼法的决定〉释解与适用》,人民法院出版社2012年版,第289页。该段释义在新版中被删除。

高人民检察院、公安部、司法部关于办理黑恶势力犯罪案件若干问题的指导意见》（法发〔2018〕1号）第27条规定了7类应予追缴、没收的黑社会性质组织犯罪涉案财产，包括：组织及其成员通过违法犯罪活动或其他不正当手段聚敛的财产及其孳息、收益；组织成员通过个人实施违法犯罪活动聚敛的财产及其孳息、收益；其他单位、组织、个人为支持该组织活动资助或主动提供的财产；通过合法的生产、经营活动获取的财产或者组织成员个人、家庭合法资产中，实际用于支持该组织活动的部分；组织成员非法持有的违禁品以及供犯罪所用的本人财物；其他单位、组织、个人利用黑社会性质组织及其成员的违法犯罪活动获取的财产及其孳息、收益；其他应当追缴、没收的财产。第29条规定了违法所得不能追缴情形下的追缴财产类型：其他等值财产。该条规定："依法应当追缴、没收的财产无法找到、被他人善意取得、价值灭失或者与其他合法财产混合且不可分割的，可以追缴、没收其他等值财产。"

《黑恶财产处置意见》第4条规定明确提出全面追缴即所谓"断血"原则："要彻底摧毁黑社会性质组织的经济基础，防止其死灰复燃。"将涉黑恶犯罪财产区分为可予保全的涉黑恶犯罪财产和应予追缴的涉黑恶犯罪财产。可予保全的涉黑恶犯罪财产包括：黑恶势力组织的财产；犯罪嫌疑人个人所有的财产；犯罪嫌疑人实际控制的财产；犯罪嫌疑人出资购买的财产；犯罪嫌疑人转移至他人名下的财产；犯罪嫌疑人涉嫌洗钱以及掩饰、隐瞒犯罪所得、犯罪所得收益等犯罪涉及的财产；其他与黑恶势力组织及其违法犯罪活动有关的财产（第6条）。应予追缴的涉黑恶犯罪财产包括：黑恶势力组织及其成员通过违法犯罪活动或者其他不正当手段聚敛的财产及其孳息、收益；黑恶势力组织成员通过个人实施违法犯罪活动聚敛的财产及其孳息、收益；其他单位、组织、个人为支持该黑恶势力组织活动资助或者主动提供的财产；黑恶势力组织及其成员通过合法的生产、经营活动获取的财产或者组织成员个人、家庭合法财产中，实际用于支持该组织活动的部分；黑恶势力组织成员非法持有的违禁品以及供犯罪所用的本人财物；其他单位、组织、个人利用黑恶势力组织及其成员违法犯罪活动获取的财产及其孳息、收益；其他应当追缴、没收的财产（第15条）以及上述财产中被第三人恶意取得的财产（第16条）。上述规定具有涉黑恶推定的性质，只在"有证据证明确与黑恶势力及其违法犯罪活动无关"（第17条第2项）时，才予以依法返还。追缴、没收其他等值财产须"有证据证明"（第19条第1款），且数额应与无法直接追缴、没收的具体财产的数额相对应（第21条）。

最高人民检察院陈国庆副检察长在解读《黑恶财产处置意见》时，认为其特点之一是加大涉黑恶财产的审查、处置力度，指出：

> 实践表明，黑恶组织盘踞多年，其财产成分、类型和流转情况相当复杂，一定的经济实力是黑社会性质组织坐大成势、称霸一方的基础，要彻底摧毁其财产基础，就要从“已采取措施的涉案财产”查“财产属性”并决定如何处理，也要从审查认定的犯罪所得财产查“财产去向”等，并判断是否需要“追缴、没收其他等值财产”。要将两种方法有机相结合，才能有效解决司法实践中存在的“涉案财产属性难以认定”的问题，依法有效地对已采取措施的财产作出处理，必要时没收等值财产，最大程度地依法摧毁黑恶势力的经济基础。[1]

在《黑恶财产处置意见》的基础上，于2021年年底制定的《反有组织犯罪法》明确规定对涉黑恶犯罪财产的全面追缴原则，即对涉黑恶犯罪的应予追缴、没收或者责令退赔的财产范围，及于与黑恶势力组织及其成员从事违法犯罪活动有关的一切财产（第45、46条）。

在比较法上，2017年4月颁布的《德国刑事资产征收改革法案》（Gesetzes zur Reform der stafrechtlichen Vermögensabschöpfung）确立了独立没收（德 Selbständige Einziehung）制度，规定对恐怖主义犯罪、组织犯罪、洗钱犯罪、逃漏税犯罪、非法入境犯罪、毒品犯罪等，追缴犯罪所得无须以涉案人有罪为前提。独立没收适用于下列对象：（1）因事实上的理由无特定人受追诉或受有罪判决，但该当于没收的构成要件之所得；（2）犯罪的追诉时效届满可独立宣告没收；（3）法院免除刑罚或者依据检察官、法院裁量终止或者双方同意终止后，对犯罪所得可没收犯罪所得及替代价额；（4）产自刑法与附属刑法规定的特定违法行为之物被刑事程序保全，但利害关系人未能因犯罪被追诉或被追诉有罪。[2]

日本于1999年制定《日本有组织犯罪处罚法》，规定了针对有组织犯罪所得的没收、追缴措施，但解释上上述措施的适用并不限于有组织犯罪。与我国刑法上应予追缴的违法所得相对应，《日本有组织犯罪处罚法》主要有下列三种类型：（1）犯罪收益。包括：以获得财产上不当利益为目的而实施一系列犯罪行为而产生或获得的财产，或者作为该犯罪行为的报酬而获得的财产；由特定的犯罪行为提供的资金；由违反《日本不正当竞争法》规定的特定犯罪行为提供的财产；《日本关于处罚以胁迫公众等为目的的犯罪行为提供资金等的法律》规定的特定犯罪行为涉及的资金。

---

〔1〕 参见王淑静：《避免“黑财”转移藏匿！两高两部发布意见》，载中国长安网，http://www.chinapeace.gov.cn/2019-04/09/content_11514857.htm，2023年4月10日最后访问。

〔2〕 参见林东茂主编：《德国刑法翻译与解析》，台北，五南图书出版股份有限公司2018年版，第112~120页。

(2)源于犯罪收益的财产。是指作为犯罪收益的果实而获得的财产,作为犯罪收益的对价而获得的财产,作为以上财产的对价而获得的财产,基于保有或处分犯罪收益而获得的财产。(3)犯罪收益等。是指犯罪收益、源于犯罪收益的财产、上述财产与上述财产以外的财产混合而成的财产。此外还包括毒品犯罪收益、源于毒品犯罪收益的财产和毒品犯罪收益等(第2条第2~7款)。该法不仅重视犯罪收益被用于将来的犯罪活动,还重视犯罪收益对合法的经济活动的不良影响。为此,增设了利用不法收益等支配法人经营罪(第9条)、隐匿犯罪收益等罪(第10条)和收受犯罪收益等罪(第11条)三种新的犯罪类型。此外,为真正实现对不法利益的剥夺,防止犯罪人转移不法收益,2007年还制定《日本关于防止转移犯罪收益的法律》,对处罚隐匿、收受行为和财产冻结,银行对顾客身份的确认、对交易记录的保存、对可疑交易的及时举报以及侦查机关对这些信息的有效利用等制度作出了全面规定。[1]

美国法上针对犯罪所得的没收制度,包括刑事没收(英 criminal forfeiture)和民事没收(英 civil forfeiture)两种类型。刑事没收系由《1970年有组织犯罪控制法》所确立,附带于刑事起诉程序作为刑事追诉的内容之一,以行为人被定罪为前提,由刑事法庭管辖。民事没收不以刑事追诉和追诉结果为前提,直接针对犯罪相关财产进行没收,性质上为刑事对物之诉,由民事法庭管辖。民事没收的适用范围涵括了绝大多数的联邦犯罪行为,尤其是如洗钱等联邦严重犯罪行为。到20世纪末,美国司法部每年通过民事没收所缴获的财产超过6亿美元。民事没收的对象一般是构成或者源于因实施犯罪行为而获得的犯罪收益(英 criminal proceeds),无论该犯罪收益是动产还是不动产,占有人是行为人还是第三人,其对犯罪收益系直接获得抑或间接获得。针对恐怖主义犯罪,民事没收的对象扩及于犯罪分子个人所有或恐怖组织所有的全部财产,无论该财产与恐怖主义犯罪行为有无牵连、在国内还是国外,即使该财产中有部分为合法财产亦不作排除。此系旨在彻底剥夺恐怖主义犯罪分子再犯的能力,同时便于对恐怖主义犯罪活动的被害人给予赔偿。[2]

### 二、追缴与责令退赔、返还财产

我国《刑法》第64条前段规定的责令退赔、返还财产,性质上均为刑事附带处理的民事责任方式。[3] 其中,责令退赔属于损害赔偿方式,权利基础为债权;返还财

〔1〕 参见《日本有组织犯罪处罚法》,载张凌、于秀峰编译:《日本刑法及特别刑法总览》,人民法院出版社2017年版,第346页以下;[日]金光旭:《日本刑法中的不法收益之剥夺——以没收、追缴制度为中心》,钱叶六译,载《中外法学》2009年第5期。

〔2〕 参见王俊梅:《美国民事没收制度研究》,中国政法大学出版社2013年版,第25、50~52页。

〔3〕 参见高铭暄主编:《新编中国刑法学》(上册),中国人民大学出版社1998年版,第352页(赵炳寿执笔)。

产则属于物权保护方式，权利基础为物权。依该规定，人民法院可以主动追究犯罪分子的民事责任，而无须被害人向人民法院另行提起诉讼，故为民事纠纷告诉原则（所谓“不告不理”）之例外。具有民事责任性质的责令退赔、返还财产，与刑事法上的追缴、没收等，无论在实体抑或程序上都有很大关联。

（一）责令退赔、返还财产

依立法部门的释义，我国《刑法》第 64 条前段规定的责令退赔“是指犯罪分子已将违法所得使用、挥霍或者毁坏的，也要责令其按违法所得财物的价值退赔”。〔1〕有学者主张，责令退赔不涉及对于财物权利的实体性处分，是和追缴并列的程序性措施，其重心是“责令”而不是“退赔”；责令退赔本质上是一种口头训诫措施，不意味着必然退赔，而退赔是将财物上交给办案机关，而不是返还被害人。〔2〕笔者认为，责令退赔是以发生违法所得为前提条件的民事责任方式，与同法第 37 条规定的责令“赔偿损失”意义相近，重心在于“退赔”而不是“责令”；“责令”意味着其系一项实体性措施，而非口头训诫措施。〔3〕在有被害人的场合，责令退赔应优先于追缴而适用。退赔的对象是被害人的“物质损失”，〔4〕即“刑事裁判认定的实际损失”。〔5〕尽管这在释义上区别于民法上依完全赔偿原则确定的普通民事赔偿范围，但被害人仍应作为直接受领人，而不宜要求被告人先将财物交给办案机关，然后再由办案机关“转手”给被害人。

返还财产是指被害人对其被行为人非法占有的财产回复占有。此为民法上之概念，一般是指返还原物，〔6〕也可以扩及于民事权利之恢复。返还财产须以特定财产以及被害人权利的现实存在作为前提条件，返还的范围包括原物和孳息。如果特定财产已经灭失的，构成事实上不能返还，被害人不得请求行为人予以返还，而只能请求全部赔偿；已经毁损的，被害人可以请求行为人恢复原状，或者请求返还剩余财产而赔偿毁损的部分，或者请求全部赔偿而无须返还该财产。所谓返还，在一般情况下是对特定财产的转移占有，即行为人将被非法占有的财产转移于被害人的控制之

---

〔1〕郎胜主编：《中华人民共和国刑法释义》（第 6 版），法律出版社 2015 年版，第 66 页。

〔2〕张磊：《〈刑法〉第 64 条财物处理措施的反思与完善》，载《现代法学》2016 年第 6 期。

〔3〕我国《刑法》第 36 条第 1 款规定：“由于犯罪行为而使被害人遭受经济损失的，对犯罪分子除依法给予刑事处罚外，并应根据情况判处赔偿经济损失。”其中的“赔偿”与责令退赔中的“退赔”意义相近，区别只在于后者系以发生违法所得作为前提条件。

〔4〕参见我国《刑事诉讼法》第 101 条第 1 款、第 103 条。

〔5〕参见我国《刑事财产执行规定》第 10 条第 4 款。

〔6〕参见我国《民法典》第 179 条第 1 款第 4 项、第 235 条。此对“返还财产”系采狭义说。原来立法上有采广义说的，即包括返还原物和适当补偿，如原《民法通则》第 25 条。后来《民法典》第 53 条第 1 款规定对此予以修改，统一采狭义说。

下;在特殊情况下也可以经被害人同意,由行为人继续占有财产而视为返还。在财产为货币的情形下,如果该货币系经特定化而未与行为人的财产相混合的,可以适用返还;但如果该货币已与行为人的财产相混合的,则应适用责令退赔,而不适用返还。

我国《刑事诉讼法》第245条关于处理涉案财产的规定和第300条关于对违法所得没收程序中处理涉案财产的规定中,在列举民事责任方式时,均仅涉及返还被害人财产,而不涉及责令退赔,似与《刑法》第64条前段规定不相一致,宜予修正。《非法集资刑事案件意见》第9条第4款规定:"根据有关规定,查封、扣押、冻结的涉案财物,一般应在诉讼终结后返还集资参与人。涉案财物不足全部返还的,按照集资参与人的集资额比例返还。退赔集资参与人的损失一般优先于其他民事债务以及罚金、没收财产的执行。"其中,前、中段规定系袭自《非法集资适用法律意见》第5条第4款规定,后段规定则为新增。对于前、中段规定中的"返还",由于对象为货币,一般情况下全部集资参与人(并非一律为被害人)的货币已经混合在一起而无法特定化,故应依后段规定解释为"退赔",而非"返还"。原来《非法集资适用法律意见》第5条第4款规定和《非法集资刑事案件意见》第9条第4款前、中段规定中的"返还"有误,增加《非法集资刑事案件意见》第9条第4款后段规定系为纠正之。

(二)追缴与责令退赔

1. 责令退赔的性质。我国《刑法》第64条前段规定的追缴和责令退赔,前者是国家针对犯罪分子违法所得的积极追究,本质是犯罪分子与国家之间的公法关系;后者是国家命令存在违法所得的犯罪分子向被害人进行民事赔偿,本质是犯罪分子与被害人之间的私法关系。依上述《刑事财产执行规定》第13条第1款规定,系赋予"退赔被害人的损失"相对于"其他民事债务"的优先清偿地位。其理由在于:"由于刑事案件的被害人对于遭受犯罪侵害的事实无法预测和避免,被害人对被非法占有、处置的财产主张权利只能通过追缴或者退赔予以解决,在赃款赃物追缴不能的情况下,被执行人在赃款赃物等值范围内予以赔偿,该赔偿优先于其他民事债务具有合理性。"[1]笔者认为,从风险分配的角度来看,很难认为被害人遭受犯罪行为侵害的机会高于遭受民事侵权或者其他民事侵害的机会。在"被害人对被非法占有、处置的财产主张权利只能通过追缴或者退赔予以解决"的前提下,赋予"退赔被害人的损失"相对于"其他民事债务"的优先清偿地位,是可以理解的。但是,如果这一前提不能成立的话,上述结论便可存疑。从本质上说,"退赔被害人的损失"与"其他民事债务"均为民事债务,如无特别事由,似应平等而不宜区别对待。

---

〔1〕 刘贵祥、闫燕:《〈关于刑事裁判涉财产部分执行的若干规定〉的理解与适用》,载《人民司法·应用》2015年第1期。

责令退赔的性质是民事损害赔偿。对于民事损害赔偿,除依被害人所遭受的损害进行确定这一普通方法外,还有所谓获利剥夺(英 disgorge or strip the gain)的特别方法,即依行为人通过不法行为所获利益来确定物质损失赔偿责任。此系专门针对获利型侵权行为(英 gain-based tort)而设,将救济被害人的角度从对损害本身的填补改换为对不法获利的剥夺,又称为获利型损害赔偿(英 gain-based damages)。根据《民法典》第1182条规定,侵害他人人身权益造成财产损失的,按照侵权人因此受到的损失或者因此获得的利益,赔偿;被侵权人因此受到的损失以及侵权人因此获得的利益难以确定,被侵权人和侵权人就赔偿数额协商不一致,向人民法院提起诉讼的,由人民法院根据实际情况确定赔偿数额。获利剥夺是一种确定物质损失赔偿的特别方法,但并非将行为人的获利直接等同于被害人所遭受的损害,而是借以实现损害赔偿一定的预防功能,故与普通物质损失赔偿方法系处于平行的地位。民法上的"获利剥夺"与刑法上的"追缴违法所得",在内容上具有一定的重叠关系。〔1〕一般来说,民法上的获利剥夺系采取纯利原则,即损害范围的认定须扣除行为人的侵权成本;刑法上的追缴违法所得一般系采取毛利原则,即损害范围的认定无须扣除行为人的侵权成本,只在对行为人不定罪的情形下才予以扣除。因此,人民法院在依获利剥夺确定责令退赔的损害赔偿数额时,不宜径依刑事判决确定的违法所得数额来确定,而应先行扣除行为人的侵权成本。

值得注意的是,我国《最高人民法院关于被告人亲属主动为被告人退缴赃款应如何处理的批复》[法(研)复〔1987〕32号,以下简称《被告人亲属退缴赃款批复》]规定:"一、被告人是成年人,其违法所得都由自己挥霍,无法追缴的,应责令被告人退赔,其家属没有代为退赔的义务。被告人在家庭共同财产中有其个人应有部分的,只能在其个人应有部分的范围内,责令被告人退赔。二、如果被告人的违法所得有一部分用于家庭日常生活,对这部分违法所得,被告人和家属均有退赔义务。三、如果被告人对责令其本人退赔的违法所得已无实际上的退赔能力,但其亲属应被告人的请求,或者主动提出并征得被告人同意,自愿代被告人退赔部分或者全部

〔1〕 例如,我国《刑法》第217、218条规定以违法所得数额较大/巨大作为侵犯著作权罪、销售侵权复制品罪的事实构成之一,与《著作权法》第54条第1款关于侵犯著作权的民事赔偿对象的规定相同。就《刑法》第217条规定中的"有其他严重情节",司法解释规定为包括"非法经营数额"的情形。参见《最高人民法院、最高人民检察院关于办理侵犯知识产权刑事案件具体应用法律若干问题的解释》(法释〔2004〕19号)第5条。对于《刑法》第219条第1款规定的侵犯商业秘密罪的事实构成之一"造成重大损失",《最高人民检察院、公安部关于公安机关管辖的刑事案件立案追诉标准的规定(二)》(公通字〔2010〕23号)第73条规定为包括"造成损失数额在五十万元以上""违法所得数额在五十万元以上"(第1、2项)等。人民法院对该规定可以参照适用。参见《最高人民法院关于在经济犯罪审判中参照适用最高人民检察院、公安部〈关于公安机关管辖的刑事案件立案追诉标准的规定(二)〉的通知》(法发〔2010〕22号)第1条。

违法所得的，法院也可考虑其具体情况，收下其亲属自愿代被告人退赔的款项，并视为被告人主动退赔的款项。四、属于以上三种情况，已作了退赔的，均可视为被告人退赃较好，可以依法适用从宽处罚。五、如果被告人的罪行应当判处死刑，并必须执行，属于以上第一、二两种情况的，法院可以接收退赔的款项；属于以上第三种情况的，其亲属自愿代为退赔的款项，法院不应接收。”这主要是规定了退赔的财产范围和义务主体，被告人的亲属在一定条件下也须承担退赔义务。

2. 追缴和责令退赔的适用关系。依我国《刑法》第 64 条前段的规定，由于责令退赔系以有被害人和在案财产作为适用前提，故在满足该前提时，责令退赔优先于追缴而适用，即在责令退赔的财产范围内，人民法院不再予以追缴，而对超出退赔范围的违法所得，则予以追缴。例如，在“许某忠贷款诈骗案”中，许某忠从被害银行骗得借款 25 万元，用于购买 1 辆汽车，被害银行对该辆汽车享有抵押权。至案发时，许某忠仅归还借款 18，199 元，尚欠借款 241，107.04 元。上海市黄浦区人民法院判决：许某忠犯贷款诈骗罪，判处有期徒刑 11 年，并处罚金 10 万元。违法所得 241，107.04元，除上述汽车变价后发还被害单位外，不足部分继续追缴发还被害单位。[1] 在本案中，由于追缴的违法所得与被害银行因该犯罪的直接损失[2]来源重合，故两者数额相等，均为 241，107.04 万元（设为款项 A）。人民法院应当判决：责令许某忠向被害银行退赔款项 A。就已被保全的上述汽车，以不存在其他权利人为前提，人民法院可予以拍卖并将其中的款项 A 退赔给被害银行。但在上述汽车存在其他权利人的情形下，则须另作处理。

质言之，人民法院既不能将该辆汽车全部认定为赃物而予以追缴，也不能将其认定为被害人财产而直接返还给被害银行，但对属于许某忠个人合法财产的部分仍可纳入退赔的财产范围。许某忠购买上述汽车，实际价款高于违法所得款项 A，故截至许某忠向被害银行偿还最后一笔款项时，该辆汽车中与款项 A 对应的部分（设为占 $n\%$）为赃款的变形，属于违法所得，而非其合法财产。对该部分财产，可以排除恶意权利人的主张；另一部分，则为许某忠的个人合法财产。根据《刑事财产执行规定》第 11、13 条规定，在上述汽车存在其他权利人的情形下，人民法院在刑事判决的执行阶段拍卖该辆汽车，对所得款项区分不同部分分别进行处理：与违法所得对应的部分，直接退赔给被害银行（$A \times n\%$）。对剩余款项（设为款项 B），如果其他权利人为恶意的，也可以在款项 A 的范围内，继续向被害银行退赔；其他权利人为善意

---

〔1〕 参见上海市黄浦区人民法院（2005）黄刑初字第 147 号刑事判决；朱铁军：《贷款诈骗罪中数额的认定与赃款赃物处理》，载《人民司法·案例》2010 年第 20 期。

〔2〕 原判决认为，被害银行的直接损失不包括合法利息。

的,被害银行不能继续获得退赔,但可以就款项B单独提起民事诉讼。此时,被害银行可以主张的民事债权,应依民法上的完全赔偿原则,及于其全部债权中未受退赔的部分;对于款项B,被害银行仍可依抵押权主张优先受偿。

对于相邻正犯的追缴和责令退赔,可以德国刑法上的下例予以说明。甲盗窃了被害人丁价值100万元的乐器,之后以5万元卖给了对此知情的乙,乙又以7万元卖给了窝赃者丙。案发时,乐器已不复存在,甲、乙、丙均对丁分别承担100万元额度的退赔义务。在侦查过程中,办案机关分别对甲、乙、丙作出价值100万元的保全。在此情形下,丁对甲要求20万元赔偿,对乙要求80万元赔偿。这样丁就行使了选择权,在民法上丁对丙不再有请求权。在满足丁的请求权后,针对甲、乙、丙各自被保全的100万元,须分别减去他们各自满足丁的请求权额度后,确定追缴的违法所得额度。甲、乙、丙须被追缴的违法所得额度分别为:80万元、20万元和100万元。[1] 这对于我国法上实施追缴和责令退赔具有较强的借鉴意义。

3. 民事制裁措施。我国原《民法通则》第61条第2款规定:"双方恶意串通,实施民事行为损害国家的、集体的或者第三人的利益的,应当追缴双方取得的财产,收归国家、集体所有或者返还第三人。"第134条第3款规定:人民法院在审理民事案件中,"收缴进行非法活动的财物和非法所得"。[2] 原《合同法》第59条规定延续原《民法通则》第61条规定,但删除后者中的"追缴双方取得的财产"的内容。[3] 其中的"追缴""收归""收缴"均为民事制裁措施,与《刑法》第64条前段规定的"追缴"功能相近。有学者指出:"我国司法实践中没有区分民事责任的补偿性和刑事责任的惩罚性,所以把民事司法混同于国家公权力的运用……具体表现为民事责任的'惩罚化'和'超强制化',当事人意志得不到充分体现。"[4] 可能有鉴于此,与原《民

---

〔1〕 参见樊文:《德国刑法上的追缴与没收:规范的基础、结构及其适用》,载中国法学网,http://www.iolaw.org.cn/showarticle.asp? id=1544,2023年4月20日最后访问。

〔2〕 我国原《民法通则意见》第151条规定:"侵害他人的姓名权、名称权、肖像权、名誉权、荣誉权而获利的,侵权人除依法赔偿受害人的损失外,其非法所得应当予以收缴。"已被废止的《最高人民法院研究室关于人民法院在审理经济合同纠纷案件时发现当事人有与本案有关的违法行为需要给予制裁问题的电话答复》(1988年4月2日)第1条规定:"对需要予以训诫,责令具结悔过、收缴进行非法活动的财物和非法所得,或者依照法律规定处以罚款、拘留的,人民法院可按照民法通则第134条第3款的规定直接处理,不必移送有关单位处理。采用收缴、罚款、拘留制裁措施,必须经院长批准,另行制作民事制裁决定书。被制裁人对决定不服的,在收到决定书的次日起10日内可以向上一级人民法院申请复议1次。复议期间,决定暂不执行。"该司法解释已根据《第九批废止司法解释决定》而废止,废止理由是已被原《合同法》代替。

〔3〕 在立法部门的释义中,该被删除的内容仍被保留,参见胡康生主编:《中华人民共和国合同法释义》,法律出版社1999年版,第108页。

〔4〕 张文显主编:《法理学》,法律出版社1997年版,第154页(孙笑侠执笔)。另有法理学者不区分民事责任方式与民事制裁,将我国原《民法通则》第134条规定的内容全部归纳为民事制裁,参见孙国华、朱景文主编:《法理学》,中国人民大学出版社1999年版,第390页(朱力宇执笔)。

法通则》第134条相对应的《民法典》第179条没有沿袭原《民法通则》第134条第3款，学者认为，“表明立法者已经采取了否定民事制裁的态度”。[1] 这似乎意味着人民法院在审理民事案件时，不得对行为人的违法所得进行追缴。

笔者认为，民事制裁措施的要义，在于代表国家公权力的人民法院对行为人不法行为之制裁，而非为救济被害人；其法律关系发生在国家公权力与行为人之间，与被害人并无任何关联。依立法部门的释义，由于民事制裁方式不属于侵权责任方式，因而不宜在原《侵权责任法》中规定，但这并不意味着人民法院不得对不法行为人采取民事制裁措施。[2] 《民事诉讼法》第2条将“制裁民事违法行为”作为民事诉讼法的任务之一，而其实体法上的落脚点正是原《民法通则》的上述规定。在民事法律中，追缴（收缴）的民事制裁措施可以适用于著作权侵权行为；[3] 在民事司法解释中，可以适用于违法行为（如无效期货交易行为等）、无效合同（如无效联营合同、无效存单合同、无效建设工程施工合同、无效技术合同等）、人格权侵权行为[4] 和知识产权侵权行为[5] 等。例如，在“无锡市掌柜无线网络技术有限公司诉无锡嘉宝置业有限公司网络服务合同纠纷案”中，人民法院在认定以向不特定公众发送垃圾短信为内容的合同无效的基础上，对上述合同所约定的服务费84,000元裁定予以收缴。[6] 这充分说明民事制裁措施在民事司法中仍然具有较强的实践意义。在《民法典》中，民事制裁措施内容中的一部分被归入民事法律行为无效、被撤销的效果规定之中。该法典第157条后段“法律另有规定的，依照其规定”的但书规定，即寓有此旨。[7]

（三）追缴与返还财产

依我国《刑法》第64条前段规定，返还被害人财产排除追缴违法所得。此以被害人对违法所得所指向的财产具有返还请求权作为前提条件，不管被害人是否事实

---

〔1〕 王利明：《侵权责任法研究》（上卷），中国人民大学出版社2010年版，第619～620页。

〔2〕 参见全国人大常委会法制工作委员会民法室编：《中华人民共和国侵权责任法条文说明、立法理由及相关规定》，北京大学出版社2010年版，第56页。

〔3〕 参见我国《著作权法》第58条规定，“没收违法所得、侵权复制品以及进行违法活动的财物”。2019年修正《商标法》，增设“人民法院审理商标纠纷案件，应权利人请求，对属于假冒注册商标的商品，除特殊情况外，责令销毁；对主要用于制造假冒注册商标的商品的材料、工具，责令销毁，且不予补偿；或者在特殊情况下，责令禁止前述材料、工具进入商业渠道，且不予补偿”（第63条第4款）的民事制裁措施。此外，该次修正还增设“对恶意提起商标诉讼的，由人民法院依法给予处罚”（第68条第4款后段）的民事诉讼制裁措施。

〔4〕 参见我国原《民法通则意见》第151条。

〔5〕 参见我国已被废止的《最高人民法院关于进一步加强知识产权司法保护的通知》（法〔1994〕111号）第2条。

〔6〕 无锡市掌柜无线网络技术有限公司诉无锡嘉宝置业有限公司网络服务合同纠纷案，载《最高人民法院公报》2015年第3期。

〔7〕 参见黄薇主编：《中华人民共和国民法典释义》，法律出版社2020年版，第312页。

上提出了返还的要求、是否有效地主张了他的权利、是否根本只是确认了他的权利。这一排除具有两重意义:一是防止由于国家对违法所得的快速干预而对被害人产生不利影响;二是保护行为人免受两次要求。在德国刑法上,这一排除存在如下一些例外情形:被害人不存在民法上的请求权或只有部分民法上的请求权;民法上的请求权被依法排除;被害人不能查明的或者请求在民法上不能被证明而不能履行;不明被害人享有民法上的请求权;被害人人数众多但每人只有很少的损失数额;存在返还帮助范围内的相邻正犯关系。[1] 此外,对被害人出于犯罪目的或严重违法目的而受到损害的财产应不予发还,如为行贿而被诈骗的钱款;对被害人来源不合法或严重违反有关规定的财产亦应不予发还,如截留国家专项基金所私设的小金库内被贪污的钱款。[2]

我国《刑事诉讼法司法解释》第 176 条前、中段规定:"被告人非法占有、处置被害人财产的,应当依法予以追缴或者责令退赔。被害人提起附带民事诉讼的,人民法院不予受理。"[3]《刑法第六十四条批复》规定:"根据刑法第六十四条和《最高人民法院关于适用〈中华人民共和国刑事诉讼法〉的解释》第一百三十八条、第一百三十九条的规定,被告人非法占有、处置被害人财产的,应当依法予以追缴或者责令退赔。据此,追缴或者责令退赔的具体内容,应当在判决主文中写明;其中,判决前已经发还被害人的财产,应当注明。被害人提起附带民事诉讼,或者另行提起民事诉讼请求返还被非法占有、处置的财产的,人民法院不予受理。"其中的《2012 年刑事诉讼法司法解释》第 138、139 条,对应《刑事诉讼法司法解释》第 175、176 条。此系针对占有型犯罪,采取永续退赔的做法。依此,被非法占有、处置的涉案财产只能在刑事诉讼活动中予以处理,无论该财产是否已被追缴,被害人均不得通过提起单独或者附带民事诉讼请求返还。有人认为,结合《刑事诉讼法司法解释》第 176 条前、中段规定,对于被害人超出返还涉案财产本身,以请求被告人赔偿如利息、财物使用折旧等损失为由,单独或者附带提起民事诉讼的,人民法院应不予受理。[4] 但是,此似已明显超出了《刑法第六十四条批复》规定的文义,盖因其中只是禁止人民法院受理被害人提起的请求返还被非法占有、处置的财产的附带或者单独民事诉讼,而

---

〔1〕 参见[德]汉斯·海因里希·耶赛克、[德]托马斯·魏根特:《德国刑法教科书·总论》(原书第 5 版),徐久生译,中国法制出版社 2001 年版,第 955 页;樊文:《德国刑法上的追缴与没收:规范的基础、结构及其适用》,载中国法学网,http://www.iolaw.org.cn/showarticle.asp? id=1544,2023 年 4 月 20 日最后访问。此外,在德国刑法上,追缴实际上并不适用于所有导致民法上返还请求权的犯罪,如盗窃、诈骗和国库遭受损失的涉税犯罪等。

〔2〕 参见南英、高憬宏主编:《刑事审判方法》(第 2 版),法律出版社 2015 年版,第 537~538 页(佘丹、李长坤、张金玉执笔)。

〔3〕 参见我国《刑事诉讼法司法解释》第 179 条第 3 款。

〔4〕 参见黄应生:《〈关于适用刑法第六十四条有关问题的批复〉的解读》,载《人民司法·应用》2014 年第 5 期。

并无禁止人民法院受理被害人提起的请求赔偿损失的单独民事诉讼之意。

值得注意的是，原《经济合同法意见》第一“关于无效经济合同的确认与处理问题”中“（二）对无效经济合同的处理”下“1. 要注意返还财产和追缴财产的区别”规定：“返还财产不是惩罚措施，而是消除无效经济合同造成的财产后果的一种法律手段。追缴财产才是一种惩罚手段。根据《经济合同法》第十六条的规定，追缴财产只适用于故意违反国家利益或社会公共利益的无效合同，因为故意违反国家利益或社会公共利益的合同，其性质和损害后果，要比其他无效合同严重，用返还财产的方法处理不足以消除其造成的不良后果。《经济合同法》第十六条规定：违反国家利益或社会公共利益的经济合同，如果双方都是故意的，应追缴双方已经取得或约定取得的财产，收归国库所有。如果是由一方的故意造成的，则故意的一方应将从对方取得的财产返还对方；非故意的一方已经从对方取得或约定取得的财产，应收归国库所有。用返还还是用追缴的方法处理，大体上可以从导致合同无效的行为的性质、损害的对象、危害的后果等方面进行分析。属于违反法律和国家政策的，主要是违反工商企业登记和市场、财政、税务、金融、商标以及劳动管理等法规，妨害了国家对企业正常的经济管理秩序。这类情况中的过错方有的是明知故犯，也有的是由于法制观念淡薄或者缺少法律知识，不了解有关法律、政策，不懂得办理必要的法律手续。但违反国家利益或社会公共利益的，主观上一般都是明知故犯，并有牟取非法利益的动机，如订立假经济合同或者利用经济合同买空卖空，购销内容淫秽的书画、录音带、录像带，购销质量低劣有损人民身体健康的药品或违禁品等。”这是对追缴和返还财产关系的全面规定，于今仍有参考意义。

总之，刑事裁判应当在判决主文中对追缴、责令退赔、返还财产以及没收等财产处理的内容予以明确，判项应当明确、完整、具体和便于执行。[1] 由于性质上均为财产处理，故判项中对于所涉具体财产的履行主体、对象和内容等，均须逐一予以明确。对于涉及多个民事主体的财产处理，还应明确各主体之间的责任划分。基于刑民分立的原则和民法上的完全赔偿原则，即使人民法院在刑事判决中对行为人的违法所得予以刑事追缴，不影响人民法院对行为人应承担民事责任的判定。人民法院判定行为人的民事责任时，行为人已经向被害人退赔或者返还财产的，应在判决主文中予以扣除并指明。行为人在民事判决实际执行前已经向被害人退赔或者返还财产的，则应在实际执行时予以扣除。由此可见，所谓刑事判决与民事判决的矛盾，完全可以在执行程序中予以解决，而无须影响甚至取消被害人行使民事诉权。

〔1〕 参见我国《人民法院民事裁判文书制作规范》第三“正文”中“（八）裁判主文”2。

## 三、追缴是否作为唯一救济途径

就追缴是否作为被害人针对占有型犯罪的唯一救济途径，我国司法实践中多数采取肯定说，少数则采取否定说。笔者采取否定说。

（一）肯定说

规定追缴作为被害人针对占有型犯罪的唯一救济途径的司法解释和司法解释性质文件，除前引我国《刑事诉讼法司法解释》第176条前、中段和《刑法第六十四条批复》的规定外，主要还有如下6件：

1. 原《处理赃款赃物暂行规定》第二“处理”中“（六）在办案中已经查明被犯罪分子卖掉的赃物，应当酌情追缴。”规定：“在办案中已经查明被犯罪分子卖掉的赃物，应当酌情追缴。对买主确实知道是赃物而购买的，应将赃物无偿追出予以没收或退还原主；对买主确实不知是赃物，而又找到了失主的，应该由罪犯按卖价将原物赎回，退还原主，或者按价赔偿损失；如果罪犯确实无力回赎或赔偿损失，可以根据买主与失主双方具体情况进行调解，妥善处理。”〔1〕

2. 已被废止的《最高人民法院关于失主向罪犯追索被盗被骗财物应如何处理的问题的复函》（〔1974〕法办研字第13号）中指出：“乌兰察布盟中级人民法院提出盗窃犯、诈骗犯将赃款赃物挥霍掉，判刑时已无法追缴，刑满释放后，失主仍向他们追索被盗、被骗财物，应如何处理的问题，经我们研究后，同意你院对此问题提出的处理意见。”其中的“处理意见”，是指罪犯已判刑处理，刑满释放后，不应再令其赔偿被害人的损失；但如在处理时，应予追缴而未追缴的赃款、赃物，现在仍在被告手中的，应退还原主。〔2〕其中的“不应再令其赔偿受害人的损失”，寓有人民法院对涉及刑事追缴的民事案件不予受理之意。

3. 已被废止的《最高人民法院关于未成年人盗窃财物被劳动教养，受害人要求其监护人承担赔偿责任，人民法院能否作为民事赔偿案件受理问题的函》（〔1989〕民他字第17号）中指出：“关于梁剑文等四未成年人盗窃财物被劳动教养，受害人翁舜慧提起民事诉讼，要求其监护人承担赔偿责任，人民法院能否作为民事赔偿案件受理的问题。经研究认为，鉴于此案情况比较复杂，现行法律对此类问题，又无明确

---

〔1〕 该司法解释已根据我国《最高人民法院、最高人民检察院关于废止部分司法解释和规范性文件的决定》（法释〔2010〕17号）而废止，废止理由是《刑法》、《刑事诉讼法》及相关司法解释、规范性文件对没收和处理赃款赃物的问题已作出明确规定。

〔2〕 该司法解释性质文件已根据我国《最高人民法院关于废止1979年底以前发布的部分司法解释和司法解释性质文件（第八批）的决定》（法释〔2012〕13号，以下简称《第八批废止司法解释决定》）而废止，废止理由是《附带民事诉讼范围规定》已有规定，复函不再适用。

规定，如何适用法律，需要在审判实践中积累经验进行研究。因此，此案不宜采用提起民事诉讼的办法解决。”[1]

4. 已被废止的《最高人民法院关于财产犯罪的受害者能否向已经过司法机关处理的人提起损害赔偿的民事诉讼的函》（〔1989〕民他字第29号）中指出：“关于财产犯罪的受害人可否提起损害赔偿的民事诉讼问题，情况比较复杂，尚需在审判实践中积累经验进行研究。至于你院请示报告中涉及的马某魁、王某贵诈骗财产一案，应当设法继续追赃，不宜采用提起民事诉讼的办法。”[2]

5.《最高人民法院经济审判庭关于个体经营人因诈骗罪判刑后被骗人能否再对其提起经济诉讼问题的电话答复》（1990年1月24日）中指出：“一、姚某国诈骗机电公司预付款案，虽作为合同纠纷审理在前，但在实体判决前即中止审理，移送公安、检察机关查处。现全案已按刑事犯罪处理，姚某国因犯有诈骗罪被判处有期徒刑14年。故本案就不宜再作为经济纠纷案重复审理。原中止审理的法院在刑事终审后又恢复了对原案的审理，并作出了实体判决，对此，二审法院应当裁定撤销原判及原审法院制作的先行给付的裁定，发回重审。再由原审法院驳回原告的起诉。”“二、关于刑事判决中未提及姚某国应当将赃款退赔机电公司的问题，可由作出刑事判决的法院裁定予以补正。对在发现犯罪移送前已裁定先行给付机电公司的1万多元及被告人姚某国尚未退赔的款项，应当依照刑法第60条规定退赔给机电公司。”其中的“刑法第60条”，对应现行该法第64条。

6.《全国法院维护农村稳定刑事审判工作座谈会纪要》（法〔1999〕217号，以下简称《维护农村稳定座谈会纪要》）第三中“（五）关于刑事附带民事诉讼问题”规定：“对因犯罪分子非法占有、处置被害人财产而使其遭受的物质损失，应当根据刑法第六十四条的规定处理，即应通过追缴赃款赃物、责令退赔的途径解决。如赃款赃物尚在的，应一律追缴；已被用掉、毁坏或挥霍的，应责令退赔。无法退赃的，在决定刑罚时，应作为酌定从重处罚的情节予以考虑。”[3]

肯定说的理由是：“如经司法机关追缴或者责令退赔，仍不能弥补被害人损失，通常表明被告人已无退还或者赔偿能力，被害人另行提起民事诉讼后，只会获得无

---

〔1〕 该司法解释性质文件已根据我国《第九批废止司法解释决定》而废止，废止理由是已被《刑事诉讼法》及相关司法解释代替。

〔2〕 该司法解释性质文件已根据我国《第九批废止司法解释决定》而废止，废止理由是已被原《侵权责任法》代替。

〔3〕 有学者对其中“无法退赃的，在决定刑罚时，应作为酌定从重处罚的情节予以考虑”的规定表示反对，认为有违刑法立法精神，参见曲升霞、袁江华：《论我国〈刑法〉第64条的理解与适用——兼议我国〈刑法〉第64条的完善》，载《法律适用》2007年第4期。

执行可能的'空判',既增加当事人诉累,又影响裁判权威,影响案结事了,如发现被告人仍有违法所得未能追缴或者仍有退赔能力的,由司法机关继续依法追缴或者责令退赔即可,也不必由被害人另行提起附带民事诉讼。"[1]例如,在"邹某森诈骗案"中,广东省高级人民法院再审认为,原审人民法院在生效刑事判决主文中没有明确继续追缴或责令退赔的内容,属于遗漏判项,构成适用法律错误的再审事由,应当予以再审补判。[2] 有法官进一步地认为:"对于尚未追缴到案的违法所得,法院应当依法判决予以追缴或者责令退赔。"[3]但是,对于经查明属于应予追缴的财产,可以依法判决予以追缴;而对于不在案的涉案财产如判决责令退赔,则有违于在案退赔的处理原则。

(二)否定说

规定追缴是被害人针对占有型犯罪的救济途径之一而非唯一的司法解释和司法解释性质文件,主要有如下2件:

1. 原《附带民事诉讼范围规定》第5条第2款规定:"经过追缴或者退赔仍不能弥补损失,被害人向人民法院民事审判庭另行提起民事诉讼的,人民法院可以受理。"[4]理由是:"(1)从法律上讲,犯罪分子非法占有、处置被害人财产而使其遭受的物质损失,也是'被害人由于被告人的犯罪行为造成的物质损失',应当允许被害人提起附带民事诉讼。只不过为了防止刑事案件的过分迟延,考虑到这种情况在民事上也属于侵权损害赔偿,采取变通做法,让被害人另行提起民事诉讼。(2)追缴和责令退赔毕竟没有进入诉讼程序,允许被害人另行提起民事诉讼,有利于充分保护被害人的合法权益。(3)提起民事诉讼是当事人的诉讼权利,剥夺当事人的诉讼权利,没有法律依据。"[5]

2. 最高人民法院研究室于2008年7月30日向浙江省高级人民法院作出法研〔2008〕104号答复:"人民法院在刑事裁判中未对罪犯的违法所得作出追缴或者责

---

〔1〕 江必新主编:《最高人民法院刑事诉讼法司法解释理解与适用》(上册),人民法院出版社2015年版,第431页。该书的观点与其后论述存在矛盾之处,具体详见后文。

〔2〕 参见广东省高级人民法院(2017)粤刑再3号刑事判决(2017年9月12日)。

〔3〕 杨万明主编:《新刑事诉讼法司法适用解答》,人民法院出版社2018年版,第288页。相反的观点认为:"从审判的角度看,法院一般只应当对查封、扣押、冻结在案的违法所得进行处理。对于尚未追缴到案的违法所得,由于其实际存在与否以及具体的财物数量、数额都处于不确定的状态,故法院不宜判决予以追缴或者责令退赔。"参见江必新主编:《最高人民法院刑事诉讼法司法解释理解与适用》(下册),人民法院出版社2015年版,第984页。

〔4〕 该司法解释已根据我国《最高人民法院关于废止部分司法解释和司法解释性质文件(第十一批)的决定》(法释〔2015〕2号,以下简称《第十一批废止司法解释决定》)而废止,废止理由是已被《2012年刑事诉讼法司法解释》及相关规定修改。

〔5〕 熊选国:《解读〈关于刑事附带民事诉讼范围问题的规定〉》,载张军主编:《解读最高人民法院司法解释(1997~2002)》(刑事、行政卷),人民法院出版社2003年版,第405~406页。

令退赔的处理决定，被害人在刑事裁判生效后单独就民事赔偿问题向人民法院起诉的，人民法院应当受理。”[1]

此外，《公安部关于办理利用经济合同诈骗案件有关问题的通知》（公通字〔1997〕6号，以下简称《公安部经济合同诈骗通知》）第5条第2款规定：“行为人将诈骗财物已用于归还债务、货款或者其他经济活动的，如果对方明知是诈骗财物而收取，属恶意取得，应当一律予以追缴；如确属善意取得，则不再追缴。被害人因此遭受损失的，可依法提起附带民事诉讼解决。”

笔者赞同此说。从肯定说的理由来看，可以明显感觉到其中永续退赔与在案退赔之间的冲突。诚然，对于占有型犯罪，追缴或者责令退赔是包括人民法院在内的司法机关的法定职责，但不宜认为此为救济被害人的唯一途径。学者指出，“经过追缴、责令退赔后，仍然不能弥补被害人损失的，被害人可以另行提起民事诉讼进行救济”，“人民法院对于违法所得没有进行追缴或者责令退赔的，也可以另行提起民事诉讼进行救济。也就是说，追缴、责令退赔救济手段的是另行提起民事诉讼，而不是刑事附带民事诉讼”。[2] 为了更加充分地保护当事人和利害关系人的合法权益，按照有限保全与在案退赔原则，人民法院在刑事裁判中，只须就被告人的在案涉案财产判定退赔，而无须就被告人不在案的涉案财产判定退赔。如果被害人就被告人的不在案涉案财产提起民事诉讼的，人民法院应当按照刑民分立的原则予以受理，而不宜以该财产应在先前的刑事案件中予以处理为由而不予受理。例如，在“新疆国际置地房地产开发有限责任公司诉宏源证券股份有限公司乌鲁木齐市北京路营业部、宏源证券股份有限公司委托监管合同纠纷案”中，最高人民法院第二审认为：“公司法定代表人与证券公司签订《委托书》，《委托书》由该法定代表人个人签字，证券公司盖章，后法定代表人该行为被刑事裁定书认定为挪用公款的犯罪行为。尽管本案所涉款项自被挪用时起已为赃款，公司仍享有赃款返还请求权，已通过刑事追赃程序取回部分财产后，公司仍有权对民事责任人提起民事诉讼。”[3]

对于《刑事诉讼法司法解释》第176条前、中段规定的适用，似应区分相关的时间节点，同时应以能否全面保护被害人合法权益作为最终的判断依据。尽管有人认为这是关于刑事追缴或者责令退赔程序应优先于被害人提起民事诉讼的规定，但单从文义上似无法得出这一观点，而仅应作为被害人可以补充地提起民事诉讼的情形

---

〔1〕 参见李以游：《刑事诉讼中责令退赔问题的几点思考》，载《河北法学》2014年第11期。

〔2〕 张磊：《〈刑法〉第64条财物处理措施的反思与完善》，载《现代法学》2016年第6期。

〔3〕 最高人民法院(2004)民二终字第59号民事裁定，载最高人民法院民事审判第二庭编：《民商事审判指导》(总第8辑)，人民法院出版社2005年版，第224~228页。

规定。其中的“损失”,应不包括被生效裁判责令返还或者退赔的部分。这与《刑事诉讼法司法解释》第 176 条前、中段规定在文义上并不矛盾,后者只能解决在被追缴或者责令退赔范围内对被害人的赔偿问题,前者却是针对经过追缴或者责令退赔仍不能弥补被害人损失的情形。对于后一情形,应允许被害人就未予明确返还或者责令退赔的部分民事权利单独提起民事诉讼。唯其如此,方可全面保护被害人的合法权益。亦正因此,即使在《附带民事诉讼范围规定》第 5 条第 2 款规定已被废止的情况下,仍有法官主张应允许被害人就未被退赔的财产提起单独的民事诉讼。[1]

**四、追缴赃物赃款与善意取得**

我国《刑法》第 64 条前段规定了国家对“犯罪分子违法所得的一切财物应当予以追缴或者责令退赔”,其中包括对赃物、赃款的追缴。但是,如果适用民法上的善意取得制度,则会对追缴发生排除适用的效果。因此,对赃物、赃款能否以及如何适用善意取得制度,不无疑问。

所谓善意取得,是指无处分权人向他人转让不动产或者动产,善意受让人在一定条件下可以取得该不动产或者动产的所有权,原所有权人有权向无处分权人请求赔偿损失。善意取得可以扩及适用于所有权以外的其他物权。《民法典》第 311 条是关于善意取得的一般规定,该条第 1 款规定:“无处分权人将不动产或者动产转让给受让人的,所有权人有权追回;除法律另有规定外,符合下列情形的,受让人取得该不动产或者动产的所有权:(一)受让人受让该不动产或者动产时是善意的;(二)以合理的价格转让;(三)转让的不动产或者动产依照法律规定应当登记的已经登记,不需要登记的已经交付给受让人。”对于本条规定适用的对象,解释上系限于基于权利人的意思而丧失占有之物。尤其是在动产的场合,权利人依其意思使让与人占有其物,因而创造了一个可使第三人信赖的状态,对交易安全产生一定之危险性,理应承担其物被无权处分的不利益。[2] 其中所谓善意,是指受让人非因重大过失而不知道让与人无处分权;受让人明知或者因重大过失而不知道让与人无处分

---

〔1〕 参见江必新主编:《最高人民法院刑事诉讼法司法解释理解与适用》(上册),人民法院出版社 2015 年版,第 434 页。

〔2〕 参见王泽鉴:《民法物权》(第 2 版),北京大学出版社 2010 年版,第 476 页。

权的，即为恶意。[1] 于此场合，由于受让人受善意占有推定之保护，权利人主张其权利的，须对受让人之恶意承担证明责任。[2]

《民法典》第312条是关于权利人对遗失物的追回权规定，其中涉及权利人不予追回或者无权追回的情形，属于上述善意取得一般规定的适用情形。该条规定："所有权人或者其他权利人有权追回遗失物。该遗失物通过转让被他人占有的，权利人有权向无处分权人请求损害赔偿，或者自知道或者应当知道受让人之日起二年内向受让人请求返还原物，但是，受让人通过拍卖或者向具有经营资格的经营者购得该遗失物的，权利人请求返还原物时应当支付受让人所付的费用。权利人向受让人支付所付费用后，有权向无处分权人追偿。"所谓追回，是指权利人向占有人或者受让人请求返还原物，学说上称此为"恢复（回复）"。善意受让人在下列情形下可以取得该物之所有权：一是权利人不行使追回权，而是直接向无处分权人请求损害赔偿；二是权利人丧失追回权，即权利人自知道或者应当知道受让人之日起2年内未向受让人请求返还原物。该条规定中虽未对受让人是否须为善意作明确规定，但解释上似应采取肯定说。[3] 同时，遗失物只是非基于权利人的意思而丧失占有的物的情形之一，本条规定应可类推适用于非基于权利人的意思而丧失占有的物的其他情形。

（一）追缴赃物与善意取得

对于赃物能否适用善意取得，我国从原《物权法》到《民法典》均未置明文，司法实务上原来系采取"一追（指追缴——引者注）到底"的否定说，如已被废止的《最高人民法院研究室关于对诈骗后抵债的赃款能否判决追缴问题的电话答复》（1992年8月26日，以下简称原《诈骗赃款追缴答复》）规定："赃款赃物的追缴并不限于犯罪分子本人，对犯罪分子转移、隐匿、抵债的，均应顺着赃款赃物的流向，一追到

---

〔1〕 参见我国《最高人民法院关于适用〈中华人民共和国民法典〉物权编的解释（一）》（法释〔2020〕24号，以下简称《民法典物权编司法解释一》）第14条第1款；《德国民法典》第932条第2款；《日本民法典》第192条；我国台湾地区"民法"第948条第1项但书。我国现行司法解释中关于恶意的认定，可参见《民法典物权编司法解释一》第15、16条；《刑事财产执行规定》第11条第1款；《诈骗司法解释》第10条第1款；《最高人民法院、最高人民检察院、公安部、国家工商行政管理局关于依法查处盗窃、抢劫机动车案件的规定》（公通字〔1998〕31号，以下简称《查处盗抢劫机动车规定》）第17条；《非法集资适用法律意见》第5条第2款；《办理经济犯罪案件规定》第54条第2款。学者指出："此所谓知之与否，非绝对之真事实，乃为最可能之盖然性。其主张不知，有背于诚信原则者，不得诿为不知。其不欲知之者，应视为已知。盖善意取得之制度，在于保护交易之安全，如依周围之情事，在交易上经验上，应可得让与人之无让与权利之结论者，应认为恶意。"参见史尚宽：《物权法论》，中国政法大学出版社2000年版，第564页。

〔2〕 参见我国《民法典物权编司法解释一》第14条第2款；《日本民法典》第186条第1款；我国台湾地区"民法"第944条第1项。

〔3〕 参见《瑞士民法典》第934条；《日本民法典》第193、194条；我国台湾地区"民法"第949条第1项。

底……"[1]后来则改采肯定说,已被废止的《1996年诈骗司法解释》第11条规定:"行为人将诈骗财物已用于归还个人欠款、货款或者其他经济活动的,如果对方明知是诈骗财物而收取,属恶意取得,应当一律予以追缴;如确属善意取得,则不再追缴。"《刑事财产执行规定》第11条第2款规定:"第三人善意取得涉案财物的,执行程序中不予追缴。作为原所有人的被害人对该涉案财物主张权利的,人民法院应当告知其通过诉讼程序处理。"但是,其中对于原权利人就该物是否享有民法上之权利,以及其对该物之丧失占有是否基于其意思等,均未作区分,故犹嫌未足。

1. 对于基于原权利人的意思而丧失占有的物,如诈骗物、侵占物等,应一律适用《民法典》第311条关于善意取得的一般规定。[2] 对此,司法实务上向来采取肯定说。如《诈骗司法解释》第10条第2款规定:"他人善意取得诈骗财物的,不予追缴。"[3]

2. 对于非基于原权利人的意思而丧失占有的赃物能否适用善意取得,《民法典》上未置明文。原《物权法》的立法说明指出:"对被盗、被抢的财物,所有权人主要通过司法机关依照刑法、刑事诉讼法、治安管理处罚法等有关法律的规定追缴后退回。在追赃过程中,如何保护善意受让人的权益,维护交易安全和社会经济秩序,可以通过进一步完善有关法律规定解决,物权法对此可以不作规定。"[4]司法实务上向来采取一律适用善意取得的肯定说,主要有如下3件司法解释和司法解释性质文件:

(1)《最高人民法院关于善意非直接由所有人手中取得之所有权应否保护的问题的复函》(法督字第10958号,1951年11月22日)指出:"财物所有人遗失财物或被盗窃,并不影响其所有权,与汉奸出卖房产已转移其所有权的情形不同。来文中第二种意见比较妥当。因甲的猪是由于乙的窃取,再转手出售于丁,甲尚未失所有权;故虽丁是不知情的第三人,甲对丁买得的猪仍有请求返还之权。""再据来文,乙

---

〔1〕 该司法解释已根据我国《第十三批废止司法解释决定》而废止,废止理由是已被《诈骗司法解释》《刑事财产执行规定》代替。

〔2〕 参见我国民国时期最高法院1933年上字第330号判例;我国台湾地区"最高法院"1951年台上字第704号判例;王泽鉴:《民法物权》(第2版),北京大学出版社2010年版,第496页。对此,德国、瑞士民法学说趋于严格,仅限于权利人"明知"而脱离占有的情形,如因错误、诈欺、胁迫等;对于非基于己意而脱离占有的情形,认为包括窃盗、遗失、遗忘、吹失、逸失、强制、侵占、天然灾变、丧失行为能力等。Palandt-Bassenge, 39, Aufl, §935, (4) a. c; Berner Komm. aaO. Art. 934, Anm. 2. 转引自苏永钦:《动产善意取得若干问题》,载苏永钦:《私法自治中的经济理性》,中国人民大学出版社2004年版,第175页。

〔3〕 参见我国《1996年诈骗司法解释》第11条规定:"行为人将诈骗财物已用于归还个人欠款、货款或者其他经济活动的,如果对方明知是诈骗财物而收取,属恶意取得,应当一律予以追缴;如确属善意取得,则不再追缴。"《公安部经济合同诈骗通知》第5条第2款。

〔4〕 第十届全国人民代表大会法律委员会:《关于〈中华人民共和国物权法(草案)〉修改情况的汇报》(2005年10月19日)。

丙本不相识，丙亦不知乙是小偷，但当乙把三只猪在大雨中赶至非集市的某镇急于出售时，丙何以不问其来历是否清楚，就本于助人成事的精神介绍出卖，并用自己的图章代乙出具售货单？这些情节，很有可疑。依照来文所述情形，丙就不能不对丁负责；故丁一面对甲有返还失猪的义务，一面可按买猪时的具体情况，向丙给予补偿。只有这样可以教育社会上作不负责任的证明而消灭或减少社会上的不良现象，同时还可揭发乙丙间以至乙、丙、丁可能发生的暧昧情节。”其中，将盗赃物与遗失物并称，均得适用善意取得，同时肯定权利人享有追回权。

(2)原《处理赃款赃物暂行规定》第二“处理”中“(六)在办案中已经查明被犯罪分子卖掉的赃物，应当酌情追缴。”规定：“在办案中已经查明被犯罪分子卖掉的赃物，应当酌情追缴。对买主确实知道是赃物而购买的，应将赃物无偿追出予以没收或退还原主；对买主确实不知是赃物，而又找到了失主的，应该由罪犯按卖价将原物赎回，退还原主，或者按价赔偿损失；如果罪犯确实无力回赎或赔偿损失，可以根据买主与失主双方具体情况进行调解，妥善处理。”

(3)《查处盗抢劫机动车规定》第 12 条规定：“对明知是赃车而购买的，应将车辆无偿追缴；对违反国家规定购买车辆，经查证是赃车的，公安机关可以根据《刑事诉讼法》第一百一十条和第一百一十四条规定进行追缴和扣押。对不明知是赃车而购买的，结案后予以退还买主。”其中的“《刑事诉讼法》第一百一十条和第一百一十四条”，对应现行该法第 137、141 条，都是关于收集证据材料的规定。

在立法例上，对于盗赃物、遗失物是否适用善意取得，分有肯定说、条件说和否定说。意大利民法采取肯定说，规定只要从非所有人处取得物品转让的人，在实行占有时具有善意且持有适当的所有权转移证书，那么就可以通过占有而取得该物的所有权，而对原权利人就物之丧失占有是否基于其意思未予区分。[1] 法国、瑞士、日本和我国台湾地区“民法”采取条件说，规定对于非基于原权利人意思而丧失占有的盗赃物、遗失物，在一定的时间内不适用善意取得，但金钱或者无记名证券，以及以公开拍卖方式出让的物仍可适用善意取得。[2] 德国民法采取否定说，认为对于非基于原权利人意思而丧失占有的盗赃物、遗失物，不适用善意取得，但金钱或者无记名证券以及以公开拍卖方式出让的物除外。[3] 在条件说的内部，存在原权利人

〔1〕 参见《意大利民法典》第 1153 条。

〔2〕 参见《法国民法典》第 2276、2277 条；《瑞士民法典》第 934、935 条；《日本民法典》第 193、194 条；我国台湾地区“民法”第 949 条至第 951 条之 1。

〔3〕 参见《德国民法典》第 935 条。

归属说、善意占有人归属说、占有特别保护说等观点,以善意占有人归属说为通说。[1] 我国《民法典》第312条的规定似与上述之条件说较为接近,解释上似可采取善意占有人归属说。依此,原权利人的追回权兼具有请求权和形成权的双重性质。[2]

笔者认为,对于非基于原权利人的意思而丧失占有的盗抢物,可以类推适用《民法典》第312条关于遗失物追回权的规定。受让人欲取得盗抢物的所有权,其须为善意外,尚需满足原权利人不予追回或者无权追回的条件;否则,其仍然无法取得该物的所有权。事实上,无论是原权利人对盗抢物的追回,还是国家的追缴,除考虑权利归属外,还应考虑客观上是否可行和经济上是否合理。追回和追缴应以原物仍然存在并能否返还为前提,如果原物已经灭失或者因原有形态发生重大改变而无法返还的,就没有追回或者追缴的必要了。比如说,即使是赃物,但是已经盖到大楼里去了,就无法追回或者追缴了。[3] 对于赃物及其转化物,在刑事法上应一律予以追缴;如果与其他合法财产发生混合的,则应区分出其中的份额予以追缴,但应扣除被害人已获退赔的部分;被害人仍有损失的,应允许其通过提起单独的民事诉讼,请求行为人予以赔偿。

当然,善意取得存在不能的情形。例如,在"王某、方某民诈骗案"中,行为人通过伪造与机主资料相同的假身份证,在移动公司营业厅将移动号码非法过户到自己名下后,又转卖给他人,人民法院判决其行为构成诈骗罪。[4] 至于上述移动号码的下落,人民法院在判项中未予明确,事实上均已经返还原机主。在本案中,尽管行为人已经将移动号码非法过户到自己名下,但该号码并未脱离原机主的控制,原机主发现后可以随时将号码取回,故购买号码的被害人事实上无法取得该号码,其对该号码不适用善意取得。行为人采取虚构事实的手段,向被害人出卖其无权处分的财产(移动号码具有财产性质),造成被害人的经济损失,其行为构成诈骗罪。[5]

(二)追缴赃款与善意取得

对于赃款,我国法上原系不适用善意取得。原《诈骗赃款追缴答复》规定:"人

---

〔1〕 参见我国台湾地区"最高法院"1988年台上字第2422号判决;王泽鉴:《民法物权》(第2版),北京大学出版社2010年版,第500页。

〔2〕 参见我国《民法典》第313条。有学者采取原权利人归属说,参见苏永钦:《善意受让盗赃遗失物可否即时取得?》,载苏永钦:《私法自治中的经济理性》,中国人民大学出版社2004年版,第195页以下。

〔3〕 参见王利明:《物权法研究》(第3版)(上卷),中国人民大学出版社2013年版,第456页。王教授在这里仅论及权利人对赃物的追回。笔者认为,这可以扩及于国家对赃物的追缴。

〔4〕 参见《王某、方某民诈骗案》(刑事指导案例第591号),载最高人民法院刑事审判第一至五庭主办:《刑事审判参考》(总第71集),法律出版社2010年版,第36页以下(郑晓红、何毅执笔)。

〔5〕 有学者认为,本案中对号码的购买者应适用善意取得,由于未造成其财产损失,故本案也不构成诈骗罪,参见陈兴良主编:《刑法各论精释》(上册),人民法院出版社2015年版,第470~471页(车浩执笔)。

民法院对需要追缴的赃款赃物,通过判决予以追缴符合法律规定的原则。赃款赃物的追缴并不限于犯罪分子本人,对犯罪分子转移、隐匿、抵债的,均应顺着赃款赃物的流向,一追到底,即使是享有债权的人善意取得的赃款,也应追缴。刑法并不要求善意取得赃款的债权人一定要参加刑事诉讼,不参加诉讼不影响判令其退出取得的赃款。”后来则改采肯定说,如见《1996 年诈骗司法解释》第 11 条规定等。[1] 例如,在“郭某等合同诈骗案”中,青海省高级人民法院第二审认为,郭某向郑某青偿还合法债务 250 万元,“还款时郑某青对于此款系郭某诈骗所得这一事实并不知情,郑某青占有此款属善意取得”,依法不予追缴;郑某青的行为不构成掩饰、隐瞒犯罪所得罪。[2] 在比较法上,对于非基于原权利人的意思而丧失占有的金钱或者无记名证券,以及受让人以公开拍卖方式出让的物,应当适用善意取得,权利人不得主张追回权。[3] 盖因货币作为特殊的动产,原则上实行占有即所有的规则,具有不得请求返还的特性,当然亦可适用善意取得。即使受让人恶意取得货币的,原则上系发生损害赔偿责任,而非返还货币本身。对于无记名的有价证券,亦同。对此,我国《民法典》第 312 条仅规定了“通过拍卖或者向具有经营资格的经营者购得”的情形,而不及于金钱或者无记名证券,解释上应予扩张适用。可见,赃款尽管与赃物一样,都可适用善意取得,但两者在具体适用上还是存在一定区别的。

司法实践中有下列一些特殊情况值得注意:(1)行为人具有将赃款用于购买保险等情形的,可以通过退保等民事手段予以追缴。操作上,司法机关可以考虑通过为行为人提供条件向保险公司提出退保并办理手续,或者由人民法院直接要求保险公司办理退保手续,对保险公司退保返还的赃款予以追缴。(2)行为人基于正当交易之事由已将赃款支付给第三人,但因刑事案件案发未能继续正常履行合同,第三人并未支付合理对价,仅丧失交易机会的,对该赃款应予以追缴。(3)行为人用赃款向善意第三人偿还债务或者购买劳务的,原则上不予以追缴,但第三人超出正常劳动报酬范围以外取得赃款的除外。[4]

---

〔1〕 参见刘贵祥、闫燕:《〈关于刑事裁判涉财产部分执行的若干规定〉的理解与适用》,载《人民司法·应用》2015 年第 1 期。

〔2〕 参见青海省高级人民法院(2016)青刑终 70 号刑事判决(2018 年 3 月 6 日)。

〔3〕 参见《德国民法典》第 935 条第 2 款;《瑞士民法典》第 935 条;我国台湾地区“民法”第 951 条;全国人大常委会法制工作委员会民法室编:《〈中华人民共和国物权法〉条文说明、立法理由及相关规定》,北京大学出版社 2007 年版,第 195 页以下(余丹、李长坤、张金玉执笔)。

〔4〕 参见南英、高憬宏主编:《刑事审判方法》(第 2 版),法律出版社 2015 年版,第 541 ~ 542 页(余丹、李长坤、张金玉执笔)。

# 第九章　侵害型犯罪的民事赔偿范围

所谓“侵害型犯罪”，是我国《刑事诉讼法》及其司法解释所确立的允许进入刑事附带民事诉讼程序的犯罪类型。由于该法及其司法解释对该类诉讼程序所适用的民事赔偿范围予以严格限定，并辐射于涉该类犯罪的单独的民事诉讼，造成对该类犯罪无论在刑事附带民事诉讼程序抑或单独的民事诉讼程序中均适用特别的民事赔偿范围。然而，“根据联合国在世界范围内所作的一项调查，有半数以上的被害人关注的并不是对犯罪人的惩罚，而是如何使自己的物质、精神损失得到补偿，但现行刑事司法体制的运作模式，显然无法满足被害人的真正需要”。〔1〕如此一来，侵害型犯罪的民事赔偿范围究竟为何有别于普通民事赔偿范围？换言之，人民法院在审理涉侵害型犯罪的民事赔偿案件时，应适用何等法源对民事赔偿范围作出判定？对该等问题，似乎难以骤予回答。要予以厘清，尚需从刑事附带民事诉讼程序的设置说起。

## 一、刑事附带民事诉讼概说

刑事附带民事诉讼，是指被害人为追究行为人的民事责任，向审理刑事案件的人民法院提起附带民事诉讼，由同一审判组织对行为人的刑事责任和民事责任作出判决。为论述方便，采取与我国《刑事诉讼法》区分被害人与其法定代理人、近亲属的做法不尽一致的做法，即“被害人”采取略称，在致伤情形下系指伤者

〔1〕　张庆方：《恢复性司法》，载陈兴良主编：《刑事法评论》(总第12卷)，中国政法大学出版社2003年版，第249页。

本人;在致死情形下则包括死者本人和其法定代理人、近亲属,但权利人只可能是其法定代理人、近亲属,死者本人不属于权利人。刑事附带民事诉讼程序的优点在于程序效益十分突出,既可以便利相关刑事及民事纠纷得到一次性的全面解决,又可以克服人民法院针对同一法律事实因刑民不同诉讼程序的分割而反复审理,当事人和诉讼关系人(尤指被害人,但亦兼及被告人、证人等)双重应诉甚至由于重复审理而造成刑民裁判之间"矛盾"等一系列问题。[1]

(一)法律基础

我国于1979年制定《刑法》《刑事诉讼法》,对涉犯罪的民事责任问题皆有涉及。在现行《刑法》中,主要为第36条第1款,该款规定:"由于犯罪行为而使被害人遭受经济损失的,对犯罪分子除依法给予刑事处罚外,并应根据情况判处赔偿经济损失。"立法部门的释义认为:"在认定'由于犯罪行为而使被害人遭受经济损失的'事实时,应当注意认定犯罪分子的犯罪行为与被害人遭受经济损失的后果之间是否有刑法上的因果关系";"根据犯罪分子的犯罪性质、情节、被害人遭受损失的程度,被告人经济状况等具体情况,一并判处犯罪分子赔偿被害人遭受的经济损失"。[2]

1979年《刑事诉讼法》正式确立刑事附带民事诉讼制度。其时,通说认为:"在刑事附带民事诉讼中,被害人提出赔偿要求的范围,应当是被告人的犯罪行为所直接造成的财产、物质损失。所谓财产、物质损失,也就是经济上损失。例如,被犯罪分子伤害了身体而减少的劳动收入和医疗费支出被强奸后直接造成女方怀孕、疾病所需要的医疗费用;被犯罪分子毁坏的财物;等等。不能要求被告人赔偿其他精神、人格、名誉或者婚姻家庭关系方面的损害。例如,不能在刑事诉讼中附带解决离婚等不属于经济赔偿的民事问题。""在判决经济赔偿问题上,要充分考虑到被告人和对被告人行为负有经济赔偿责任的人之实际赔偿能力。否则,即令判决也难以执行。不能要求被告人在服刑期满后,再赔偿经济损失。""刑事附带民事诉讼判决中的经济赔偿部分,应当在判决发生法律效力之后与刑事部分同时执行,不得暂先执行。如果当事人或者人民检察院就刑事部分已经提出上诉或者抗诉,附带民事诉讼部分也不能先交付执行,而必须待上诉审法院就整个案件作出终审判决后,才能与刑事判决部分一并交付执行。"[3]其中明确了刑事附带民事诉讼中民事赔偿的几项原则:一是只赔偿直接物质损失(即财产损失),不赔偿精神损害;二是确定赔偿数额

---

〔1〕 参见林钰雄:《刑事诉讼法·下册　各论编》,中国人民大学出版社2005年版,第371页。

〔2〕 胡康生、李福成主编:《中华人民共和国刑法释义》,法律出版社1997年版,第45页。

〔3〕 中央政法干校刑法、刑事诉讼法教研室:《中华人民共和国刑事诉讼法讲义》,群众出版社1981年版,第273、275、276页;引文中的着重号为原文所有。

须考虑行为人的赔偿能力；三是赔偿不得先予执行，这在一定程度上否定了刑事附带民事诉讼实行先民后刑的可能。

此后，《刑事诉讼法》先后历经1996年、2012年和2018年共3次修正。其中第二次修正涉及刑事附带民事诉讼制度的完善，具体内容包括：一是完善附带民事诉讼的提起主体规定；二是完善附带民事诉讼的保全措施规定；三是规定附带民事诉讼案件的调解与裁判。与附带民事诉讼中民事责任的法源问题相关的，是现行该法第101条第1款前段规定："被害人由于被告人的犯罪行为而遭受物质损失的，在刑事诉讼过程中，有权提起附带民事诉讼。"第103条规定："人民法院审理附带民事诉讼案件，可以进行调解，或者根据物质损失情况作出判决、裁定。"该次修正的立法说明指出："附带民事诉讼程序对于有效化解社会矛盾纠纷，保证被害人及时得到赔偿，具有重要作用。在总结司法实践经验的基础上，修正案草案对附带民事诉讼程序作了补充修改。"[1]通过该次修正，原来作为侵权事实构成之一、损害来源意义上的"物质损失"，终于坐实为赔偿对象，俾杜争议。立法部门的释义指出：该法第103条规定实际上在赔偿范围上重申了同法第101条第1款前段的规定，"即刑事附带民事诉讼案件赔偿的范围，限于因犯罪行为给被害人造成的物质损失"，此与《刑法》第36条第1款规定的精神也是一致的。"在刑事诉讼法修改过程中，有的建议将犯罪行为造成的精神损失也纳入赔偿范围；有的认为从司法实践中的情况看，目前将赔偿范围限定在物质损失范围内是必要的，也是妥当的。考虑到各方面认识尚不一致，刑事诉讼法对刑事附带民事诉讼案件赔偿范围未作扩大。"[2]

（二）适用对象

1. 对于刑事附带民事诉讼的适用对象，以前一般认为，只要是使被害人遭受物质损失（包括侵害国家财产、集体财产[3]）的犯罪行为，均得提起刑事附带民事诉讼，主要包括侵害人身、财产型（称为侵害型）和非法占有、处置财产型（称为占有型）两种犯罪。后来则限于侵害型犯罪，排除占有型犯罪。尽管《1998年涉及经济犯罪嫌疑规定》第8条规定有意放宽刑事附带民事诉讼的适用对象至经济纠纷案件，[4]但与此后的发展并不相符。对于侵害型犯罪，主要见于如下3件司法解释和司法解释性质文件：

---

〔1〕 王兆国：《关于〈中华人民共和国刑事诉讼法修正案（草案）〉的说明》（2012年3月8日），载王尚新、李寿伟主编：《〈关于修改刑事诉讼法的决定〉释解与适用》，人民法院出版社2012年版，第387页。

〔2〕 王爱立、雷建斌主编：《〈中华人民共和国刑事诉讼法〉释解与适用》，人民法院出版社2018年版，第195页。

〔3〕 我国《刑事诉讼法》第101条第2款规定："如果是国家财产、集体财产遭受损失的，人民检察院在提起公诉的时候，可以提起附带民事诉讼。"

〔4〕 我国《涉及经济犯罪嫌疑规定》第8条规定对此予以保留。

(1)最早见于《维护农村稳定座谈会纪要》第三(五)中规定:“人民法院审理附带民事诉讼案件的受案范围,应只限于被害人因人身权利受到犯罪行为侵犯和财物被犯罪行为损毁而遭受的物质损失,不包括因犯罪分子非法占有、处置被害人财产而使其遭受的物质损失。”

(2)原《附带民事诉讼范围规定》第1条第1款规定:“因人身权利受到犯罪侵犯而遭受物质损失或者财物被犯罪分子毁坏而遭受物质损失的,可以提起附带民事诉讼。”[1]

(3)《刑事诉讼法司法解释》第175条第1款规定:“被害人因人身权利受到犯罪侵犯或者财物被犯罪分子毁坏而遭受物质损失的,有权在刑事诉讼过程中提起附带民事诉讼;被害人死亡或者丧失行为能力的,其法定代理人、近亲属有权提起附带民事诉讼。”

对于侵害型犯罪的对象,司法实践中已经从传统的人身侵害(包括人格侵害、人体侵害和身份侵害)和财产侵害,发展至公益侵害。在人民检察院提起的刑事附带民事公益诉讼中,公益侵害不再限于《刑事诉讼法》第101条第2款规定的“国家财产、集体财产遭受损失”情形。依《民事诉讼法》第58条第2款规定,人民检察院提起附带民事公益诉讼的对象,为破坏生态环境和资源保护、食品药品安全领域侵害众多消费者合法权益等损害社会公共利益的行为。[2] 例如,在“湖南省岳阳市岳阳楼区人民检察院诉何某强等非法杀害珍贵、濒危野生动物罪、非法狩猎罪刑事附带民事诉讼案”中,湖南省岳阳市岳阳楼区人民检察院以何某强等7人犯非法猎捕、杀害珍贵濒危野生动物罪,向岳阳市岳阳楼区人民法院提起公诉。岳阳市林业局提起刑事附带民事诉讼,请求7名被告人共同赔偿损失53,553元,岳阳市岳阳楼区人民检察院支持起诉。岳阳市岳阳楼区人民法院除分别以犯非法杀害珍贵、濒危野生动物罪和非法狩猎罪判处何某强等刑罚外,还就相应损失以涉案63只野生候鸟的核定价值认定为44,617元,判令何某强等共同向岳阳市林业局予以赔偿。[3]

2. 对于占有型犯罪,我国司法解释上可以分为如下三个阶段:

(1)禁止民事追诉。该观点最早见于已废止的《最高人民法院关于财产犯罪的受害者能否向已经过司法机关处理的人提起损害赔偿的民事诉讼的函》([1989]民他字第29号)规定:“关于财产犯罪的受害人可否提起损害赔偿的民事诉讼问题,情

---

[1] 该司法解释已根据我国《第十一批废止司法解释决定》而废止,废止理由是已被《2012年刑事诉讼法司法解释》及相关规定修改。

[2] 参见我国《检察公益诉讼司法解释》第20条。

[3] 湖南省岳阳市岳阳楼区人民法院(2015)楼刑一初字第291号民事判决(2016年3月7日);《环境资源刑事、民事、行政典型案例(二)》,载《人民法院报》2017年6月24日,第3版。

况比较复杂,尚需在审判实践中积累经验进行研究。至于你院请示报告中涉及的马某魁、王某贵诈骗财产一案,应当设法继续追赃,不宜采用提起民事诉讼的办法。”[1]

(2)允许民事补充追诉。该观点见于原《附带民事诉讼范围规定》第5条第2款规定:“经过追缴或者退赔仍不能弥补损失,被害人向人民法院民事审判庭另行提起民事诉讼的,人民法院可以受理。”从而否定了上一司法解释的观点。

(3)恢复禁止民事追诉。依《刑事诉讼法司法解释》规定,人民法院不受理针对此类犯罪的刑事附带民事诉讼(第176条中段);即使行为人非法占有、处置国家财产、集体财产的,亦同(第179条第3款)。《刑法第六十四条批复》也规定,人民法院也不受理针对此类犯罪的单独的民事诉讼。

(三)刑民诉讼关系

1. 刑事附带民事诉讼的受理时机。我国《刑事诉讼法》对此未作专门规定。笔者认为,被害人提起附带民事诉讼,本质上系行使民事诉权,故在程序处理上,应以尊重被害人的程序选择权为原则。有观点认为,只要案件进入刑事诉讼程序,被害人必须等待人民检察院提起公诉后,才能向人民法院提起附带民事诉讼,这在程序上显得比较顺畅,也不会出现民事案件和刑事案件处理结果不一致的情况。但是,如果禁止被害人在人民检察院提起公诉前单独提起民事诉讼,对其民事权利之实现影响巨大,论理上似乎没有予以限制的特别理由,客观上也没有予以限制的必要。为充分保障被害人的民事诉权,应当允许被害人在人民检察院提起公诉前单独提起民事诉讼,以及时保障其民事权利,而不必等待公安机关侦查完毕、人民检察院提起公诉等刑事诉讼程序的进行。但是,如果人民检察院在该民事案件宣判前提起公诉,即本案法律事实已经进入到诉讼系属之中的,人民法院应当中止民事诉讼,或者在征得原告同意后将该案转为附带民事诉讼进行审理。总之,如无特别理由,民事诉权的行使不应受国家公权力活动的制约。

2. 刑事附带民事诉讼的法律适用。《刑事诉讼法司法解释》第201条规定:“人民法院审理附带民事诉讼案件,除刑法、刑事诉讼法以及刑事司法解释已有规定的以外,适用民事法律的有关规定。”从表面文义来看,此系采取一种实体与程序合一

---

[1] 我国《维护农村稳定座谈会纪要》第三中“(五)关于刑事附带民事诉讼问题”接着规定:“对因犯罪分子非法占有、处置被害人财产而使其遭受的物质损失,应当根据刑法第六十四条的规定处理,即应通过追缴赃款赃物、责令退赔的途径解决。如赃款赃物尚在的,应一律追缴;已被用掉、毁坏或挥霍的,应责令退赔。无法退赃的,在决定刑罚时,应作为酌定从重处罚的情节予以考虑。”另参见《最高人民法院关于诈骗犯罪的被害人起诉要求诈骗过程中的保证人代偿“借款”应如何处理的复函》([1990]民他字第38号);已被废止的《最高人民法院关于失主向罪犯追索被盗被骗财物应如何处理的问题的复函》([1974]法办研字第13号)。

的做法，即所谓“已有规定”，是指刑事法上包括实体和程序内容在内的全部规定，均具有排除民事法律的效力。但是，在实体的层面上，刑法与民法各自在调整对象、方法和范围等方面都存在明显的差异，两者之间并不存在相互冲突的基础。除非两者各自的规范中设置了允许对方介入的通道，它们各自不介入对对方法律关系的调整。在程序的层面上，刑事附带民事诉讼中有不少场合应适用《民事诉讼法》，如人民法院依职权或者依申请采取保全措施，查封、扣押或者冻结被告人的财产，适用《民事诉讼法》的规定；[1]附带民事诉讼一经判决确定，即与刑事诉讼完全分离，无论再审之事由或程序，均依《民事诉讼法》的规定办理。[2] 在刑事诉讼法与民法之间，基于实体与程序区分的立法科学，前者原则上不得设置排除适用后者的规范。在刑事司法解释与民事法律之间，由于前者的法律位阶显然低于后者，更不宜设置排除适用后者的规范。

3. 侵害型犯罪所涉刑民诉讼的关系。对于侵害型犯罪所涉刑民诉讼中民事赔偿范围的问题，司法解释上可以分为两个阶段：

（1）刑民诉讼可以并立，分别判定民事赔偿范围。该观点见于《涉及经济犯罪嫌疑规定》第 8 条规定：“根据《刑事诉讼法》第一百零一条第一款的规定，被害人或其法定代理人、近亲属对本规定第二条因单位犯罪行为造成经济损失的，对第四条、第五条第一款、第六条应当承担刑事责任的被告人未能返还财物而遭受经济损失提起附带民事诉讼的，受理刑事案件的人民法院应当依法一并审理。被害人或其法定代理人、近亲属因被害人遭受经济损失也有权对单位另行提起民事诉讼。若被害人或其法定代理人、近亲属另行提起民事诉讼的，有管辖权的人民法院应当依法受理。”

（2）诉讼上实行刑主民辅，民事赔偿裁判还须一致。该观点见于《刑事诉讼法司法解释》第 200 条规定：“被害人或者其法定代理人、近亲属在刑事诉讼过程中未提起附带民事诉讼，另行提起民事诉讼的，人民法院可以进行调解，或者根据本解释第一百九十二条第二款、第三款的规定作出判决。”依此，对于侵害型犯罪的民事赔

---

[1] 我国《刑事诉讼法》第 102 条后段。立法部门的释义认为：该段规定中的“适用民事诉讼法的有关规定”，“限于有关提出申请、提供担保、采取措施等规定。对民事诉讼法规定的，申请人在 15 日以内没有起诉的，人民法院应当解除保全措施的规定，不应适用。民事诉讼法规定在采取诉前财产保全措施后，必须在 15 日内向人民法院提起诉讼，是为了督促诉前财产保全申请人及时行使诉权，避免在没有诉讼关系存在的情况下，长时间限制被申请人民事权利。但是附带民事诉讼与一般的民事诉讼案件不同，需要与刑事诉讼一并审理，而刑事案件何时进入人民法院审理阶段，并不是附带民事诉讼原告方所能决定的”。参见王爱立、雷建斌主编：《〈中华人民共和国刑事诉讼法〉释解与适用》，人民法院出版社 2018 年版，第 193 页。笔者认为，《民事诉讼法》第 104 条关于诉前保全的规定，不适用于刑事附带民事诉讼（依该条第 3 款，诉前保全后提起诉讼的期限为 30 日，而非 2012 年修正该法前的 15 日）。《刑事诉讼法司法解释》第 189 条规定明确排除适用 2012 年《民事诉讼法》第 101 条第 3 款（对应现行该法第 104 条第 3 款）规定（第 3 款），并将诉前保全后提起诉讼的期限规定为人民法院受理刑事案件后 15 日（第 2 款）。

[2] 参见林钰雄：《刑事诉讼法·下册　各论编》，中国人民大学出版社 2005 年版，第 380 页。

偿范围,无论是在刑事附带民事诉讼抑或单独的民事诉讼中,均须适用《刑事诉讼法》及其司法解释关于民事赔偿范围的所谓"特别规定",而不适用民法上关于普通民事赔偿范围的规定。[1]

陈瑞华教授对刑事附带民事诉讼的上述结构提出如下反思,值得重视:

> 现行附带民事诉讼制度秉承"刑事优先于民事"的诉讼原则,将民事赔偿问题的处理一律置于公诉程序之后,并将刑事审判中确认的犯罪事实视为民事赔偿的直接根据。这种貌似合理的制度设计导致民事侵权诉讼的独立性受到扼杀。其实,被害人的民事赔偿请求尽管与检察机关的公诉来源于同一犯罪行为,两者无论在性质、目的和程序构造方面都是存在实质差异的。……法院通过一场连续的诉讼过程,既解决被告人的刑事责任问题,又解决被害人的民事赔偿问题,这经常会出现难以兼顾的情况。将民事诉讼依附于刑事诉讼之中,往往忽略了民事诉讼的特殊性,扼杀了这种诉讼的独立性,最终牺牲了这种诉讼的完整性和公正性。……这种"刑事附带民事诉讼"的实质,其实就是"犯罪附带侵权"、"国家附带个人"。[2]

## 二、比较法的观察

苏联刑事诉讼法是我国1979年《刑事诉讼法》的主要参照系,也是我国刑事附带民事诉讼制度的重要源头。日本刑事诉讼法原来设有刑事附带民事诉讼制度,在第二次世界大战后先是予以取消,后又予以恢复,并引进源于英美法的损害赔偿命令制度,其过程也非常具有代表性。

### (一)苏联法

苏联刑事诉讼法设有刑事附带民事诉讼制度。主要内容有:(1)刑事案件中的民事原告人免纳国税和诉讼费用;(2)所赔偿的只是犯罪直接造成的损害,即限于物质上损害;(3)对民事诉讼的证明,按刑事诉讼的规则进行;(4)如果法院终止对刑事被告人的诉讼,或者因缺乏犯罪构成而宣告受审人无罪,对民事诉讼的要求则不予审理;(5)刑事案件附带民事诉讼的实体性处理,剥夺了民事原告人依照民事诉讼程序提起同样要求的诉讼权利。学者指出,这一制度有如下优点:(1)有助于全面而充分地查明被告人的刑事责任和民事责任;(2)法院不必重复研究案情;(3)诉讼参加人和其他人(如证人、鉴定人)也无须承担二次出庭的义务;(4)可以迅速赔偿犯

---

〔1〕 杨万明主编:《新刑事诉讼法司法适用解答》,人民法院出版社2018年版,第162页。
〔2〕 陈瑞华:《刑事附带民事诉讼的三种模式》,载《法学研究》2009年第1期。

罪造成的损失。[1]

苏联刑事附带民事诉讼制度有如下特点:(1)作为一般原则,赔偿犯罪损害问题要由法院与刑事案件一并审理。作为例外,只有没有就刑事案件提出民事诉讼的人,以及其民事诉讼还没有经过审理的人,才有权依照民事诉讼程序提出民事诉讼。(2)国家积极干预附带民事诉讼。这表现在:侦查员从案件材料中看到所实施的犯罪行为对于公民、企业、机关或团体造成物质损失时,应当向他们或他们的代理人说明提起民事诉讼的权利;如果为维护国家利益、社会利益或公民权利所需要,检察长有权提出民事诉讼或支持受害人所提出的民事诉讼;如果没有提出民事诉讼,法院在决定刑事判决的时候,有权主动解决犯罪行为所造成的物质损害的赔偿问题。[2] 即原则上不实行刑民分立,而实行以刑代民,被害人的民事诉权相对于刑事诉讼不具有独立性;在刑事附带民事诉讼中不实行全面赔偿,而只赔偿被害人的物质损失。[3]

根据《苏俄刑事诉讼法》第310条的规定,在法院决定刑事判决时,要同时解决民事诉讼;如遇特殊情况必须延期审理的,必须移归民事诉讼程序加以审理。在宣告被告人有罪的情况下,应依民事请求的根据和数额得到证实的程度,全部或部分地满足民事赔偿。遇有特殊情形,如果不延期审理案件对于民事诉讼请求即不可能进行详细准确的计算,法庭可以认定民事原告人有满足民事请求的权利,而将其数额问题移归民事诉讼程序加以审理。如果犯罪事件没有判时,或受审人参加犯罪没有得到证实,即驳回民事诉讼请求;在因缺乏犯罪构成而将受审人宣告无罪的时候,对民事诉讼请求不予审理。

(二)日本法

《日本刑事诉讼法》原来设有附带私诉(即刑事附带民事诉讼)制度。1948年修改该法时,以"公诉与私诉性质不同、目的不一"为由,将该项制度予以废除。对此,学者认为,虽然可以说附带私诉源自大陆法系立法例,从沿革上看,是刑事责任与民事责任未分开的残存物,此项废除皆因模仿英美法系所致,但在现实中,由于公诉的证据也可以在私诉上使用,所以在程序方面具有节约的意义,对救济受害人发挥了相当大的作用。[4] 2011年修改该法,以"能够避免刑事程序与民事程序的重复;能

〔1〕 参见王以真主编:《外国刑事诉讼法学》,北京大学出版社1994年版,第95页(曾斯孔执笔)。

〔2〕 参见陈光中主编:《外国刑事诉讼程序比较研究》,法律出版社1988年版,第398页(刘金友执笔)。

〔3〕 此已受到该国学者的质疑,相关介绍可参见陈光中主编:《外国刑事诉讼程序比较研究》,法律出版社1988年版,第410页(刘金友执笔)。

〔4〕 [日]加藤一郎:《侵权行为》,(日本)有斐阁1974年版,第4页以下。转引自于敏:《日本侵权行为法》(第3版),法律出版社2015年版,第9~10页。

够减轻犯罪被害人一方的举证负担；能够加大对犯罪人的制裁”等为由，重新导入附带私诉制度。

2004年制定的《日本犯罪被害人基本法》强化对被害人和证人（被害人作证时为证人）的保护与援助，扩大被害人等的范围并提出保护被害人的总体要求，并扩大视频作证适用的案件范围。该法第12条规定：“国家和地方公共团体，为了切实圆满地解决因犯罪而被害的损失赔偿的请求，应当采取必要的措施，就犯罪被害人提出损害赔偿请求的援助，建立和扩展涉及该被害与刑事程序有机结合的损失赔偿请求制度。”[1]2006年修改的《日本有组织犯罪处罚法》导入被害恢复给付金制度。即便是犯罪被害财产，在犯罪有组织地实施的场合，或者犯罪被害财产因被隐匿、收受等导致被害人行使损害赔偿请求权有困难的场合，也可以实施没收或追缴（第13条第3款、第16条第2款）。以此为基础，将被没收及追缴的相当于犯罪被害财产价额的金钱，以被害恢复给付金的形式支付给被害人（第18条之2第2款）。[2]

2007年修改的《日本犯罪被害人保护法》确立了损害赔偿命令的附带私诉制度。法律规定的特定犯罪的被害人或是其一般的继承人，可以基于该犯罪事实是由不法行为造成的，向正在审理相关刑事案件的法院提出申请，命令行为人赔偿损害。提出申请的场合，在刑事审判作出有罪判决后，由同一法院自动就此申请开始审理。为保证审理程序简易、迅速，审理原则上以4次为限，形式上无须经过口头辩论，并可采取询问的形式。对法院作出的损害赔偿命令合法性没有异议时，损害赔偿命令和既定判决具有相同的效力；有异议时，视为向民事法院提起诉讼，从而过渡到普通的民事诉讼。损害赔偿命令制度就犯罪产生损害的赔偿，始终维持民事赔偿的结构，即适用普通民事损害赔偿的数额计算标准。[3] 通过采取刑事审判宣告有罪判决后才开始损害赔偿命令的相关审理的结构，使得有关请求的审理程序独立于刑事程序，这使本项制度区别于域外的损害赔偿命令制度或者刑事附带民事诉讼制度。事实上，该制度的意图并不在于广泛取代普通民事案件，而是为被害人恢复犯罪所造成损害的程序选择增加一个选项而已。[4]

（三）其他法

对于刑事附带民事诉讼中的民事赔偿范围，多数立法例径行采取民法标准，实

---

〔1〕《日本犯罪被害人基本法》，载张凌、于秀峰编译：《日本刑事诉讼法律总览》，人民法院出版社2017年版，第667页。

〔2〕《日本有组织犯罪处罚法》，载张凌、于秀峰编译：《日本刑法及特别刑法总览》，人民法院出版社2017年版，第354～357页。

〔3〕参见《日本附带私诉制度与损害赔偿命令制度》，载全国人大常委会法制工作委员会民法室编：《民事诉讼法立法背景与观点全集》，法律出版社2012年版，第634页以下。

〔4〕参见[日]川出敏裕、金光旭：《刑事政策》，钱叶六等译，中国政法大学出版社2016年版，第250～251页。

行刑民标准一致，普遍承认对物质损失和精神损害的平等赔偿，不因所适用程序的不同而使民事赔偿范围发生差异。除上述日本法的规定外，在最彻底地实行刑事附带民事诉讼制度（称为“刑事诉讼的附带标的”）的法国法中，只要涉及对民事责任的追究，均系统一采取民法上的标准。另如《意大利刑法典》第 185 条第 2 款规定：“一切造成财产损失或者非财产损失的犯罪均使犯罪人和按照民事法律应当为犯罪人的行为承担责任的人负有赔偿的义务。”《奥地利普通民法典》第 1340 条后段规定：“刑事案件中的被害人，以及其他案件中的双方当事人，如对于刑事法院作出的赔偿决定不满意，同样保留向民事法院起诉请求赔偿的权利。”[1]我国台湾地区“刑事诉讼法”第 487 条规定：“因犯罪而受损害之人，于刑事诉讼程序得附带提起民事诉讼，对于被告人及依民法负赔偿责任之人，请求回复其损害。”“前项请求之范围，依民法之规定。”

**三、侵害型犯罪的物质损失赔偿**

一般认为，由于我国刑事法（包括刑法、刑事诉讼法等）上对因侵害型犯罪而提起的刑事附带民事诉讼或者单独的民事诉讼中的民事赔偿范围有特别规定，在适用上应优先于民法中关于普通民事赔偿范围的规定。质言之，民法上关于普通民事赔偿范围的规定，不适用于侵害型犯罪的场合。如果将刑事法上关于民事赔偿范围的规定作为民事法的特别法来看待，[2]则使对侵害型犯罪这一普通侵权行为类型的民事责任的追究区别于其他侵权行为类型。这无论是从犯罪人与被害人的责任关系，抑或其他有责第三人与被害人的责任关系来看，都会产生法律适用上极大的不公平问题，造成“公平的危机”。

（一）何为“物质损失”

我国《刑事诉讼法》上关于因侵害型犯罪而提起刑事附带民事诉讼中的“物质损失”规定，原系从犯罪侵害对象的角度进行界定的（第 101 条第 1 款前段），属于对损害来源的界定。2012 年修正增加的现行该法第 103 条规定：“人民法院审理附带民事诉讼案件，可以进行调解，或者根据物质损失情况作出判决、裁定。”即增加从赔偿范围（损害后果）的角度对“物质损失”进行界定。司法解释和司法解释性质文件中针对“物质损失”的规定，主要有如下 3 件：

（1）《最高人民法院关于执行刑事诉讼法中若干问题的初步经验总结》（1981 年

[1] 《奥地利普通民法典》，戴永盛译，中国政法大学出版社 2016 年版，第 258、259 页。

[2] 江必新主编：《最高人民法院刑事诉讼法司法解释理解与适用》（上册），人民法院出版社 2015 年版，第 519 页。

11月,以下简称《刑事诉讼法经验总结》)第四中规定,根据1979年《刑事诉讼法》第53条第1款(对应现行该法第101条第1款前段)规定,"只有被告人的行为构成犯罪的刑事案件,被害人才能提起附带民事诉讼要求赔偿物质损失。所谓物质损失,就是直接经济损失。对由于被告人的犯罪行为而遭受的人格、名誉或者婚姻家庭关系方面的损害,被害人不能提起附带民事诉讼,要求经济赔偿";"人民法院在审理刑事案件过程中,应注意处理涉及物质损失的问题。如果刑事案件的判决已经生效,被害人才提出赔偿物质损失要求的,应作为民事问题另案处理"。"附带民事诉讼的经济赔偿的来源,原则上应只限于被告人本人所有的财产。被告人没有赔偿能力的,不应作经济赔偿的判决。"此系根据行为人是否具有赔偿能力而非民法上的完全赔偿原则确定其民事赔偿责任,与现代民法的通行观念相去甚远。

(2)《维护农村稳定座谈会纪要》第三(五)中规定:"关于附带民事诉讼的赔偿范围,在没有司法解释规定之前,应注意把握以下原则:一是要充分运用现有法律规定,在法律许可的范围内最大限度地补偿被害人因被告人的犯罪行为而遭受的物质损失。物质损失应包括已造成的损失,也包括将来必然遭受的损失。二是赔偿只限于犯罪行为直接造成的物质损失,不包括精神损失和间接造成的物质损失。三是要适当考虑被告人的赔偿能力。被告人的赔偿能力包括现在的赔偿能力和将来的赔偿能力,对未成年被告人还应考虑到其监护人的赔偿能力,以避免数额过大的空判引起的负面效应,被告人的民事赔偿情况可作为量刑的酌定情节。四是要切实维护被害人的合法权益。"其中,将《刑事诉讼法经验总结》第四中规定的根据行为人的赔偿能力确定其民事赔偿责任,修改为"适当考虑被告人的赔偿能力",尚属进步。

(3)原《附带民事诉讼范围规定》第2条规定:"被害人因犯罪行为遭受的物质损失,是指被害人因犯罪行为已经遭受的实际损失和必然遭受的损失。"其中,不再提及《刑事诉讼法经验总结》第四和《维护农村稳定座谈会纪要》第三(五)中规定的根据/适当考虑行为人的赔偿能力确定其民事赔偿责任,似可认为系对该观点的一种否定。

在民法上,作为损害后果类型之一的物质损失又称为"财产上损害"(德Vermögensschanden),是指可以用金钱加以衡量的损害,包括财产的积极减少(所受损害,德 real Vermögenseinbuβe)和消极未增加(所失利益,德 entgangener Gewinn)。对物质损失的赔偿,称为物质损失赔偿。《刑事诉讼法司法解释》第192条第1款规定:"对附带民事诉讼作出判决,应当根据犯罪行为造成的物质损失,结合案件具体情况,确定被告人应当赔偿的数额。"其中的"结合案件具体情况",与《民法典》第

1182条后段规定中的"根据实际情况"相当，[1]寓有赋予人民法院自由裁量权的意旨，而与民法上关于侵权损害赔偿的一般酌定制相暗合。人民法院应依完全赔偿原则，对侵害型犯罪所造成的物质损失赔偿的具体方式和内容进行自由裁量。[2] 同时，对物质损失赔偿数额的确定，与行为人的赔偿能力并无关联，这区别于作为量刑情节的行为人赔偿项下对行为人赔偿能力的考量。对刑事附带民事诉讼中物质损失赔偿的争论，集中在对人身侵害领域中是否赔偿残疾赔偿金和死亡赔偿金（合称为"两金"）的问题上。此一问题的解决前提，是对"两金"的性质和内容予以准确厘定。

（二）"两金"的性质

残疾赔偿金和死亡赔偿金是我国民法上特有的人身侵害损害赔偿项目。原《民法通则》第119条关于人身侵害损害赔偿的规定中并未设有"两金"项目，其中与残疾赔偿金相关联的项目为"因误工减少的收入"（误工费）和"残废者生活补助费"，与死亡赔偿金相关联的赔偿项目为"死者生前扶养的人必要的生活费"。"两金"最早系由特别法所创设，见于1993年制定的《消费者权益保护法》（以下简称1993年《消费者权益保护法》，现行该法为2013年修正）第41、42条规定和1994年制定的《国家赔偿法》（以下简称1994年《国家赔偿法》，现行该法为2012年修正）第27条第1款规定。[3] 但是，相较于原《民法通则》第119条规定，1993年《消费者权益保护法》将"两金"与前者中的"因误工减少的收入""残废者生活补助费""死者生前扶养的人必要的生活费"赔偿项目相并列；1994年《国家赔偿法》则与前者中的"因误工减少的收入""死者生前扶养的人必要的生活费"赔偿项目相并列；后二法还增

---

〔1〕 我国《民法典》第1182条规定系袭自原《侵权责任法》第20条规定，但前者第1186条规定中删除后者第24条规定中的"根据实际情况"。

〔2〕 我国法上对侵权损害赔偿的一般酌定制，可参见原《民法通则意见》第150条；对精神损害赔偿的一般酌定制，可参见原《名誉权解答》第10条第4款后段；对物质损失赔偿的一般酌定制，可参见《最高人民法院关于吴冠中诉上海朵云轩、香港永成古玩拍卖有限公司著作权纠纷案的函》（1995年7月6日）规定："赔偿损失的范围和数额，应根据原告因侵权行为受到的物质损失和精神损害的全部实际损失，以及本案的综合情况予以确定。"

〔3〕 我国1993年《消费者权益保护法》第41条规定："经营者提供商品或者服务，造成消费者或者其他受害人人身伤害的，应当支付医疗费、治疗期间的护理费、因误工减少的收入等费用，造成残疾的，还应当支付残疾者生活自助具费、生活补助费、残疾赔偿金以及由其扶养的人所必需的生活费等费用；构成犯罪的，依法追究刑事责任。"第42条规定："经营者提供商品或者服务，造成消费者或者其他受害人死亡的，应当支付丧葬费、死亡赔偿金以及由死者生前扶养的人所必需的生活费等费用；构成犯罪的，依法追究刑事责任。"1994年《国家赔偿法》第27条规定："侵犯公民生命健康权的，赔偿金按照下列规定计算：（一）造成身体伤害的，应当支付医疗费，以及赔偿因误工减少的收入。减少的收入每日的赔偿金按照国家上年度职工日平均工资计算，最高额为国家上年度职工年平均工资的五倍；（二）造成部分或者全部丧失劳动能力的，应当支付医疗费，以及残疾赔偿金，残疾赔偿金根据丧失劳动能力的程度确定，部分丧失劳动能力的最高额为国家上年度职工年平均工资的十倍，全部丧失劳动能力的为国家上年度职工年平均工资的二十倍。造成全部丧失劳动能力的，对其扶养的无劳动能力的人，还应当支付生活费；（三）造成死亡的，应当支付死亡赔偿金、丧葬费，总额为国家上年度职工年平均工资的二十倍。对死者生前扶养的无劳动能力的人，还应当支付生活费。""前款第（二）、（三）项规定的生活费的发放标准参照当地民政部门有关生活救济的规定办理。被扶养的人是未成年人的，生活费给付至十八周岁止；其他无劳动能力的人，生活费给付至死亡时止。"

设被残疾者扶养的人的必要的生活费赔偿项目。

原《侵权责任法》正式吸收“两金”进入民事普通法,该法第16条中、后段规定:“侵害他人造成人身损害的,应当赔偿医疗费、护理费、交通费等为治疗和康复支出的合理费用,以及因误工减少的收入。造成残疾的,还应当赔偿残疾生活辅助具费和残疾赔偿金。造成死亡的,还应当赔偿丧葬费和死亡赔偿金。”《民法典》第1179条规定:“侵害他人造成人身损害的,应当赔偿医疗费、护理费、交通费、营养费、住院伙食补助费等为治疗和康复支出的合理费用,以及因误工减少的收入。造成残疾的,还应当赔偿辅助器具费和残疾赔偿金;造成死亡的,还应当赔偿丧葬费和死亡赔偿金。”其中,“两金”的意涵又区别于1993年《消费者权益保护法》和1994年《国家赔偿法》中的“两金”。可见,“两金”的意涵并不统一,有一个发展变化的过程。同时,尽管“两金”常作并称,唯它们的性质和内容并不相同,适用方法更是南辕北辙,须予切实辨明。“两金”之间的基本区别在于,残疾赔偿金的请求权人为被害人本人,死亡赔偿金的请求权人则为被害人的近亲属。

1. 残疾赔偿金。顾名思义,残疾赔偿金是指因不法行为造成自然人身体残疾而给予的金钱赔偿项目。从上述法律规定的变化来看,残疾赔偿金系从“残废者生活补助费”扩张而来,同时不排除兼具有精神损害抚慰金的属性。1994年《国家赔偿法》规定的残疾赔偿金似属于物质损失赔偿。《民法典》第1179条前段规定保留了原《民法通则》第119条规定的误工费,《民法典》第1179条中段规定将原《民法通则》第119条规定的“残废者生活补助费”替换为“残疾赔偿金”,误工费与残疾赔偿金为并列关系。在原《侵权责任法》施行前,受上述民事法律差异的影响,司法解释上就残疾赔偿金的相关界定亦迭有变化,主要有如下6件:

(1)原《民法通则意见》第146条规定:“侵害他人身体致使其丧失全部或者部分劳动能力的,赔偿生活补助费一般应补足到不低于当地居民基本生活费的标准。”依此,原《民法通则》第119条规定的“残废者生活补助费”被解释为系针对劳动能力损失(英 loss of earning capacity)的赔偿项目,但却以当地居民基本生活费作为计算标准(生活费丧失说),尚与劳动能力损失欠缺对应关系,所得数额无疑是偏低的,也不符合完全赔偿原则的要求。同时,该司法解释在原《民法通则》第119条规定的赔偿项目之外,增设残疾者“实际扶养而又没有其他生活来源的人”的生活费(被扶养人生活费)赔偿项目,其第147条规定:“侵害他人身体致人死亡或者丧失劳动能力的,依靠受害人实际扶养而又没有其他生活来源的人要求侵害人支付必要生活费的,应当予以支持,其数额根据实际情况确定。”该赔偿项目亦以必要生活费作为计算标准,一定程度上可补残疾人生活补助费数额偏低之弊。此二赔偿项目均属于物质损失赔偿，依抽象计算法确定其数额。

（2）已被废止的《最高人民法院关于审理涉外海上人身伤亡案件损害赔偿的具体规定（试行）》（法发〔1992〕16号，以下简称原《海上人身伤亡赔偿规定》）第3条“伤残赔偿范围”第1、3项分别规定了“收入损失”和“安抚费”的赔偿项目。收入损失“是指根据伤残者受伤致残之前的实际收入水平计算的收入损失。因受伤、致残丧失劳动能力者，按受伤、致残之前的实际收入的全额赔偿；因受伤、致残丧失部分劳动能力者，按受伤、致残前后的实际收入的差额赔偿”；安抚费“是指对受伤致残者的精神损失所给予的补偿。可按伤势轻重、伤痛情况、残废程度，并考虑其年龄、职业等因素作一次性的赔付”。[1] 其中，收入损失系针对劳动能力损失的赔偿项目属于物质损失赔偿，依具体计算法确定其数额，但未采纳原《民法通则意见》第146条规定所采取的生活费丧失说，而改采纳所得丧失说（差额说）。安抚费的性质为精神损害赔偿，依具体计算法确定其数额。

（3）已被废止的《最高人民法院关于审理触电人身损害赔偿案件若干问题的解释》（法释〔2001〕3号，以下简称原《触电人身损害赔偿解释》）第4条第1款第5、9项分别规定了“残疾人生活补助费”和“被抚养人生活费”的赔偿项目。残疾人生活补助费“根据丧失劳动能力的程度或伤残等级，按照事故发生地平均生活费计算。自定残之月起，赔偿20年。但50周岁以上的，年龄每增加1岁减少1年，最低不少于10年；70周岁以上的，按5年计算”。被抚养人生活费“以死者生前或者残者丧失劳动能力前实际抚养的、没有其他生活来源的人为限，按当地居民基本生活费标准计算。被抚养人不满18周岁的，生活费计算到18周岁。被抚养人无劳动能力的，生活费计算20年，但50周岁以上的，年龄每增加1岁抚养费少计1年，但计算生活费的年限最低不少于10年；被抚养人70周岁以上的，抚养费只计5年”。[2] 此二赔偿项目均属于物质损失赔偿，计算标准均采取生活费丧失说，依抽象计算法确定其数额，与原《民法通则意见》第146、147条规定相一致。

（4）修正前的《最高人民法院关于确定民事侵权精神损害赔偿责任若干问题的解释》（法释〔2001〕7号，以下简称《2001年精神损害赔偿司法解释》）第9条第1项规定将“残疾赔偿金”列为精神损害赔偿项目之一（现已删除），与原《海上人身伤亡

---

〔1〕 该司法解释已根据我国《第九批废止司法解释决定》而废止，废止理由是已被《海商法》和《最高人民法院关于审理人身损害赔偿案件适用法律若干问题的解释》（法释〔2003〕20号，以下简称《2003年人身损害赔偿司法解释》）代替。

〔2〕 该司法解释已根据我国《最高人民法院关于废止1997年7月1日至2011年12月31日期间发布的部分司法解释和司法解释性质文件（第十批）的决定》（法释〔2013〕7号）而废止，废止理由是与《2003年人身损害赔偿司法解释》相冲突。该二项规定应系参照国务院已被废止的《道路交通事故处理办法》（1991年）第37条第5、9项规定制定。

赔偿规定》第3条第3项规定的"安抚费"可谓异曲同工,系依具体计算法确定其数额。

(5)《2003年人身损害赔偿司法解释》第17条第2款规定:"受害人因伤致残的,其因增加生活上需要所支出的必要费用以及因丧失劳动能力导致的收入损失,包括残疾赔偿金、残疾辅助器具费、被扶养人生活费,以及因康复护理、继续治疗实际发生的必要的康复费、护理费、后续治疗费,赔偿义务人也应当予以赔偿。"(现已删除)第25条第1款规定:"残疾赔偿金根据受害人丧失劳动能力程度或者伤残等级,按照受诉法院所在地上一年度城镇居民人均可支配收入或者农村居民人均纯收入标准,自定残之日起按20年计算。但60周岁以上的,年龄每增加1岁减少1年;75周岁以上的,按5年计算。"(现已修改)第28条第1款规定:"被扶养人生活费根据扶养人丧失劳动能力程度,按照受诉法院所在地上一年度城镇居民人均消费性支出和农村居民人均年生活消费支出标准计算。被扶养人为未成年人的,计算至18周岁;被扶养人无劳动能力又无其他生活来源的,计算20年。但60周岁以上的,年龄每增加1岁减少1年;75周岁以上的,按5年计算。"(现已修改)按照参与起草该司法解释的法官所言,此二赔偿项目相加为被害人所遭受的收入损失,即"因丧失劳动能力导致的收入损失",明确采取劳动能力丧失说,计算标准为年人均可支配收入(残疾赔偿金)+年人均消费性支出(被扶养人生活费)。之所以采取此种割裂做法,系为尊重此前已为司法解释所确立的被扶养人生活费赔偿项目,该司法解释乃以暗度陈仓的方法实现此二赔偿项目的并存合计。至于计算标准中的地区"受诉法院所在地",系由于对本项赔偿采取抽象计算法所导致,但该司法解释允许被害人主张以其住所地或者经常居住地取代之,后来更逐步淡化对被害人户籍的城乡区分。[1] 同时,残疾赔偿金不再如《2001年精神损害赔偿司法解释》第9条第1项规定属于精神损害赔偿,而为物质损失赔偿。[2] 残疾赔偿金与误工费的区别在于,前者为定残后的收入损失,后者为定残前的收入损失。[3]

因原《侵权责任法》没有采纳由司法解释确立的被扶养人生活费赔偿项目,故最高人民法院以一纸通知删除《2003年人身损害赔偿司法解释》规定的该赔偿项目,

---

〔1〕 我国《2003年人身损害赔偿司法解释》第30条(现已删除)。另见《最高人民法院关于经常居住在城镇的农村居民因交通事故伤亡如何计算赔偿费用的复函》(〔2005〕民一他字第25号),《最高人民法院关于对户口在农村但长期居住在城镇人员的人身损害赔偿标准适用问题请示的复函》(〔2006〕民一他字第8号)。

〔2〕 最高人民法院民事审判第一庭:《最高人民法院人身损害赔偿司法解释的理解与适用》,人民法院出版社2004年版,第314、323~325页。有学者认为,我国《人身损害赔偿司法解释》第12条规定系采取所得丧失说,参见杨立新:《侵权法论》(第5版)(下册),人民法院出版社2013年版,第1084~1086页。实属误会。

〔3〕 我国《人身损害赔偿司法解释》第7条第2款后段、第12条第1款前段。

但将其与原有的残疾赔偿金合并计算（“计入”），[1]从而形成“旧的残疾赔偿金＋被扶养人生活费＝新的残疾赔偿金”的局面。对于《民法典》第1179条中段规定的残疾赔偿金，主要有两种解释可能：一是一元说，赔偿对象仅为物质损失，采取劳动能力丧失说，即新的残疾赔偿金；二是二元说，赔偿对象包括物质损失和精神损害，即大的残疾赔偿金。同时，无论采取何种解释路径，均不再执行《2001年精神损害赔偿司法解释》第9条第1项关于残疾赔偿金为精神损害抚慰金的规定。[2]

（6）《最高人民法院关于审理人身损害赔偿案件适用法律若干问题的解释》（法释〔2003〕20号，经法释〔2020〕17号、法释〔2022〕14号修正，以下简称《人身损害赔偿司法解释》）第12条第1款规定：“残疾赔偿金根据受害人丧失劳动能力程度或者伤残等级，按照受诉法院所在地上一年度城镇居民人均可支配收入标准，自定残之日起按20年计算。但60周岁以上的，年龄每增加1岁减少1年；75周岁以上的，按5年计算。”第16条规定：“被扶养人生活费计入残疾赔偿金或者死亡赔偿金。”（该条是在《民法典》施行时新增）第17条第1款规定：“被扶养人生活费根据扶养人丧失劳动能力程度，按照受诉法院所在地上一年度城镇居民人均消费性标准支出计算。被扶养人为未成年人的，计算至18周岁；被扶养人无劳动能力又无其他生活来源的，计算20年。但60周岁以上的，年龄每增加1岁减少1年；75周岁以上的，按5年计算。”

对于残疾赔偿金的意涵，多数学者采取旧的残疾赔偿金说，[3]少数学者采取大的残疾赔偿金说。[4] 司法实践中多数采取新的残疾赔偿金说。笔者赞成大的残疾赔偿金说。大的残疾赔偿金的赔偿对象，包括逸失利益损失（收入损失［英 loss of earnings］，属于物质损失）和精神损害两个方面。在逸失利益损失方面，司法解释上系以被害人是否定残，对误工费与旧的残疾赔偿金进行界分。事实上，此二赔偿项目的性质同为逸失利益损失，计算上也具有连续性，不宜采取不同的计算标准和方法。逸失利益损失的赔偿项目包括误工费和新的残疾赔偿金两项，其中新的残疾赔

〔1〕 我国《最高人民法院关于适用〈中华人民共和国侵权责任法〉若干问题的通知》第4条规定：“人民法院适用侵权责任法审理民事纠纷案件，如受害人有被扶养人的，应当依据《最高人民法院关于审理人身损害赔偿案件适用法律若干问题的解释》第二十八条的规定，将被扶养人生活费计入残疾赔偿金或死亡赔偿金。”

〔2〕 依我国《2003年人身损害赔偿司法解释》第36条第2款“在本解释公布施行之前已经生效施行的司法解释，其内容与本解释不一致的，以本解释为准”的规定，《2001年精神损害赔偿司法解释》第9条关于残疾赔偿金、死亡赔偿金的规定，实际上已被废止。参见本书研究组：《残疾赔偿金、死亡赔偿金是不是精神损害抚慰金》，载最高人民法院民事审判第一庭：《民事审判指导与参考》（总第35集），法律出版社2009年版，第281页。

〔3〕 王利明：《侵权责任法研究》（上卷），中国人民大学出版社2010年版，第718页；杨立新：《侵权法论》（第5版）（下册），人民法院出版社2013年版，第1085～1086页。

〔4〕 梁慧星：《读条文　学民法》（第2版），人民法院出版社2017年版，第420～421页。

偿金为旧的残疾赔偿金与被扶养人生活费之和。误工费的特点在于,被害人如在被害前并无职业或者收入的,如失业者、家庭主妇、未成年人等,则无此项赔偿。旧的残疾赔偿金系采取劳动能力丧失说,但似不宜一律从定残时起计算。在精神损害方面,大的残疾赔偿金系赋予人民法院一定的自由裁量权,以抚慰金的形式填补被害人因残疾而遭受的精神痛苦(填补功能),同时对被害人发挥抚慰效果,而具有原始法上的赎罪之意(抚慰功能)。[1] 从司法实践来看,抚慰金部分的数额一般远远低于逸失利益损失部分的数额。《民法典》第 1183 条第 1 款关于精神损害赔偿的一般规定,对大的残疾赔偿金中抚慰金部分的确定仍然具有适用意义。被害人在依同法典第 1179 条中段规定获得大的残疾赔偿金赔偿后,不得再依同法典第 1183 条第 1 款另行请求精神损害赔偿。[2]

对逸失利益损失赔偿数额的确定,原则上应采取具体计算法(德 concrete assessment,又称为主观计算法),即斟酌被害人的具体情形(特别价值[德 ausserordentlicher Wert])计算金钱赔偿的数额,使之尽可能地接近于被害人所遭受的价值利益(德 Wertinteresse)损害。与具体计算法相对应的是抽象计算法(德 abstract assessment,又称为客观计算法),即依通常价值(德 gemeiner Wert)标准计算金钱赔偿的数额。依《人身损害赔偿司法解释》的规定,对误工费系采取具体计算法,对新的残疾赔偿金则系采取抽象计算法,即以与劳动能力丧失程度(或者伤残等级)相对应的年人均收入(=年人均可支配收入+年人均消费性支出)标准进行计算,只在被害人"因伤致残但实际收入没有减少,或者伤残等级较轻但造成职业妨害严重影响其劳动就业的,可以对残疾赔偿金作相应调整"(此指旧的残疾赔偿金的部分),[3]并不妥当。在立法例上,劳动能力系作为一项单独的人格法益,对劳动能力损失的赔偿系采取具体计算法,即斟酌被害人的具体情况(包括被侵害的程度、职业、收入、年龄、被害前的身体健康状况、教育程度、专门技能等)确定赔偿数额。综上,人民法院在确定逸失利益损失赔偿数额时,原则上应采取具体计算法,对个案中所考虑的各项因素予以列出和说明,并注意不同个案之间的赔偿数额差距不宜过大。[4] 扩而言之,对于人身侵害领域物质损失的金钱赔偿,应确立以具体计算法为原则、以抽象计算法为补充的做法,从而区别于财产侵害领域物质损失的金钱赔偿

〔1〕 参见我国《民法典》第 1183 条。

〔2〕 梁慧星:《读条文 学民法》(第 2 版),人民法院出版社 2017 年版,第 424 页。

〔3〕 参见我国《人身损害赔偿司法解释》第 12 条。

〔4〕 参见《德国民法典》第 843 条第 1 款;我国台湾地区"民法"第 193 条;王泽鉴:《损害赔偿》,北京大学出版社 2017 年版,第 146～147 页;曾隆兴:《丧失或减少劳动能力之损害赔偿》,载曾隆兴:《详解损害赔偿法》,中国政法大学出版社 2004 年版,第 197～199 页。该学说明确反对以人民平均所得计算劳动能力之损害赔偿。

的相反做法。[1]

2. 死亡赔偿金。顾名思义,死亡赔偿金是指因不法行为造成自然人死亡而给予的金钱赔偿项目。从上述法律规定变化来看,死亡赔偿金系从“死者生前扶养的人必要的生活费”扩张而来,同时不排除兼具有精神损害抚慰金的属性。《民法典》第1179条前段规定保留了原《民法通则》第119条规定的误工费,将后者中的“死者生前扶养的人必要的生活费”替换为“死亡赔偿金”,误工费与死亡赔偿金为并列关系。在特别法的层面,1993年《消费者权益保护法》规定的死亡赔偿金,似属于精神损害赔偿。[2] 现行《国家赔偿法》明确规定了其中“死亡赔偿金”的计算方法,即与丧葬费合并计算,“总额为国家上年度职工年平均工资的20倍”(第34条第1款第3项前段),笔者称此为国家侵权死亡赔偿金,属于物质损失赔偿。[3] 在原《侵权责任法》施行前,受上述民事法律差异的影响,司法解释上就死亡赔偿金的相关界定亦迭有变化,主要有如下9件:

(1)已被废止的《最高人民法院关于职工因交通事故死亡抚恤问题的复函》(〔62〕法研字第111号)规定:“关于职工因交通事故死亡后,原单位和肇事单位如何抚恤的问题,我们意见,除原单位按照劳动保险条例的规定给予抚恤外,一般的仍可根据具体情况由肇事单位另发给一定数额的补助费。”[4] 此项由肇事单位给予死者家属的抚恤,属于精神损害赔偿。

(2)已被废止的《最高人民法院关于交通肇事抚恤问题的批复》(〔63〕法研字第42号)针对黑龙江省高级人民法院的请示指出:“关于交通肇事是否给予被害人家属抚恤的问题,我们同意你们的意见。”黑龙江省高级人民法院的请示内容为:“据我

〔1〕 参见我国《民法典》第1184条。另有学者认为,该条规定仅旨在为人民法院提供财产侵害计算方式的选项,并无以市场价格作为优先选项的意思,参见梁慧星:《读条文　学民法》(第2版),人民法院出版社2017年版,第423页。财产侵害领域对金钱赔偿采取具体计算法的例子,如《最高人民法院关于胡震波诉叶润忠返还财物(邮票)纠纷应如何处理问题的函复》(〔1992〕民他字第12号)。原来学者通说对金钱赔偿系采取以抽象计算法为原则、以具体计算法为补充的做法,参见佟柔主编:《中国民法》,法律出版社1990年版,第594页(王卫国执笔);王利明:《侵权责任法研究》(上卷),中国人民大学出版社2010年版,第672~674页;史尚宽:《债法总论》,中国政法大学出版社2000年版,第321~322页。少数学者的主张则与此相反,参见曾世雄:《损害赔偿法原理》,中国政法大学出版社2001年版,第169~170页;黄立:《民法债编总论》,中国政法大学出版社2002年版,第401页。

〔2〕 唯我国现行《消费者权益保护法》第49条规定乃改换轨道,完全袭用原《侵权责任法》第16条规定,宜根据与后者对应的《民法典》第1179条规定进行修改。

〔3〕 我国2010年修正《国家赔偿法》时增订关于精神损害抚慰金的规定,见现行该法第35条后段规定。立法说明指出:1994年《国家赔偿法》“没有明确精神损害赔偿”,故予明确,参见李适时:《关于〈中华人民共和国国家赔偿法修正案(草案)〉的说明》(2008年10月23日)。

〔4〕 该司法解释已根据我国《最高人民法院关于废止1979年底以前发布的部分司法解释和司法解释性质文件(第八批)的决定》(法释〔2012〕13号,以下简称《第八批废止司法解释决定》)而废止,废止理由是已被原《侵权责任法》代替。

省嫩江县人民法院的请示,他们对于交通肇事致被害人死亡,是否要给予被害人家属抚恤的问题,有不同意见。一种意见认为被害人是有劳动能力的人并遗有家属需要抚养的可以给,被害人是没有劳动能力的老人或儿童不给;一种意见只要不是由被害人自己过失所引起的残废,不管被害人是有无劳动能力的人都应酌情给一点抚恤。我们同意后一种意见。"[1] 此项由肇事单位给予死者家属的抚恤,属于精神损害赔偿。

(3)《最高人民法院办公厅、公安部办公厅关于交通肇事的补偿和抚恤问题的函》(〔65〕法研字第15号、〔65〕公(治)字第443号)规定:"关于职工因交通事故死亡后的家属生活补助问题,我们考虑,职工因交通事故死亡与因公、因病死亡不同,肇事单位给死者家属经济上的补偿,是表示对死者负责,也是精神上的安慰。因此,除了肇事单位根据肇事人所负责任大小发给一定的补偿费之外,原单位仍应按劳保条例规定发给抚恤费。"此项由肇事单位给予死者家属的抚恤,属于精神损害赔偿。

(4)原《民法通则意见》第147条规定:"侵害他人身体致人死亡或者丧失劳动能力的,依靠受害人实际扶养而又没有其他生活来源的人要求侵害人支付必要生活费的,应当予以支持,其数额根据实际情况确定。"此系针对原《民法通则》第119条规定的"死者生前扶养的人必要的生活费"的解释,该赔偿项目属于物质损失赔偿,系采扶养丧失说,依具体计算法确定其数额。

(5)原《海上人身伤亡赔偿规定》第4条"死亡赔偿范围和计算公式"第1、3项分别规定了"收入损失"和"安抚费"两项。其中,收入损失是指根据死者生前的综合收入水平计算的收入损失,公式为"收入损失=(年收入-年个人生活费)×死亡时起至退休的年数+退休收入×10;死者年个人生活费占年收入的25%-30%"。收入损失属于物质损失赔偿,系采继承丧失说,依具体计算法确定其数额。同时,该司法解释所列赔偿项目中并未包括"死者生前扶养的人必要的生活费"。安抚费是指"对死者遗属的精神损失所给予的补偿",属于精神损害赔偿,计算方法不明。

(6)原《触电人身损害赔偿解释》第4条第1款第8、9项规定:"死亡补偿费:按照当地平均生活费计算,补偿20年。对70周岁以上的,年龄每增加1岁少计1年,但补偿年限最低不少于10年";"被抚养人生活费:以死者生前或者残者丧失劳动能力前实际抚养的、没有其他生活来源的人为限,按当地居民基本生活费标准计算。被抚养人不满18周岁的,生活费计算到18周岁。被抚养人无劳动能力的,生活费计算20年,但50周岁以上的,年龄每增加1岁抚养费少计1年,但计算生活费的年

---

〔1〕 该司法解释已根据我国《第八批废止司法解释决定》而废止,废止理由是已被原《侵权责任法》代替。

限最低不少于10年;被抚养人70周岁以上的,抚养费只计5年”。[1] 前后两个标准分别为“当地平均生活费”和“当地居民基本生活费”,解释上应无区别。依参与起草该司法解释的法官所言,其中的“死亡补偿费”与原《海上人身伤亡赔偿规定》第3条第3项规定的“安抚费”的性质一样,均属于精神损害赔偿。[2] 被抚养人生活费属于物质损失赔偿,系采扶养丧失说,依抽象计算法确定其数额。

(7)《2001年精神损害赔偿司法解释》第9条第2项规定将死亡赔偿金列为精神损害赔偿项目之一(现已删除),与原《海上人身伤亡赔偿规定》第4条第3项规定的“安抚费”、原《触电人身损害赔偿解释》第4条第1款第8项规定的“死亡补偿费”可谓异曲同工。

(8)《2003年人身损害赔偿司法解释》第17条第3款规定:“受害人死亡的,赔偿义务人除应当根据抢救治疗情况赔偿本条第一款规定的相关费用外,还应当赔偿丧葬费、被扶养人生活费、死亡补偿费以及受害人亲属办理丧葬事宜支出的交通费、住宿费和误工损失等其他合理费用。”(现已删除)第29条规定:“死亡赔偿金按照受诉法院所在地上一年度城镇居民人均可支配收入或者农村居民人均纯收入标准,按二十年计算。但六十周岁以上的,年龄每增加一岁减少一年;七十五周岁以上的,按五年计算。”(现已修改)该二规定中的“死亡补偿费”与“死亡赔偿金”应作相同理解,与被扶养人生活费均属于物质损失赔偿。《2003年人身损害赔偿司法解释》第28条第1款关于被扶养人生活费的规定,在文义上并不适用于被害人死亡的场合,于该场合尚须予以参照适用。依此,对因死亡造成的物质损失系采继承丧失说,为死亡赔偿金与被扶养人生活费之和,计算方法与前述该司法解释对劳动能力损失的计算方法一样,标准为年人均可支配收入(死亡赔偿金)+年人均消费性支出(被扶养人生活费),从而以暗度陈仓的方法实现此二赔偿项目的并存合计。[3] 至于计算标准中的地区“受诉法院所在地”,系由于对本项赔偿采取抽象计算法所导致,但该司法解释允许被害人主张以其住所地或者经常居住地取代之,后来更逐步淡化对被害人户籍的城乡区分。[4] 同时,死亡赔偿金不再如《2001年精神损害赔偿司法解释》第9条第2项规定属于精神损害赔偿。之所以作此改变,是考虑到有关刑事司法解释明确否定在刑事附带民事诉讼中赔偿精神损害,从而造成死亡赔偿严重失衡

---

[1] 该二项规定应系参照我国国务院已废止的《道路交通事故处理办法》第37条第8、9项规定制定。

[2] 汪治平:《解读〈最高人民法院关于审理触电人身损害赔偿案件若干问题的解释〉》,载李国光主编:《解读最高人民法院司法解释·民事卷(1997~2002)》,人民法院出版社2003年版,第59页。

[3] 最高人民法院民事审判第一庭:《最高人民法院人身损害赔偿司法解释的理解与适用》,人民法院出版社2004年版,第365~367页。

[4] 我国《2003年人身损害赔偿司法解释》第30条(现已删除)。

的司法现实。[1]

(9)《人身损害赔偿司法解释》第15条规定:"死亡赔偿金按照受诉法院所在地上一年度城镇居民人均可支配收入标准,按二十年计算。但六十周岁以上的,年龄每增加一岁减少一年;七十五周岁以上的,按五年计算。"第16条规定:"被扶养人生活费计入残疾赔偿金或者死亡赔偿金。"

在学说上,对于因不法行为而导致自然人死亡的损害赔偿,分为固有损害主义和继承主义两大流派。固有损害主义认为,死者的近亲属系死者死亡后果的损害承担者,有权就其损害向行为人请求损害赔偿;继承主义认为,死者的近亲属系依继承,从死者处取得对行为人的损害赔偿请求权。至于两大流派中对赔偿范围的界定,又各自分有多种观点。[2] 笔者认为,本项损害赔偿不是死者的遗产,其请求权人是死者的近亲属,不是也不可能是死者。因此,应以固有损害主义而非继承主义作为解释基点,死者的近亲属系依法律之规定直接取得本项损害赔偿请求权,而非依继承自死者处取得所谓遗产。依《民法典》第1179条后段规定,本项损害赔偿的项目至少包括丧葬费和死亡赔偿金2项。其中,丧葬费所指明确,[3]死亡赔偿金则所指未明。

固有损害主义分为一元说和二元说。一元说分为物质损失赔偿一元说和精神损害赔偿一元说,其中物质损失赔偿一元说又分为扶养丧失一元说和继承丧失一元说。扶养丧失一元说认为,因被害人死亡而使其生前扶养的人丧失生活费的来源,行为人对此应予赔偿,该赔偿项目即被扶养人生活费;继承丧失一元说认为,因被害人死亡而使其近亲属丧失未来对被害人遗产的继承可能,行为人对此应予赔偿。二元说认为,死亡赔偿金的赔偿对象包括对死者近亲属所遭受的物质损失和精神损害的赔偿。多数学者采取物质损失赔偿一元说,但有的采取扶养丧失一元说,[4]有的采取继承丧失一元说。[5] 作为死亡赔偿金的源头,我国原《民法通则》第119条规

---

〔1〕 最高人民法院民事审判第一庭:《最高人民法院人身损害赔偿司法解释的理解与适用》,人民法院出版社2004年版,第361页以下。

〔2〕 关于固有损害主义和继承主义项下各观点的列举,可参见姚辉:《人格权法论》,中国人民大学出版社2011年版,第258~260页。日本民法相关观点的碰撞与演进,可参见于敏:《日本侵权行为法》(第3版),法律出版社2015年版,第580页以下;孙鹏:《"生命的价值"——日本死亡损害赔偿的判例与学说》,载《甘肃政法学院学报》2005年第4期。我国学者采取继承主义的观点,可参见叶金强:《论侵害生命权之损害赔偿责任——解释论的视角》,载《环球法律评论》2011年第5期。

〔3〕 参见我国《民法典》第1181条第2款;《人身损害赔偿司法解释》第14条;《德国民法典》第844条第1款;我国台湾地区"民法"第192条第1项。

〔4〕 王利明:《侵权责任法研究》(上卷),中国人民大学出版社2010年版,第684~685页。

〔5〕 张新宝:《侵权死亡赔偿研究》,载《法学研究》2008年第4期;杨立新:《侵权法论》(第5版)(下册),人民法院出版社2013年版,第1092~1093页。

定的"死者生前扶养的人必要的生活费"系采扶养丧失说。《人身损害赔偿司法解释》第15条规定系采继承丧失说,《2001年精神损害赔偿司法解释》第9条第2项规定系采精神损害赔偿一元说。原《海上人身伤亡赔偿规定》第4条和原《触电人身损害赔偿解释》第4条第1款规定采二元说,少数学者亦采此说。[1] 立法部门的释义认为:"侵害人的生命,造成被侵权人死亡,赔偿范围应包括物质损失和非物质损失。这样,有利于保护被侵权人的合法权益,符合民法损害赔偿原则,彰显尊重生命的时代精神。"[2]显系采二元说。立法例上亦多采此说,一方面认有对被扶养人因扶养丧失的损害赔偿,[3]另一方面认有对死者近亲属的精神损害赔偿。[4]

在原《侵权责任法》放弃司法解释确立的被扶养人生活费赔偿项目的情况下,最高人民法院以一纸通知删除《2003年人身损害赔偿司法解释》规定的该赔偿项目,但将其与原有的死亡赔偿金合并计算("计入"),从而形成"旧的死亡赔偿金+被扶养人生活费=新的死亡赔偿金"的局面。对于《民法典》第1179条后段规定的死亡赔偿金的内容,主要有三种解释可能:一是扶养丧失一元说,仅指被扶养人生活费,即小的死亡赔偿金;二是继承丧失一元说,即新的死亡赔偿金;三是二元说,赔偿对象包括物质损失和精神损害,即大的死亡赔偿金,其中对物质损失的部分又可分解为扶养丧失说和继承丧失说两种观点。无论采取上述何种解释路径,均不再执行《2001年精神损害赔偿司法解释》第9条第2项关于死亡赔偿金为精神损害抚慰金的规定。

笔者赞成二元说,并对其中的物质损失部分采取扶养丧失说,即仅指被扶养人

---

〔1〕 梁慧星:《读条文　学民法》(第2版),人民法院出版社2017年版,第420～421页。其中,就物质损失赔偿的部分,梁研究员系采取继承丧失说。另见叶名怡:《论死亡赔偿范围——以〈中华人民共和国侵权责任法〉第16、17、22条为分析重点》,载《法商研究》2010年第5期。

〔2〕 全国人大常委会法制工作委员会民法室编:《中华人民共和国侵权责任法条文说明、立法理由及相关规定》,北京大学出版社2010年版,第62页。据张新宝教授介绍,二元说在我国原《侵权责任法》立法过程中曾被正式提出,认为:"死亡赔偿金一般按照国家上年度城镇职工年平均工资乘以15计算,具体数额根据受害人年龄、收入状况等因素可以适当增加或者减少";"赔偿残疾赔偿金或者死亡赔偿金的,不再计算精神损害赔偿"。参见张新宝:《〈侵权责任法〉死亡赔偿制度解读》,载《中国法学》2010年第3期。

〔3〕 参见《德国民法典》第844条第2款,《荷兰民法典》第6:108条第1款,《俄罗斯联邦民法典》第1088条,我国台湾地区"民法"第192条第2项。

〔4〕 参见《日本民法典》第711条;我国台湾地区"民法"第194条;王泽鉴:《损害赔偿》,北京大学出版社2017年版,第132～133页。王泽鉴教授指出:"关于被害人尚生存所应得利益(如薪资、营业收入等),不成立损害赔偿请求权,不发生继承问题。此亦为英美法及德国法上的原则。日本实务上采继承说而肯定家族得请求死者的逸失利益,乃比较法上的特例。又《中华人民共和国侵权责任法》第16条明定有死亡赔偿金。我国台湾地区不采此项见解,实值赞同,其理由为:①自理论言,被害人的权利能力因死亡而终了,损害赔偿请求权无由成立,应不生继承问题。②若采所谓的继承说,则于继承人的平均寿命较死者为短时,仍得请求死者的生存利益,显非合理。③继承人并非皆有受扶养的权利。"见同前书,第134页。作为例外,俄罗斯民法对死亡赔偿同时采取扶养丧失和继承丧失两项物质损失赔偿,见《俄罗斯联邦民法典》第1088条、第1089条第1款。

生活费(小的死亡赔偿金)。由此,《民法典》第1179条后段规定的“死亡赔偿金”便与原《民法通则》第119条规定的“死者生前扶养的人必要的生活费”取得了部分的一致。大的死亡赔偿金请求权系死者近亲属依法直接享有的请求权。在物质损失赔偿方面,死者近亲属系对因不法行为而造成其本人的逸失利益损失(被扶养人生活费)而请求赔偿。子女在死者死亡时其尚未出生(胎儿)的,可以在出生后向行为人请求本项赔偿;人民法院对未出生者无须在裁判中预留本项赔偿。“被扶养人是指受害人依法应当承担扶养义务的未成年人或者丧失劳动能力又无其他生活来源的成年近亲属。被扶养人还有其他扶养人的,赔偿义务人只赔偿受害人依法应当负担的部分。被扶养人有数人的,年赔偿总额累计不超过上一年度城镇居民人均消费性支出额或者农村居民人均年生活消费支出额。”〔1〕

例如,在“谢某星、赖某兰诉太阳城游泳池有限公司服务合同纠纷案”中,死者谢某超系两原告谢某星、赖某兰之子,就两原告因谢某超死亡而请求太阳城公司赔偿被扶养人生活费一项,龙岩市新罗区人民法院认为,被扶养人须是由死者生前实际扶养且又没有其他生活来源的人。谢某星现年46岁,赖某兰现年43岁,都具有劳动能力,不属于无劳动能力人,不具备被扶养人的条件。谢某超死亡时尚未成年,生前没有扶养他人的能力,更没有实际扶养他人。两原告要求太阳城公司赔偿被扶养人生活补助费32,000元,此项主张不能成立,故不予支持。〔2〕笔者认为,被害人死亡时虽尚无赡养其父母的能力,但不法行为侵害了其将来应有的赡养能力,即与侵害其父母将来应受赡养的权利无异,其父母应可因此而请求本项赔偿。至于赡养数额,应以被害人将来供给赡养能力为准,不应以父母此时需要赡养的生活状况为准。〔3〕

在精神损害赔偿方面,《民法典》第1183条第1款关于精神损害赔偿的一般规定,对大的死亡赔偿金中抚慰金部分的确定仍然具有适用意义。被害人在依同法典第1179条后段规定获得大的死亡赔偿金赔偿后,不得再依同法典第1183条第1款另行请求精神损害赔偿。《人身损害赔偿司法解释》第15条规定可以解释为针对大的死亡赔偿金中抚慰金部分的参考标准,即系针对死亡损害给予精神损害赔偿的定

〔1〕 我国《人身损害赔偿司法解释》第17条第2款。

〔2〕 谢某星、赖某兰诉太阳城游泳池有限公司服务合同纠纷案,载《最高人民法院公报》2003年第6期。

〔3〕 参见我国民国时期最高法院1929年上字第2041号判例;王泽鉴:《侵害生命权之损害赔偿》,载王泽鉴:《民法学说与判例研究》(修订版)(第4册),中国政法大学出版社2005年版,第255页。

额化规定，而非径为物质损失赔偿。[1] 如此可在一定程度上弥补由于采取扶养丧失说，小的死亡赔偿金数额整体偏低的解释缺陷，同时使“两金”在数额上趋于均衡。如果死者的近亲属为多人的，原则上可由他们对抚慰金部分进行协议分配；协议不成的，可由人民法院依各人与死者的生活关系密切程度进行合理分配。同时，《民法典》第1180条规定：“因同一侵权行为造成多人死亡的，可以以相同数额确定死亡赔偿金。”该条规定的意旨系为回应社会上关于“同命是否同价”的问题。[2] 唯此乃一伪命题，在法律原理上既无所谓“同命”，更无所谓“命价”，不仅生命体之间没有任何可比较性可言，也不可能对它们逐一标出任何价格。

笔者认为，对《民法典》第1180条规定中的“死亡赔偿金”存在如下3种可能解释：一是大规模侵权场合下的概括性损害赔偿金，如空难死亡赔偿金，属于特别损害赔偿；[3] 二是多人死亡情形下的物质损失赔偿金；三是多人死亡情形下的精神损害抚慰金。后两种解释路径的赔偿金均具有定额化的取向，属于普通损害赔偿。无论采取上述何种解释路径，该项“死亡赔偿金”均区别于同法典第1179条后段规定的大的死亡赔偿金。依上述第三种解释路径，同法典第1180条规定的意旨为实行相对的同等主义，即对因同一侵权行为造成多人死亡的，应采取相同或者相近的评定标准确定相同或者相近的抚慰金数额。例如，在“季某珍等诉财保海安支公司等道路交通事故损害赔偿纠纷案”中，其“裁判摘要”指出：“最高人民法院《关于审理人身损害赔偿案件适用法律若干问题的解释》第29条的规定，是考虑到城镇居民的平均消费水平和收入水平均高于农村居民，为合理地补偿受害人的损失，同时避免加重赔偿人的责任，而对城镇居民和农村居民的死亡赔偿金计算标准加以区别，其本意并非人为地以户籍因素划分生命价值的高低。生命是不能用价值来计算的。故对上述规定应当全面正确地理解，不能简单的依据户籍登记确认死亡赔偿金计算标准，而应当综合考虑受害人的经常居住地、工作地、获取报酬地、生活消费地等因素

---

〔1〕 日本学者西原道雄所主张的死亡损害说的核心观点之一，是将生命被剥夺本身作为一项概括的非财产损害，其所对应的损害赔偿必须体现生命的价值，故应努力地实现定额化，从而实现死亡损害赔偿的效率化。此系采取精神损害赔偿一元说，而反对以逸失利益损失赔偿为内容的物质损失赔偿一元说。

〔2〕 我国原《侵权责任法》第17条规定的立法说明指出：“有的常委委员、部门和专家提出，死亡赔偿在许多情况下根据死者年龄、收入状况等情形赔偿数额有所不同，但在同一事故造成死亡人数较多时，为便于解决纠纷，不少采用相同数额予以赔偿，草案应当根据实际做法增加有关规定。”该法草案三次审议稿第17条规定：“因交通事故、矿山事故等侵权行为造成死亡人数较多的，可以不考虑年龄、收入状况等因素，以同一数额确定死亡赔偿金。”参见第十一届全国人民代表大会法律委员会：《关于〈中华人民共和国侵权责任法（草案）〉修改情况的汇报》（2009年10月27日）；常红、高星：《郑功成委员：建议“同命同价”作为原则写入法律》，载中国人大网，http://www.npc.gov.cn/huiyi/lfzt/qqzrfca/2009-10/29/content_1524445.htm，2019年6月30日最后访问。

〔3〕 参见全国人大常委会法制工作委员会民法室编：《中华人民共和国侵权责任法条文说明、立法理由及相关规定》，北京大学出版社2010年版，第67页。

加以判断。"[1]但是,人民法院对一件案件("同一侵权行为")中该项抚慰金("死亡赔偿金")的评定,对其他案件中该项抚慰金("死亡赔偿金")的评定原则上不具有预决力。

(三)"两金"的赔偿

我国《刑事诉讼法司法解释》第192条第2、3款规定:"犯罪行为造成被害人人身损害的,应当赔偿医疗费、护理费、交通费等为治疗和康复支付的合理费用,以及因误工减少的收入。造成被害人残疾的,还应当赔偿残疾生活辅助具费等费用;造成被害人死亡的,还应当赔偿丧葬费等费用。""驾驶机动车致人伤亡或者造成公私财产重大损失,构成犯罪的,依照《中华人民共和国道路交通安全法》第七十六条的规定确定赔偿责任。"依该两款规定的规范逻辑,第2款规定系作为刑事附带民事诉讼中侵害型犯罪的人身损害赔偿项目的一般规定,其中不包括"两金";第3款规定则系作为前款一般规定的例外情形,赔偿项目包括"两金"。

但是,如此一来,便产生了对造成同一损害的不同侵害事件适用不同的赔偿项目这一法律适用差异问题。对因道路交通肇事的人身损害赔偿,系适用《道路交通安全法》第76条规定,唯该条规定实为归责而非答责规定,对于答责尚须适用《民法典》第1179条关于人身损害赔偿的一般规定,其赔偿项目乃包括"两金"在内。[2]对此,《最高人民法院研究室关于交通肇事刑事案件附带民事赔偿范围问题的答复》(法研〔2014〕30号)规定,根据刑事诉讼法第99条、第101条和《2012年刑事诉讼法司法解释》第155条的规定,交通肇事刑事案件的附带民事诉讼当事人未能就民事赔偿问题达成调解、和解协议的,无论附带民事诉讼被告人是否投保机动车第三者强制责任保险,均可将死亡赔偿金,残疾赔偿金纳入判决赔偿的范围。其中的《刑事诉讼法》第99、101条,分别对应现行该法第101、103条。然而,对非因道路交通肇事的人身损害赔偿,则对"两金"不予赔偿。对此一法律适用差异问题,有法官提出,依《人身损害赔偿司法解释》将"两金"(此指新的残疾赔偿金和新的死亡赔偿金)作为物质损失赔偿项目的规定,可以经解释将其直接纳入《刑事诉讼法司法解

---

〔1〕 季某珍等诉财保海安支公司、穆某进、徐某交通事故损害赔偿纠纷案,载《最高人民法院公报》2006年第9期。另见我国《最高人民法院关于经常居住在城镇的农村居民因交通事故伤亡如何计算赔偿费用的复函》(〔2005〕民一他字第25号),《最高人民法院关于对户口在农村但长期居住在城镇人员的人身损害赔偿标准适用问题请示的复函》(〔2006〕民一他字第8号)。

〔2〕 参见我国《最高人民法院关于审理道路交通事故损害赔偿案件适用法律若干问题的解释》(法释〔2012〕19号,经法释〔2020〕17号修正,以下简称《道路交通损害赔偿解释》)第11条规定:"道路交通安全法第七十六条规定的'人身伤亡',是指机动车发生交通事故侵害被侵权人的生命权、健康权等人身权益所造成的损害,包括民法典第一千一百七十九条和第一千一百八十三条规定的各项损害。《道路交通安全法》第七十六条规定的'财产损失',是指因机动车发生交通事故侵害被侵权人的财产权益所造成的损失。"

释》第192条第2款后段规定的“等费用”的项下，以实现法律适用上的公平。[1]

梁慧星研究员针对“两金”赔偿问题的下列论述，值得重视：

> 我国的死亡赔偿金、残疾赔偿金，往往是一笔巨大的金额，相当于发达国家和地区的精神损害赔偿（抚慰金、感谢金）和逸失利益赔偿两个赔偿项目。发达国家和地区的刑事附带民事诉讼，不判精神损害赔偿（抚慰金、感谢金），是因为受害人已经获得一笔金额巨大的逸失利益赔偿金。我国的刑事附带民事诉讼，不用死亡赔偿金或者残疾赔偿金，受害人就几乎什么也得不到。按照侵权责任法的立法目的和有关残疾赔偿金和死亡赔偿金的具体规定，无论适用刑事附带民事诉讼程序或者民事诉讼程序，法庭都应当支持原告有关死亡赔偿金或者残疾赔偿金的请求。前述刑事附带民事诉讼中不判死亡赔偿金和残疾赔偿金的司法解释，应当废止。[2]

例如，在“尹某军诉颜某奎健康权、身体权纠纷案”中，安徽省淮南市中级人民法院第二审认为：“首先，从本案的事实和相关法律规定看，颜某奎的故意伤害行为致尹某军构成10级伤残。我国侵权责任法第4条和第16条分别规定，侵权人因同一行为应当承担行政责任或刑事责任的，不影响依法承担侵权责任；侵权行为造成受害人残疾的，侵权人应当赔偿受害人残疾赔偿金。根据上述事实和法律规定，尹某军关于残疾赔偿金的诉讼请求有事实和法律依据。其次，从公平的角度看，犯罪行为对受害人造成的伤害甚至比纯粹的民事侵权造成的伤害更大，如不予支持残疾赔偿金，会导致受害人因遭受犯罪行为侵害得到的赔偿较少，遭受纯粹民事侵权行为的侵害得到的赔偿相对较多，对受害人不公平，支持残疾赔偿金更符合公平原则。再次，从残疾赔偿金的性质看，因侵权行为造成受害人残疾的，必然会对受害人今后的生活和工作造成影响，造成受害人的生活成本增加或者劳动能力下降，进而变相的减少了受害人的物质收入，残疾赔偿金应属于物质损失的范畴。综上，尹某军关于残疾赔偿金的诉讼请求应当予以支持。”[3]

笔者认为，尽管“两金”常作并称，唯它们的性质和内容并不相同，因而在侵害型犯罪的场合下，尚须分别说明。由于笔者采取大的残疾赔偿金和大的死亡赔偿金的

---

〔1〕 江必新主编：《最高人民法院刑事诉讼法司法解释理解与适用》（上册），人民法院出版社2015年版，第491～492页。

〔2〕 梁慧星：《读条文　学民法》（第2版），人民法院出版社2017年版，第422页。

〔3〕 尹某军诉颜某奎健康权、身体权纠纷案，载《最高人民法院公报》2019年第3期。其中的我国原《侵权责任法》第4、16条，对应《民法典》第187、1179条。

观点,故“两金”都分别包含物质损失赔偿和精神损害赔偿两个部分,基于完全赔偿原则,对两个部分均应予以赔偿,而不因侵害事件是否为道路交通肇事而有所区别,造成法律适用上的不公平。基于对“两金”的性质均采二元说,故在“两金”的物质损失赔偿方面,原则上应采取具体计算法进行计算,新的残疾赔偿金是指劳动能力损失,小的死亡赔偿金是指被扶养人生活费,例外时才采取抽象计算法进行计算。在采取抽象计算法时,新的残疾赔偿金可综合适用《人身损害赔偿司法解释》第12、17条规定进行计算;小的死亡赔偿金可适用原《民法通则意见》第147条规定,参照《人身损害赔偿司法解释》第17条第1款规定进行计算。在“两金”的精神损害赔偿方面,由于本项赔偿不是对业已存在的损害数额的发现,而是课予行为人应作赔偿的创造结果,基于保护具有平等价值的人类生命与身体的目的,故对“两金”中本部分的赔偿可采取定额化的方式予以确定。〔1〕生命无价而其损害有价,对从伤残到死亡所造成的精神损害的赔偿,可以通过建立一系列客观的阶梯化标准予以确定,如根据被害人的性别、年龄、所处地区、受伤部位和程度等作成类型化的表格,从而达致对“两金”中本部分赔偿的相对均衡。〔2〕

## 四、侵害型犯罪的精神损害赔偿

在民法上,作为损害后果类型之一的精神损害(德 Immaterieller Schaden,此从广义)又称为非财产上损害(德 nicht Vermögensschanden),是指无法用金钱加以衡量的损害,包括痛苦、创伤以及对生活质量的损害。对精神损害的赔偿称为精神损害赔偿,其中的金钱赔偿称为抚慰金。〔3〕我国《民法典》第1183条第1款规定:“侵害他人人身权益,造成他人严重精神损害的,被侵权人可以请求精神损害赔偿。”依此,精神损害只有达到严重程度的,才能采取抚慰金的方式予以赔偿;对于轻微的精神损害,一般采取其他赔偿方式,而不予以抚慰金赔偿。〔4〕学说上称此为抚慰金的后援性特点(德 subsidiärer Charakter),〔5〕从属于确定损害赔偿方式项下的金钱赔偿兜底规则。《刑事诉讼法》第103条规定刑事附带民事诉讼中对侵害型犯罪的被害

---

〔1〕这里袭取西原道雄所主张的死亡损害说的第一层观点。参见陈聪富:《人身侵害之损害概念》,载《台大法学论丛》2006年第1期;于敏:《日本侵权行为法》(第3版),法律出版社2015年版,第570~571页。

〔2〕参见陈忠五:《法国侵权责任法上损害之概念》,载《台大法学论丛》2001年第4期。

〔3〕参见我国《2001年精神损害赔偿司法解释》第8条第2款、第9条(现已删除)。其中,第9条第3项规定有疑似简称的“精神抚慰金”,并于同条第1、2项以“精神损害抚慰金”涵盖“死亡赔偿金”和“残疾赔偿金”。

〔4〕参见我国《2001年精神损害赔偿司法解释》第8条第1款(现已删除)。

〔5〕参见齐晓琨:《“索拉娅案”评注——德国民法中对损害一般人格权的非物质损害的金钱赔偿》,载《现代法学》2007年第1期。

人只赔偿物质损失,似系旨在排除赔偿其精神损害。[1]《刑事诉讼法司法解释》规定,无论在刑事附带民事诉讼抑或单独的民事诉讼中,侵害型犯罪的被害人一般不得请求赔偿精神损害。本章前节对"两金"的分析中,已经涉及针对侵害型犯罪的精神损害赔偿的问题,本节拟对此作进一步的分析。

(一)刑事法的变迁

我国于2012年修正《刑事诉讼法》前,对因侵害型犯罪而提起的精神损害赔偿诉讼不予受理的规定,仅限于刑事附带民事诉讼的情形。原《附带民事诉讼范围规定》第1条第2款规定:"对于被害人因犯罪行为遭受精神损失而提起附带民事诉讼的,人民法院不予受理。"2012年修正《刑事诉讼法》后,现行《刑事诉讼法司法解释》第175条第2款规定:"因受到犯罪侵犯,提起附带民事诉讼或者单独提起民事诉讼要求赔偿精神损失的,人民法院不予受理。"有法官指出:

> 民法通则颁行以前,对公民的姓名、肖像、名誉、荣誉受到犯罪行为侵害的,不能提起附带民事诉讼,没有争议。但民法通则确定了精神损失应当赔偿的原则后,这一原则是否适用于附带民事诉讼,认识和做法都不统一。我们认为,由于刑事诉讼法第77条(对应现行该法第101、102条——引者注)明确规定只能对犯罪行为造成的"物质损失"提起附带民事诉讼,而且从理论上,犯罪行为对被害人造成的精神损害,通过确定被告人的行为构成犯罪,判处其一定的刑罚,本身就是对被害人的一种抚慰,因此,《规定》(指原《附带民事诉讼范围规定》——引者注)明确指出:"对于被害人因犯罪行为遭受精神损失而提起附带民事诉讼的,人民法院不予受理。"司法实践中,对于被害人因犯罪行为造成容貌、肢体等残损导致婚姻、生活、就业等困难而遭受精神痛苦的,人民法院可在人身损害赔偿中一并考虑解决,不单独赔偿精神损失。[2]
>
> 附带民事诉讼有其特殊性,被告人不仅承担民事责任还要承担刑事责任,最严重的面临生命权被剥夺,因此,确立附带民事诉讼赔偿范围应充分

---

〔1〕 参见王爱立、雷建斌主编:《〈中华人民共和国刑事诉讼法〉释解与适用》,人民法院出版社2018年版,第195页。

〔2〕 熊选国:《解读〈关于刑事附带民事诉讼范围问题的规定〉》,载张军主编:《解读最高人民法院司法解释·刑事、行政卷(1997~2002)》,人民法院出版社2003年版,第406~407页。有关司法解释制定过程中的争议,参见陈现杰:《解读〈关于确定民事侵权精神损害赔偿责任若干问题的解释〉》,载李国光主编:《解读最高人民法院司法解释·民事卷(1997~2002)》,人民法院出版社2003年版,第82~84页;李洪江:《解读〈最高人民法院关于人民法院是否受理刑事案件被害人提起精神损害赔偿民事诉讼问题的批复〉》,载李国光主编,同前书,第548~553页。

考虑到附带民事诉讼的这种特殊性。此外，精神损失的判断没有统一标准，这会导致司法实践中难以操作。最后，附带民事诉讼赔偿范围的确定要考虑我国现实国情。从司法实践看，仅对物质损失判赔，因罪犯无赔偿能力，导致判决很难执行。如果再将精神损失纳入赔偿范围，空判现象会更加严重。……在被害人物质损失都难以得到充分赔偿的情形下，再增加精神损失赔偿没有实际意义，社会效果也不会好。[1]

（二）民事法的变迁

在我国民事法上，精神损害赔偿的发展可以分为如下三个阶段，这对于侵害型犯罪的被害人能否请求精神损害赔偿具有辐射意义。但从目前的情况来看，对该问题的最终解决仍显胶着。

1. 1992～2000 年。（1）以 1992 年制定的原《海上人身伤亡赔偿规定》第 3 条第 3 项、第 4 条第 3 项规定的“安抚费”和 1993 年制定的原《名誉权解答》第 10 条第 4 款后段规定的“精神损害赔偿”为标志，民事司法实践上开始认可对精神损害的金钱赔偿。但是，这一改变并未体现到 1996 年《刑事诉讼法》和 1997 年《刑法》之中。在此期间，参与起草《涉及经济犯罪嫌疑规定》的法官指出：“被害人的直接财产损失，可以通过刑事附带民事诉讼程序予以解决。同时，被害人对其经济损失也有权提起民事诉讼。诉权，是法律赋予当事人的一种权利。提起刑事附带民事诉讼还是提起民事诉讼，只能由当事人自主决定。那种认为被害人的经济损失，应通过刑事附带民事诉讼程序予以解决，人民法院不应再以经济纠纷案件处理的观点是不符合法律规定的。”[2]这里对其他经济损失应允许通过单独的民事诉讼予以赔偿的观点，实际上可以辐射到对侵害型犯罪所造成的精神损害赔偿上来。

（2）最高人民法院于 1999 年制定的《全国民事案件审判质量工作座谈会纪要》（法〔1999〕231 号，以下简称《民事案件审判质量纪要》）正式承认普遍的精神损害赔偿。其第二（二）中规定：“对于侵害公民人格权的行为，根据民法通则有关规定的精神，可判令侵权人承担精神损害赔偿金。受保护的人格权利既包括物质性人格权，如生命健康权；也包括精神性人格权，如名誉权、肖像权、名称权等，还包括一般人格权即直接由宪法所确认的人格尊严不受侵犯的权利。在确定赔偿数额时，要综

〔1〕 江必新主编：《最高人民法院刑事诉讼法司法解释理解与适用》（上册），人民法院出版社 2015 年版，第 428～429 页。更详细的论述，可参见杨万明主编：《新刑事诉讼法司法适用解答》，人民法院出版社 2018 年版，第 160～162 页。

〔2〕 李淑琴：《最高人民法院〈关于在审理经济纠纷案件中涉及经济犯罪嫌疑若干问题的规定〉的解释与适用》，载李国光主编：《经济审判指导与参考》（总第 1 卷），法律出版社 1999 年版，第 83～84 页。

合考虑加害人的过错程度、侵权状况、侵权后果、承担责任的资力以及认错态度等因素，斟酌受害人的具体情况，作出公平合理的判决。”此系《2001年精神损害赔偿司法解释》的先声。

2.2001～2008年。此一阶段对此问题的争论最为跌宕起伏。(1)《2001年精神损害赔偿司法解释》是在普通法层面正式承认精神损害赔偿的重要标志。而且，该司法解释第12条规定：“在本解释公布施行之前已经生效施行的司法解释，其内容有与本解释不一致的，以本解释为准。”（2020年修正后该条文序号调整为第6条）据参与起草该司法解释的法官所言，该条规定隐然含有将对精神损害赔偿直接“植入”到刑事附带民事诉讼中侵害型犯罪的民事赔偿范围之中，从而废弃《附带民事诉讼范围规定》对侵害型犯罪所造成的精神损害不予赔偿规定的意思。[1]

(2)为解决此争议，2002年制定、现已被废止的《最高人民法院关于人民法院是否受理刑事案件被害人提起精神损害赔偿民事诉讼问题的批复》（法释〔2002〕17号，以下简称原《被害人精神损害民事诉讼批复》）规定：“根据刑法第三十六条和刑事诉讼法第七十七条以及我院《附带民事诉讼范围规定》第一条第二款的规定，对于刑事案件被害人由于被告人的犯罪行为而遭受精神损失提起的附带民事诉讼，或者在该刑事案件审结以后，被害人另行提起精神损害赔偿民事诉讼的，人民法院不予受理。”其中的“刑事诉讼法第七十七条”，对应现行该法第101、102条。该司法解释明确提出对侵害型犯罪的被害人，无论其提起刑事附带民事诉讼抑或单独的民事诉讼请求精神损害，均不予受理。

原《被害人精神损害民事诉讼批复》系针对云南省高级人民法院的请示作出的，该请示涉及该院审理的一起由刑事案件中的被害人单独提起精神损害赔偿的民事第二审案件。该案的简要案情是：某小学教师借工作之便，先后在学校办公室、灶房、教室对9名小学生进行奸淫、猥亵。案发后，行为人已被判处死刑，缓期2年执行。被害人的家属认为，行为人的行为不仅触犯刑律，构成犯罪，还给9名小学生的身心造成了严重伤害，构成民事侵权；办学点所在学区疏于管理，对在校的限制民事行为能力和无民事行为能力的学生监护不力，也应承担相应的民事责任。因此，请求人民法院判令行为人和监护不力的学校承担精神损害赔偿责任。该案经云南省临沧地区中级人民法院做出第一审判决，有关当事人对原判不服，提起上诉。云南省高级人民法院审判委员会经讨论认为：此案涉及如何理解和适用《附带民事诉讼

〔1〕 参见陈现杰：《〈关于确定民事侵权精神损害赔偿责任若干问题的解释〉的理解与适用》，载《人民司法》2001年第4期。该观点与其时通行观点有所出入，后者见唐德华主编：《最高人民法院〈关于确定民事侵权精神损害赔偿责任若干问题的解释〉的理解与适用》，人民法院出版社2001年版，第84～85页。

范围规定》和《2001 年精神损害赔偿司法解释》的问题，适用不同司法解释而发生的法律后果完全不同，故提出请示。[1]

（3）为克服侵害型犯罪的被害人在刑事附带民事诉讼中所获赔偿明显低于在单独的民事诉讼中所获赔偿而产生的严重失衡，且遵循 1996 年《刑事诉讼法》上述规定的表面文义，《2003 年人身损害赔偿司法解释》乃将原来在《2001 年精神损害赔偿司法解释》中被定性为精神损害赔偿的“两金”改变为物质损失赔偿（原第 25、29 条；现第 12、15 条），以使被害人在刑事附带民事诉讼中所获之“物质损失”赔偿与民事诉讼有所平衡，可谓用心良苦！[2]

例如，在“邸某诉哲某涉刑离婚精神损害赔偿纠纷案”中，广东省广州市中级人民法院第二审认为：“由于上诉人（指哲某，下同——引者注）对被上诉人（指邸某，下同——引者注）实施家庭暴力，并导致双方离婚，根据《婚姻法》第 46 条第 3 项的规定，被上诉人有权请求损害赔偿……上诉人的暴力行为不仅给被上诉人造成了物质损失，同时也使被上诉人的身心受到了伤害。对此，根据《最高人民法院关于适用〈中华人民共和国婚姻法〉若干问题的解释（一）》第 28 条的规定，被上诉人有权请求物质损害赔偿和精神损害赔偿。因此，原审判决上诉人向被上诉人赔偿精神损害抚慰金并无不当。上诉人依据《被害人精神损害民事诉讼批复》，主张其无须赔偿精神损害抚慰金给被上诉人的理由不成立，本院不予支持。”[3]在本案中，人民法院系以适用原《婚姻法》第 46 条关于离婚损害赔偿的规定（对应《民法典》第 1091 条）为由，排除适用刑事司法解释中对侵害型犯罪所造成的精神损害不予赔偿的规定。

又如，在“晏某贤、郑某霞诉朱某琴、北京巴士股份有限公司人身损害纠纷案”中，此前行为人朱某琴已被人民法院以故意伤害罪判处死刑缓期 2 年执行，女儿被害的清华大学教授晏某贤、郑某霞夫妇向朱某琴、北京巴士股份有限公司另行提起索赔 300 万元的民事诉讼，北京市第一中级人民法院第二审认为：“上诉人（指晏某贤、郑某霞夫妇——引者注）亲眼目睹了自己的爱女遭受侵害致死。……目睹一个生命由生机盎然竟在短暂的时间内凋零，而这个生命竟是自己的独生爱女，这是一种何等的痛苦。世间最大的痛苦莫过于眼睁睁目睹最爱的人从自己的身边消逝，自己却无能为力。假如，这仅仅是生命自然的过程，人们也只能去坦然面对。但是，这

[1] 参见李洪江：《解读〈最高人民法院关于人民法院是否受理刑事案件被害人提起精神损害赔偿民事诉讼问题的批复〉》，载李国光主编：《解读最高人民法院司法解释·民事卷（1997～2002）》，人民法院出版社 2003 年版，第 549 页。

[2] 最高人民法院民事审判第一庭：《最高人民法院人身损害赔偿司法解释的理解与适用》，人民法院出版社 2004 年版，第 361 页以下。

[3] 广东省广州市中级人民法院（2005）穗中法民一终字第 2851 号民事判决（2006 年 3 月 10 日）。

却是出于一场飞来横祸，而且是在自己眼前发生。本院相信这种痛苦确实是到了无法想象的地步。……朱某琴竟然对一个小女孩做出了如此令人难以想象的野蛮行为。……必须予以惩罚，以警示违法分子，昭示社会正义。这也是精神抚慰金所应起到的作用之一。"因此，判决朱某琴、北京巴士股份有限公司共同赔偿晏某贤夫妇死亡赔偿金、丧葬费、医药费等45万元、精神损害金30万元，合共75万元。[1]

3. 2009年至今。(1)原《侵权责任法》明确规定了民事责任优先原则(第4条)，并且在民事基本法的层面上正式承认精神损害赔偿(第22条)。如此一来，民事审判的通行观点认为，应径行否定对侵害型犯罪所造成的精神损害不予赔偿的观点。[2] 但是，《2012年刑事诉讼法司法解释》仍然明确否定赔偿被害人的精神损害。不止于此，此一阶段的司法实践中出现径以刑事审判中的量刑影响民事赔偿责任的做法。例如，认为"被告人被判处死刑的，确定民事赔偿责任时，应综合考虑被告人的实际履行能力，酌情确定赔偿数额"；[3] 或者径以被告人不予民事赔偿为由而影响量刑，认为"对于基本未赔偿的，或者隐匿财产逃避赔偿的，要酌情从重处罚"。[4] 唯《刑事诉讼法司法解释》第175条第2款规定："因受到犯罪侵犯，提起附带民事诉讼或者单独提起民事诉讼要求赔偿精神损失的，人民法院一般不予受理。"其中的"一般"，似为在涉犯罪的民事赔诉讼中赔偿精神损失打开了缺口。

(2)在原《侵权责任法》第4条规定的基础上，原《民法总则》进一步明确规定民事责任优先原则。该法第187条规定："民事主体因同一行为应当承担民事责任、行政责任和刑事责任的，承担行政责任或者刑事责任不影响承担民事责任；民事主体的财产不足以支付的，优先用于承担民事责任。"该条规定后被纳为《民法典》第187条规定。由此，侵害型犯罪的民事赔偿范围问题再次进入人们的争论视野。

在司法实践中，对于是否支持侵害型犯罪的被害人的精神损害赔偿请求，各地人民法院的裁判仍然显得两极分化。即使对道路交通肇事案件，也存在不同的认识。主流观点认为，因道路交通肇事的人身损害赔偿范围，赔偿项目除包括"两金"

---

〔1〕 北京市第一中级人民法院(2007)一中法民终字第9064号民事判决(2007年11月26日)。

〔2〕 参见最高人民法院民事审判第一庭：《最高人民法院关于道路交通损害赔偿司法解释理解与适用》，人民法院出版社2012年版，第383～384页；《广东省高级人民法院关于已被追究刑事责任的犯罪人应否承担精神损害赔偿民事责任的批复》(粤高法民一复字〔2012〕3号)，《贵州省高级人民法院关于在交通肇事刑事附带民事诉讼案件中调整赔偿范围的通知》(黔高法〔2010〕215号)，载梁展欣编订：《民事司法规范大全·侵权卷》，人民法院出版社2013年版，第1043、1086～1087页；叶名怡：《论死亡赔偿范围——以〈中华人民共和国侵权责任法〉第16、17、22条为分析重点》，载《法商研究》2010年第5期。

〔3〕 《浙江省高级人民法院关于在立案和审判中兼顾案件执行问题座谈会纪要》(浙高法〔2009〕116号)第36条。

〔4〕 《浙江省高级人民法院关于审理交通肇事刑事案件的若干意见》(浙高法〔2009〕282号)第3条第2款。

外，还包括精神损害赔偿。例如，在“高某英等诉中国人寿财险开封市中心支公司保险合同纠纷案”中，河南省开封市中级人民法院第二审认为：“根据《机动车交通事故责任强制保险条款》第8条的规定，被保险人在使用被保险机动车过程中发生交通事故，致使受害人死亡的，保险人承担的赔付事项包含精神损害抚慰金。保险条款并无肇事司机构成犯罪，保险人可以免予赔偿精神损害抚慰金的约定。交强险作为公益保险，其立法本意在于保护受害人的利益，而非为保险人分散保险风险。被上诉人请求精神损害抚慰金具有法律依据，且未超出保险合同约定的赔偿项目，应予支持。”[1]

又如，在“李某兰等与梁某辉等道路交通事故责任纠纷案”中，广东省潮州市中级人民法院第二审认为，梁某辉虽因本案同一事实犯交通肇事罪在另一案件中被依法判处有期徒刑3年，但因《侵权责任法》有单独赔偿精神损害抚慰金的规定，应赔偿被害人李某兰等赔偿死亡赔偿金699,964元、精神损害抚慰金30,000元等，共计716,738元。[2]

再如，在“潘二矿交通肇事（刑事附带民事诉讼）案”中，安徽省淮南市中级人民法院第二审认为：根据《道路交通安全法》第76条、原《侵权责任法》第22条、《2012年刑事诉讼法司法解释》第155条第3款、2012年《道路交通损害赔偿解释》第14条第1款的规定，被害人的损害赔偿金包括死亡赔偿金53余万元、精神损害抚慰金8万元。[3]

但也有拒绝赔偿精神损害的观点。例如，在“陈某英等诉北京陆峰达客运有限公司等道路交通事故人身损害赔偿纠纷案”中，其裁判要旨认为：“交通肇事责任人承担刑事责任能够作为一种精神损害的救济方式，足以对受害人（或家属）进行精神抚慰，无须侵权人另行赔偿精神损害抚慰金。对侵权人处以刑事制裁，使其人身自由受到剥夺或限制、财产权利受到处罚，受害人（或家属）可以从中得到安慰。”[4]

对非道路交通肇事的侵害型犯罪的，主流的观点认为不予赔偿精神损害。例

---

〔1〕 河南省开封市中级人民法院（2012）汴民终字第768号民事判决；周超举、周卫华：《交通肇事受害人有权请求保险公司支付精神损害赔偿——河南开封中院判决高某英等诉中国人寿财险开封市中心支公司保险合同案》，载《人民法院报》2013年8月15日，第6版。

〔2〕 广东省潮州市中级人民法院（2014）潮中法民一终字第28号民事判决（2014年7月14日）。

〔3〕 安徽省淮南市中级人民法院（2016）皖04刑终176号刑事判决（2016年10月8日）；李磊：《潘二矿交通肇事案》，载最高人民法院中国应用法学研究所：《人民法院案例选》（总第117辑），人民法院出版社2018年版，第42页以下。

〔4〕 北京市平谷区人民法院（2009）平民初字第04964号民事判决（2009年11月19日）；王雁：《陈某英等诉北京陆峰达客运有限公司等道路交通事故人身损害赔偿案（刑事案件中的精神损害赔偿）》，载国家法官学院、中国人民大学法学院编：《中国审判案例要览·2010年民事审判案例卷》，中国人民大学出版社2011年版，第310～314页。

如,在"尹某军诉颜某奎健康权、身体权纠纷案"中,安徽省淮南市中级人民法院第二审认为:"颜某奎已因伤害尹某军的犯罪行为被判处有期徒刑一年零三个月,颜某奎被判处刑罚对尹某军是一种精神上的抚慰;且精神抚慰金不属于物质损失的范畴,故对尹某军关于精神抚慰金的诉讼请求不予支持。"[1]

(三)精神损害应予赔偿

侵害型犯罪的民事赔偿范围,应依完全赔偿原则,直接适用民法关于普通民事赔偿范围的规定来确定。基于法律面前人人平等的宪法原则[2]和民事责任优先原则,民事赔偿范围应实行刑民标准一致,不应仅仅因为涉及特定类型的犯罪而有所缩小。究其理由,无非是认为对行为人实施刑事追责,已经足以弥补被害人所遭受的精神损害,如果再对被害人予以金钱赔偿,属于重复追责;况且行为人多为穷困之辈,强行"增加"赔偿金额,容易造成"空判",故殊无必要。但是,侵害型犯罪作为一种普通侵权行为,相对于其他侵权行为而言并无任何特殊性。如果仅仅因为该不法行为构成犯罪、行为人被判处刑罚,而对被害人所遭受的精神损害不予赔偿,将会造成法律适用上的严重不公平,从而违反法律面前人人平等的宪法原则。

首先,依我国《民法典》第 187 条和《刑法》第 36 条第 2 款等规定确立的民事责任优先原则,所谓重复追责是一个伪问题。对于行为人所应承担的民事赔偿范围,理应由民法加以规定,而不应由刑法或者刑事诉讼法加以规定。在民事责任优先原则之下,继续泥守已受刑事追责的行为人无须对被害人赔偿精神损害的观点,不仅与民法实体法的规定严重冲突,更对被害人的合法权益保护殊有不公。被害人因受到不法侵害而对行为人主张精神损害赔偿,系其依据民法的规定而享有的法定债权,不得随意加以剥夺,而应给予充足、平等的保护。如照所谓"空判"论,岂非行为人多有财货者就应多承担民事责任耶?此将明显有违于法律面前人人平等的宪法原则。行为人经济状况的优劣与否,并非确定其民事赔偿责任所应衡量的决定性因素,更不宜因此而导致在刑民诉讼之间对被害人产生救济上的差别待遇。质言之,被害人享有的此项损害赔偿请求权,本来就无所谓"空判"与否之可言。况且,被害人就其该项损害赔偿请求权尚有处分或者主张保险金的余地。行为人 时无法给付的,不代表其将来无法给付。因此,如果仅仅以行为人已受刑事追责而免除其本应承担的民事赔偿责任,实为"提前"免除其民事赔偿责任,而视被害人如无物,断断难谓公平!行为人因同一行为所应承担的民事赔偿责任,不应因分别在刑民诉讼中予以主张而有所不同,而应统一适用民法上关于确定民事赔偿责任的有关规定。

---

[1] 尹某军诉颜某奎健康权、身体权纠纷案,载《最高人民法院公报》2019 年第 3 期。

[2] 参见我国《宪法》第 33 条第 2 款。

其次,在司法实践中,由于刑事司法解释上明确规定在刑事附带民事诉讼中对侵害型犯罪所造成的精神损害不予赔偿,有的人民法院则采取“曲线救国”的办法,既允许被害人提起单独的民事诉讼支持其精神损害赔偿的请求,又允许被害人在刑事附带民事诉讼主张物质损失赔偿。[1] 但是,这种做法既人为地切割了被害人因同一侵害事件而享有的、统一的损害赔偿请求权,与民事诉讼法上的部分请求法理不相符合;又在事实上规避了刑事法律、司法解释上对侵害型犯罪所造成的精神损害不予赔偿的规定,而有“违法审判”之嫌。依民事诉讼部分请求的法理,原告须于前诉中明示保留部分债权不予起诉并提出正当理由,经人民法院审查且被告不提出异议的方可实行。但在侵害型犯罪的刑事附带民事诉讼中,人民法院一般应根据物质损失情况作出判决,因而被害人在前诉(主要指刑事附带民事诉讼)中便无法保留精神损害赔偿请求权的部分而不予起诉。如果被害人在起诉中未表示保留精神损害赔偿请求权的部分而不予起诉的,亦不得在后诉(民事诉讼)中予以起诉。《2001年精神损害赔偿司法解释》第6条规定:“当事人在侵权诉讼中没有提出赔偿精神损害的诉讼请求,诉讼终结后又基于同一侵权事实另行起诉请求赔偿精神损害的,人民法院不予受理。”(现已删除)亦寓有斯旨。

总之,无论在立法论抑或解释论上,对侵害型犯罪的民事赔偿范围均应依民法关于普通民事赔偿范围的规定来确定,实行刑民标准一致,而不宜实行刑民区别对待。无论被害人系提起刑事附带民事诉讼还是单独的民事诉讼请求民事赔偿,人民法院均应予以受理,并根据民法的有关规定对被害人所遭受的精神损害予以赔偿。有法官正确地指出:“刑事附带民事程序本质上是两个程序的结合:刑事程序体现的是公权力对犯罪行为的惩戒,并通过个案对社会起到教育和引导作用;所附带的民事程序,是对犯罪行为或者从民事角度说是侵权行为对受害人民事权利侵害的救济。这两个程序有本质的不同,刑事附带民事程序把它们结合在一起,有它的优势和便利,但是绝不能因为有刑事附带民事程序而妨碍了我们全面、综合和彻底地对受害人权利进行救济。”[2] 最高人民法院民事审判第一庭表示:“刑事案件的受害人就精神损害赔偿对犯罪人提起民事诉讼的,人民法院应依据侵权责任法第4条、第22条及其他相关规定,对案件予以审理,结合案件具体情形,依法认定对受害人的

---

〔1〕 王小辉:《刑事附带民事诉讼对前判确认赔偿额的处理——马洪书诉黄万彬、陈国辉刑事附带民事诉讼案》,载重庆市高级人民法院编:《案例指导与参考》2013年第4期。

〔2〕 张勇健:《在全国高级法院民一庭庭长座谈会上的总结讲话》,载最高人民法院民事审判第一庭:《民事审判指导与参考》(总第54辑),人民法院出版社2013年版,第33~34页。

诉讼请求应否给予支持。”[1]

（四）抚慰金数额的评定

抚慰金是对精神损害的金钱赔偿。依我国《民法典》第1183条第1款规定，抚慰金的适用对象为严重精神损害。[2] 其中的“严重”，实际上是赋予人民法院对确定抚慰金数额的自由裁量权，由人民法院根据案件的具体情况确定抚慰金数额，故原则上应采取具体计算法。在具体计算中，司法解释上似系侧重于强调“后果”的严重性，[3]似有不足，应作适度扩张。与物质损失的金钱赔偿一般具有对应的具体数额——“算定”不同，抚慰金数额系具有鲜明的评价——“评定”性质。在德国民法实务中，抚慰金数额的评定作业，有从严格向宽松发展的趋向：原来将考察的因素限定为精神侵害的程度和时间，后来则认为应当考虑“一切可以考虑的情况”，包括行为人与被害人双方的过失程度和经济情况。[4] 欧洲侵权法小组《欧洲侵权法原则》第10:301条第2款前段规定：“评定非财产损害一般应考虑案件的全部情况，包括该痛苦的严重性、持续时间和后果。”其评注指出，这里列举的只是决定抚慰金合适数额的核心因素，而法院在做最后权衡时，案件所有的环境因素都应纳入考虑范围。[5]

由于抚慰金定义的内在矛盾——人格上的精神利益与金钱之间不可通约（英incommensurability），我国民法对于抚慰金数额的评定，立法上尚乏明文，司法解释则引进动态系统论（德 bewegliches System）的方法，罗列评定作业中须加考察的诸项因素，指引人民法院对抚慰金数额的评定作业。究其实质，乃系因应抚慰金的性质，赋予人民法院根据案件的具体情况而对抚慰金数额进行酌情评定的自由裁量权。《精神损害赔偿司法解释》第5条规定：“精神损害的赔偿数额根据以下因素确定：（一）侵权人的过错程度，但是法律另有规定的除外；（二）侵害行为的目的、方式、场合等具体情节；（三）侵权行为所造成的后果；（四）侵权人的获利情况；（五）侵

---

〔1〕 最高人民法院民一庭：《刑事案件的受害人可否就精神损害赔偿提起民事诉讼》，载最高人民法院民事审判第一庭：《民事审判指导与参考》（总第52辑），人民法院出版社2013年版，第143～147页（于蒙执笔）。其中的“侵权责任法第4条、第22条”，对应我国《民法典》第187条、第1183条第1款。

〔2〕 此与立法例的通行做法相一致，如见《葡萄牙民法典》第496条第1款，我国台湾地区“民法”第195条第1项。邱聪智教授指出，我国台湾地区“民法”第195条第1项规定的“情节重大”要件，对人格权之保护“仍有犹抱琵琶半遮面之虞”，尚不足以“贯彻一般人格权或完全实现人格权保护”，参见邱聪智：《新订民法债编通则（新订1版）》（上册），中国人民大学出版社2003年版，第178～179页。

〔3〕 参见我国《2001年精神损害赔偿司法解释》第8条（现已删除）。

〔4〕 参见［德］迪特尔·梅迪库斯：《德国债法总论》（原书第12版），杜景林、卢谌译，法律出版社2004年版，第495～496页。

〔5〕 参见欧洲侵权法小组：《欧洲侵权法原则：文本与评注》，于敏、谢鸿飞译，法律出版社2009年版，第238～239页。《俄罗斯联邦民法典》第1101条第2款第1段规定：“精神损害补偿的数额，由法院根据给受害人造成身体和精神痛苦的性质决定。当以过错为损害赔偿的依据时，法院还要根据致害人的过错程度确定赔偿数额。在确定精神损害补偿的数额时，应斟酌合理性和公正性的要求。”

权人承担责任的经济能力;(六)受理诉讼法院所在地的平均生活水平。”其中的考察重点,似系置于侵害事件而非被害人所遭受的损害本身之上,因而有失轻重。此前的《民事案件审判质量纪要》第二(二)中规定:“各地在判令侵权人赔偿此类赔偿金的数额和标准时,要从国家经济社会和文化发展形势以及当时当地的实际情况出发,赔偿数额不宜过高,但允许经济发展状况不同的地区因地制宜确定不同的赔偿参数,以求做到既对侵权人的行为予以制裁,对被害人所受到的精神痛苦给以抚慰和补偿,同时还对社会风尚予以正确引导。一般情况下,对于那些动辄提出索赔上百万元精神赔偿金的诉讼请求,不应支持。目前,有些省通过地方性法规对此作出规定的,当地法院可以适用。”

笔者认为,人民法院评定抚慰金数额,应以被害人因不法行为所遭受的损害本身作为基点,兼顾其他因素。

1. 被害人一方的因素。对此,《精神损害赔偿司法解释》仅表述为“侵权行为所造成的后果”。可以分如下三个方面进行考察:

(1)被害人被害因素。即被害人因侵害事件而遭受的精神损害情况,包括被害人的个人情况(如年龄、性别等)、被侵害的人格法益(如身体、健康、名誉、性自主等)、侵害的程度(如残疾、轻伤、抑郁征等)、持续时间(如住院时间、实际治疗天数、完全治愈期间等)及后遗症的有无、部位、程度、将来的不安等。

(2)被害人获利因素。即被害人因侵害事件而获得利益的情况,尤其是行为人或者第三人在物质损失金钱赔偿以外向被害人一方给付的慰问金。在日本司法实务中,对于第三人因被害人死亡而给付的奠仪,以及被害人一方依其他法律关系应当受领的养老金、保险金等,认为由于上述金钱给付客观上具有抚慰精神损害的作用,故在评定抚慰金时予以一并考察。[1] 笔者对此不予赞同。奠仪之给付系基于情谊关系,养老金、保险金之给付则与行为人无关,不应使行为人因被害人一方受领此给付而于法外获利。

(3)被害人环境因素。即被害人的具体社会生活状况,包括年龄、性别、职业、收入、教育程度、专门技能、社会地位、经济状况等,以及在侵害后的恢复情况和接受其他救济的情况。我国台湾地区“最高法院”特别强调侵害对职业活动的影响,如画家眼睛失明、小提琴家失去手指、模特儿毁容等。[2] 有学者反对考察被害人的上述环境因素,认为与精神损害之间没有关联,而且对人的社会地位高低的判定也缺乏公

---

〔1〕 参见罗丽:《日本的抚慰金赔偿制度》,载《外国法译评》2000 年第 1 期。

〔2〕 参见王泽鉴:《损害赔偿》,北京大学出版社 2017 年版,第 261 页。

认的标准。[1] 另有学者则主张，应限缩对被害人经济状况的考察，应“仅于特定情形下方始虑及”。[2]

笔者认为，单纯从概念上看，精神损害的确是因人而异的，这使得对精神损害的认定不仅取决于侵害事件本身，还取决于被害人本身。即使是医学上相同的损害，但由于被害人不同，各自切身的精神损害就不同；在不同的被害人之间，不存在完全相同的精神损害；即使是同样的抚慰金数额，对不同的被害人而言，意义也不相同。特别是在精神痛苦的方面，会因被害人的教育程度、职业、社会地位和经济状况等环境因素的不同而存在差异。抚慰金的抚慰功能客观上虽系以金钱的换价性作为基础，但究以主观上金钱对于该被害人具有满足的意义方可。上述三个方面因素之间并非平等的关系，既可以作为考察的顺序来看待，又可以区分出衡量的比例，该比例似以 6∶3∶1 为宜。

2. 行为人一方的因素。《精神损害赔偿司法解释》对此给予高度重视，第 5 条第 1、2、4、5 项规定皆与此相关联。尤其是其中第 1 项规定的“侵权人的过错程度”，学者亦多予支持。[3] 唯该项中的但书规定，似系区分行为人之该项责任归责上系采取过错责任抑或无过错责任而有不同。[4] 笔者认为似乎无此必要。可以分如下三个方面进行考察：

(1) 行为人致害因素。即行为人实施不法行为的具体情况，包括动机、手段、场合、内容、方式、范围等具体情节，以及行为人的过错程度和侵害发生后处理侵害的态度等。如在道路交通事故案件中，考察行为人的致害情节，如无照驾驶、酒后驾车、打瞌睡驾车、无视信号、超速驾车等。但是，这些因素只在其过错对该损害起具有显著作用时才予虑及。在适用无过错责任的场合下，行为人具有过错的，尽管在归责中不予虑及，但在咎责中则可予虑及。

---

[1] 张新宝：《侵权责任构成要件研究》，法律出版社 2007 年版，第 270 页。

[2] 曾世雄：《损害赔偿法原理》，中国政法大学出版社 2001 年版，第 410 页。另有学者则明确反对考虑被害人环境因素，见张新宝：《〈侵权责任法〉死亡赔偿制度解读》，载《中国法学》2010 年第 3 期。

[3] 王泽鉴：《慰抚金》，载王泽鉴：《民法学说与判例研究》（修订版）（第 2 册），中国政法大学出版社 2005 年版，第 229 页；曾世雄：《损害赔偿法原理》，中国政法大学出版社 2001 年版，第 415 页；王利明：《侵权责任法研究》（上卷），中国人民大学出版社 2010 年版，第 718 页；张新宝：《侵权责任构成要件研究》，法律出版社 2007 年版，第 268 页。王泽鉴教授指出：我国台湾地区司法实务上未将行为人的故意、过失的轻重作为评定抚慰金的因素，应系强调抚慰金的填补功能，但予以纳入实有肯定的必要，参见王泽鉴：《损害赔偿》，北京大学出版社 2017 年版，第 262～263 页。西原道雄所主张的死亡损害说的第三层观点即采取此说，参见于敏：《日本侵权行为法》（第 3 版），法律出版社 2015 年版，第 571～572 页。相反的观点则认为：“行为人的过错程度只有在其对受害人的痛苦起了显著作用时才予考虑”，参见欧洲侵权法小组《欧洲侵权法原则》第 10：301 条第 2 款后段。

[4] 唐德华主编：《最高人民法院〈关于确定民事侵权精神损害赔偿责任若干问题的解释〉的理解与适用》，人民法院出版社 2001 年版，第 70 页。

(2)行为人获利因素。即行为人因实施不法行为而获得利益的情况，一般发生在侵害具有财产因素的人格权（“商品化人格权”）的场合之中。[1] 行为人获利剥夺一般适用于物质损失赔偿的场合（《民法典》第1182条），将之引入精神损害赔偿的场合，应以该项侵权行为所造成的物质损失未获证明，而行为人获利的因素在整个损害赔偿中未获体现作为前提。[2]

(3)行为人环境因素。即行为人的具体社会生活状况，包括年龄、性别、职业、收入、教育程度、专门技能、社会地位、经济状况等，此与抚慰金的预防功能相对应。盖因赔偿抚慰金不得对行为人产生过分不公平的困难，也不因行为人的经济状况恶劣而免除其责任。[3] 针对数人侵权行为，则应斟酌各行为人的经济状况等一切相关情事；对法定代理人与未成年人承担连带责任的情形，应斟酌法定代理人的经济状况等情事；对使用人为他人行为承担使用人责任的情形，司法实务中虽存在肯定和否定的观点，但为保护被害人的利益，仍应斟酌使用人的经济状况等情事。[4] 与考察被害人环境因素时不宜过分强调经济状况不同，考察行为人环境因素时应对行为人的经济状况保持较高的关注度。这既体现了行为人的赔偿能力，也有利于发挥抚慰金的预防功能。上述三个方面因素之间亦非平等的关系，既可以作为一定的考察顺序，也可以区分出衡量的比例，该比例似以5∶3∶2为宜。

3. 综合的环境因素。《精神损害赔偿司法解释》第5条第6项对此规定为“受理诉讼法院所在地的平均生活水平”，即社会平均生活水平，目标是使抚慰金数额最终符合社会通常观念。此系实行属地原则，即以审理人民法院所处在的地区为限，审理人民法院一般无须考察侵害事件发生地、结果地以及行为人住所地或者经常居住地等不同的本案连结地点的平均生活水平。[5]

---

[1] 参见王利明：《侵权责任法研究》（上卷），中国人民大学出版社2010年版，第719页。

[2] 少数学者反对在评定抚慰金数额时考察行为人获利的因素，参见张新宝、郭明龙：《论侵权死亡的精神损害赔偿》，载《法学杂志》2009年第1期。后又提出，该项因素只适用于对他人精神性人格权强制商业化的情形，参见郭明龙：《论精神损害赔偿中的“侵权人获利”因素》，载《法商研究》2009年第1期。

[3] 参见黄立：《民法债编总论》，中国政法大学出版社2002年版，第417页。参与起草我国《2001年精神损害赔偿司法解释》的法官指出：“精神损害赔偿基于其特殊的调整功能和惩罚功能，在填补损害的前提下考虑加害人承担责任的经济能力，体现了司法实践中从平均的正义向分配的正义发展，具有积极意义。”参见陈现杰：《〈关于确定民事侵权精神损害赔偿责任若干问题的解释〉的理解与适用》，载《人民司法》2001年第4期。

[4] 参见王泽鉴：《雇用人之资力与慰抚金之量定》，载王泽鉴：《民法学说与判例研究》（修订版）（第3册），中国政法大学出版社2005年版，第273页以下。

[5] 参见唐德华主编：《最高人民法院〈关于确定民事侵权精神损害赔偿责任若干问题的解释〉的理解与适用》，人民法院出版社2001年版，第72～73页。此外，笔者主张将我国《人身损害赔偿司法解释》第15条关于死亡赔偿金的计算规定，解释为针对大的死亡赔偿金中抚慰金部分的参考标准，即系针对死亡损害给予精神损害赔偿的定额化规定；该标准除适用审理人民法院所在地的地区标准以外，还可适用被害人的住所地或者经常居住地的地区标准，见同一司法解释第18条第1款。

总之,人民法院评定抚慰金的数额,应从被害人所受损害和侵害事件本身出发作整体权衡(德 Gesamt-abwagung),而不宜对各种因素作割裂的考察。[1] 但在考察顺序和衡量比例上,仍可作出一定的区分:先考察被害人一方的因素,后考察行为人一方的因素,最后考察综合的环境因素,三个方面之间的衡量比例似以 5∶4∶1 为宜。评定抚慰金数额与确定物质损失赔偿数额的不同之处,主要有如下三个方面:(1)评定抚慰金数额须考察被害人和行为人双方的职业、社会地位及经济状况。如行为人的经济状况较佳,而被害人的经济状况较劣的,可以适当提高抚慰金的数额;如行为人的经济状况不佳的,原则上不得作为减少抚慰金数额的理由;如行为人就该侵害事件有责任保险的,可以无须考察其经济状况。[2] (2)评定抚慰金数额系由人民法院依自由裁量权作出,人民法院在判决中须对其所着重考察的诸因素予以列明并叙明理由,[3]但无须逐一明示全部因素。[4] (3)如果行为人因该不法行为而被判处刑罚的,人民法院可以酌情减轻抚慰金数额,以引导被害人理性索赔。[5]

---

〔1〕 参见黄立:《民法债编总论》,中国政法大学出版社 2002 年版,第 418 页。

〔2〕 参见王泽鉴:《人格权法:法释义学、比较法、案例研究》,北京大学出版社 2013 年版,第 421 页。

〔3〕 参见我国《民事诉讼法》第 155 条第 1 款第 2 项。

〔4〕 参见[日]田山辉明:《日本侵权行为法》,顾祝轩、丁相顺译,北京大学出版社 2011 年版,第 101 页;[日]五十岚清:《人格权法》,[日]铃木贤、葛敏译,北京大学出版社 2009 年版,第 193 页。

〔5〕 参见陈现杰:《解读〈关于确定民事侵权精神损害赔偿责任若干问题的解释〉》,载李国光主编:《解读最高人民法院司法解释·民事卷(1997～2002)》,人民法院出版社 2003 年版,第 84 页。相反观点认为,抚慰金的数额不受行为人被判处刑罚的影响,参见张新宝、郭明龙:《论侵权死亡的精神损害赔偿》,载《法学杂志》2009 年第 1 期。

# 第十章　行为人赔偿与量刑

行为人的赔偿情况能否对人民法院的量刑活动产生影响，由于牵涉到“刑法私法化”以及所谓“赔钱减刑”“以钱买刑”等敏感话题，故须予以积极而慎重的对待。这源于刑事责任与民事责任的区分观念。既然行为人向被害人承担民事赔偿责任，属于民事责任的范畴，如何能发生影响刑事责任的效果，确实不无疑问。一方面，刑法上的罪刑相适应原则本身就包含着刑罚个别化的思想，行为人的悔罪表现是考察其再犯可能性大小的重要因素之一，因而行为人赔偿影响量刑是贯彻罪刑相适应原则的重要体现。另一方面，行为人赔偿影响量刑还受到恢复性司法（英 restorative justice）观念的影响，即刑罚的功能并非仅为“报应—惩罚”的一面，而具有“预防—恢复”的另一面。行为人赔偿在积极填补被害人因犯罪所遭受的损失的同时，恢复其与被害人之间此前被犯罪破坏的社会关系，从而协助其重返社会。

## 一、我国法的发展

在我国法上，行为人的赔偿情况影响人民法院量刑的规定分布较广，涉及法律、司法解释等多个规范层面，具有高度参照效力的指导性案例也不乏其例。

（一）法律

我国《刑法》第 61 条规定：“对于犯罪分子决定刑罚的时候，应当根据犯罪的事实、犯罪的性质、情节和对于社会的危害程度，依照本法的有关规定判处。”此为本法关于量刑的一般规定，列举了犯罪的事实、犯罪的性质、情节和对于社会的危害程度等一系列量刑情节。学说上认为，量刑情节主要针对的是犯罪行为本身

（责任刑情节），其次才及于行为人的其他方面，包括犯罪人的属性、犯罪后的态度、一贯表现和前科等（预防刑情节）。从上述规定所列举的情节来看，其“量刑”仅指责任刑，而不包括预防刑。[1] 所谓行为人犯罪后的态度，反映其人身危险性的大小和改造的难易程度，其中即包括行为人在犯罪后向被害人承担民事赔偿责任的情况。[2] “刑事加害人犯罪后能否积极赔偿被害人的损失在一定程度上反映了刑事加害人是否悔罪，这对于说明犯罪人的再犯可能性大小具有一定的意义。”[3] 尽管上述规定未将行为人的赔偿情况明确为量刑情节，但在同法分则中则有所涉及，如第276条之1第3款规定：犯拒不支付劳动报酬罪，“尚未造成严重后果，在提起公诉前支付劳动者的劳动报酬，并依法承担相应赔偿责任的，可以减轻或者免除处罚”。第176条第3款规定，非法吸收公众存款或者变相吸收公众存款，扰乱金融秩序，“在提起公诉前积极退赃退赔，减少损害结果发生的，可以从轻或者减轻处罚”。其中，作为法定量刑情节的“支付劳动者的劳动报酬，并依法承担相应赔偿责任”以及“积极退赃退赔，减少损害结果发生”，与同法第36条第1款规定的“赔偿经济损失”、第37条规定的责令“赔偿损失”、第64条前段规定的“责令退赔”意义相同，性质均为民事赔偿责任。

在《刑事诉讼法》方面，行为人赔偿涉及多项具体程序：(1)刑事附带民事诉讼，尤其设有调解程序（第103条）；(2)涉及自诉，设有调解与和解程序（第212条第1款）；(3)涉及速裁程序，行为人未与被害人达成赔偿调解或者和解协议的，排除适用该项程序（第223条第5项）；(4)涉及刑事和解特别程序（第5编第2章，第288～290条）；(5)涉及认罪认罚从宽制度。[4] 2018年修正该法，于第1章“任务和基本原则”中增加规定认罪认罚从宽原则，第15条规定：“犯罪嫌疑人、被告人自愿如实供述自己的罪行，承认指控的犯罪事实，愿意接受处罚的，可以依法从宽处理。”此项“从宽处理”，虽然在制度上源于司法实践中作为酌定量刑情节的坦白从宽，但与之又有着本质上的区别。其中，“犯罪嫌疑人、被告人自愿如实供述自己的罪行，承认

---

〔1〕 立法部门的释义系将我国《刑法》第61条规定解释为关于量刑情节的一般规定，区分法定量刑情节和酌定量刑情节。但不区分责任刑情节和预防刑情节。参见郎胜主编：《中华人民共和国刑法释义》（第6版），法律出版社2015年版，第62页。这反映了我国刑法上责任刑与预防刑尚未区分的现实，导致法定量刑情节中既有责任刑情节又有预防刑情节，酌定量刑情节中亦同的混乱现象。

〔2〕 参见高铭暄主编：《新编中国刑法学》（上册），中国人民大学出版社1998年版，第367～369页（李希慧执笔）。

〔3〕 高铭暄、张海梅：《论赔偿损失对刑事责任的影响》，载《现代法学》2014年第4期。

〔4〕 有法官认为，刑事和解是认罪认罚从宽这一综合性制度的下位概念，也是认罪认罚从宽制度的一种具体表现形式。参见王庆刚：《认罪认罚从宽的制度属性与司法适用——综合制度属性视野下对“从宽”的理解与适用》，载《法律适用·理论应用》2019年第13期。

指控的犯罪事实”即认罪;[1]“愿意接受处罚”即认罚,具体内容为“同意(人民检察院提出的——引者注)量刑建议和程序适用”(同法第174条第1款),“一般是指犯罪嫌疑人、被告人对司法机关根据其犯罪事实、情节,认罪、悔罪,赔偿或者和解等情况所给出的刑罚表示接受,特别是接受人民检察院提出的主刑、附加刑以及是否适用缓刑等的具体的量刑建议”。[2] “认罚”在内容上包括刑罚和赔偿等非刑罚措施,但不指向人民法院作出的处罚判决。“从宽”是认罪认罚的后果,重心为实体上从宽,兼具有程序上从宽的意义。实体上从宽主要是指刑罚从宽,即以责任刑为上限,下调预防刑;[3]程序上从宽是指简化或者省略诉讼环节、施予较轻缓的强制措施和程序性处理。[4]

对于《刑事诉讼法》上增设行为人认罪认罚从宽制度对刑罚制度的影响,立法部门的释义指出:“由于其(指行为人——引者注)认罪认罚的情节更为突出,在遵循罪责刑相适应原则的基础上,对其从宽的幅度可以比一般的自首、坦白更大一些,以表示对其认罪认罚的鼓励。”[5]但是,这一论述欠缺对认罪认罚与自首、坦白在预防刑意义上的比较关系予以明确,在司法实践中有被滥用的可能。周光权教授指出:“规定认罪认罚从宽制度后,预防刑对量刑的影响成倍放大,但放大到何种程度,需要在立法上认真斟酌。如果将认罪认罚从宽制度定位于程序上有一些特殊考虑,实体上要给被告人以优待,但量刑的优待程度如果仍像原来一样——对自首可以从轻处罚,对坦白也是可以从轻处罚,对认罪认罚也是可以从轻处罚,到了实务操作中,立法规定大多被进一步‘缩水’为即便被告人自首、坦白,也不予从轻处罚,这就是有问题的。所以,在认罪认罚从宽制度实施后,量刑应当在较大幅度内从宽,且从宽幅度应大于现在自首、立功的从宽幅度,至少在大量案件中,减轻处罚的适用不应成为

[1] 参见我国《刑事诉讼法》第214条第1款第2项、第215条第3项;《认罪认罚从宽指导意见》第6条。笔者认为,对于所谓“认罪”的界定,还应参照《刑事诉讼法》第288条第1款关于刑事和解特别程序的事实构成规定中的“真诚悔罪”予以增补。

[2] 王爱立、雷建斌主编:《〈中华人民共和国刑事诉讼法〉释解与适用》,人民法院出版社2018年版,第24~25页。另见我国《认罪认罚从宽指导意见》第7条。

[3] 有学者认为,认罪认罚从宽中的“从宽”包括责任刑减轻。参见孙长永:《认罪认罚案件“量刑从宽”若干问题探讨》,载《法律适用·理论应用》2019年第13期。这一观点应属误解。

[4] 参见我国《认罪认罚从宽指导意见》第8、9条。

[5] 王爱立、雷建斌主编:《〈中华人民共和国刑事诉讼法〉释解与适用》,人民法院出版社2018年版,第25页。

障碍。”[1] 在认罪认罚从宽制度中，行为人赔偿系作为其认罚的一个可能环节，即“检察机关提出量刑建议时应充分考量附带民事赔偿和被害人谅解情况”。[2] 关键在于，行为人赔偿能否转换为对其真诚悔罪的证明，从而降低特殊预防的必要性，达到实体上从宽的要求。

（二）司法解释

我国司法解释中涉及因行为人赔偿而给予从宽量刑的规定有不少，这里仅列举其中的8件：

1. 最早将行为人的赔偿情况作为量刑情节的司法解释，似为《被告人亲属退缴赃款批复》，其第4条中规定：“已作了退赔的，均可视为被告人退赃较好，可以依法适用从宽处罚。”其中将“退赔”视同于“退赃”，并不准确。

2. 原《附带民事诉讼范围规定》第4条规定：“被告人已经赔偿被害人物质损失的，人民法院可以作为量刑情节予以考虑。”第5条第1款规定：“犯罪分子非法占有、处置被害人财产而使其遭受物质损失的，人民法院应当依法予以追缴或者责令退赔。被追缴、退赔的情况，人民法院可以作为量刑情节予以考虑。”[3] 此系区分侵害型犯罪和占有型犯罪是否作为附带民事诉讼予以受理的规定，但对此两个场合中行为人的赔偿情况系作为量刑情节予以考量。

3.《诈骗司法解释》第3条规定：“诈骗公私财物虽已达到本解释第一条规定的‘数额较大’的标准，但具有下列情形之一，且行为人认罪、悔罪的，可以根据刑法第三十七条、刑事诉讼法第一百四十二条的规定不起诉或者免予刑事处罚：……（二）一审宣判前全部退赃、退赔的……（四）被害人谅解的……”其中的“刑事诉讼

---

〔1〕 周光权：《论刑法与认罪认罚从宽制度的衔接》，载《清华法学》2019年第3期。早在我国《刑法修正案（九）》增订《刑法》第383条第3款关于行为人“在提起公诉前如实供述自己罪行、真诚悔罪、积极退赃，避免、减少损害结果的发生”予以从宽处罚的规定时，周教授便已提出“认罪认罚退赃从轻处罚规定的总则化”观点。“这一规定实际上确立了认罪认罚从宽处理的实体法地位，有其合理性，但其仅作为分则性规定适用于贪污受贿犯罪，而不能惠及同样可以具备积极退赃情节的普通财产犯罪和经济犯罪，就既与这一规定的重要性不相匹配，也与刑法面前人人平等的原则相悖，且未能照应对大量轻罪不宜重罚的现实。因此，未来的刑法立法需要提升该规定的地位，将其作为总则条文进行设置。”参见周光权：《积极刑法立法观在中国的确立》，载《法学研究》2016年第4期。

〔2〕 胡云腾主编：《认罪认罚从宽制度的理解与适用》，人民法院出版社2018年版，第28、500页。作为立法依据之一的我国《最高人民法院、最高人民检察院、公安部、国家安全部、司法部关于在部分地区开展刑事案件认罪认罚从宽制度试点工作的办法》（法〔2016〕386号）第7条规定：“办理认罪认罚案件，应当听取被害人及其代理人意见，并将犯罪嫌疑人、被告人是否与被害人达成和解协议或者赔偿被害人损失，取得被害人谅解，作为量刑的重要考虑因素。”该条规定被吸收入《刑事诉讼法》第173条第2款关于人民检察院就犯罪嫌疑人认罪认罚须听取被害人意见的规定之中。《认罪认罚从宽指导意见》第五“被害方权益保障”，正式明确了被害人在行为人认罪认罚从宽制度中的地位和作用。

〔3〕 该司法解释已根据我国《最高人民法院关于废止部分司法解释和司法解释性质文件（第十一批）的决定》（法释〔2015〕2号）而废止，废止理由是已被《刑事诉讼法司法解释》及相关规定修改。

法第一百四十二条”，对应现行该法第177条。依此，以行为人“认罪、悔罪”为前提，“退赃、退赔”于第一审宣判前全部完成的，为诈骗犯罪免予刑事处罚的量刑情节。该项量刑情节系与“被害人谅解”情节相平行，不以同时具备后者作为适用条件。

4.《刑事诉讼法司法解释》第194条和第176条规定，分别沿袭上述已被废止的《附带民事诉讼范围规定》第4条、第5条第1款规定，此不具引。《刑事诉讼法司法解释》第276条第2款规定：“人民法院……应当根据案件情况审查以下影响量刑的情节：……（五）退赃、退赔及赔偿情况；（六）被告人是否取得被害人或者其近亲属谅解……”其中第6项规定将“被害人谅解”扩及于被害人的近亲属谅解。

5.《盗窃司法解释》第7条规定：“盗窃公私财物数额较大，行为人认罪、悔罪，退赃、退赔，且具有下列情形之一，情节轻微的，可以不起诉或者免予刑事处罚；必要时，由有关部门予以行政处罚：……（三）被害人谅解的；（四）其他情节轻微、危害不大的。”[1]这一处理方法与上述《诈骗司法解释》第3条规定有所不同。依此，以行为人“认罪、悔罪”为前提，“退赃、退赔”作为盗窃犯罪免予刑事处罚的量刑情节，需要同时具备诸如“被害人谅解”等其他条件。该条规定是对已被废止的《1998年盗窃司法解释》第6条第2项中“盗窃公私财物虽已达到‘数额较大’的起点，但情节轻微，并具有下列情形之一的，可不作为犯罪处理：……2.全部退赃、退赔的……”规定的取代，后者将“退赃、退赔”作为定罪情节使用，并不妥当。

6.《最高人民法院、最高人民检察院关于办理寻衅滋事刑事案件适用法律若干问题的解释》（法释〔2013〕18号）第8条规定：“行为人认罪、悔罪，积极赔偿被害人损失或者取得被害人谅解的，可以从轻处罚；犯罪情节轻微的，可以不起诉或者免予刑事处罚。”

7.《环境污染刑事司法解释》第5条规定：“实施刑法第三百三十八条、第三百三十九条规定的行为，刚达到应当追究刑事责任的标准，但行为人及时采取措施，防止损失扩大、消除污染，全部赔偿损失，积极修复生态环境，且系初犯，确有悔罪表现的，可以认定为情节轻微，不起诉或者免予刑事处罚；确有必要判处刑罚的，应当从宽处罚。”依此，行为人的赔偿情况除被作为量刑情节外，更被纳入定罪情节的范围。

8.《最高人民法院、最高人民检察院关于办理妨害信用卡管理刑事案件具体应

---

〔1〕 参见我国《最高人民法院、最高人民检察院关于办理敲诈勒索刑事案件适用法律若干问题的解释》（法释〔2013〕10号）第5条，《最高人民法院、最高人民检察院关于办理抢夺刑事案件适用法律若干问题的解释》（法释〔2013〕25号）第5条。

用法律若干问题的解释》(法释〔2009〕19 号,经法释〔2018〕19 号修正)第 10 条规定:“恶意透支数额较大,在提起公诉前全部归还或者具有其他情节轻微情形的,可以不起诉;在一审判决前全部归还或者具有其他情节轻微情形的,可以免予刑事处罚。但是,曾因信用卡诈骗受过两次以上处罚的除外。”此系对该司法解释原第 6 条第 5 款规定的修改,后者规定:“恶意透支应当追究刑事责任,但在公安机关立案后人民法院判决宣告前已偿还全部透支款息的,可以从轻处罚,情节轻微的,可以免除处罚。恶意透支数额较大,在公安机关立案前已偿还全部透支款息,情节显著轻微的,可以依法不追究刑事责任。”前、后两者的精神一致,皆系将行为人的赔偿情况(归还欠款)视情况作为量刑情节和定罪情节,但前者较于后者总体有所放宽,体现了适度从宽的精神。

(三)司法解释性质文件

我国司法解释性质文件中涉及因行为人赔偿而给予从宽量刑的规定也有不少,主要有如下 10 件:

1.《维护农村稳定座谈会纪要》第二(二)中规定:“积极退赃、赔偿损失的,应当注意体现政策,酌情从轻处罚。”

2.《全国法院审理金融犯罪案件工作座谈会纪要》(法〔2001〕8 号)第二中的第(四)“死刑的适用”规定:“对于犯罪数额特别巨大,但追缴、退赔后,挽回了损失或者损失不大的,一般不应当判处死刑立即执行。”

3.《最高人民法院关于为构建社会主义和谐社会提供司法保障的若干意见》(法发〔2007〕2 号)第 18 条规定:对犯罪分子在“案发后真诚悔罪并积极赔偿被害人损失的案件,应慎用死刑立即执行”。

4.《最高人民法院关于进一步加强刑事审判工作的决定》(法发〔2007〕28 号)第 26 条规定:“对于刑事附带民事被告人积极赔偿被害人物质损失的,可以作为量刑情节予以考虑。”第 27 条中规定:“对轻微犯罪以及初次犯罪、偶然犯罪、过失犯罪等主观恶性不深,人身危险性较小,有悔改表现,积极赔偿损失取得被害人谅解,不致再危害社会的犯罪分子,依法从宽处理,尽可能给予改过自新的机会。”第 45 条规定:对犯罪分子在“案发后真诚悔罪积极赔偿被害人经济损失的案件等具有酌定从轻情节的,应慎用死刑立即执行”。

5.《最高人民法院关于贯彻宽严相济刑事政策的若干意见》(法发〔2010〕9 号,以下简称《宽严相济刑事政策意见》)放宽行为人赔偿情况作为量刑酌定从宽情节的场合,其第 23 条规定:“被告人案发后对被害人积极进行赔偿,并认罪、悔罪的,依法可以作为酌定量刑情节予以考虑。因婚姻家庭等民间纠纷激化引发的犯罪,被害人及其家属对被告人表示谅解的,应当作为酌定量刑情节予以考虑。犯罪情节轻微,取得被害人谅解的,可以依法从宽处理,不需判处刑罚的,可以免予刑事处罚。”依此,“因婚姻家庭等民间纠纷激化引发的犯罪”情形,以获得被害人谅解为条件,人民法院“应当”予以酌情从宽处罚。

6.《人民法院量刑指导意见(试行)》(法发〔2010〕36 号)第三“常见量刑情节的适用”中规定:“……8. 对于退赃、退赔的,综合考虑犯罪性质,退赃、退赔行为对损害结果所能弥补的程度,退赃、退赔的数额及主动程度等情况,可以减少基准刑的 30% 以下。9. 对于积极赔偿被害人经济损失的,综合考虑犯罪性质、赔偿数额、赔偿能力等情况,可以减少基准刑的 30% 以下。”该规定明确了因行为人赔偿而从宽量刑的基本标准,为基准刑的 30% 以下。

7.《最高人民法院关于常见犯罪的量刑指导意见》(法发〔2013〕14 号,经法发〔2017〕7 号修正,以下简称《常见犯罪量刑指导意见》)第三“常见量刑情节的适用”中规定:“……8. 对于退赃、退赔的,综合考虑犯罪性质,退赃、退赔行为对损害结果所能弥补的程度,退赃、退赔的数额及主动程度等情况,可以减少基准刑的 30% 以下;其中抢劫等严重危害社会治安犯罪的应从严掌握。9. 对于积极赔偿被害人经济损失并取得谅解的,综合考虑犯罪性质、赔偿数额、赔偿能力以及认罪、悔罪程度等情况,可以减少基准刑的 40% 以下;积极赔偿但没有取得谅解的,可以减少基准刑的 30% 以下;尽管没有赔偿,但取得谅解的,可以减少基准刑的 20% 以下。其中抢劫、强奸等严重危害社会治安犯罪的应从严掌握。10. 对于当事人根据刑事诉讼法第二百七十七条达成刑事和解协议的,综合考虑犯罪性质、赔偿数额、赔礼道歉以及真诚悔罪等情况,可以减少基准刑的 50% 以下;犯罪较轻的,可以减少基准刑的 50% 以上或者依法免除处罚。”其中的“刑事诉讼法第二百七十七条”,对应现行该法第 288 条。该规定明确了除行为人赔偿外,获得被害人谅解、达成和解协议可以相应地增加从宽量刑的基准比例。

8.《全国部分法院审理黑社会性质组织犯罪案件工作座谈会纪要》(法〔2015〕291 号)第三“关于刑事责任和刑罚适用”中第“(二)量刑情节的运用问题”的规定:“被害人及其亲属确有特殊困难,需要接受被认定为黑社会性质组织成员的被告人赔偿并因此表示谅解的,量刑时应当特别慎重。不仅应当查明谅解是否确属真实意思表示以及赔偿款项与黑社会性质组织违法所得有无关联,而且在决定是否从宽处罚、如何从宽处罚时,也应当从严掌握。可能导致全案量刑明显失衡的,不予从宽处罚。”该规定体现了对黑社会性质犯罪分子从严掌握从宽量刑的精神。

9.《最高人民法院关于审理抢劫刑事案件适用法律若干问题的指导意见》(法

发〔2016〕2 号）第七"关于抢劫案件附带民事赔偿的处理原则"中规定："审理抢劫刑事案件，一般情况下人民法院不主动开展附带民事调解工作。但是，对于犯罪情节不是特别恶劣或者被害方生活、医疗陷入困境，被告人与被害方自行达成民事赔偿和解协议的，民事赔偿情况可作为评价被告人悔罪态度的依据之一，在量刑上酌情予以考虑。"该规定体现了对抢劫这一严重危害社会治安犯罪从严掌握从宽量刑的精神。

10.《认罪认罚从宽指导意见》第 7 条第 2 款规定："'认罚'考察的重点是犯罪嫌疑人、被告人的悔罪态度和悔罪表现，应当结合退赃退赔、赔偿损失、赔礼道歉等因素来考量。犯罪嫌疑人、被告人虽然表示'认罚'，却暗中串供、干扰证人作证、毁灭、伪造证据或者隐匿、转移财产，有赔偿能力而不赔偿损失，则不能适用认罪认罚从宽制度。犯罪嫌疑人、被告人享有程序选择权，不同意适用速裁程序、简易程序的，不影响'认罚'的认定。"该文件尤其在第五"被害方权益保障"的部分中，对行为人有无赔偿被害方损失、是否获得被害方谅解如何影响对其量刑作出了详细规定。

（四）最高人民法院指导性案例

我国最高人民法院发布的因行为人赔偿而给予从宽量刑的指导性案例，主要有如下 2 件：

1. 在最高人民法院指导性案例 4 号"王某才故意杀人案"中，最高人民法院不核准被告人王某才死刑，发回山东省高级人民法院重新审判后，山东省高级人民法院经依法重新审理，以故意杀人罪改判被告人王某才死刑，缓期二年执行，剥夺政治权利终身，同时决定对其限制减刑。改判的理由是："鉴于本案系因婚恋纠纷引发，王某才求婚不成，恼怒并起意杀人，归案后坦白悔罪，积极赔偿被害方经济损失，且平时表现较好，故对其判处死刑，可不立即执行。"其裁判要点指出："因恋爱、婚姻矛盾激化引发的故意杀人案件，被告人犯罪手段残忍，论罪应当判处死刑，但被告人具有坦白悔罪、积极赔偿等从轻处罚情节，同时被害人亲属要求严惩的，人民法院根据案件性质、犯罪情节、危害后果和被告人的主观恶性及人身危险性，可以依法判处被告人死刑，缓期二年执行，同时决定限制减刑，以有效化解社会矛盾，促进社会和谐。"

2. 在最高人民法院指导性案例 12 号"李某故意杀人案"中，最高人民法院不核准被告人李某死刑，发回黑龙江省高级人民法院重新审判后，黑龙江省高级人民法院经依法重新审理，以故意杀人罪改判被告人李某死刑，缓期二年执行，剥夺政治权利终身，同时决定对其限制减刑。改判的理由包括："在本案审理期间，李某的母亲代为赔偿被害方经济损失。"其裁判要点指出："对于因民间矛盾引发的故意杀人案件，被告人犯罪手段残忍，且系累犯，论罪应当判处死刑，但被告人亲属主动协助公安机关将其抓捕归案，并积极赔偿的，人民法院根据案件具体情节，从尽量化解社会矛盾角度考虑，可以依法判处被告人死刑，缓期二年执行，同时决定限制减刑。”上述两案均涉及行为人积极赔偿（但未获得被害人谅解）的量刑情节，原审人民法院作出的死刑立即执行判决被最终改判。

## 二、比较法的观察

刑事被害人获得赔偿作为一项基本权利，已经达成了国际共识。1985 年 11 月 29 日联合国大会通过《关于受害者》的第 40/34 号决议，其附件《为罪行和滥用权力行为受害者取得公理的基本原则宣言》第 8 条规定：“罪犯或应对其行为负责的第三方应视情况向受害者、他们的家属或受扶养人作出公平的赔偿。这种赔偿应包括归还财产、赔偿伤害或损失、偿还因受害情况产生的费用、提供服务和恢复权利。”但是，各国法基于历史、传统等原因，对于为何以及如何实现对被害人的赔偿保护，存在较大的差别。一般来说，行为人的赔偿情况会影响法院的量刑，即作为量刑情节来对待，但其影响量刑的理由、方式、内容和程度等也存在较大的差别。

### （一）法国法

《法国刑法典》设置了“惩罚—赔偿”的轻罪刑罚类型（第 131 -3 条第 9 项）。“惩罚—赔偿”是指行为人有义务在法院规定的期限内并按照法院规定的方式，赔偿受害人的损失。法院对行为人判处轻罪的监禁刑或者主刑仅为罚金刑时，可以宣告惩罚—赔偿刑，以替代监禁刑、罚金刑，或者与监禁刑、罚金刑同时宣告；其中，监禁刑的最长期限须不超过 6 个月，罚金刑的最高数额须不超过 15,000 欧元。在被害人和行为人同意的情况下，赔偿可以是实物赔偿，即修复遭犯罪行为损害的财产。修复工作由行为人本人或者其选择的一位专业人士完成，该专业人士的报酬由行为人支付。赔偿执行的情况由检察官或者其代表予以证明。如果行为人不遵守赔偿义务，刑罚执行法官可以下令全部或者部分执行上述监禁刑或者罚金刑（第 131 -8 -1 条）。[1]

### （二）德国法

《德国刑法典》第 46 条“量刑的基本原则”第 2 款规定：“法庭在量刑时，应权衡对行为人有利和不利的情况。特别应注意下列事项：行为人……行为后的态度，尤其是行为人为了补救损害所作的努力。”第 46a 条“行为人与被害人和解、损害赔偿”

---

〔1〕 参见《最新法国刑法典》，朱琳译，法律出版社 2016 年版，第 11、15 页。

规定，“行为人具备下列情形之一的，法庭可依第49条第1款减轻其刑罚，或者，如果科处的刑罚不超过1年自由刑或不超过360单位日额金之罚金刑的，则免除其刑罚：(1)行为人努力与被害人达成和解（行为人—被害人和解），对其行为造成的损害全部或大部予以补偿，或认真致力于对其行为造成的损害进行补偿的，或(2)在行为人可以自主决定对损害进行补偿或者不补偿的情况下，他对被害人的损害进行了全部或大部分补偿。”〔1〕其理由在于，“犯罪的物质的或非物质的后果的减轻，虽不能减轻罪责，但它基于不同的原因降低了处罚的必要性。首先，预防的刑罚需要被降低：行为人通过其损害赔偿的努力表明，他承认其罪责（和因此被其以前违反的规范的社会有效性），以至于不需要用刑罚来证明规范的有效性。此外，自愿的损害赔偿还常常表明，就预防行为人继续犯罪目的而言，不需要对他施加持续的影响。再者，行为人通过损害赔偿的努力，如提供物质的（或在其他和解努力中：非物质的）被害人的详细情况，以便找到被害人予以补偿，这样事实上他已经将一部分刑罚服刑完毕。也就是说，由于行为人的损害赔偿努力，刑罚的多种目的已经实现，制裁可被（在特定的情况下明显地）减轻”。〔2〕 但是，上述规定仅仅是一种“暂时性的、创设一个法定框架的有限努力”，存在如何操作的具体化问题。必须承认，“赔偿已经不再是一个纯粹的民法问题，因为它在本质上是有利于实现刑罚目的的。它具有重新社会化的功能”。为此，行为人必须通过赔偿以与被害人达成和解，这既使其自己得以重新回归社会，又使因其行为造成的社会紊乱得以恢复，从而重建法和平。如此一来，赔偿能否作为新的惩罚形式，在刑罚和保安处分之外发展成为刑法的“第三条道路”呢？〔3〕

（三）意大利法

《意大利刑法典》第62条“普通减轻情节”规定：“下列情节，当不属于犯罪构成要件或者特别减轻情节时，使犯罪变得较轻：……6)在审判前，通过赔偿损失或者在可能情况下通过返还，完全弥补了损害的；或者，在审判前并且在第56条最后一款规定的情况之外，采取措施自动地和有效地消除或者减轻犯罪的损害或危险后果的。”根据同法第165条规定，缓刑的适用可以以履行返还义务、支付以赔偿损失名义清算的钱款、支付暂时确定的赔偿数额、为弥补损害而公布处罚判决等为条件；除

---

〔1〕《德国刑法典》，徐久生译，北京大学出版社2019年版，第19～20页。

〔2〕［德］汉斯·海因里希·耶赛克、托马斯·魏根特：《德国刑法教科书·总论》，徐久生译，中国法制出版社2001年版，第1068～1069页。“损害赔偿介于刑法制裁和非刑法制裁的界限之间。非刑法制裁比选择根据正式的有罪宣告而科处刑罚更具有意义。”见同前书，第910页。

〔3〕参见［德］克劳斯·罗克辛：《德国刑法学总论》（第1卷·犯罪原理的基础构造）（原书第3版），王世洲译，法律出版社2005年版，第54～55页。

法律另有规定的情况外，还可以以采用法官在处罚判决中列举的方法排除犯罪的损害或危险结果为条件。此一以附加履行民事义务为条件而适用缓刑的规定，并未要求被害人须提出赔偿要求。此为本法采取实证派犯罪学观点的遗迹，要求行为人作出赔偿具有特殊预防的意义，除可以弥补被害人的损失外，还可以作为制裁某些犯罪的刑罚措施，法官得依职权予以主动追究。[1] 与此相关，根据同法典第179条第4款第2项规定，被判刑人没有履行因犯罪而承担的民事责任的，除非他证明自己处于不能履行该责任的状态，否则不允许其复权（指使附加刑和处罚的其他一切刑事后果消灭）。唯依现代刑事政策，赔偿作为替代性刑罚措施，需要考虑行为人的罪过程度，此与普通民事赔偿存在区别，也使其逐步演化为私法性刑罚。1948年第247号法律第12条规定的财产补偿制度似乎具有这种性质，其规定："当侮辱罪是通过出版物来实施时，除刑法典第185条规定的赔偿损失外，被害人可以以补偿的名义要求一定的财产。具体数额根据危害的严重性和出版物散布的范围决定。"[2]

2014年4月28日第67号法律对《意大利刑事诉讼法》引进了一项新的特别程序，称为"通过交付考验而终止程序"。内容是：对于符合一定条件的被告人，暂时不提交审判并且给予通过赔偿、和解与改过免除处罚的机会，如果该被告人在交付考验期间表现良好，法官可宣告其犯罪消灭。[3]

（四）奥地利法

《奥地利刑法典》第42条规定：如果一个人的犯罪行为最高处刑不超过3年徒刑、罪过不严重，或者无进一步实施犯罪之预期，而且行为之后果已通过其他方式被基本消除、补偿或赔偿的，行为人可以不受刑事惩罚。同法典第167条第1款规定，对特定犯罪包括刑事损害之行为人的刑罚是可以被免除的，如果表现出"积极的"悔罪的话。如果行为人在"在政府知道其犯罪行为之前已经完全补救了其造成的损害的"，则推定其有积极的悔罪。[4] 在非常例外的案件中，如果行为人自愿承担损害赔偿责任，则可以使其免予相应的刑事处罚。[5]

（五）美国法

1962年美国法学会《模范刑法典》第701条规定："被告就其犯罪所生的损害已

---

〔1〕 参见［意］杜里奥·帕多瓦尼：《意大利刑法学原理》，陈忠林译，法律出版社1998年版，第402～403页。

〔2〕 同上书，第403页。

〔3〕 参见黄风：《意大利刑诉法最新修订呈现三大亮点》，载《检察日报》2016年9月20日，第3版。

〔4〕 参见《奥地利刑事诉讼法》第204条；［德］克雷斯蒂安·冯·巴尔：《欧洲比较侵权行为法》（上册），张新宝译，法律出版社2001年版，第741～742页。

〔5〕 参见［奥］海尔姆特·库齐奥：《侵权责任法的基本问题》（第1卷·德语国家的视角），朱岩译，北京大学出版社2017年版，第68页。

经赔偿被害人的,法院得以交付保护管束替代徒刑。”在司法实践中,运用如禁令、罚款、归还和民事罚金等民事补救方式,惩罚反社会行为的倾向日益明显。在许多场合下,民事补救方式或与刑事制裁共同被使用,或代替刑事制裁,如在毒品案件中罚款得到广泛使用。有时,当某一行为被非刑事化时,民事方式能完全取代刑事控诉,如认为罪犯系有病而非有罪。许多州正运用民事方式制止家庭暴力、毒品运输、拥有武器、种族歧视等。此外,《模范刑法典》第301条规定:“作为适用暂缓宣告刑罚或者缓刑的要求,法庭可以命令被告人遵守下列事项:……(h)返还犯罪所得利益,或者在其经济负担能力之内,赔偿犯罪行为造成的损失或者损毁……”[1]

(六)日本法

2004年修改的《日本犯罪被害人基本法》,确立在刑事诉讼程序结束之后直接进入民事诉讼程序,只要被害人将其与行为人达成的和解协议交由法官写入判决,该和解协议便具有执行力,无须被害人另行提起民事诉讼。2007年修改的《日本犯罪被害人保护法》增设损害赔偿命令制度。如果行为人与被害人达成和解并给予赔偿的,法官可以酌情减轻刑罚,但不会因为判处刑罚而减轻赔偿金,损害赔偿命令制度与通常的民事诉讼对赔偿数额的计算适用同一标准。[2]

## 三、本项量刑情节的定位

行为人的赔偿情况影响人民法院的量刑活动,兼具有实体法和程序法的意义。

(一)实体法定位

责任主义是刑法的基本原则之一,不仅制约定罪,也制约量刑。通说采取消极的责任主义,认为“没有责任就没有刑罚”。反映在量刑方面,不仅行为人没有责任时不得判处刑罚,而且即使认定行为人有责任,也并非必须判处刑罚。我国《刑法》第5条规定:“刑罚的轻重,应当与犯罪分子所犯罪行和承担的刑事责任相适应。”立法部门的释义指出:“对犯罪分子判处的刑罚轻重,应当与其所犯罪行的轻重、罪过大小以及应承担的刑事责任大小相当,不能重罪轻判,判轻了,不利于惩罚犯罪,震慑犯罪分子;也不能轻罪重判,判重了,不利于体现司法公正,还容易造成犯罪分子对法律和社会的抵触心理,不利于罪犯的改造。因此,必须使罪与刑相称,罚当其罪。”[3]依此,量刑的目标是实现罪刑均衡,包括报应的正义性和预防犯罪目的的合

---

〔1〕 朱铁军:《民事赔偿的刑法意义》,载陈兴良主编:《刑事法评论》(总第26卷),北京大学出版社2010年版,第200页。

〔2〕 参见《日本附带私诉制度与损害赔偿命令制度》,载全国人大常委会法制工作委员会民法室编:《民事诉讼法立法背景与观点全集》,法律出版社2012年版,第634页以下。

〔3〕 郎胜主编:《中华人民共和国刑法释义》(第6版),法律出版社2015年版,第5页。

理性两个方面(并合主义)。

量刑即宣告刑,包括责任刑和预防刑两个方面,前者是与责任对应或者相当的刑罚,后者是指预防(包括特殊预防和一般预防)犯罪所需要的刑罚。依消极的责任主义,责任是刑罚的上限,这意味着量刑时须考虑犯罪的预防,该预防须以责任作为上限。在量刑顺序上,应当先确定责任刑,后确定预防刑并宣告刑。责任刑只能是正确确定的某个特定的刑罚(点),而不是幅度(点的理论)。责任刑是刑罚的上限,也是预防刑的上限;预防刑的下限为法定刑最低刑。影响责任刑的情节称为责任刑情节,包括违法事实和责任事实,基于此确定责任刑(点)。影响预防刑的情节称为预防刑情节,包括犯罪前的犯罪人属性和犯罪后行为人的态度。预防刑情节不参与对责任刑的确定,只是在点之下根据预防必要性的大小确定宣告刑。所谓重罪重判、轻罪轻判,只是就责任刑而非宣告刑而言的;从宣告刑上来说,由于预防特别是特殊预防的需要,重罪轻判、轻罪重判也都是完全可能的。[1]

行为人在犯罪后向被害人作出赔偿,性质上应属于行为人犯罪后态度的范畴,与既成的犯罪事实无关,对其犯罪的责任内容或者要素不产生任何影响,故一般不属于责任刑情节。换言之,不能因为行为人作出赔偿,就认为其责任形式、责任能力降低,或者违法性认识的可能性与期待可能性减少,便发生减少责任刑的作用。如果允许确定刑罚的轻重由行为人的财产状况来决定,穷人将因为赔不起而较有钱人承担更重的刑罚,这是非常不公平的。但在特定情况下,行为人的赔偿情况也可以构成减少责任刑情节。如掩饰、隐瞒犯罪所得及其产生的收益行为,具有法定事由且行为人"认罪、悔罪并退赃、退赔"的,可以认定为犯罪情节轻微,免予刑事处罚。[2] 有学者认为,行为人的赔偿情况并不是一种真正的量刑情节,而是判断行为人的责任是否减少、特殊预防的必要性是否减少的资料。[3] 笔者认为,在一般情况下,行为人的赔偿情况属于减少预防刑情节,主要是从对行为人特殊预防的必要性降低的角度进行界定。至于所减少的预防必要性究为特殊预防抑为一般预防,则须视具体情况而确定。

我国《刑事诉讼法司法解释》第276条第2款第5项规定将行为人的赔偿情况称为"影响量刑的情节"之一,该司法解释第176条、第194条和原《附带民事诉讼范围规定》第4条、第5条第1款规定则系称为"量刑情节"。在量刑时,如果行为人对

〔1〕 参见张明楷:《责任主义与量刑原理——以点的理论为中心》,载《法学研究》2010年第5期。

〔2〕 参见我国《最高人民法院关于审理掩饰、隐瞒犯罪所得、犯罪所得收益刑事案件适用法律若干问题的解释》(法释〔2015〕11号)第2条。

〔3〕 张明楷:《责任主义与量刑原理——以点的理论为中心》,载《法学研究》2010年第5期。

其不法行为所造成的损失予以赔偿，或者致力于与被害人达成和解的，应当作有利于行为人的考虑；相反，如果行为人没有为其罪责辩护，或者根本没有作出赔偿的能力的，不得作为加重处罚的理由。〔1〕 如果赔偿系因行为人自己付出真诚努力而作出的，属于减少特殊预防刑情节；系由其亲友帮助实现，而自己并未付出真诚努力的，则因能够缓解被害人的报应感情与社会的处罚感情，属于减少一般预防刑情节。〔2〕 在特殊预防的方面，应从行为人作出赔偿的自愿程度、时机选择、数额大小以及赔偿能力等方面进行综合考量，以免社会上产生"以钱买刑"甚至"有钱免刑"的误解。总之，在量刑活动中，人民法院不得简单地将量刑与行为人的赔偿情况直接挂钩，更不得与行为人讨价还价，以赔偿为条件向其作出所谓量刑承诺；人民检察院在对行为人认罪认罚案件向人民法院提出量刑建议时，亦当如此。

对于行为人赔偿情况影响量刑的正当性，陈瑞华教授指出：

> 民事侵权之诉与刑事公诉尽管具有相对的独立性，但两者毕竟是有着密切联系的，它们都来源于同一个犯罪行为，也一般都要通过同一场诉讼过程来确定犯罪和侵权的事实。考虑到被告人的认罪悔过、自首、立功等都可以成为法院从轻量刑的情节，而被告人在附带民事诉讼过程中的积极赔偿行为，作为一种体现被告人认罪悔过、弥补犯罪过失的举动，就很难不被视为一种"从轻量刑情节"；又考虑到民事赔偿可以减少被害人的损失，减轻被害人及其近亲属的身心创伤，化解双方的矛盾，促进社会的和谐，这又不能不被视为被告人通过赔偿减少犯罪危害程度的表现，也体现了被告人愿意回归社会、避免重新犯罪的意思表示。〔3〕

（二）程序法定位

行为人赔偿在程序处理上一般具有调解、和解的性质，还具有先民后刑的特征。以当事人和解的公诉案件诉讼程序为例，依我国《刑事诉讼法》规定，以"犯罪嫌疑人、被告人真诚悔罪，通过向被害人赔偿损失、赔礼道歉等方式获得被害人谅解，被害人自愿和解"为条件（第 288 条第 1 款），"人民法院可以依法对被告人从宽处罚"

〔1〕 参见［德］汉斯·海因里希·耶赛克、托马斯·魏根特：《德国刑法教科书·总论》，徐久生译，中国法制出版社 2001 年版，第 1069～1070 页。

〔2〕 参见张明楷：《责任刑与预防刑》，北京大学出版社 2015 年版，第 356 页。对于后一种情形，我国司法解释上针对判处被告人死刑立即执行的场合，规定其亲属没有退赔义务仍自愿代为退赔的，人民法院不予接收。参见《被告人亲属退缴赃款批复》第五后段。

〔3〕 陈瑞华：《刑事附带民事诉讼的三种模式》，载《法学研究》2009 年第 1 期。

（第 290 条），明确将行为人的赔偿情况纳入量刑情节之中予以考量。[1] 对于行为人的赔偿情况对刑事诉讼产生的影响，《刑事诉讼法司法解释》系区分达成和解协议所处在的程序阶段和履行的情况进行规定。在人民法院宣判前达成和解协议的，被告人应当即时履行（第 593 条第 1 款）；在被害人提起附带民事诉讼后达成和解协议，但被告人不能即时履行全部赔偿义务的，人民法院应当制作附带民事调解书（第 595 条）。换言之，当事人和解系以即时履行为原则，事后履行为例外，不得径以事后履行而发生和解的效果。事后履行的，当事人只能依被害人提起附带民事诉讼、人民法院制作附带民事调解书的方式进行。有法官认为，这是对当事人协商达成的赔偿方式的干涉，要求当事人只能依提起附带民事诉讼一途径而曲折地获得事后履行的效果，增加了当事人的诉累；事实上，法律上只需行为人提供相应的担保即可。[2]

此外，尚有疑问的是如下两个规定：

1.《刑事诉讼法司法解释》第 593 条第 2 款规定："和解协议已经全部履行，当事人反悔的，人民法院不予支持，但有证据证明和解违反自愿、合法原则的除外。"其中的"不予支持"，究竟指向实体审理抑或程序受理，似不明确。笔者认为，此系指无论何方当事人反悔，均不发生影响因和解而从宽处罚被告人的效果。但是，这与《刑事诉讼法》第 288 条第 1 款规定的"犯罪嫌疑人、被告人真诚悔罪"和"获得被害人谅解"刑事和解两大要件有无相左，不无疑问。在司法实践中，有行为人以其在人民法院作出判决前与被害人达成和解的赔偿数额，远高于刑事判决所认定的犯罪数额为由，提起返还不当得利的民事诉讼。有法官认为，该和解协议系从属于特定的刑事法律关系，其目的具有民事与刑事双重性，在刑事方面包括寻求被害人的宽恕、促使对被告人从宽处罚、减轻处罚，既然上述目的均已实现，所谓"多"赔偿的部分便不构成不当得利。[3]

2.《刑事诉讼法司法解释》第 594 条规定："双方当事人在侦查、审查起诉期间已经达成和解协议并全部履行，被害人或者其法定代理人、近亲属又提起附带民事诉

---

〔1〕 有学者指出，这一"从宽"并非一个明确的量刑情节，有可能导致刑事审判对悔罪情节进行重复评价。参见孙万怀：《以实体与程序协调性为视角看刑事和解举措入法》，载《法学》2011 年第 12 期。另有学者将此项"从宽"建筑于被害人的诉讼角色之上，即被害人既作为刑事案件的当事人，与公诉机关同为控方主体，又作为附带民事诉讼的原告，这两种身份均与量刑有关，其应有权提出量刑上从宽或者从重的建议。参见陈光中：《刑事和解应当推动和规范》，载《法学研究》2010 年第 1 期。

〔2〕 参见韩芳丽：《论刑事和解制度的运行价值和完善路径》，载《中国审判理论研究会刑事审判理论专业委员会 2014 年年会论文集》（2014 年 12 月）。

〔3〕 参见郝绍彬、黄淳、芦明玉：《刑事诉前"多"赔偿部分是否构成不当得利》，载《人民法院报》2014 年 7 月 31 日，第 7 版。

讼的,人民法院不予受理,但有证据证明和解违反自愿、合法原则的除外。"[1] 其中的"不予受理",与附带民事诉讼作为民事诉讼的受理制度有无冲突,不无疑问。该条规定系以和解协议之实际履行与否作为人民法院能否受理附带民事诉讼的条件,即使在民事诉讼实行立案审查制的条件下,也颇值商榷;更何况在实行立案登记制的条件下,则似难成立。[2] 在立案登记制下,人民法院对附带民事诉讼原则上应予以受理;经审理认为和解协议已经全部履行且没有证据证明和解违反自愿、合法原则的,应判决驳回原告的诉讼请求;认为和解协议虽已全部履行但和解违反自愿、合法原则的,应在存在附带民事诉讼的前提下,依被害人的请求,变更和解协议;或者撤销和解协议后径就附带民事诉讼予以判决。[3] 但是,对于不存在附带民事诉讼而存在"和解违反自愿、合法原则"的情形,人民法院应如何处理,仍然存有疑问。

在司法实践中,对行为人赔偿与量刑的关系还存在不少认识偏差。例如,因量刑而对实行完全的民事赔偿予以否定,认为行为人"被判处死刑的,确定民事赔偿责任时,应综合考虑被告人的实际履行能力,酌情确定赔偿数额";[4] 或者径以行为人不予赔偿而从重量刑,认为"对于基本未赔偿的,或者隐匿财产逃避赔偿的,要酌情从重处罚"。[5] 这些认识偏差,均应予以纠正。

**四、本项量刑情节的因素**

按照消极的责任主义,为避免出现行为人借赔偿而逃避刑罚制裁、背离刑法目的的局面,人民法院不得仅以行为人作出赔偿就简单地予以从宽量刑,而应在确定责任刑的前提下,对如下三个方面的因素进行具体分析后予以确定。

(一)犯罪性质及罪行轻重

参照我国《刑事诉讼法》关于认罪认罚从宽和当事人和解特别程序的有关规

---

[1] 参见我国《刑事诉讼法司法解释》第 185 条。

[2] 一般认为,我国《民事诉讼法》第 122 条规定以下所确立的民事诉讼立案制度,是立案审查制,而非立案登记制。实行立案登记制,是指人民法院对起诉仅作形式的登记,而不作实质的审查。人民法院的登记行为,仅应涉及原告有无明确的诉讼请求、有无明确的被告及其送达地址以及是否交纳案件受理费等诉讼费用等。起诉条件中凡属于实质性的事项,均应不予保留。

[3] 参照我国《民法典》第 147~151 条。

[4] 《浙江省高级人民法院关于在立案和审判中兼顾案件执行问题座谈会纪要》(浙高法〔2009〕116 号)第 36 条。

[5] 《浙江省高级人民法院关于审理交通肇事刑事案件的若干意见》(浙高法〔2009〕282 号)第三"关于人身损害赔偿与量刑"第 2 段内容。

定，[1]行为人的赔偿情况作为酌定量刑情节应主要适用于轻罪案件，如轻微故意犯罪，过失犯罪及因邻里、同事、婚姻家庭纠纷引起的犯罪，被害人自身有过错的犯罪等。对行为人主观恶性极深、人身危险性极大的暴力恐怖、放火、爆炸、抢劫、绑架、故意杀人、强奸等重罪案件，则宜谨慎采取。[2] 例如，同样是持刀抢劫并致人重伤并退赃，一案抢劫20元，另一案抢劫2万元。在前案中，由于抢劫数额很小，相对于重伤的犯罪后果而言可以忽略不计，因此退赔（退赃）20元的情节可以不适用；在后案中，抢劫数额较大，抢劫行为对被害人的人身安全和财产安全造成了双重侵害，故退赔（退赃）2万元的情节虽然可以适用，但由于抢劫属于严重危害社会治安的犯罪，行为人的主观恶性和人身危险性相对于盗窃、诈骗等单纯侵害财产类犯罪要大，故必须选择相对较小的从轻比例。[3] 这里面包含有对被侵害法益性质的考量：被侵害法益为个人法益的，赔偿应可作为酌定量刑情节；为国家、社会法益的，由于公共利益不可放弃，故宜谨慎采取。上述最高人民法院指导性案例4号“王某才故意杀人案”和12号“李某故意杀人案”，均系因民间矛盾所引起，被侵害的法益主要为个人法益，人民法院均将行为人赔偿情况作为从宽量刑情节。[4] 尽管犯罪性质及罪行轻重属于责任刑情节，但这里并不是直接依此进行量刑，而只是考察其影响预防刑的辐射范围，故不构成对同一情节的重复评价。另如，在“胡某权故意杀人、非法拘禁案”中，尽管第二审期间被告人胡某权的亲属表示愿意代为赔偿，被害人亲属也表示谅解，但胡某权并无认罪悔罪，人民法院依法不予酌情从宽。最高人民法院复核认为，胡某权为索债，纠集、雇用他人非法限制债务人的人身自由；在索债未能如愿的情况下，纠集、雇用他人将被害人关入铁笼抛入水库致死，犯罪性质特别恶劣，手段残忍，情节、后果严重，社会危害性大，且在共同犯罪中系罪行最严重的主犯，又系累犯，主观恶性深，裁定核准胡某权死刑。[5]

---

〔1〕 有检察官认为，宜将当事人和解制度与将行为人赔偿情况作为量刑情节两相合并，“以对被告人从轻量刑作为对当事人和解的确认”。参见最高人民检察院公诉二厅课题组：《民事赔偿情节对死刑适用的影响》，载《国家检察官学院学报》2018年第1期。笔者认为，此二制度在目的、功能等方面均有区别，前者旨在恢复被犯罪破坏的社会关系，重心在被害人一侧；后者则旨在准确制裁行为人，重心在行为人一侧。两者不宜混为一谈。

〔2〕 参见我国《常见犯罪量刑指导意见》第三“常见量刑情节的适用”中规定：“量刑时要充分考虑各种法定和酌定量刑情节，根据案件的全部犯罪事实以及量刑情节的不同情形，依法确定量刑情节的适用及其调节比例。对严重暴力犯罪、毒品犯罪等严重危害社会治安犯罪，在确定从宽的幅度时，应当从严掌握；对犯罪情节较轻的犯罪，应当充分体现从宽。具体确定各个量刑情节的调节比例时，应当综合平衡调节幅度与实际增减刑罚量的关系，确保罪责刑相适应。”

〔3〕 参见南英、高憬宏主编：《刑事审判方法》（第2版），法律出版社2015年版，第392页（伍红梅、陈建军执笔）。

〔4〕 参见高铭暄、张海梅：《论赔偿损失对刑事责任的影响》，载《现代法学》2014年第4期。

〔5〕 参见《被告人胡某权故意杀人、非法拘禁案》（刑事指导案例第1239号），载最高人民法院刑事审判第一至五庭主办：《刑事审判参考》（总第113集），法律出版社2019年版，第24页以下（张昊权执笔）。

（二）损失填补和努力程度

行为人对被害人损失的填补，应确定实现民法上的完全赔偿的界线。赔偿占完全赔偿的比例越高的，填补损失的程度就越高，减少预防刑的幅度也会越大；占完全赔偿的比例越低的，填补损失的程度就越低，减少预防刑的幅度也会越小。完全赔偿情形下减少预防刑的幅度，一般应大于部分赔偿情形下减少预防刑的幅度。行为人对赔偿的努力程度，实际上是对其客观的赔偿能力与其实现完全赔偿的主观意愿进行综合比较的结果。在赔偿能力允许的情况下，能否完全赔偿是认定行为人是否积极主动赔偿、是否真诚悔罪的重要参考。如果行为人财力雄厚、赔偿能力强，不仅赔偿物质损失，还赔偿精神损害，应适用较大的减少预防刑幅度；如果行为人虽然部分赔偿，但已穷尽其赔偿能力，甚至举债赔偿，也可以认定其积极主动赔偿、真诚悔罪，应适用较大的减少预防刑幅度。反之，如果行为人尽管赔偿能力强，但赔偿的比例过低，则应适用较小的减少预防刑幅度。〔1〕 至于是否允许行为人作出超额赔偿，从刑事法的相关规定来看，似乎未予涉及，但亦未予反对。有学者指出，超额赔偿"表明犯罪人悔罪的决心大，人身危险性降低，特殊预防的必要性降低，因此从宽处罚的幅度相对较大"。〔2〕 笔者认为，行为人超额赔偿中超出完全赔偿的部分，实为行为人自愿的有因给付，对被害人不构成民法上的不当得利。此系基于犯罪行为相对于民事不法行为的严重性以及对行为人特殊预防的需要，不以完全赔偿来限定行为人的赔偿意愿，允许其以超出完全赔偿的标准，来表示其对被害人的尊重和悔罪的决心。〔3〕

（三）要否获得被害人谅解

对于被害人谅解是否以及如何影响量刑，我国学说和司法实践未见定论。在司法实践中，既对责任刑和预防刑不予区分，又往往将获得被害人谅解作为责任刑情节，认为这体现了犯罪本身的不法程度或者责任程度。事实上，被害人对行为人的处罚感情一般属于行为后果严重性的考察因素，故在不以行为后果作为事实构成的犯罪中，一般不属于责任刑情节。即使在以行为后果作为事实构成的犯罪中，该项因素一般与既成的犯罪事实无关，故也不宜属于责任刑情节。被害人的处罚感情包括从严处罚和从宽处罚两种面向，被害人谅解意味着要求宽大处罚的处罚感情，可

---

〔1〕 参见南英、高憬宏主编：《刑事审判方法》（第 2 版），法律出版社 2015 年版，第 407 页（伍红梅、陈建军执笔）。

〔2〕 高铭暄、张海梅：《论赔偿损失对刑事责任的影响》，载《现代法学》2014 年第 4 期。

〔3〕 参见我国《刑事诉讼法司法解释》第 192 条第 4 款规定："附带民事诉讼当事人就民事赔偿问题达成调解、和解协议的，赔偿范围、数额不受第二款、第三款规定的限制。"同条第 2、3 款规定系关于刑事附带民事诉讼中民事赔偿范围的规定。

以作为对行为人从宽处罚的量刑情节。唯此量刑情节的依据何在,有不同学说:违法性说认为,本项因素使得犯罪的违法性减少;责任说认为,本项因素使得行为人的责任减少,至少意味着被害人与行为人被犯罪所破坏的关系得以恢复;特殊预防说认为,本项因素表明对行为人特殊预防的必要性减少;一般预防说认为,本项因素表明一般预防的必要性减少,这是将行为人纳入一般预防的对象范围之中,被害人谅解表明其对行为人的报复性倾向减少。[1] 笔者认为,获得被害人谅解与行为人赔偿均为独立的减少预防刑情节,两者之间无须合并适用。

我国《刑事诉讼法司法解释》第276条第2款规定系将行为人赔偿情况与是否获得被害人谅解作分别规定(第5、6项)。对此,有检察官认为,获得被害人谅解是将行为人赔偿情况作为量刑情节的并合条件。[2]《宽严相济刑事政策意见》第23条规定对此予以采纳,但《人民法院量刑指导意见(试行)》第9条规定则未提及被害人谅解的因素。《常见犯罪量刑指导意见》第三"常见量刑情节的适用"中第9点规定系区分被害人谅解与被害人不谅解两种情形作出不同处理,更显合理。[3] 在上述最高人民法院指导性案例4号"王某才故意杀人案"和12号"李某故意杀人案"中,行为人虽然作出赔偿,但均未获得被害人谅解,最终获得改判死刑缓期二年执行并限制减刑。[4] 在司法实践中,"民事赔偿情节中若有被害方谅解的因素,对被告人基本不适用死刑(立即执行——引者注)"。[5] 将获得被害人谅解与行为人赔偿情况在量刑情形上作适当分离,有利于防止被害人漫天要价以及行为人附条件赔偿或者在诉讼后期见机赔偿,更不能以刑压调,以加重刑罚迫使行为人支付过高数额的赔偿。

此外,对于《刑法》有关罪状规定中的"使公私财产遭受重大损失""有其他特别恶劣情节",司法解释上径以行为人"无能力赔偿数额"的大小作解释。[6] 此系将行

---

〔1〕参见张明楷:《责任刑与预防刑》,北京大学出版社2015年版,第307~309页。

〔2〕参见最高人民检察院公诉二厅课题组:《民事赔偿情节对死刑适用的影响》,载《国家检察官学院学报》2018年第1期。

〔3〕从该规定的反面来看,被害人不谅解系作为酌定从重的量刑情节。有学者对此表示反对,参见付立庆:《案例指导制度与故意杀人罪的死刑裁量》,载《环球法律评论》2018年第3期。

〔4〕有学者主张,应当对限制减刑的适用予以限制。"即使责任刑为死刑,但由于被告人具有坦白悔罪、积极赔偿等减少责任刑情节,就应当判处轻于死刑的刑罚。在宣告死缓的同时,基于被害人亲属的严惩要求或者不予谅解的态度,而适用限制减刑,不仅缺乏刑罚的正当化根据,而且使刑事司法丧失权威性与公正性。类似这种由被害人及其家属左右量刑、因而可以暂时满足被害人报复情感的判决,必然给刑事司法造成长久的不安定。"参见张明楷:《责任刑与预防刑》,北京大学出版社2015年版,第446页。

〔5〕最高人民检察院公诉二厅课题组:《民事赔偿情节对死刑适用的影响》,载《国家检察官学院学报》2018年第1期。

〔6〕参见我国《最高人民法院关于审理交通肇事刑事案件具体应用法律若干问题的解释》(法释〔2000〕33号)第2条第1款第3项、第4条第3项。

为人的赔偿能力直接作为犯罪行为的事实构成之一，将行为人能否承担民事赔偿责任作为定罪情节，既有违于法律面前人人平等的宪法原则，[1]更与一系列刑法基本原则相违背，应属不妥。[2]

〔1〕 参见我国《宪法》第33条第2款，《刑法》第4条。

〔2〕 参见杨忠民：《刑事责任与民事责任不可转换——对一项司法解释的质疑》，载《法学研究》2002年第4期；冯金银：《交通肇事罪认定中的几个问题》，载《政法论坛》2004年第4期。反对观点参见刘东根：《论刑事责任与民事责任的转换——兼对法释〔2000〕33号相关规定的评述》，载《中国刑事法杂志》2004年第6期。后文最后指出：改革的方向应该是"将赔偿与交通肇事罪的不起诉、缓刑、减刑、假释和社区服务等结合起来……实现对交通肇事罪的谦抑的刑事政策"。

# 第十一章　惩罚性赔偿与刑罚*

所谓惩罚性赔偿（英 punitive damages），是指国家公权力强制要求行为人向受害人在实际损害之外支付额外的赔偿金，具有准刑罚的性质，学者称之为“穿着民事请求权衣服的刑事制裁”。[1] 尽管被认为是现代民法的异质物，惩罚性赔偿却是民法源头中存在之物。作为现代损害赔偿法的发端之一，古罗马法上的罚金（拉 *poenae*）既适用于契约之债，也适用于私犯之债。在私犯的项下，受害人既可以索回被不法剥夺的财物并获得适当补偿，也可以根据不法行为的性质和后果，对行为人追加达损害 2 倍、3 倍、4 倍的金钱惩罚。[2] 后来，随着刑民分立渐次严格，民法中原有的惩罚性因素不断稀释，惩罚性赔偿终为近代民法所抛弃。亦正因此，刑法得以与民法相分离，而成为近、现代公法的重要组成部分。在现代刑民分立的基本框架之下，民法中重新引入惩罚性赔偿，令人深思。尽管从表面看来，惩罚性赔偿似乎仅为一项损害赔偿方式，但本质上却是一项私人执法（英 private enforcement）机制，还同时带来一系列刑民交叉的深层次问题：惩罚性赔偿与刑罚之间到底是何关系？引入惩罚性赔偿是否会模糊刑民法律之间的界限？惩罚性赔偿能否以及如何与刑罚并科？等等。这些问题的解决，又与对惩罚性赔偿的性质和功能作何界

---

* 本章原以《再论惩罚性赔偿》为题，载王利明主编：《判解研究》2019 年第 2 辑（总第 88 辑），人民法院出版社 2019 年版，第 43～68 页；收入时有增补。

〔1〕 王泽鉴：《损害赔偿》，北京大学出版社 2017 年版，第 365 页。

〔2〕 参见《十二表法》第 8 表“私犯”第 15～22 条；查士丁尼 I. 4,6,16～27；参见徐国栋：《查士丁尼〈法学阶梯〉评注》，北京大学出版社 2011 年版，第 506～512 页；［意］彼德罗·彭梵得：《罗马法教科书》（修订译本），黄风译，中国政法大学出版社 2005 年版，第 67～68 页。

划存在高度关联。

### 一、惩罚性赔偿的意涵

惩罚作为行为人在受害人所遭受的损害范围外,由公权力强制施加的不利益,属于民法的异质物。惩罚性赔偿本质上为私罚(德 Privatstrafe;又译为民事罚),在现代民法中地位可谓尴尬。盖因在民法现代化的过程中,原来作为赎罪金(罚金)的损害赔偿逐渐被纯化,直至采取将责任原因(一般指过错)与赔偿内容相分离的完全赔偿原则,惩罚的基因乃被逐渐去除,"惩罚性赔偿之限用"为该原则的属性之一。[1] 现代法制更依此确立起民法与刑法之间的一条界线:民事责任以损害填补为目的,刑事责任以惩罚制裁为目的。惩罚性赔偿构成了完全赔偿原则的例外,它模糊了刑民法律之间的界限;或者说,这正是一种刑民不分的法律返祖现象。我国立法部门的释义指出:"惩罚性赔偿是指当侵权人(义务人)以恶意、故意、欺诈等方式实施加害行为而致权利人受到损害的,权利人可以获得实际损害赔偿之外的增加赔偿。其目的是通过对义务人施以惩罚,阻止其重复实施恶意行为,并警示他人不要采取类似行为。"[2]

惩罚性赔偿不同于普通损害赔偿(即填补性损害赔偿,英 compensatory damages)。惩罚性赔偿主要针对恶意不法行为,站在报应—预防(德 Vergeltung-Vorbeugung)的立场上,给予惩罚、制裁和吓阻。这属于一种现代民法已经丢失的思想,惩罚性赔偿的目的不在于损害赔偿,毋宁是一种惩罚性给付。[3] 普通损害赔偿仅针对损害事实本身,包括人身损害、财产损害(物质损失)和精神损害等。普通损害赔偿乃立足于矫正,实行完全赔偿原则,须实现对全部损害后果的填平,赔偿范围与责任原因无关,且受害人不得因此而获利(损益相抵规则)。当然,惩罚性赔偿与

---

〔1〕 梁展欣:《完全赔偿之理想与实践》,载梁展欣:《民法与民事诉讼法的协同》,人民法院出版社 2015 年版,第 116~117 页。损害赔偿中惩罚性与填补性的分离,一般认为始于中世纪注释法学。尽管其时损害赔偿仍被认为具有惩罚性,但学说上已经开始严格区分损害赔偿与罚金。参见朱岩:《侵权责任法通论·总论(上册)·责任成立法》,法律出版社 2011 年版,第 19 页。直到德国学者弗里德里希·卡尔·冯·萨维尼(Friedrich Carl von Savigny,1779—1861)时,仍未彻底分离。萨氏把侵权诉讼称为刑事诉讼,且认为侵权行为法和对损害的赔偿义务具有惩罚的性质。萨氏之后继起的鲁道夫·冯·耶林(Rudolph von Jhering,1818—1892)、奥托·冯·基尔克(Otto von Gierke,1841—1921)等也均未采取完全赔偿的观点。参见[德]克雷斯蒂安·冯·巴尔:《欧洲比较侵权行为法》(上卷),张新宝译,法律出版社 2001 年版,第 743 页;[德]格哈德·瓦格纳:《损害赔偿法的未来——商业化、惩罚性赔偿、集体性损害》,王程芳译,熊丙万、李翀校,中国法制出版社 2012 年版,第 121 页。

〔2〕 石宏主编:《中华人民共和国民法总则条文说明、立法理由及相关规定》,北京大学出版社 2017 年版,第 421 页。

〔3〕 参见[奥]海尔姆特·库齐奥:《侵权责任法的基本问题》(第 1 卷·德语国家的视角),朱岩译,北京大学出版社 2017 年版,第 51 页。

普通损害赔偿之间也存在诸多联系:作为惩罚性赔偿主要对象的恶意不法行为,是普通损害赔偿的对象之一;惩罚性赔偿一般须以普通损害赔偿作为前提条件,其请求权系附随于后者的请求权;惩罚性赔偿金数额,一般须与普通损害赔偿金数额保持一定的比例关系。[1] 由于赔偿对象存在差异,受害人可以同时主张两种赔偿,或者先主张普通损害赔偿而后主张惩罚性赔偿,而不构成重复受偿或者重复起诉。[2] 此外,两种赔偿均蕴含有剥夺行为人因不法行为而获利之意旨,尽管此于普通损害赔偿具有扩张之意,而于惩罚性赔偿则属隐含之旨。

惩罚性赔偿与下列两种赔偿具有相似之处:(1)惩罚性赔偿与精神损害赔偿。有学者认为,精神损害赔偿与惩罚性赔偿之间存在交叉关系,一定程度上可以相互替代。[3] 笔者认为,两者的共性在于作为赔偿对象的损害内容的不确定,因而均具有裁量性质,在功能、效果等方面有近似之处,均处于刑民交叉的灰色地带。正如有学者指出:"在对非物质损害之赔偿旨在给予受到不当侵害的受害人对精神上的安慰之情形,刑事功能与民事功能就会合为一体。"[4] 两者的区别在于:前者乃归属于普通损害赔偿之项下,后者则独立于普通损害赔偿,故不宜混为一谈。在具体适用时,由于两者各自考察的诸因素不无重合,故应依禁止双重危险(英 against double jeopardy)的原则,在以损害为基准酌定惩罚性赔偿金数额时,原则上剔除精神损害,即以财产损害为基准,以免重复裁量。[5] (2)惩罚性赔偿与加重损害赔偿(英 aggravated damages)。加重损害赔偿是指由于损害不能由具体证据证明而确定,而授权法官确定的赔偿金。它与惩罚性赔偿的区别在于,前者仍有损害,只是无法证明而已,乃归属于普通损害赔偿之项下;后者则无损害与之相对应,故不宜混为一谈。[6]

---

〔1〕 美国法上的惩罚性赔偿具有多元化的特征:适用于一切侵权行为,兼具有赔偿的功能;数额一般无须与普通损害赔偿金数额保持某种比例关系,而且呈现巨额化的趋向;给付的对象不限于受害人,常有相当大的比例是赔偿给国库或者各种基金(如州立基金、癌症研究基金)等,而与行政罚款几乎无异。参见王泽鉴:《损害赔偿》,北京大学出版社 2017 年版,第 359、372 页;[日]佐伯仁志:《制裁论》,丁胜明译,北京大学出版社 2018 年版,第 219 ~ 223 页。

〔2〕 参见王利明:《惩罚性赔偿研究》,载《中国社会科学》2000 年第 4 期。另有学者认为,受害人可以先主张惩罚性赔偿,再主张普通损害赔偿,参见王洪亮:《债法总论》,北京大学出版社 2016 年版,第 307 页。

〔3〕 王利明:《惩罚性赔偿研究》,载《中国社会科学》2000 年第 4 期;张新宝、李倩:《惩罚性赔偿的立法选择》,载《清华法学》2009 年第 4 期。

〔4〕 Stoll, FS Rheinstein,第 2 卷,第 578 页。转引自[德]克雷斯蒂安·冯·巴尔:《欧洲比较侵权行为法》(上卷),张新宝译,法律出版社 2001 年版,第 744 页。

〔5〕 参见我国台湾地区"最高法院"2009 年台上字第 2352 号判决;王泽鉴:《损害赔偿》,北京大学出版社 2017 年版,第 379、399 页;杨立新:《侵权法论》(第 5 版)(下册),人民法院出版社 2013 年版,第 1218 页。我国《消费者权益保护法》第 55 条第 2 款规定所采之观点,正好与此相反,值得注意。

〔6〕 参见[德]克里斯蒂安·冯·巴尔、[德]乌里希·德罗布尼希主编:《欧洲合同法与侵权法及财产法的互动》,吴越等译,法律出版社 2007 年版,第 96 页。事实上,加重性赔偿也源于古罗马法,是指即使损害的数额不确定,法官仍有作出确定数额判决的责任,参见查士丁尼 I. 4, 6, 32,载徐国栋:《查士丁尼〈法学阶梯〉评注》,北京大学出版社 2011 年版,第 516 页。

在英国法上，加重损害赔偿主要用于填补精神损害，惩罚性赔偿仅在加重损害赔偿不足以填补损害时，始能为之。〔1〕

大陆法系国家民法尽管不采取惩罚性赔偿制度，但在不少机制中具有惩罚性的因素，发挥惩罚性赔偿制度的部分功能。在德国法上，违约金（德 Vertragsstrafe）又称为违约罚，性质为由合同约定的对债务不履行之私罚；〔2〕社团处罚措施（德 Vereinsstrafen）又称为社团罚，是指社团基于章程，对违反成员义务的成员作出的处罚，包括开除出社团、警告、罚款、罢免社团职务等。〔3〕这些机制在性质上与私罚存在较大的距离，如违约金系基于债务人的同意，属于特殊预防的范畴，并无包括私罚在内的惩罚制度所具有的一般预防效果。〔4〕在法国法上，强制履行惩罚措施（法 astreinte）具有惩罚性质，若债务人不履行法院判决，则法院可裁定其向债权人支付一定数额的金钱。〔5〕另如“民事罚款”（法 amende civile），是指对逃避公共义务、民事义务或者滥用权利之人，由检察院向民事法院起诉要求判处该人向国家交付一定数额的金钱，特定情形下数额上限达 200 万欧元。尽管有法院认为上述规定违反《欧洲人权公约》第 6 条第 1 款的规定，但法国最高司法法院却持肯定的态度。学者倾向于将民事罚款作为准刑罚措施来看待。〔6〕

## 二、惩罚性赔偿的功能

我国原《侵权责任法》第 1 条将该法的核心功能规定为“明确侵权责任，预防并制裁侵权行为”。其中，“明确侵权责任”实指填补功能，“预防并制裁”功能相对而言处于次要的地位。依立法部门的释义，“本法第 47 条规定的惩罚性赔偿制度更是《侵权责任法》制裁侵权行为的突出表现”。〔7〕可见，立法上并未将惩罚性赔偿看作侵权责任的某种例外，而是其制裁功能的表现之一。尽管《民法典》删除了原《侵权

---

〔1〕参见王泽鉴：《损害赔偿》，北京大学出版社 2017 年版，第 361 页。在美国法上，甚少使用加重损害赔偿的概念，如果使用，其意义同于惩罚性赔偿。

〔2〕参见《德国民法典》第 339～345 条。

〔3〕参见［德］迪特尔·梅迪库斯：《德国民法总论》（原书第 7 版），邵建东译，法律出版社 2000 年版，第 837 页。

〔4〕参见姚明斌：《违约金双重功能论》，载《清华法学》2016 年第 5 期。由此可知，隶属于合同自由原则的违约金自由，并不等同于私罚自由；法律上对违约金的性质进行限定，并不构成对合同自由原则的根本性威胁。唯如此解释，会对民法中的违约金规范仍为任意性规范的界说产生影响。

〔5〕参见［德］克里斯蒂安·冯·巴尔、［德］乌里希·德罗布尼希主编：《欧洲合同法与侵权法及财产法的互动》，吴越等译，法律出版社 2007 年版，第 100 页。

〔6〕参见杨春然：《刑法的边界研究》，中国人民公安大学出版社 2013 年版，第 202～203 页；阳庚德：《私法惩罚论——以侵权责任法为中心》，法律出版社 2017 年版，第 160～162 页。

〔7〕全国人大常委会法制工作委员会民法室编：《中华人民共和国侵权责任法条文说明、立法理由及相关规定》，北京大学出版社 2010 年版，第 3 页。

责任法》第 1 条规定，但在从民法现代化的全程来看，似乎从未放弃过侵权责任中惩罚的基因。有鉴于此，以是否具有惩罚性作为民法与刑法的一条界线，至少是值得怀疑的。无论是引起从"侵权行为"演进为"侵权责任"的无过错责任，还是从不承认转变为承认的精神损害赔偿，抑或作为新的损害赔偿方法而引进的获利剥夺等，[1] 其中均具有一定的惩罚基因。相对于这些制度而言，惩罚性赔偿中所蕴含的惩罚基因，显得更为突出。

与刑罚相同，惩罚性赔偿也以报应—预防作为功能立足点。惩罚性赔偿一般与行为的可谴责程度（英 degree of reprehensibility）直接相关，这与刑罚针对有责的不法行为的处罚方向相同，因而具有弥补刑罚处罚空间有限的作用。在预防方面，惩罚性赔偿也具有特殊预防与一般预防的功能，前者使行为人不敢再犯相同的过错，以免负担重大赔偿；后者则设立"典范"（英 example），使一般人不敢从事此类行为。报应与预防分别指示惩罚性赔偿方向不同的两项功能：前者向后观察，回顾不法行为的严重程度，考量行为人的主观恶性而加以"惩罚"；后者向前观察，吓阻行为人和一般人从事相同的不法行为，考虑受害人的实际受损与行为人逃脱责任的可能性。[2] 惩罚性赔偿制度在美国采用最为广泛，这与该国特有的陪审制度、律师费用制度以及具有隐藏性公法性质的侵权法乃至社会治理文化等紧密联系，已经成为一项用以刺激私人执法、促进良法善治的社会控制工具。[3] 惩罚性赔偿的上述功能，正为采取完全赔偿原则的大陆法传统国家和地区法制所欠缺，故在后者渐受重视并持续探寻施行之策，如在消费者保护、产品责任等领域予以承认和推广。

从民法的内部体系来看，惩罚性赔偿可以弥补因被完全赔偿原则所忽视而出现的预防（惩罚、制裁和吓阻）功能不足的问题。德国学者格哈德·瓦格纳（Gerhard Wagner，1962—）从惩罚并非刑法所专有、预防也是民法的任务、私法也以规范行为为目的等角度出发，论证了以"预防性赔偿"代替惩罚性赔偿的观点。"正是在完全

---

〔1〕 我国《民法典》第 1182 条规定侵害人身权益场合下获利剥夺的损害赔偿方法，也具有一定的惩罚性质。盖依原《民法通则》第 134 条第 3 款规定，人民法院对行为人进行非法活动的财物和非法所得，应予收缴，而非径直赔偿受害人。获利剥夺赔偿方法之采取，主要系基于预防目的，令行为人无利可图，从而遏制侵权行为，同时赋予受害人某种举证便利。欧洲民法典研究组等《欧洲示范民法典草案》（DCFR）第 6－6：101 条第 4 款规定，获利剥夺赔偿方法"仅在合理的情形下才能采取"。有学者则认为，该项损害赔偿应属于加重性赔偿而非惩罚性赔偿，参见［德］克里斯蒂安·冯·巴尔、［德］乌里希·德罗布尼希主编：《欧洲合同法与侵权法及财产法的互动》，吴越等译，法律出版社 2007 年版，第 97 页。在美国法上，获利剥夺属于惩罚性赔偿的项目之一。

〔2〕 参见陈聪富：《美国法上之惩罚性赔偿金制度》，载《台大法学论丛》2002 年第 5 期。

〔3〕 参见王泽鉴：《损害赔偿》，北京大学出版社 2017 年版，第 40、364 页；王利明：《美国惩罚性赔偿制度研究》，载《比较法研究》2003 年第 5 期；张新宝、李倩：《惩罚性赔偿的立法选择》，载《清华法学》2009 年第 4 期。

补偿的前提下才会出于预防目的提高赔偿额。为了实现规范行为的目的,有决定性意义的不是对单个受害者所受损失的准确补偿,而是让加害者对其所造成的所有损害成本买单。因此,规范政策的重点不是受害者的补偿需要,而在于向加害者提供有效的行为动力。"这里面隐含了各法律部门必须相互协同、而非各自为政甚至画地为牢的政策观念。对于最称严厉的刑法来说,"由于刑罚或罚金的额度必须遵循比例原则,与其他制裁措施的框架相适应,刑法在其固有核心范围以外的规范作用实际上是十分有限的"。〔1〕 瓦氏的结论是:在损害赔偿法中,获利禁止与损害填补并非绝对排斥;损害预防应与损害填补一同作为损害赔偿法的核心任务,而仍将报应排除在民法功能外,以作为刑民区分的标记。〔2〕

完全赔偿原则由于只考虑受害人所遭受的、可证明的实际损害,而不考虑受害人能否以及如何获得足够的保护和救济,因而对受害人来说并非公平。在现代风险社会的背景下,此种各安天命、损害自偿的机制已然松动。惩罚性赔偿的重心不在于受害人应得,而在于行为人应受——"法院绝不允许一个人从错误的行为中获利"。〔3〕 即使感觉上受害人因接受惩罚性赔偿而骤获"横财",唯此"横财"系用以鼓励受害人起诉请求赔偿、调查不法事件,对其为此而付出的劳动及费用给予奖赏。惩罚性赔偿以行为人的费用作为受害人的收入,同时转嫁受害人因诉讼行为产生的负担,鼓励其起诉请求赔偿,因而兼具有强化执法机制、促进纠纷解决和避免自力救济等功能。笔者称此为惩罚性赔偿的私人执法机制。于此场合,个体的效率优势得以发挥,原本不足的公共资源投入得以补强,行政执法中令人不满的懈怠得以缓解,从而在整体有利于社会公共福祉。此系惩罚性赔偿作为使受害人担任"私人检察官"(英 private attorney general)的机制创设意涵,兼具受害救济和公益保护的功能。〔4〕

必须承认,惩罚性赔偿之采取在一定程度上模糊了刑事责任与民事责任之间的界限。德国学者菲力普·黑克(Philipp Heck,1858—1943)称私罚为"法制史上的蜥蜴"(德 Saurier der Rechts-geschichte)。另外,惩罚性赔偿又具有补充因刑民分立而造成的法律调整"相对空白",弥补法律调整不足进而减少刑罚施行的积极作

〔1〕 [德]格哈德·瓦格纳:《损害赔偿法的未来——商业化、惩罚性赔偿、集体性损害》,王程芳译,熊丙万、李翀校,中国法制出版社 2012 年版,第 127 ~ 137 页。

〔2〕 同上书,第 219、222 页。

〔3〕 参见[德]格哈德·瓦格纳:《损害赔偿法的未来——商业化、惩罚性赔偿、集体性损害》,王程芳译,熊丙万、李翀校,中国法制出版社 2012 年版,第 162 页。

〔4〕 参见陈聪富:《美国法上之惩罚性赔偿金制度》,载《台大法学论丛》2002 年第 5 期;赵鹏:《惩罚性赔偿的行政法反思》,载《法学研究》2019 年第 1 期。

用。[1] 究其实质,"现代立法者为了更有效的落实公共政策,确实会'利用'民法的机制,以诱因或强调,如惩罚性赔偿或大楼规约,循民事争讼来辅助行政管制。这些特别民法不仅促使人民成为公共政策执行者,而且要求法官在适用法律的时候,也必须突出'合目的性'的观点"。[2] 惩罚性赔偿作为横跨刑民的独特制度,实际上兼具刑民二者的功能交集——刑民法律划分本身就不是逻辑周延的分类,既有重叠的一面,又有互补的一面。对于强调刑民分立的法制体系而言,采取惩罚性赔偿制度面临着如何划清刑民法律之间的界限,协调刑民法律的预防危害、抑制损害机制等一系列问题。

### 三、惩罚性赔偿的规定

现代法上的惩罚性赔偿制度,源于英美法系,盛行于美国;大陆法系的法国、德国等均不采此制度,日本和我国台湾地区"民法"只在个别特别法中采此制度。在我国民法上,1993 年《消费者权益保护法》最早创设惩罚性赔偿制度(第 49 条,属于合同责任领域);[3] 1999 年制定的《合同法》(已失效),对 1993 年《消费者权益保护法》的上述规定予以征引,称之为"损害赔偿责任"(第 113 条第 2 款,现已为《民法典》所删除);2009 年制定的《侵权责任法》(已失效),乃有"惩罚性赔偿"之定名(第 47 条);2017 年制定的《民法总则》(已失效),正式将"惩罚性赔偿"纳入民事责任方式体系(第 179 条第 2 款),这对民事责任法体系具有再造的意义。在《民法典》中,除第 179 条第 2 款的一般规定("法律规定惩罚性赔偿的,依照其规定。")外,还设有关于惩罚性赔偿的 3 条特别规定。(1)第 1185 条规定:"故意侵害他人知识产权,

---

[1] 参见王利明:《美国惩罚性赔偿制度研究》,载《比较法研究》2003 年第 5 期。

[2] 参见苏永钦:《再论一般侵权行为的类型——从体系功能的角度看修正后的违法侵权规定》,载《政大法学评论》2002 年第 60 期;苏永钦:《私法自治中的国家强制——从功能法的角度看民事规范的类型与立法释法方向》,载《中外法学》2001 年第 1 期。

[3] 此从通说。(1)事实上,惩罚性赔偿制度在我国 1991 年《民事诉讼法》中已露端倪。现行该法第 264 条规定:"被执行人未按判决、裁定和其他法律文书指定的期间履行给付金钱义务的,应当加倍支付迟延履行期间的债务利息。被执行人未按判决、裁定和其他法律文书指定的期间履行其他义务的,应当支付迟延履行金。"本条前段规定的"加倍支付"的赔偿责任属于法定责任,不以当事人就迟延履行有否约定债务利息为前提。本项赔偿本质上与民事诉讼强制措施中的罚款(同法第 114 条第 1 款第 6 项)相当;区别在于,前者系向申请执行人支付,后者则系向国家支付。在法国民事诉讼法上,本项赔偿称为逾期罚款,系采取日固定金额制;见《法国新民事诉讼法》第 5 条。(2)依我国《最高人民法院关于执行程序中计算迟延履行期间的债务利息适用法律若干问题的解释》(法释〔2014〕8 号)第 1 条第 1 款的规定,迟延履行期间的债务利息包括迟延履行期间的一般债务利息和加倍部分债务利息。其中,一般债务利息原则上应按照当事人的约定计算;当事人只约定了特定期间的迟延债务利息的,原则上可以延续适用于迟延履行期间;当事人没有约定的,原则上不予计算(同条第 2 款)。加倍部分债务利息采取日息制,利率为 1.75‰(同条第 3 款);唯此与所谓"加倍"的文义显有差距。(3)就我国《民事诉讼法》第 264 条后段规定的"迟延履行金",在申请执行人遭受损失的情形下,被执行人亦应双倍补偿;见《民事诉讼法司法解释》第 505 条后段。

情节严重的,被侵权人有权请求相应的惩罚性赔偿。”(2)修改自原《侵权责任法》第47条规定的第1207条规定:“明知产品存在缺陷仍然生产、销售,或者没有依据前条规定采取有效补救措施,造成他人死亡或者健康严重损害的,被侵权人有权请求相应的惩罚性赔偿。”(3)第1232条规定:“侵权人违反法律规定故意污染环境、破坏生态造成严重后果的,被侵权人有权请求相应的惩罚性赔偿。”其中,《民法典》第179条第2款规定作为对原《民法通则》第134条第3款关于民事制裁方式规定的取代,在明确实行惩罚性赔偿法定主义的同时,提升了惩罚性赔偿在民法中的地位,但对其他一般性的民事制裁方式则予否定。[1] 在现行法律中,“惩罚性赔偿”的术语总共见于5处,除上述4处外,还见于《消费者权益保护法》第55条第2款规定。

在特别法的层面,共有11部法律对惩罚性赔偿作出规定,包括《消费者权益保护法》、《劳动合同法》、《食品安全法》、《药品管理法》、《旅游法》、《商标法》、《电子商务法》、《反不正当竞争法》、《著作权法》、《专利法》和《种子法》。通说认为,基于原《合同法》第113条第2款规定,《消费者权益保护法》第55条第1款、《旅游法》第70条第1款后段规定的惩罚性赔偿,属于合同责任的领域。[2] 《劳动合同法》第87条规定的“赔偿金”则属于劳动合同项下的惩罚性赔偿。[3] 2009年制定的《食品安全法》(以下简称2009年《食品安全法》)创设食品侵权责任领域的惩罚性赔偿

---

〔1〕 我国原《民法通则》第134条第3款规定:“人民法院审理民事案件,除适用上述规定外,还可以予以训诫、责令具结悔过,收缴进行非法活动的财物和非法所得,并可以依照法律规定处以罚款、拘留。”其中,训诫、责令具结悔过,收缴进行非法活动的财物和非法所得属于民事制裁方式。在《民法典》中,这些内容中的一部分被归入民事法律行为无效、被撤销的效果规定之中。该法典第157条后段“法律另有规定的,依照其规定”的但书规定,即寓有此旨。参见石宏主编:《中华人民共和国民法总则条文说明、立法理由及相关规定》,北京大学出版社2017年版,第373页。

〔2〕 (1)我国原《合同法》第113条第2款规定已被《民法典》所删除。基于1993年《消费者权益保护法》第49条(对应现行该法第55条第1款)规定被征引于原《合同法》第113条第2款规定,根据后者所归属的章节,一般将前者的责任性质也确定为违约责任。参见王利明:《合同法研究·第2卷》(修订版),中国人民大学出版社2011年版,第689页;梁慧星:《读条文 学民法》(第2版),人民法院出版社2017年版,第262、112—113、170页;杨立新:《侵权法论》(第5版)(下册),人民法院出版社2013年版,第1197页。少数学者则认为,现行《消费者权益保护法》第55条第1款规定的责任是一种特殊的缔约上过失责任,参见朱广新:《惩罚性赔偿制度的演进与适用》,载《中国社会科学》2014年第3期。(2)在司法解释方面,另见《最高人民法院关于审理旅游纠纷案件适用法律若干问题的规定》(法释〔2010〕13号,经法释〔2020〕17号修正)第15条第2款修正前的;《最高人民法院关于审理商品房买卖合同纠纷案件适用法律若干问题的解释》(法释〔2003〕7号)第8、9条、第14条第2项后段(现已删除)。

〔3〕 有法官认为,我国《劳动合同法》第82、85条亦为关于惩罚性赔偿的规定,参见最高人民法院民事审判第一庭:《最高人民法院关于食品药品纠纷司法解释理解与适用》,人民法院出版社2014年版,第209页;马强:《我国惩罚性赔偿制度现状、问题与完善》,载王利明主编:《判解研究》(总第83辑),人民法院出版社2018年版,第2~3页。但是,依该二规定,前条规定的所谓赔偿实为“工资”,后条规定则具有准行政措施的性质(“由劳动行政部门责令……”),只不过给付的对象为劳动者。故该二规定的责任性质均与惩罚性赔偿存在一定的距离。

(第96条第2款),[1]同年制定的原《侵权责任法》正式纳入并上升为产品侵权责任领域的惩罚性赔偿(第47条)。《消费者权益保护法》第55条第2款、《食品安全法》第148条第2款、《药品管理法》第144条第3款、《商标法》第63条第1款中段、《电子商务法》第42条第3款后段、《反不正当竞争法》第17条第3款中段、《著作权法》第54条第1款后段、《专利法》第71条第1款后段和《种子法》第73条第3款后段规定的惩罚性赔偿,均属于侵权责任的领域。

在2013年修正《消费者权益保护法》和2015年修正《食品安全法》前,有学者认为此二法中的惩罚性赔偿规定与原《侵权责任法》的惩罚性赔偿规定存在体系失衡的问题。[2] 在笔者看来,该观点系因将上述1999年《消费者权益保护法》和2009年《食品安全法》规定的惩罚性赔偿统归于侵权责任的领域,因而与原《侵权责任法》的惩罚性赔偿规定发生多重调整所致。事实上,1993年《消费者权益保护法》第49条(对应现行该法第55条第1款)规定的惩罚性赔偿应属于合同责任的领域,与原《侵权责任法》规定的惩罚性赔偿构成责任竞合,而非特别法与普通法的关系;2009年《食品安全法》第96条第2款(对应现行该法第148条第2款)规定的惩罚性赔偿则属于侵权责任的领域,与原《侵权责任法》规定的惩罚性赔偿构成特别法与普通法的关系。综合上述三法与原《合同法》及《旅游法》《电子商务法》等法律,惩罚性赔偿的适用范围主要集中在消费者保护的领域,责任性质包括合同责任和侵权责任。[3] 唯于上述各场合中,惩罚性赔偿的适用条件各不相同。在惩罚性赔偿出现责任竞合的情况下,应参照《民法典》第186条关于违约责任与侵权责任竞合的规

---

[1] (1)对于我国2009年《食品安全法》第96条第2款(对应现行该法第148条第2款)规定的性质,学者通说认为属于违约责任,参见王利明:《合同法研究·第2卷》(修订版),中国人民大学出版社2011年版,第689页;梁慧星:《读条文 学民法》(第2版),人民法院出版社2017年版,第262、442~443页。少数学者认为属于侵权责任,参见杨立新:《侵权法论》(第5版)(下册),人民法院出版社2013年版,第1201页。笔者采末说。盖因《食品安全法》上述规定尽管在请求权人("消费者")与赔偿方法方面,与1993年《消费者权益保护法》第49条规定相似,但在行为特征方面,却与《民法典》第1203条第1款、原《民法通则》第121条、《产品质量法》第43条前段规定更相接近,应属于侵权责任。(2)对于现行《消费者权益保护法》第55条第1款后段"法律另有规定的,依照其规定"规定之所指,立法部门的释义认为系指2009年《食品安全法》第96条第2款规定,参见李适时主编:《中华人民共和国消费者权益保护法释义》(最新修正版),法律出版社2013年版,第277页。笔者认为,《食品安全法》该款规定应不属于原《合同法》第113条第2款和《消费者权益保护法》上述规定的辐射范围;《消费者权益保护法》上述规定的对象应指《旅游法》第70条第1款后段规定。(3)对于2009年《食品安全法》第96条第2款规定与原《侵权责任法》第47条规定的适用关系,司法实践中有将二者结合适用的做法,参见广东省广州市中级人民法院(2010)穗中法民一终字第2628号民事判决(2010年11月1日),同院(2010)穗中法民一终字第4196号民事判决(2010年12月2日)。

[2] 周江洪:《惩罚性赔偿责任的竞合及其适用——〈侵权责任法〉第47条与〈食品安全法〉第96条第2款之适用关系》,载《法学》2010年第4期;朱广新:《惩罚性赔偿制度的演进与适用》,载《中国社会科学》2014年第3期。

[3] 梁慧星研究员认为,由于我国原《侵权责任法》第47条规定将惩罚性赔偿置于产品责任项下,故"产品责任之外的侵权行为,不得适用惩罚性损害赔偿,其立法目的值得重视"。参见梁慧星:《读条文 学民法》(第2版),人民法院出版社2017年版,第443页。但是,该观点并不符合上述立法的现实情况。

定，由当事人择一主张，而不得叠加主张；而在普通—特别法关系中，则应依特别法优于普通法的规则，优先适用特别法的规定。[1]

从立法理由观察，立法机关对于惩罚性赔偿的态度，似乎既爱又恨，即既肯定其惩罚制裁的功能，又担心出现被滥用的局面。如1993年《消费者权益保护法》的立法说明指出："为鼓励消费者维护自身的合法权益，保护合法经营者的权益，同时借鉴有些国家在处理消费者权益争议中有些经营者赔偿的数额超过消费者直接损失的情形，应当对经营者增加赔偿消费者的损失问题作出规定。"[2]在修正该法时，又屡次对惩罚性赔偿制度作出调整。原《侵权责任法》的立法说明指出："惩罚性赔偿的适用宜限制在造成严重损害的情形，同时应防止滥用，避免要求的赔偿数额畸高。"[3]因而在该法第47条规定中针对惩罚性赔偿的数额确定增加"相应"的措辞。在修正《商标法》时，则系"针对实践中权利人维权成本高、往往得不偿失的现象"而引入惩罚性赔偿制度。[4] 在学说上，有明确反对在民法中设置惩罚性赔偿；[5]有主张在侵权责任领域中可以一般性地设置惩罚性赔偿制度，但应严格限定于恶意侵害人格权益的场合；[6]有认为应尽量限制惩罚性赔偿在合同责任领域的适用，尤其不适用于合同被宣告无效或被撤销的情形。[7] 从法律内在体系而言，现行法上惩罚性赔偿制度欠缺原则性的思考及一贯性的价值判断，也是不争的事实。[8]

惩罚性赔偿的主观构成，一般为行为人须具有恶意（英 malice）。[9] 此为惩罚

---

〔1〕 参见我国《民法典》第11条，《消费者权益保护法》第55条第1款后段。有学者认为，受害人可以叠加主张多种惩罚性赔偿，参见朱广新：《惩罚性赔偿制度的演进与适用》，载《中国社会科学》2014年第3期。

〔2〕 第八届全国人民代表大会法律委员会：《关于〈中华人民共和国消费者权益保护法（草案）〉审议结果的报告》（1993年10月22日）。

〔3〕 第十一届全国人民代表大会法律委员会：《关于〈中华人民共和国侵权责任法（草案）〉审议结果的报告》（2009年12月22日）。

〔4〕 周伯华：《关于〈中华人民共和国商标法修正案（草案）〉的说明》（2012年12月24日）。但在2019年修正《商标法》时，又将该项赔偿解释为"侵权赔偿数额计算"，目的是"给予权利人更加充分的补偿"。

〔5〕 周友军：《我国侵权责任形式的反思》，载《法学杂志》2009年第3期。

〔6〕 梁慧星研究员主持的《中国民法典草案建议稿（第3版）》第1708条规定："故意侵害他人生命、身体、健康、人身自由或者具有感情意义财产的，法院可以在赔偿损害之外判决加害人支付不超过赔偿金3倍的惩罚性赔偿金。"（法律出版社2013年版，第353页）

〔7〕 参见美国法学会等《统一商法典》第1－106条；王利明：《合同法研究·第2卷》（修订版），中国人民大学出版社2011年版，第691～694页；王利明：《惩罚性赔偿研究》，载《中国社会科学》2000年第4期；张新宝、李倩：《惩罚性赔偿的立法选择》，载《清华法学》2009年第4期。英国法上限制惩罚性赔偿在合同领域的适用的观点，可参见何宝玉：《英国合同法》，中国政法大学出版社1999年版，第662～663页。另有学者认为，合同责任项下的惩罚性赔偿与合同命运无关，参见韩世远：《合同法总论》（第4版），法律出版社2018年版，第916页。

〔8〕 参见王泽鉴：《损害赔偿》，北京大学出版社2017年版，第378页。

〔9〕 美国法学会《侵权法重述（第2次）》第908条第2款前段规定："惩罚性赔偿可以针对因被告的邪恶动机或他莽撞地无视他人的权利而具有恶劣性质的行为做出。"

性赔偿针对的主要对象，我国法律中分别有“恶意”〔1〕、“故意”〔2〕、“明知”〔3〕或者“欺诈行为”〔4〕等表述，但也有未作表述的。〔5〕 行为人如果主观上并无恶意，一般不宜赋予其惩罚性赔偿。唯于惩罚性赔偿的侵害后果方面，是否需要造成实际损害，则众说纷纭。立法部门的释义认为：《食品安全法》第 148 条第 2 款规定的惩罚性赔偿，“不一定是在消费者有实际损害的情况下才可以主张，即使消费者购买后尚未食用不符合食品安全标准的食品，仍可要求生产经营者支付价款 10 倍的赔偿金”。〔6〕 有学者认为，《消费者权益保护法》第 55 条第 1 款规定“并未将‘损失’作为要件，故消费者无须证明自己实际遭受了损失，纵然实际损失为零，仍然不妨碍消费者主张惩罚性损害赔偿”。〔7〕 笔者认为，从惩罚性赔偿的立法目的衡量，系为在公共资源投入不足的情况下，通过私人执法提高法律实现效率。基于此，惩罚性赔偿除了须与侵害后果的严重性相对应外，〔8〕 更须与其所惩罚的对象——行为人的主观恶意——相对应。在一些场合中，对后者的考量可能会超过对前者的考量，即只要行为人具有主观恶意，则尽管未造成与责任性质相对应的实际损害，也可以赋予其惩罚性赔偿。特别是在适用价款倍数限额赔偿的场合下，尽管囿于合同责任的领域，却隐含了无须考虑实际损害的因素；如非作此解释，则将反于该项设置之目的。事

---

〔1〕 参见我国《商标法》第 63 条第 1 款中段，《电子商务法》第 42 条第 3 款后段，《反不正当竞争法》第 17 条第 3 款中段。

〔2〕 参见我国《民法典》第 1185、1232 条，《著作权法》第 54 条第 1 款后段，《专利法》第 71 条第 1 款后段。(1)《最高人民法院关于审理侵害知识产权民事案件适用惩罚性赔偿的解释》(法释〔2021〕4 号，以下简称《知识产权惩罚性赔偿解释》)第 1 条第 2 款规定：“本解释所称故意，包括商标法第 63 条第 1 款和反不正当竞争法第 17 条第 3 款规定的恶意。”第 3 条第 1 款规定：“对于侵害知识产权的故意的认定，人民法院应当综合考虑被侵害知识产权客体类型、权利状态和相关产品知名度、被告与原告或者利害关系人之间的关系等因素。”同条第 2 款规定列举了可以初步认定行为人具有侵害知识产权的故意的诸种情形。(2)《最高人民法院关于审理生态环境侵权纠纷案件适用惩罚性赔偿的解释》(法释〔2022〕1 号，以下简称《生态环境侵权惩罚性赔偿解释》)第 6 条规定：“人民法院认定侵权人是否具有污染环境、破坏生态的故意，应当根据侵权人的职业经历、专业背景或者经营范围，因同一或者同类行为受到行政处罚或者刑事追究的情况，以及污染物的种类，污染环境、破坏生态行为的方式等因素综合判断。”第 7 条规定列举了应当认定行为人具有污染环境、破坏生态的故意的诸种情形。

〔3〕 参见我国《民法典》第 1207 条，《消费者权益保护法》第 55 条第 2 款，《食品安全法》第 148 条第 2 款。《最高人民法院关于审理食品安全民事纠纷案件适用法律若干问题的解释(一)》(法释〔2020〕14 号)第 6 条规定列举了应当认定食品经营者具有“明知”的诸种情形。

〔4〕 参见我国《消费者权益保护法》第 55 条第 1 款。

〔5〕 参见我国《种子法》第 73 条第 3 款后段。

〔6〕 信春鹰主编：《中华人民共和国食品安全法释义》，法律出版社 2015 年版，第 376 页。

〔7〕 韩世远：《合同法总论》(第 4 版)，法律出版社 2018 年版，第 912 页；王洪亮：《债法总论》，北京大学出版社 2016 年版，第 307 页。韩教授在前书第 2 版中曾有如下表述：“对于《消费者权益保护法》第 49 条中出现的‘损失’概念，可以理解为是法律上视为已有‘损失’存在”(法律出版社 2008 年版，第 661 页)。该表述在该书第 3、4 版中被删除。

〔8〕 参见我国《民法典》第 1207 条，《消费者权益保护法》第 55 条第 2 款，《商标法》第 63 条第 1 款中段，《旅游法》第 70 条第 1 款后段。

实上,对惩罚性赔偿设置最低限额赔偿,也与不法行为可能没有造成损害或者损害极小且无法证明的情况有关。例如,在"张某艳与王某舜、南京鸿翥公司买卖合同纠纷案"中,江苏省南京市中级人民法院第二审认为:根据2009年《食品安全法》第96条第2款等规定,"明确了消费者主张食品价款10倍赔偿金不以人身权益遭受损害为前提的规则原则",因而对王某舜、南京鸿翥公司的该项辩解不予支持。[1]

## 四、惩罚性赔偿的类型

基于法定主义的立场,法律上对惩罚性赔偿的类型作出限定,目的在于对各种惩罚性赔偿的数额予以限制;当事人也不得通过合同约定惩罚性赔偿,[2]以维持普通损害赔偿的既有体系,避免惩罚性赔偿制度被滥用。同时,参照刑法上禁止类推的原则,民法上的各项惩罚性赔偿规定亦应禁止类推适用。在我国民法中,惩罚性赔偿包括如下类型:

1. 合同责任项下的惩罚性赔偿。本类惩罚性赔偿的特点是限额惩罚,即以某一确定的标准计算惩罚性赔偿金数额。包括两种情形:一是价款倍数惩罚限额,如《消费者权益保护法》第55条第1款规定的价款/费用3倍赔偿、《旅游法》第70条第1款后段规定的旅游费用1~3倍赔偿、《劳动合同法》第87条规定的依照法定经济补偿标准2倍赔偿。此一价款倍数的限额基准,系从合同出发的规定,区别于侵权责任项下的惩罚性赔偿中的损害基准,在赔偿数额上也会低于甚至远远低于侵权责任项下的惩罚性赔偿,但似不能就此而认为前者的规定不合理。二是最低惩罚限额,如《消费者权益保护法》第55条第1款前段规定的500元。

2. 侵权责任项下的惩罚性赔偿。本类惩罚性赔偿的特点是"相应"惩罚。依《民法典》第1185、1207、1232条规定中的"相应",是指赔偿与达到惩罚目的的"相应",区别于同法其他条文中一般是指责任范围与过错的"相应"(如同法典第1209条后段后半句)。立法部门的释义指出:"这里的'相应',主要指被侵权人要求的惩

---

〔1〕 江苏省南京市中级人民法院(2014)宁民终字第941号民事判决(2014年5月30日);李晓东:《张某艳与王某舜、南京鸿翥公司买卖合同纠纷案——〈食品安全法〉中销售者"明知"行为的认定标准及惩罚性赔偿规定的适用条件》,载《人民法院案例选》(总第90辑),人民法院出版社2016年版,第123~130页。

〔2〕 我国《民法典》第585条第1款规定:"当事人……可以约定因违约产生的损失赔偿额的计算方法。"此"损害赔偿"应依同法典第583条"因违约所造成的损失"的规定,解释为普通损害赔偿,而不包括惩罚性赔偿。在英美法上,允许当事人约定损害赔偿金(英 agreed damages),但禁止约定惩罚性赔偿或者惩罚性违约金。参见美国法学会《合同法重述(第2次)》第356条;美国法学会等《统一商法典》第2-718条;潘维大、黄阳寿:《英美契约法案例解析》,北京大学出版社2001年版,第220页以下;王泽鉴:《损害赔偿》,北京大学出版社2017年版,第358~359页;王利明:《合同法研究·第2卷》(修订版),中国人民大学出版社2011年版,第670页。这在南非、苏格兰法上已见松动,参见姚明斌:《违约金双重功能论》,载《清华法学》2016年第5期。

罚赔偿金的数额应当与侵权人的恶意相当,应当与侵权人造成的损害后果相当,与对侵权人威慑相当,具体赔偿数额由人民法院根据个案具体判定。”〔1〕在特别法方面,此“相应”一般规定为普通损害赔偿金数额的倍数上限,如《消费者权益保护法》第55条第2款规定的损害2倍赔偿,《食品安全法》第148条第2款前段规定的损失3倍赔偿,〔2〕《商标法》第63条第1款中段、《著作权法》第54条第1款后段、《专利法》第71条第1款后段和《反不正当竞争法》第17条第3款中段规定的损害1~5倍赔偿,《种子法》第73条第3款后段规定的损害1~3倍赔偿,《电子商务法》第42条第3款后段规定的损害1倍赔偿。〔3〕 值得注意的是,由于事实构成上的一般性,《商标法》《著作权法》《专利法》《反不正当竞争法》《种子法》《电子商务法》上述规定实际上已将惩罚性赔偿引向更为广阔的普通侵权领域,而不再局限于特殊侵权领域。在司法解释层面,《生态环境侵权惩罚性赔偿解释》第10条第1款规定:“人民法院确定惩罚性赔偿金数额,应当综合考虑侵权人的恶意程度、侵权后果的严重程度、侵权人因污染环境、破坏生态行为所获得的利益或者侵权人所采取的修复措施及其效果等因素,但一般不超过人身损害赔偿金、财产损失数额的二倍。”

对上述两部法律中有关惩罚性赔偿规定内容的分解列举,详见表11-1。

**表11-1 我国现行法律惩罚性赔偿条文内容分解**

| | 行为特征 | 侵害后果 | 赔偿内容 | 请求权基础 | 责任性质 |
|---|---|---|---|---|---|
| 民法典 | 故意侵害他人知识产权 | (造成损失且)情节严重 | 有权请求相应的惩罚性赔偿 | 第1185条 | 侵权责任 |
| | 明知产品存在缺陷仍然生产、销售,或者没有依据前条规定采取有效补救措施 | 造成他人死亡或者健康严重损害 | 有权请求相应的惩罚性赔偿 | 第1207条 | 侵权责任 |

〔1〕 全国人大常委会法制工作委员会民法室编:《中华人民共和国侵权责任法条文说明、立法理由及相关规定》,北京大学出版社2010年版,第197页。

〔2〕 至于我国《食品安全法》第148条第2款前段规定的价款10倍赔偿,系2009年制定该法时参照1993年《消费者权益保护法》第49条规定而形成;前一规定的1000元最低赔偿数额,则系参照现行《消费者权益保护法》第55条第1款前段规定而形成。由于《药品管理法》第144条第3款规定的措辞与《食品安全法》第148条第2款前段规定大致相同,本章以下针对后者的论述也适用于前者。

〔3〕 另见我国《医疗损害责任司法解释》第23条。关于惩罚性赔偿数额的计算基数,《知识产权惩罚性赔偿解释》第5条第1款规定:“人民法院确定惩罚性赔偿数额时,应当分别依照相关法律,以原告实际损失数额、被告违法所得数额或者因侵权所获得的利益作为计算基数。该基数不包括原告为制止侵权所支付的合理开支;法律另有规定的,依照其规定。”《生态环境侵权惩罚性赔偿解释》第9条第1款规定:“人民法院确定惩罚性赔偿金数额,应当以环境污染、生态破坏造成的人身损害赔偿金、财产损失数额作为计算基数。”

续表

| | 行为特征 | 侵害后果 | 赔偿内容 | 请求权基础 | 责任性质 |
|---|---|---|---|---|---|
| | 侵权人违反法律规定故意污染环境、破坏生态 | 造成严重后果 | 有权请求相应的惩罚性赔偿 | 第1232条 | 侵权责任 |
| 消费者权益保护法 | 经营者提供商品或者服务有欺诈行为 | 受到的损失 | 应当按照消费者的要求增加赔偿其受到的损失,增加赔偿的金额为消费者购买商品的价款或者接受服务的费用的3倍;增加赔偿的金额不足500元的,为500元 | 第55条第1款前段 | 合同责任 |
| | 经营者明知商品或者服务存在缺陷,仍然向消费者提供 | 造成消费者或者其他受害人死亡或者健康严重损害 | 有权要求所受损失2倍以下的惩罚性赔偿 | 第55条第2款 | 侵权责任 |
| 旅游法 | 旅行社具备履行条件,经旅游者要求仍拒绝履行合同 | 造成旅游者人身损害、滞留等严重后果的 | 还可以要求旅行社支付旅游费用1倍以上3倍以下的赔偿金 | 第70条第1款后段 | 合同责任 |
| 劳动合同法 | 用人单位违反本法规定解除或者终止劳动合同 | | 应当依照本法第47条规定的经济补偿标准的2倍向劳动者支付赔偿金 | 第87条 | 合同责任 |
| 食品安全法 | 生产不符合食品安全标准的食品或者经营明知是不符合食品安全标准的食品 | (造成损失)① | 还可以要求支付价款10倍或者损失3倍的赔偿金;增加赔偿的金额不足1000元的,为1000元 | 第148条第2款前段 | 侵权责任 |
| 药品管理法 | 生产假药、劣药或者明知是假药、劣药仍然销售、使用 | (造成损失) | 还可以请求支付价款10倍或者损失3倍的赔偿金;增加赔偿的金额不足1000元的,为1000元 | 第144条第3款 | 侵权责任 |

续表

| | 行为特征 | 侵害后果 | 赔偿内容 | 请求权基础 | 责任性质 |
|---|---|---|---|---|---|
| 反不正当竞争法 | 经营者恶意实施侵犯商业秘密行为 | (造成损失②且)情节严重 | 可以在按照上述方法确定数额的1倍以上5倍以下确定赔偿数额 | 第17条第3款中段 | 侵权责任 |
| 商标法 | 恶意侵犯商标专用权 | (造成损失③且)情节严重 | 可以在按照上述方法确定数额(指全部损失——引者注)的1倍以上5倍以下确定赔偿数额 | 第63条第1款中段 | 侵权责任 |
| 著作权法 | 故意侵犯著作权或者与著作权有关的权利 | (造成损失④且)情节严重 | 在按照上述方法确定数额的1倍以上5倍以下给予赔偿 | 第54条第1款后段 | 侵权责任 |
| 专利法 | 故意侵犯专利权 | (造成损失⑤且)情节严重 | 在按照上述方法确定数额的1倍以上5倍以下确定赔偿数额 | 第71条第1款后段 | 侵权责任 |
| 种子法 | 侵犯植物新品种权 | (造成损失⑥且)情节严重 | 在按照上述方法确定数额的1倍以上3倍以下确定赔偿数额 | 第73条第3款后段 | 侵权责任 |
| 电子商务法 | (知识产权权利人——引者注)恶意发出错误通知 | 造成平台内经营者损失 | 加倍⑦承担赔偿责任 | 第42条第3款后段 | 侵权责任 |

① 本项“造成损失”系从我国《食品安全法》第148条第2款前段规定的“损失3倍”中提取,但解释上不必以此为要件。

② 本项“造成损失”系从我国《反不正当竞争法》第17条第3款前段规定中提取。

③ 本项“造成损失”系从我国《商标法》第63条第1款前段规定中提取。

④ 本项“造成损失”系从我国《著作权法》第54条第1款前段规定中提取。

⑤ 本项“造成损失”系从我国《专利法》第71条第1款前段规定中提取。

⑥ 本项“造成损失”系从我国《种子法》第73条第3款前段规定中提取。

⑦ 本项“加倍”,宜解释为2倍,即普通损害赔偿金数额与惩罚性赔偿金数额的比例为1∶1。此系参照我国已废止的《民事诉讼法意见》第294条规定,将1991年《民事诉讼法》第232条(对应现行该法第264条)规定的“加倍”解释为2倍。

从惩罚制裁的制度目的出发,无论合同责任项下的惩罚性赔偿还是侵权责任项下的惩罚性赔偿,均须遵循过责相当的原则。[1] 在诉讼安排上,人民法院不得主动判处惩罚性赔偿,而须待原告之主张,方可为之。《民法典》第1185、1207、1232条规定中“相应”所规律的对象应非原告,而为人民法院。原告须围绕其所主张的惩罚性赔偿之相关事实构成提出诉讼资料,被告须围绕其不具有原告所主张的惩罚性赔偿之相关事实构成提出诉讼资料,人民法院对此予以审查,并在诉辩的基础上酌情确定本项惩罚性赔偿数额。该项酌定属于自由裁量,法律有限额规定的,人民法院应在此范围内进行裁量;没有限额规定的,则按照公平合理的原则进行裁量。裁量时应综合考虑下列因素:行为人应受谴责的性质和程度(原则上须为恶意,例外时得为重大过失)、对损害所采取的补救措施、因该不法行为而获利的情况、经济条件、损害的性质和程度,以及受害人已经获得的普通损害赔偿数额、为开展本诉而付出的诸项成本(如诉讼费用、取证费用),遭受其他处罚的情况和可能性等。[2] 总之,即使是侵权责任项下的“相应”赔偿,惩罚性赔偿数额不宜过大,人民法院应根据经济社会生活条件等而为综合判断。在特别法的层面,最高的损害倍数为3倍,应属合理。[3] 人民法院的该项裁量,不受原告请求数额的限制,故对原告该项诉讼请求,似不应预收案件受理费。

例如,在最高人民法院指导性案例23号“孙某山诉南京欧尚超市有限公司江宁店买卖合同纠纷案”中,江苏省南京市江宁区人民法院认为:“因前述法律规定消费者有权获得支付价款10倍的赔偿金,因该赔偿获得的利益属于法律应当保护的利益,且法律并未对消费者的主观购物动机作出限制性规定,故对其该项主张不予支持。”笔者认为,本项论述未免机械。人民法院在酌定惩罚性赔偿数额时,须对行为

〔1〕 参见我国《刑法》第5条,《行政处罚法》第5条第2款。

〔2〕 《加拿大魁北克省民法典》第1621条规定:“如法律规定要判处惩罚性赔偿,此等赔偿金的数目不得超过足以实现此等措施的预防目的之数目。”“惩罚性赔偿应根据所有加权情节进行评估,尤其是债务人过错的严重程度、其财产状况、已对债务人承担的赔偿责任的范围,以及在可适用的情形,损害赔偿金已全部或部分地由第三人承担的事实。”美国法上有关上述诸因素的讨论,可参见陈聪富:《美国法上之惩罚性赔偿金制度》,载《台大法学论丛》2002年第5期。另见美国法学会《侵权法重述(第2次)》第908条第2款后段,美国统一州法全国委员会《惩罚性赔偿示范法》第7条。

〔3〕 在立法过程中,作为惩罚性赔偿金数额上限的倍数问题备受关注,可参见李适时主编:《中华人民共和国消费者权益保护法释义》(最新修正版),法律出版社2013年版,第275~276、279页。有学者警告称:“惩罚性赔偿金额最高额或倍数赔偿额之限制,与惩罚性赔偿金的制度目的不合,应非可采”;“2倍或3倍的上限,毋宁可使加害人,尤其企业经营者,计算赔偿金,内化为商品价格,减少自身之负担,而毁坏惩罚性赔偿金制度之设计目的”。参见陈聪富:《美国法上之惩罚性赔偿金制度》,载《台大法学论丛》2002年第5期;陈聪富:《美国惩罚性赔偿金的发展趋势——改革运动与实证研究的对峙》,载《台大法学论丛》1997年第1期。作为对“倍数上限规定”的补救,美国法上允许法官在特定情形下,如行为人显然恶性重大、不法行为处于持续状态或者较大可能存在更大的损害的,可不受倍数上限规定之限制。

人的过错性质、程度与受害人应值保护的利益等因素进行权衡，有时尚需对受害人被侵害时的主观状态作出衡量，此不应以“法律并未对消费者的主观购物动机作出限制性规定”为由而予以驳回。对所谓职业打假人、“打假公司”提起惩罚性赔偿诉讼的情况，似宜理性看待。客观来看，职业打假人、“打假公司”纯以牟利为目的批量地提起该类诉讼，对本已捉襟见肘的司法资源造成很大的损耗，已是不争的事实。对此等恶性的知假买假行为（区别于良性的知假买假行为），〔1〕可以参照美国法的做法，将此种情形下惩罚性赔偿的倍数限额标准作出相应降低，或者将赔偿金按一定比例分配给受害人和国库或者具有相应公益性质的社会组织、基金会等，使职业打假人、“打假公司”无暴利可图。如此一来，既能发挥本项私人执法机制促进经营者依法经营的作用，又能将该类诉讼的数量降至合理的水平。此外，在上案中，孙某山事实上并未遭受固有利益方面的实际损害，而且其对购买的 14 包香肠已过保质期系处于明知的主观状态，人民法院依然赋予经营者以价款倍数限额的惩罚性赔偿，均值注意。〔2〕

### 五、惩罚性赔偿与刑罚的并科

王泽鉴教授指出，对惩罚性赔偿应加以必要的驯服，不使其无节制的扩张，成为损害赔偿法上难以驾驭的怪兽。〔3〕 日本学者小岛武司（1936—）则称：“惩罚性赔偿制度犹如一匹烈马，如果缺乏必要的调控，那么就会将主观臆断和偏见带入审判中。要将这种制度本身的缺陷控制在最低限度内，并尽可能地发挥它最大的效力，那么就需要一名优秀的驾驭骑手。”〔4〕如何处理惩罚性赔偿与其他法律制裁措施尤其是刑罚之间的关系，是其中一个重要的课题。在学说上，出现对惩罚性赔偿与刑罚功能的关联考察。田中英夫（1927—1992）、竹内昭夫（1929—1996）认为：

---

〔1〕 参见姚辉：《民法适用中的价值判断》，载《中国法律评论》2019 年第 3 期。对于知假买假，我国司法解释曾明确表示支持。《食品药品纠纷司法解释》第 3 条规定：“因食品、药品质量问题发生纠纷，购买者向生产者、销售者主张权利，生产者、销售者以购买者明知食品、药品存在质量问题而仍然购买为由进行抗辩的，人民法院不予支持。”该条规定隐含有对知假买假者也适用惩罚性赔偿的意义。

〔2〕 近来，有学者对“职业打假”问题提出所谓“中间”方案，即限制其获利空间，增加其获利难度，从而发挥其积极作用。比如，限制职业打假行为适用惩罚性赔偿的情形和范围；对职业打假，可根据产品缺陷程度和经营者欺诈严重程度，分别设定不同的赔偿倍数；赋予法官一定范围内的赔偿倍数决定权；等等。再如，对经营者的法律责任根据违法程度的不同予以区别处理，对一些轻微违法行为或初次违法情形，设定较低的处罚幅度，以压缩职业打假者的谈判空间。另外，也可考虑对涉及职业打假的纠纷解决设定专门程序，等等。参见应飞虎：《“知假买假”不能一禁了之》，载《中华工商时报》2017 年 6 月 28 日，第 3 版。该方案值得重视。

〔3〕 王泽鉴：《损害赔偿》，北京大学出版社 2017 年版，第 40 ~ 41 页。

〔4〕 参见［日］小岛武司：《诉讼制度改革的法理与实证》，陈刚等译，法律出版社 2001 年版，第 35 页。

> 无论怎样,我们一方面应当从实际效果的角度考察一些问题,例如刑罚以及行政罚款等公的制裁在法的各个领域多大程度地发挥了抑制性效果、是否失去了平衡以及如何适当地对自然人和法人采取有所区别的制裁手段等,在此基础上研究并制定切合实际的制裁手段;另一方面,还要对私人诉讼做一些思考,而思考的角度应当是立足在何种场合做何种努力争取实现何种程度的抑制性机能。无论是公的制裁还是私的制裁,两者都具有法之实施手段这一性质,我们应当承认两者关系的机能性连接,并从一个整体的角度去实现制裁手段的多样化和合理化。[1]

我国制定原《侵权责任法》时,对于惩罚性赔偿与刑事责任、行政责任之间的关系,曾有同时适用、择一适用和互为补充三种观点。[2] 笔者采末说。依《民法典》第187条等规定,[3]行为人承担行政责任、刑事责任不影响承担包括惩罚性赔偿责任在内的民事责任;行为人的财产不足以支付的,优先用于承担民事责任。此为民事责任优先原则。在立法部门的释义中,所谓民事责任优先原则中的民事责任,系强调其补偿性,区别于行政责任、刑事责任的惩罚性。[4] 表面看来,惩罚性赔偿作为民事责任方式之一,与行政责任、刑事责任相并立,似乎并无排斥的可能。但是,考虑到惩罚性赔偿的一系列特质,如惩罚性质、准刑罚措施、针对恶意不法行为、数额酌定等,均明显区别于普通民事责任,[5]却与行政责任、刑事责任具有更为密切的关联。

既然承认惩罚性赔偿具有与刑罚相同的报应—预防功能,其与刑罚并科是否构成违反禁止双重危险的原则?在英国法上,"阿彻诉布朗案"(Archer v. Brown, 1984)中,法院认为根据一事不再罚的原则,被告因欺诈已被判入狱,因而不得再要求其支付惩罚性赔偿金。[6] 在美国法上,一般不认为惩罚性赔偿与刑罚并科构成双重处罚。有些州还对两者并科予以积极的肯定,如加利福尼亚州在刑法中对计算

---

〔1〕[日]田中英夫、竹内昭夫:《私人在法实现中的作用》,李薇译,法律出版社2006年版,第161页。

〔2〕《惩罚性赔偿制度的有关情况》,载全国人大常委会法制工作委员会民法室编:《侵权责任法立法背景与观点全集》,法律出版社2010年版,第504~505页。

〔3〕参见我国《刑法》第36条第2款,《消费者权益保护法》第58条,《食品安全法》第147条,《产品质量法》第64条。

〔4〕参见石宏主编:《中华人民共和国民法总则条文说明、立法理由及相关规定》,北京大学出版社2017年版,第443页。

〔5〕参见我国《民法典》第179条第1款。

〔6〕参见[德]克雷斯蒂安·冯·巴尔:《欧洲比较侵权行为法》(上卷),张新宝译,法律出版社2001年版,第747页;[德]克里斯蒂安·冯·巴尔、[德]乌里希·德罗布尼希主编:《欧洲合同法与侵权法及财产法的互动》,吴越等译,法律出版社2007年版,第99页。

机犯罪同时设置了刑罚和惩罚性赔偿,伊利诺伊州对窃听罪、种族仇视罪也同时设置了刑罚和惩罚性赔偿。印第安纳州原来规定,如果追究被告人的刑事责任,则不处以惩罚性赔偿,目的在于克服现实生活中不恰当、苛刻现象的出现。[1] 1984 年该州法律已经放弃上述规则,明确规定惩罚性赔偿与刑罚之间不存在违反禁止双重危险原则的问题。[2]

尽管惩罚性赔偿与刑罚并科不违反禁止双重危险原则,但并不意味着二者之间毫无影响。即使惩罚性赔偿原则上不与刑罚并科,但仍存在两相比较的空间和可能。在"太平洋共同人寿保险公司诉哈斯利普案"(Pacific Mutual Life Insurance Co. v. Haslip,1991)中,美国联邦最高法院认为,若行为人因该不法行为而受到刑事处罚时,惩罚性赔偿金数额应予减轻。在"宝马北美公司诉戈尔案"(BMW of North America. Inc. v. Gore,1994)中,该院认为,在受害人经济损害只有 4000 美元的情形下,判决宝马公司承担 200 万美元惩罚性赔偿金额过高并且违宪。该案裁判确立了判断惩罚性赔偿合宪性的三项因素:一是不法行为的可受谴责程度;二是惩罚性赔偿金数额与实际损害额的比例;三是惩罚性赔偿金与相应行为应受到的刑罚或其他民事赔偿的比较。其中,第二项因素中的比例,后来被确定最大为 9。依第三项因素,如刑事处罚甚严,或其他民事赔偿金数额甚巨,某程度已达成惩罚、吓阻之目的,则应降低惩罚性赔偿金数额,以免造成过度赔偿或过度吓阻。如果法律上已明文规定不法行为应受刑事处罚之程度,则应参酌立法者之意思,不得判决过度惩罚之赔偿金。[3] 至于惩罚性赔偿能否与行政处罚并科的问题,笔者认为,应参酌上述原理,认为两者并科不违反禁止双重危险原则,但在"在行政机关予以罚款或其他严厉行政处罚后,民事审判中应慎用或限制使用惩罚性赔偿"。[4]

我国《知识产权惩罚性赔偿解释》第 6 条第 2 款规定:"因同一侵权行为已经被

---

〔1〕 参见[日]小岛武司:《诉讼制度改革的法理与实证》,陈刚等译,法律出版社 2001 年版,第 36 页。

〔2〕 参见[日]佐伯仁志:《制裁论》,丁胜明译,北京大学出版社 2018 年版,第 224~225 页。

〔3〕 参见陈聪富:《美国法上之惩罚性赔偿金制度》,载《台大法学论丛》2002 年第 5 期;[德]格哈德·瓦格纳:《损害赔偿法的未来——商业化、惩罚性赔偿、集体性损害》,王程芳译,熊丙万、李翀校,中国法制出版社 2012 年版,第 113 页。另见美国统一州法全国委员会《惩罚性赔偿示范法》第 5 条第 f 款。

〔4〕 广州市中级人民法院民事庭课题组:《消费领域惩罚性赔偿法律适用研究》,载广州市中级人民法院编:《广州审判》2018 年第 4 期。事实上,这还牵涉到就同一法律事实适用民事诉讼与行政诉讼的协调,以及司法权干预行政权边界的划定等问题。在日本法上,课以义务诉讼只能在别无适当方法避免损害时提起,如果受害人通过民事诉讼等其他方式能够实现权利救济,则禁止提起针对行政机关提起课以义务诉讼。参见王天华:《日本行政诉讼的构造:日本行政诉讼法研究》,法律出版社 2010 年版,第 21 页。德国法上采取与此相似的"分立原则",可参见龙非:《行政诉讼中"受害者"原告资格之反思——以德国法作为比较》,载《法律适用》2017 年第 22 期。我国行政诉讼法上对此项行政诉讼原告资格较为宽泛,并未设有上述原则。有学者认为,应当协调惩罚性赔偿诉讼与请求行政机关履职之诉的关系,两者之间应为择一适用的关系:对日常用品消费领域,宜适用请求行政机关履职之诉;在证券市场等领域,宜适用惩罚性赔偿诉讼,参见赵鹏:《惩罚性赔偿的行政法反思》,载《法学研究》2019 年第 1 期。

处以行政罚款或者刑事罚金且执行完毕，被告主张减免惩罚性赔偿责任的，人民法院不予支持，但在确定前款所称倍数时可以综合考虑。”《生态环境侵权惩罚性赔偿解释》第10条第2款规定：“因同一污染环境、破坏生态行为已经被行政机关给予罚款或者被人民法院判处罚金，侵权人主张免除惩罚性赔偿责任的，人民法院不予支持，但在确定惩罚性赔偿金数额时可以综合考虑。”均明确惩罚性赔偿可以与刑罚并科，只是在确定惩罚性赔偿金数额时对此情况须予以综合考虑。笔者认为，惩罚性赔偿尽管与刑罚不相冲突，但其归根结底是一项私人执法机制，本质上属于私罚的范畴，在民事公益国家诉讼中似不宜适用。一方面，所谓对国家的惩罚性赔偿，似乎有违于关于惩罚性赔偿金计算标准规定的文义——所谓“价款10倍或者损失3倍”（此以《食品安全法》第148条第2款前段为例），后者显然是针对消费者的私益损害而言的，依此在民事公益国家诉讼中计算公益损害，可能会存在问题。[1] 另一方面，在行为人已被判处刑罚的前提下，再予判处所谓对国家的惩罚性赔偿，不仅构成对行为人的双重危险，同时意味着刑罚裁量本身可能存在不足，这对于刑罚机制是否充足也具有检讨效应。

例如，在“广东省广州市人民检察院诉刘某亮生产、销售假冒伪劣食盐消费民事公益诉讼案”中，广东省广州市中级人民法院第一审认为，此前刘某亮已被广州市白云区人民法院以犯非法经营罪判处有期徒刑3年，并处罚金8万元。“根据《食品药品纠纷司法解释》第14条的规定精神，刘某亮的犯罪行为可同时承担民事责任、行政责任和刑事责任。在刑事诉讼已经追究刘某亮刑事责任的情况下，再行追究刘某亮的民事侵权责任并不违反一事不再罚原则。刘某亮销售脱手假盐100余吨，没有证据证明有部分被退货、被召回，应按100吨计算货值总价款为12万元，依法需承担总价款10倍的惩罚性赔偿金，即120万元。根据行政处罚法和其他法律、行政法规和司法解释的有关规定，性质相同的金钱罚，即行政罚款和刑事罚金竞合时，一般采用轻罚在重罚中折抵的原则处理，以体现惩罚的谦抑，避免惩罚的过度。惩罚性赔偿金与行政罚款、刑事罚金同属惩罚性债权，只不过前者是私法债权，后两者是公法债权……公益诉讼起诉人主张追缴的民事惩罚性赔偿金应上缴国库，符合实际情况。这样，案涉的民事惩罚性赔偿金的性质发生转化，将事实上与行政罚款、刑事罚金类似，应参照行政罚款与刑事罚金竞合时相同的处理原则裁断，即刘某亮被判处的8万元罚金在120万元的民事惩罚性赔偿金中抵扣，刘某亮实际支付112万元民

---

〔1〕 亦正因此，我国《生态环境侵权惩罚性赔偿解释》第9条第1款和第12条分别规定民事私益诉讼和民事公益诉讼的惩罚性赔偿数额确定的不同计算基数。

事惩罚性赔偿金。”刘某亮向该院支付上述惩罚性赔偿金后，由该院缴付国库。[1]但是，该判决一方面认为民事责任和刑事责任可以并立，另一方面又认为所谓数额大的重罚（民事责任）可以吸收数额小的轻罚（刑罚），前后逻辑并不连贯，容有商榷的余地。

本质上看，惩罚性赔偿与其说是一项民事责任制度，毋宁是一项私人执法机制。作为惩罚性赔偿主观构成中的恶意，系采取主观过错概念，与普通损害赔偿构成中的客观过错概念并不一致，反而与刑法上的主观过错概念相一致。惩罚性赔偿中所蕴含的私人执法观念，系为使受害人获得超出其损害的赔偿，也与纯粹民法上不当获利禁止的原则相违背。由于惩罚性赔偿的功能与刑罚相当，故该项民事诉讼程序应参酌刑事诉讼的有关要求进行。如在证明标准方面，即使在达到了普通损害赔偿的证明标准，但由于功能差异，仍不能当然赋予行为人以惩罚性赔偿，而应根据惩罚性赔偿的事实构成，适用更高的证明标准。在美国法上，一般采取“清楚而具说服力的证据”标准，或者与刑事诉讼相同的排除合理怀疑标准，以确保法院对有关客观事实形成更加坚强的认知。通过对赋予惩罚性赔偿提高证明标准，可以对与刑事被告人相类似的行为人产生保护作用，对裁判心理上一般倾向于保护受害人的法院予以制衡。[2] 同时，作为程序法上的必要措施，可以参照刑法上的无罪推定，[3]须使行为人能有机会证明其没有作出该行为。[4]

在美国法上，一般针对惩罚性赔偿设置独立的审理程序。有些州如阿拉斯加州、密西西比州、阿肯色州、蒙大拿州、宾夕法尼亚州、伊利诺伊州等明确要求陪审团通过独立的程序，决定是否作出惩罚性赔偿的判决；得克萨斯州、蒙大拿州还要求陪审团必须一致同意，才能作出惩罚性赔偿的判决；有些州规定了陪审团决定惩罚性赔偿金数额时需要考虑的因素，要求法官必须给予陪审团足够的指导。[5] 奥地利学者海尔姆特·库奇奥（Helmut Koziol，1940—）建议，对于惩罚性赔偿的实施机制，可以“针对刑法上的自诉作出一定程度的改造，并且进一步设计出独立的刑事责任

---

〔1〕 广东省广州市中级人民法院（2017）粤01民初383号民事判决（2018年3月14日）。

〔2〕 参见陈聪富：《美国法上之惩罚性赔偿金制度》，载《台大法学论丛》2002年第5期；［日］佐伯仁志：《制裁论》，丁胜明译，北京大学出版社2018年版，第223页。该二论述略有相左，前文认为，美国多数州采取“清楚而具说服力的证据”标准，少数州采取排除合理怀疑标准；后书则相反。美国统一州法全国委员会《惩罚性赔偿示范法》第6条规定系采取“清楚而具说服力的证据”标准。

〔3〕 参见我国《刑事诉讼法》第12条。

〔4〕 德国学者尼尔斯·杨森（Nils Jansen）的观点，参见朱岩、王竹：《比较法视野下的中德侵权法——第二届中德侵权法研讨会综述》，载王利明主编：《判解研究》（总第35辑），人民法院出版社2007年版，第162页。

〔5〕 参见李适时主编：《中华人民共和国消费者权益保护法释义》（最新修正版），法律出版社2013年版，第272页。

构成要件,应当是一条优先选择的道路”。[1] 在我国法上,根据民事责任优先原则,行为人被生效刑事裁判判处刑罚,不影响受害人依法请求其承担惩罚性赔偿责任;行为人被判处罚金刑、没收财产刑的,应当先履行惩罚性赔偿责任。[2] 但是,似无以惩罚性赔偿“吸收”罚金刑、没收财产刑之余地也。除此以外,鉴于现代刑事政策除罪化的趋势,对于一些不得不加以惩罚及吓阻的行为,惩罚性赔偿可以作为刑事惩罚的替代方案,对此类行为借由民事程序予以解决,而无须公权机关介入,以节省司法资源。[3]

---

〔1〕［奥］海尔姆特·库齐奥:《侵权责任法的基本问题》(第1卷·德语国家的视角),朱岩译,北京大学出版社2017年版,第57页。

〔2〕参见我国《生态环境侵权惩罚性赔偿解释》第11条第1款。

〔3〕参见谢哲胜:《惩罚性赔偿》,载谢哲胜:《财产法专题研究(二)》,中国人民大学出版社2004年版,第33页。

# 第十二章　刑事诉讼活动与民法诉讼时效

所谓时效，是指因时间之经过而发生一定的法律后果的法律制度。刑法上的时效包括追诉时效和行刑时效，民法上的时效包括取得时效和消灭时效。在我国，刑法中有追诉时效而无行刑时效，民法中有消灭时效（称为“诉讼时效”或“时效”）而无取得时效。在历史上，民法消灭时效产生早于刑法追诉时效，后者系从前者演变而来。在刑民之间严格分立的背景下，两种时效看上去似无瓜葛，但无论在法律史抑或司法实务上，人们常将两种时效放在一起进行比较，进而产生竞合即相互影响的问题。除此之外，刑事诉讼活动的开展情况对民法诉讼时效具有影响。

## 一、刑法追诉时效与民法诉讼时效

刑法追诉时效，是指对于犯罪后经过法定期限而未被提起公诉或者自诉的，追诉权即归于消灭。民法诉讼时效，是指权利人对其请求权因于一定期间内不行使而限制其行使。刑法追诉时效对应于国家刑罚权项下的追诉权（又称为“求刑权”），民法诉讼时效则对应于民事权利类型中的请求权。有学者将刑法追诉时效理解为一种公法上的消灭时效，认为“民法关于时效的规定亦可适用于公法”，尽管两者在效力上存在差异。[1]

### （一）两种时效的区别

在我国，刑法和民法中分别设有追诉时效（时效[2]）和消灭

---

〔1〕［日］美浓部达吉：《公法与私法》，黄冯明译，周旋勘校，中国政法大学出版社2003年版，第92页。

〔2〕我国《刑法》第1编第4章第8节。

时效(诉讼时效[1])制度,两者之间泾渭分明,不存在相互影响的法律规定。消灭时效之所以称为“诉讼时效”,一方面与所谓“消灭”与其实际效力在表达上存在明显差距,其效力之本质乃在于限制,而非消灭;另一方面与诉讼时效效力上的抗辩权发生主义具有深刻关联,特别是可以直接指向相关证明责任之分配上,为所谓“消灭”所不具备。刑法追诉时效与民法诉讼时效的区别,主要有如下六个方面:

1. 适用对象不同。诉讼时效的适用对象为民法上的请求权。追诉时效的适用对象为刑法上的追诉权。

2. 期间起算不同。诉讼时效期间一般从权利人知道或者应当知道权利被侵害以及义务人时起算,此为相对客观标准。追诉时效期限从犯罪之日起算,此为绝对客观标准。所谓“犯罪之日”,学说上一般解释为犯罪成立之日。[2]

3. 期间变化不同。诉讼时效可以中止、中断,遇有特殊情况可以延长。追诉时效则可以中断和延长,而没有中止的规定。[3]

4. 届满效果不同。诉讼时效期间届满发生限制权利而非消灭权利的效果,由此而产生的抗辩权可以对抗请求权。追诉期限届满是追诉权绝对消灭的原因,即发生消灭追诉权的效果。

5. 援用方法不同。人民法院不得主动援用诉讼时效,而须待义务人之主张方可援用。但对于追诉时效期间之已否经过,人民法院须依职权调查并主动援用之。[4]

6. 是否允许放弃不同。当事人不得预先放弃诉讼时效利益,但于诉讼时效期间届满后可以放弃之。追诉时效期间届满,追诉权当然消灭,自无予以放弃之余地。

(二)两种时效的竞合

尽管有学者认为,考虑到刑事附带民事诉讼中民事诉讼的依附性,对于刑事附带民事诉讼中的时效问题,应适用刑法追诉时效,而不适用民法诉讼时效。[5] 但是,考虑到实质上刑事责任与民事责任之间是并立关系,而非后者附从于前者的关系,因而刑法追诉时效与民法诉讼时效似宜相互“脱钩”。我国《刑事诉讼法司法解

---

〔1〕 我国《民法典》第1编第9章。

〔2〕 参见高铭暄主编:《中国刑法学》,中国人民大学出版社1989年版,第322页。立法部门的释义则认为,“犯罪之日”是指犯罪行为完成或停止之日。参见郎胜主编:《中华人民共和国刑法释义》(第6版),法律出版社2015年版,第101页。目前,学说上一般区分犯罪行为的不同类型,分别确定追诉期限的起算时间,可参见高铭暄主编:《新编中国刑法学》(上册),中国人民大学出版社1998年版,第459页(赵炳寿执笔);马克昌主编:《刑罚通论》(修订版),武汉大学出版社1999年版,第677~678页(李希慧执笔)。

〔3〕 有学者主张,应废除追诉时效延长的规定,确立追诉时效中止(停止)的制度。参见马克昌主编:《刑罚通论》(修订版),武汉大学出版社1999年版,第686页(李希慧执笔)。

〔4〕 参见[日]美浓部达吉:《公法与私法》,黄冯明译,周旋勘校,中国政法大学出版社2003年版,第92~93页。

〔5〕 参见周伟:《刑事附带民事诉讼时效的依附性》,载《法学》2001年第6期。

释》第201条规定:“人民法院审理附带民事诉讼案件,除刑法、刑事诉讼法以及刑事司法解释已有规定的以外,适用民事法律的有关规定。”其中的“民事法律的有关规定”,即包括民法中关于诉讼时效的规定。依此,不论刑法追诉时效期间长于或者短于民法诉讼时效期间,两者之间互不影响。例如,对于故意杀人的行为,刑法追诉时效期间一般是20年;[1]民法诉讼时效期间一般是3年,自权利人知道或者应当知道权利受到损害以及义务人之日起计算,自受到损害之日起超过20年的不予保护。[2]这会导致侵权行为责任因民法诉讼时效届满而无法追究,但仍然存在追究刑事责任的可能性的局面。而对于刑法追诉时效更短的犯罪,会发生与之相反的状况。

另有学者则认为,诉讼时效与追诉时效存在竞合。“附带民事诉讼属于一种特殊的民事诉讼,根据特别规定优于一般规定的处理原则,应当适用刑事诉讼法上的追诉时效。从刑事诉讼立法来看,附带民事诉讼的提起时间是‘在刑事诉讼过程中’。因此,只要刑事诉讼没有超过追诉时效而依法成立,提起附带民事诉讼就没有超过诉讼时效。”[3]笔者认为,附带民事诉讼在性质上只是“附带”在刑事诉讼中,其作为诉的本身是相对独立的,因而不存在由于刑事诉讼之未提起而影响民事诉讼之不得提起的情形。至于由此而产生的能否以追诉时效取代诉讼时效的问题,则在第二层次。作为民事权利本身,自应适用其本身的诉讼时效,即使权利处于某一公力系属中,也只是发生诉讼时效的中断,而无另外适用追诉时效之余地。究其原因,盖在追诉时效的适用对象为追诉权,系国家刑罚权之一,而非限制民事权利之制度也。举例言之,权利人提出控告(包括刑事自诉、民事起诉)而人民法院不予受理的,对于诉讼时效系产生中断的效果,而对于追诉时效则系产生延长的效果,两种意义并不相同。此外,论者将诉讼时效与追诉时效均定位为诉讼法上之制度,亦属欠妥。[4]

(三)比较法的观察

在历史上,现代法上的刑法时效和民法时效均起源于古希腊法。在古代雅典,创设民法时效系为了避免举证困难,而刑法时效则是大赦制度与民法时效相结合的产物。尽管两种时效的效果都是免除责任,但刑法时效的目的在于捐弃前嫌、团结社会和制约刑罚权。两种时效在古罗马法时开始发达起来。公元前18年,盖维斯·屋大维·奥古斯都(Gaius Octavius Augustus,公元前63年—公元14年)运用保民官的权力颁布了《惩治通奸罪的优流斯法》(*Lex Julia de adulteriiscoercendis*),正

---

[1] 参见我国《刑法》第87条第4项前段。

[2] 参见我国《民法典》第188条。

[3] 江伟、范跃如:《刑民交叉案件处理机制研究》,载《法商研究》2005年第4期。相反的意见,可参见刘春英:《刑事附带民事诉讼的时效问题之我见——从一起具体案件的讨论谈起》,载《河北法学》2000年第3期。

[4] 参见梁展欣主编:《诉讼时效司法实务精义》,人民法院出版社2010年版,第45~47页(梁展欣执笔)。

式在立法中创设追诉时效制度，尔后被推广到其他刑法领域。此时，追诉时效又反过来影响消灭时效，如在程式诉讼时期创设的仅适用于罚金诉权的、长度与裁判官的任期相同的1年短期消灭时效。[1]

如果说，在古罗马法上，追诉时效期间无论是对重罪还是轻罪，都是实行相对统一的5年或者20年；那么，现代法则彻底改变了这一格局，建立了追诉时效期间与刑期相对应的理论。[2] 这与民法上趋于统一的消灭时效期间适成对照，且造成了追诉时效期间与消灭时效期间“脱钩”的效果，即两种时效期间无须一致，这从英国、法国、荷兰和德国法律可以看出。立法例上还有如下一些情形：

1. 刑法追诉期间届满后，不得在刑事法院提起民事诉讼。在法国，附带民事诉讼系称为“刑事诉讼的附带标的”，有“刑事置民事于原状等待”的说法。因此，刑法追诉期间对民法消灭时效期间具有直接的影响。对刑法上因追诉时效期间届满而不予追诉的，刑事法院对与此相关的民事诉讼也失去管辖权。《法国刑事诉讼法》第10条第1款规定：“民事诉讼时效依照《民法典》所定规则；但是，在公诉时效届满后，不得再向刑事法院提起民事诉讼。”[3]

2. 民法消灭时效期间如果短于刑法追诉时效期间的，将被延长到与刑法追诉时效期间一样。斯堪的纳维亚国家（如瑞典、芬兰和丹麦）和绝大多数地中海国家法律采此观点，这是为了给侵权行为受害人提供更高程度的保护，也反映了刑法和侵权行为法都调整不法行为之后果这一旧理论。在希腊、意大利和葡萄牙，如果在仍可能提起刑事诉讼的情形下免除民事责任，也被认为是“自相矛盾的”。《希腊民法典》第937条第2款规定：“依据较长的刑事时效期限规定，侵权行为同时构成应受到惩罚的犯罪行为，则较长的刑事时效期限适用于民事请求权。”对于民法消灭时效期间长于刑法追诉时效期间的，则适用民法消灭时效期间。《意大利民法典》第2947条第3款规定：“在任何情况下，如果一种行为被法律认定为犯罪行为，并且针对该犯罪行为确定了一个较长的消灭时效，则该时效也适用于民事诉讼。但是如果犯罪行为因非消灭时效引发的各种原因而消灭，或者在刑事诉讼中做出了不可改变的判决，损害赔偿的权利应当在前两款规定的期间内行使，自犯罪行为消灭时起或者自不可改变的判决发出时起算。”但如果行为人已经被认定有罪但还没有作出量刑判决时，则适用同法典第2953条规定的10年消灭时效期间。《葡萄牙民法典》第

〔1〕 参见徐国栋：《论〈惩治通奸的优流斯法〉秉承的追诉时效制度及其近现代流变》，载《法学家》2013年第2期。
〔2〕 同上。
〔3〕 这是该法1980年12月23日第80－1042号法律所规定，此前系实行在公诉因时效完成而消灭之后，不得再进行民事诉讼。参见《法国刑事诉讼法典》，罗结珍译，中国法制出版社2006年版，第14页注释1。

498 条第 3 款规定:“如不法事实构成犯罪,而法律对该犯罪所规定之追诉时效期间较长,则以该期间为适用期间。”该款规定被扩张适用于数人但均无罪的情形,以及没有送达任何起诉书而刑法追诉时效期间已经届满的情形。

3. 民法消灭时效期间如果长于刑法追诉时效期间的,将被缩短到与刑法追诉时效期间一样。这只有唯一一个例子,即《比利时刑事诉讼法》第 26 条规定,这使刑事案件被害人比单纯的侵权行为受害人处于更为糟糕的境地。[1]

## 二、刑事诉讼活动中断民法诉讼时效

我国《民法典》第 195 条规定:“有下列情形之一的,诉讼时效中断,从中断、有关程序终结时起,诉讼时效期间重新计算:(一)权利人向义务人提出履行请求;(二)义务人同意履行义务;(三)权利人提起诉讼或者申请仲裁;(四)与提起诉讼或者申请仲裁具有同等效力的其他情形。”其中第 4 项规定即涉及刑事诉讼活动中断诉讼时效。

(一)相关司法解释的整理

我国涉及刑事诉讼活动中断诉讼时效的司法解释,主要有如下 4 件:

1. 原《民法通则意见》第 174 条前段规定:“权利人向人民调解委员会或者有关单位提出保护民事权利的请求,从提出请求时起,诉讼时效中断。”其中的“有关单位”,应当包括负责查处刑事案件的公安机关、人民检察院。

2.《最高人民法院关于新疆医学院第一附属医院与乌鲁木齐市一〇四团青年服务公司建筑工程承包合同纠纷诉讼时效问题的复函》(法经〔1993〕248 号)指出:“第一医院向检察机关举报有关人员的经济犯罪问题时,并没有主张民事权利的明确表示。特别是 1998 年 5 月新市区检察院因证据不足排除有关人员的经济犯罪嫌疑,并明确向第一医院说明有关问题应以经济纠纷处理后,仍未向法院起诉。第一医院向检察机关举报不能作为诉讼时效中断的事由。”

3.《涉及经济犯罪嫌疑规定》第 9 条规定:“被害人请求保护其民事权利的诉讼时效在公安机关、检察机关查处经济犯罪嫌疑期间中断。如果公安机关决定撤销涉嫌经济犯罪案件或者检察机关决定不起诉的,诉讼时效从撤销案件或决定不起诉之次日起重新计算。”

4.《最高人民法院关于审理民事案件适用诉讼时效制度若干问题的规定》(法释〔2008〕11 号,经法释〔2020〕17 号修正,以下简称《诉讼时效司法解释》)第 13 条

[1] 参见[德]克雷斯蒂安·冯·巴尔:《欧洲比较侵权行为法》(上册),张新宝译,法律出版社 2001 年版,第 750～752 页。

规定:“权利人向公安机关、人民检察院、人民法院报案或者控告,请求保护其民事权利的,诉讼时效从其报案或者控告之日起中断。上述机关决定不立案、撤销案件、不起诉的,诉讼时效期间从权利人知道或者应当知道不立案、撤销案件或者不起诉之日起重新计算;刑事案件进入审理阶段,诉讼时效期间从刑事裁判文书生效之日起重新计算。”

(二)相关司法解释的分析

其中,第1、2、4项司法解释的基本观点是一致的,即只有权利人向处理刑事案件的有权机关正式提出,诉讼时效才能中断,这与《民法典》第195条第4项规定也是一致的。《涉及经济犯罪嫌疑规定》第9条规定在文义上径以公安机关、人民检察院的“查处”作为诉讼时效的中断事由,以及《诉讼时效司法解释》第13条第2款后段规定的“刑事案件进入审理阶段”,均未对当事人主张权利的形式予以明确,以致与《民法典》第195条规定无法衔接,形成法律漏洞。笔者认为,所谓“正式提出”,是指权利人向公安机关、人民检察院或者人民法院针对行为人予以报案或者控告,被公安机关、人民检察院或者人民法院记录在案。[1] 对于权利人的报案或者控告,上述机关应当记录在案。同时,在诉讼时效期间已经起算的前提下,该项请求权的诉讼时效期间原则上应从与此相关的刑事诉讼活动全部终结时起重新计算;有关机关决定不立案、撤销案件、不起诉的,诉讼时效期间从权利人知道或者应当知道不立案、撤销案件或者不起诉之日起重新计算,而非如《涉及经济犯罪嫌疑规定》第9条后段规定的“从撤销案件或决定不起诉之次日起重新计算”。

如果相关事实已经进入刑事诉讼活动,但当事人未能向有权机关正式提出其民事请求的,该刑事诉讼活动之进行仍不对该项请求权的诉讼时效构成中断。《刑事诉讼法司法解释》第198条规定:“第一审期间未提起附带民事诉讼,在第二审期间提起的,第二审人民法院可以依法进行调解;调解不成的,告知当事人可以在刑事判决、裁定生效后另行提起民事诉讼。”笔者认为,对于权利人未能向有权机关正式提出其民事请求,而在刑事诉讼第二审期间提起附带民事诉讼的情形,附带民事诉讼无法立案,附带民事诉讼的调解便无从展开,从诉讼程序简洁化的角度出发,人民法院应对权利人的控告记录在案,以之作为该项请求权的诉讼时效中断事由,并告知其在刑事判决、裁定生效后另行提起民事诉讼,而非如《诉讼时效司法解释》第13条第2款后段规定的“刑事案件进入审理阶段,诉讼时效期间从刑事裁判文书生效之

〔1〕 参见我国已被废止的《最高人民法院关于审理刑事案件程序的具体规定》(法发〔1994〕4号,以下简称原《刑事案件程序规定》)第65条前段,已被废止的《最高人民法院关于执行〈中华人民共和国刑事诉讼法〉若干问题的解释》(法释〔1998〕23号,以下简称《1998年刑事诉讼法司法解释》)第90条前段。

日起重新计算”。

此外,还有两项特殊情形:

1. 民事诉讼所附从的刑事诉讼程序发生变动,如人民法院准许人民检察院撤回起诉的,附从的民事诉讼顿失所依,人民法院原则上应同时裁定驳回附带民事诉讼的起诉,或者在征得其同意的前提下转换为单独的民事诉讼。对此,我国《刑事诉讼法司法解释》第 197 条第 2 款规定:“人民法院准许人民检察院撤回起诉的公诉案件,对已经提起的附带民事诉讼,可以进行调解;不宜调解或者经调解不能达成协议的,应当裁定驳回起诉,并告知附带民事诉讼原告人可以另行提起民事诉讼。”笔者认为,对于其中的“可以进行调解”,由于此附带民事诉讼应因刑事诉讼的终结而终结,人民法院对此进行调解已失其所依,除非调解协议在人民检察院撤回起诉前已经达成;其中的“告知附带民事诉讼原告人可以另行提起民事诉讼”,则略显机械,徒增被害人一方的讼累,故建议修改为人民法院除可以驳回附带民事诉讼的起诉外,还可以在征得附带民事诉讼原告人同意的前提下,将其转换为单独的民事诉讼。此项程序转换,既系基于当事人之程序选择权,亦系基于宪法上诉讼基本权利项下的公正程序请求权。

2. 在侦查、审查起诉期间,经人民检察院、公安机关调解,权利人与行为人达成和解协议,这可以构成诉讼时效的中断,其诉讼时效期间从该和解协议确定的履行期限届满时起重新计算。[1] 该和解协议全部履行后,权利人又提起附带民事诉讼的,人民法院不予受理,但有证据证明其违反自愿、合法原则的除外。[2] 权利人可以该和解协议违反自愿、合法原则为由,向人民法院提起民事诉讼。该和解协议具有创设的效力,即具有放弃原有权利、取得新的权利之效力,权利人只能依该协议而请求履行,而不得复以和解前的法律关系为主张或请求。[3]

---

〔1〕 参见我国原《民法通则意见》第 174 条后段。

〔2〕 参见我国《刑事诉讼法司法解释》第 185 条后段。该条规定改变了原《刑事案件程序规定》第 65 条后段、《1998 年刑事诉讼法司法解释》第 90 条后段关于人民法院对该项起诉可以受理的规定。

〔3〕 参见我国台湾地区“民法”第 737 条;邱聪智:《新订民法债编通则(新订 1 版)》(上册),中国人民大学出版社 2003 年版,第 226 页。

# 法源简称

**一、法律和中央文件**

**《司法鉴定管理决定》**：全国人民代表大会常务委员会关于司法鉴定管理问题的决定(2005年制定，2015年修正)

**《涉案财物处置工作意见》**：中共中央办公厅、国务院办公厅关于进一步规范刑事诉讼涉案财物处置工作的意见(2015年1月24日)

**二、司法解释**

(一)现行有效的司法解释

**《刑事诉讼法经验总结》**：最高人民法院关于执行刑事诉讼法中若干问题的初步经验总结(1981年11月)

**《被告人亲属退缴赃款批复》**：最高人民法院关于被告人亲属主动为被告人退缴赃款应如何处理的批复(法(研)复〔1987〕32号)

**《诈骗保证人代偿复函》**：最高人民法院关于诈骗犯罪的被害人起诉要求诈骗过程中的保证人代偿“借款”应如何处理的复函(〔1990〕民他字第38号)

**《审理存单案件规定》**：最高人民法院关于审理存单纠纷案件的若干规定(法释〔1997〕8号，经法释〔2020〕18号修正)

**《涉及经济犯罪嫌疑规定》**：最高人民法院关于在审理经济纠纷案件中涉及经济犯罪嫌疑若干问题的规定(法释〔1998〕7号，经法释〔2020〕17号修正)

**《适用财产刑规定》**：最高人民法院关于适用财产刑若干问题的规定(法释〔2000〕45号)

**《精神损害赔偿司法解释》**：最高人民法院关于确定民事侵权精神损害赔偿责任若干问题的解释（法释〔2001〕7号，经法释〔2020〕17号修正）

**《民事诉讼证据规定》**：最高人民法院关于民事诉讼证据的若干规定（法释〔2001〕33号，经法释〔2008〕18号、法释〔2019〕19号修正）

**《行政诉讼证据规定》**：最高人民法院关于行政诉讼证据若干问题的规定（法释〔2002〕21号）

**《人身损害赔偿司法解释》**：最高人民法院关于审理人身损害赔偿案件适用法律若干问题的解释（法释〔2003〕20号，经法释〔2020〕17号、法释〔2022〕14号修正）

**《诉讼时效司法解释》**：最高人民法院关于审理民事案件适用诉讼时效制度若干问题的规定（法释〔2008〕11号，经法释〔2020〕17号修正）

**《执行回避制度规定》**：最高人民法院关于审判人员在诉讼活动中执行回避制度若干问题的规定》（法释〔2011〕12号）

**《2010年废止司法解释决定》**：最高人民法院、最高人民检察院关于废止部分司法解释和规范性文件的决定（法释〔2010〕17号）

**《诈骗司法解释》**：最高人民法院、最高人民检察院关于办理诈骗刑事案件具体应用法律若干问题的解释（法释〔2011〕7号）

**《委托评估、拍卖规定》**：最高人民法院关于人民法院委托评估、拍卖工作的若干规定（法释〔2011〕21号）

**《第八批废止司法解释决定》**：最高人民法院关于废止1979年底以前发布的部分司法解释和司法解释性质文件（第八批）的决定（法释〔2012〕13号）

**《道路交通损害赔偿解释》**：最高人民法院关于审理道路交通事故损害赔偿案件适用法律若干问题的解释（法释〔2012〕19号，经法释〔2020〕17号修正）

**《2013年废止司法解释决定》**：最高人民法院、最高人民检察院关于废止1980年1月1日至1997年6月30日期间制发的部分司法解释和司法解释性质文件的决定（法释〔2013〕1号）

**《第九批废止司法解释决定》**：最高人民法院关于废止1980年1月1日至1997年6月30日期间发布的部分司法解释和司法解释性质文件（第九批）的决定（法释〔2013〕2号）

**《盗窃司法解释》**：最高人民法院、最高人民检察院关于办理盗窃刑事案件适用法律若干问题的解释（法释〔2013〕8号）

**《食品药品纠纷司法解释》**：最高人民法院关于审理食品药品纠纷案件适用法律若干问题的规定（法释〔2013〕28号，经法释〔2020〕17号、法释〔2021〕17号修正）

**《利用信息网络侵权规定》**:最高人民法院关于审理利用信息网络侵害人身权益民事纠纷案件适用法律若干问题的规定(法释〔2014〕11号,经法释〔2020〕17号修正)

**《刑事财产执行规定》**:最高人民法院关于刑事裁判涉财产部分执行的若干规定(法释〔2014〕13号)

**《环境民事公益诉讼解释》**:最高人民法院关于审理环境民事公益诉讼案件适用法律若干问题的解释(法释〔2015〕1号,经法释〔2020〕20号修正)

**《第十一批废止司法解释决定》**:最高人民法院关于废止部分司法解释和司法解释性质文件(第十一批)的决定(法释〔2015〕2号)

**《民事诉讼法司法解释》**:最高人民法院关于适用《中华人民共和国民事诉讼法》的解释(法释〔2015〕5号,经法释〔2020〕20号、法释〔2022〕11号修正)

**《掩饰、隐瞒犯罪所得解释》**:最高人民法院关于审理掩饰、隐瞒犯罪所得、犯罪所得收益刑事案件适用法律若干问题的解释(法释〔2015〕11号)

**《民间借贷司法解释》**:最高人民法院关于审理民间借贷案件适用法律若干问题的规定(法释〔2015〕18号,经法释〔2020〕6号、法释〔2020〕17号修正)

**《处分查封财产批复》**:最高人民法院关于首先查封法院与优先债权执行法院处分查封财产有关问题的批复(法释〔2016〕6号)

**《消费民事公益诉讼解释》**:最高人民法院关于审理消费民事公益诉讼案件适用法律若干问题的解释(法释〔2016〕10号,经法释〔2020〕20号修正)

**《环境污染刑事司法解释》**:最高人民法院、最高人民检察院关于办理环境污染刑事案件适用法律若干问题的解释(法释〔2016〕29号)

**《违法所得没收程序规定》**:最高人民法院、最高人民检察院关于适用犯罪嫌疑人、被告人逃匿、死亡案件违法所得没收程序若干问题的规定(法释〔2017〕1号)

**《医疗损害责任司法解释》**:最高人民法院关于审理医疗损害责任纠纷案件适用法律若干问题的解释(法释〔2017〕20号,经法释〔2020〕17号修正)

**《海洋环境损害赔偿规定》**:最高人民法院关于审理海洋自然资源与生态环境损害赔偿纠纷案件若干问题的规定(法释〔2017〕23号)

**《检察公益诉讼司法解释》**:最高人民法院、最高人民检察院关于检察公益诉讼案件适用法律若干问题的解释(法释〔2018〕6号,经法释〔2020〕20号修正)

**《生态环境损害赔偿规定》**:最高人民法院关于审理生态环境损害赔偿案件的若干规定(试行)(法释〔2019〕8号,经法释〔2020〕17号修正)

**《第十三批废止司法解释决定》**:最高人民法院关于废止部分司法解释(第十三

批）的决定（法释〔2019〕11号）

**《知识产权民事证据规定》**：最高人民法院关于知识产权民事诉讼证据的若干规定（法释〔2020〕12号）

**《民法典物权编司法解释一》**：最高人民法院关于适用《中华人民共和国民法典》物权编的解释（一）（法释〔2020〕24号）

**《建设工程施工合同司法解释一》**：最高人民法院关于审理建设工程施工合同纠纷案件适用法律问题的解释（一）（法释〔2020〕25号）

**《刑事诉讼法司法解释》**：最高人民法院关于适用《中华人民共和国刑事诉讼法》的解释（法释〔2021〕1号）

**《知识产权惩罚性赔偿解释》**：最高人民法院关于审理侵害知识产权民事案件适用惩罚性赔偿的解释（法释〔2021〕4号）

**《生态环境侵权惩罚性赔偿解释》**：最高人民法院关于审理生态环境侵权纠纷案件适用惩罚性赔偿的解释（法释〔2022〕1号）

**《证券虚假陈述侵权规定》**：最高人民法院关于审理证券市场虚假陈述侵权民事赔偿案件的若干规定（法释〔2022〕2号）

**《民法典合同编通则司法解释》**：最高人民法院关于适用《中华人民共和国民法典》合同编通则若干问题的解释（法释〔2023〕13号）

（二）已被修改或者废止的司法解释

**《处理赃款赃物暂行规定》**：最高人民法院、最高人民检察院、公安部、财政部关于没收和处理赃款赃物若干问题的暂行规定（〔65〕法研字第40号、〔65〕高检法13号、〔65〕公发（审）691号、〔65〕财预168号，根据法释〔2010〕17号废止）

**《经济合同法意见》**：最高人民法院关于贯彻执行《经济合同法》若干问题的意见（〔1984〕法办字第128号，根据法释〔2000〕20号废止）

**《民法通则意见》**：最高人民法院关于贯彻执行《中华人民共和国民法通则》若干问题的意见（试行）（法（办）发〔1988〕6号，经法释〔2008〕15号修正，根据法释〔2020〕16号废止）

**《海上人身伤亡赔偿规定》**：最高人民法院关于审理涉外海上人身伤亡案件损害赔偿的具体规定（试行）（法发〔1992〕16号，根据法释〔2013〕2号废止）

**《诈骗赃款追缴答复》**：最高人民法院研究室关于对诈骗后抵债的赃款能否判决追缴问题的电话答复（1992年8月26日，根据法释〔2019〕11号废止）

**《民事诉讼法意见》**：最高人民法院关于适用《中华人民共和国民事诉讼法》若干问题的意见（法发〔1992〕22号，经法释〔2008〕15号、法释〔2008〕18号修正，根据

法释〔2015〕5 号废止)

**《名誉权解答》**:最高人民法院关于审理名誉权案件若干问题的解答(法释〔1993〕15 号,根据法释〔2020〕16 号废止)

**《刑事案件程序规定》**:最高人民法院关于审理刑事案件程序的具体规定(法发〔1994〕4 号,根据法释〔2013〕2 号废止)

**《1996 年诈骗司法解释》**:最高人民法院关于审理诈骗案件具体应用法律的若干问题的解释(法发〔1996〕32 号,根据法释〔2013〕2 号废止)

**《1998 年盗窃司法解释》**:最高人民法院关于审理盗窃案件具体应用法律若干问题的解释(法释〔1998〕4 号,根据法释〔2013〕8 号废止)

**《1998 年涉及经济犯罪嫌疑规定》**:最高人民法院关于在审理经济纠纷案件中涉及经济犯罪嫌疑若干问题的规定(法释〔1998〕7 号,后经法释〔2020〕17 号修正)

**《1998 年刑事诉讼法司法解释》**:最高人民法院关于执行《中华人民共和国刑事诉讼法》若干问题的解释(法释〔1998〕23 号,根据法释〔2012〕21 号废止)

**《附带民事诉讼范围规定》**:最高人民法院关于刑事附带民事诉讼范围问题的规定(法释〔2000〕47 号,根据法释〔2015〕2 号废止)

**《触电人身损害赔偿解释》**:最高人民法院关于审理触电人身损害赔偿案件若干问题的解释(法释〔2001〕3 号,根据法释〔2013〕7 号废止)

**《2001 年精神损害赔偿司法解释》**:最高人民法院关于确定民事侵权精神损害赔偿责任若干问题的解释(法释〔2001〕7 号,后经法释〔2020〕17 号修正)

**《2001 年民事诉讼证据规定》**:最高人民法院关于民事诉讼证据的若干规定(法释〔2001〕33 号,后经法释〔2008〕18 号、法释〔2019〕19 号修正)

**《被害人精神损害民事诉讼批复》**:最高人民法院关于人民法院是否受理刑事案件被害人提起精神损害赔偿民事诉讼问题的批复(法释〔2002〕17 号,根据法释〔2015〕2 号废止)

**《2003 年人身损害赔偿司法解释》**:最高人民法院关于审理人身损害赔偿案件适用法律若干问题的解释(法释〔2003〕20 号,后经法释〔2020〕17 号、法释〔2022〕14 号修正)

**《财产刑执行规定》**:最高人民法院关于财产刑执行问题的若干规定(法释〔2010〕4 号,根据法释〔2015〕2 号废止)

**《2012 年刑事诉讼法司法解释》**:最高人民法院关于适用《中华人民共和国刑事诉讼法》的解释(法释〔2012〕21 号,根据法释〔2021〕1 号废止)

三、其他规范性文件

《公安部经济合同诈骗通知》:公安部关于办理利用经济合同诈骗案件有关问题的通知(公通字〔1997〕6 号)

《查处盗抢劫机动车规定》:最高人民法院、最高人民检察院、公安部、国家工商行政管理局关于依法查处盗窃、抢劫机动车案件的规定(公通字〔1998〕31 号)

《维护农村稳定座谈会纪要》:全国法院维护农村稳定刑事审判工作座谈会纪要(法〔1999〕217 号)

《民事案件审判质量纪要》:全国民事案件审判质量工作座谈会纪要(法〔1999〕231 号)

《宽严相济刑事政策意见》:最高人民法院关于贯彻宽严相济刑事政策的若干意见(法发〔2010〕9 号)

《委托评估、拍卖规定实施通知》:最高人民法院关于实施《最高人民法院关于人民法院委托评估、拍卖工作的若干规定》有关问题的通知(法〔2012〕30 号)

《加强民事审判保障民生通知》:最高人民法院关于当前形势下加强民事审判切实保障民生若干问题的通知(法〔2012〕40 号)

《实施刑事诉讼法规定》:最高人民法院、最高人民检察院、公安部、国家安全部、司法部、全国人大常委会法制工作委员会关于实施刑事诉讼法若干问题的规定(2012 年 12 月 26 日)

《常见犯罪量刑指导意见》:最高人民法院关于常见犯罪的量刑指导意见(法发〔2013〕14 号,经法发〔2017〕7 号修改)

《公安机关查封、冻结规定》:最高人民法院、最高人民检察院、公安部等公安机关办理刑事案件适用查封、冻结措施有关规定(公通字〔2013〕30 号)

《刑法第六十四条批复》:最高人民法院关于适用刑法第六十四条有关问题的批复(法〔2013〕229 号)

《非法集资适用法律意见》:最高人民法院、最高人民检察院、公安部关于办理非法集资刑事案件适用法律若干问题的意见(公通字〔2014〕16 号)

《办理电信网络诈骗意见》:最高人民法院、最高人民检察院、公安部关于办理电信网络诈骗等刑事案件适用法律若干问题的意见(法发〔2016〕32 号)

《鉴定管理与使用衔接意见》:最高人民法院、司法部关于建立司法鉴定管理与使用衔接机制的意见(司发通〔2016〕98 号)

《办理经济犯罪案件规定》:最高人民检察院、公安部关于公安机关办理经济犯

罪案件的若干规定(公通字〔2017〕25号)

《营造良好法治环境通知》:最高人民法院关于充分发挥审判职能作用为企业家创新创业营造良好法治环境的通知(法〔2018〕1号)

《非法集资刑事案件意见》:最高人民法院、最高人民检察院、公安部关于办理非法集资刑事案件若干问题的意见(高检会〔2019〕2号)

《黑恶财产处置意见》:最高人民法院、最高人民检察院、公安部、司法部关于办理黑恶势力刑事案件中财产处置若干问题的意见(2019年4月9日)

《认罪认罚从宽指导意见》:最高人民法院、最高人民检察院、公安部、国家安全部、司法部关于适用认罪认罚从宽制度的指导意见(高检发〔2019〕13号)

《鉴定人出庭指导意见》:司法部关于进一步规范和完善司法鉴定人出庭作证活动的指导意见(司规〔2020〕2号)

《委托鉴定审查规定》:最高人民法院关于人民法院民事诉讼中委托鉴定审查工作若干问题的规定(法〔2020〕202号)

## 四、国际法律文件

《联合国受害者宣言》:联合国为罪行和滥用权力行为受害者取得公理的基本原则宣言(1985年11月29日第40/34号决议)

# 案例索引

**第二章**

第四章



第五章



第六章



第七章

**第八章**



**第九章**



**第十章**

第十一章

# 后　记

本书是笔者近年来思考刑民交叉问题的总结报告。刑民交叉的课题可塑性大、延展力强,笔者尝试通过本书,大致勾勒出刑民交叉的问题域,构建起从程序出发、动态系统的刑民交叉理论。本书的大纲完成于2015年,以"涉犯罪民事赔偿的程序与实体"为题,收入该年出版的拙著《民法与民事诉讼法的协同》一书。本书可以视作该文的扩展版本,希望能对相关法律实践、学理创发,以及国家的法治建设贡献绵薄之力。

感谢中国人民大学法学院姚辉教授！姚师多年来对作者学业和生活上给予了无数的指导和帮助,还为本书的出版奔走推荐,并欣然赐序。师恩永志,没齿难忘！感谢赵明霞编辑,容忍笔者对书稿的反复修改。没有她耐心、细致的付出,本书是不可能以如斯面目呈现在读者面前的！尽管尽了最大的努力,但相信本书仍存在不少问题,欢迎读者批评指正！

作　者

2024年10月